April

S. 76-97

Mai

S. 98-119

Juni

S. 120-141

INHALT

Oktober

November

Dezember

WANN AM BESTEN WOHIN?

Stell dir vor, das Wetter ist schön, die Sonne strahlt und du willst raus. Ein freier Tag, ein Wochenende, vielleicht sogar ein paar Tage mehr. Oder gleich zwei Wochen. Mal eben Sonne tanken, das wär's, und zwar um die Ecke, in Deutschland. Genau für diesen Fall ist dieses Buch gedacht. Es führt dich durch ganz Deutschland – auf den Spuren der Jahreszeiten.

Doch jetzt ist alles anders. Als das Buch in Druck ging, wussten wir nicht, wann welche Orte und Museen, welche Wellnessparadiese oder Trauminseln wieder zugänglich sein, welche Feste und Events wir gemeinsam feiern werden. Doch egal, wann Reisen wieder möglich sind, du wirst begeistert sein, was man in Deutschland zu jeder Jahreszeit alles entdecken kann. Im März etwa das Markgräflerland, wo das Frühjahr Sonnenpurzelbäume schlägt, oder Berlin, wo du frühlingsfrisch über Spree und Havel schippern kannst. Im April lockt das Allgäu, wo du auf der Nagelfluhkette mit phantastischen Alpenpanoramen belohnt wirst, im Hochsommer eine Hausbootfahrt auf der Müritz oder ein Bad im Alatsee bei Füssen. Und im Winter? Dampft die Brockenbahn im Harz durch Schneelandschaften und flüstert dir der Wind über den Ostfriesischen Inseln Fernwehgrüße zu.

Fast 300 Orte, Events und Ideen haben wir für „Wann am besten wohin in Deutschland?" gesucht und auf zwölf Monatskapitel verteilt. Am Anfang jedes Kapitels steht eine Übersicht, die dich mit Hilfe einer Grafik bereits auf die richtige Fährte führt. Dazu gibt's dann jede Menge Information. Und Inspiration. Denn auch wenn wir alle nicht wissen, wann wir wieder losziehen können, so können wir doch davon träumen. Und sind dann nicht nur perfekt vorbereitet, wenn's losgeht. Sondern auch zur richtigen Zeit am richtigen Ort.

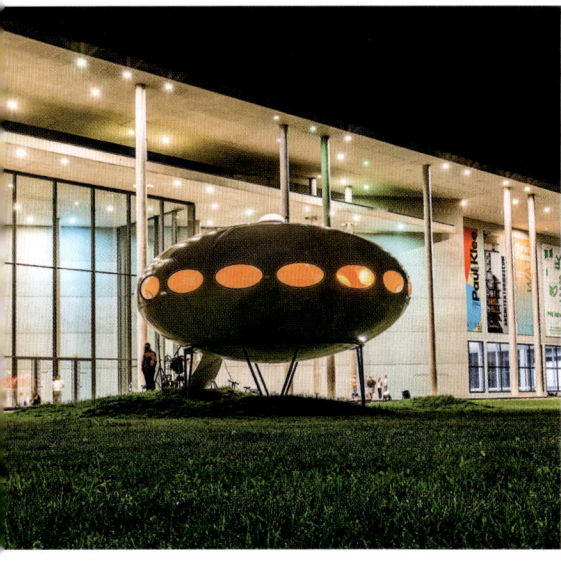

(L) Teufelsschlucht in der Südeifel; (M) Übersee am Chiemsee; Eselwandern im Bliesgau; Pinakothek der Moderne in München;
(R) Badespaß am Schweriner Innensee

Januar

WANN AM BESTEN WOHIN?

ICH WILL

MIR ETWAS GÖNNEN

Bei Freinsheim an der Rotweinwanderung teilnehmen – an 16 Stationen wird auf einer Strecke von 7 km Rotwein ausgeschenkt

LASS UNS AUSGEHEN

AB ANS WASSER

Warm eingemummelt die besondere Atmosphäre der winterlichen Spree bei einer Kahnfahrt genießen

In Mainz feiert man nicht nur ins neue Jahr hinein, man startet mit dem Neujahrsumzug direkt in die närrische Zeit

ESSEN & TRINKEN

FEIERN

AUF IN DIE STADT

OSTFRIESLAND S. 22

FREINSHEIM S. 18

LÜNEBURGER HEIDE S. 27

In Ostrfriesland einfach ein wenig „abwarten und Tee trinken"

SÜSS

SALZIG

SPREEWALD S. 22

RÜGEN S. 25

KELLERWALD-EDERSEE S. 29

GROSS

KLEIN

MAINZ S. 23

GÖRLITZ S. 31

Görlitz bietet eine wunderschön sanierte historische Altstadt

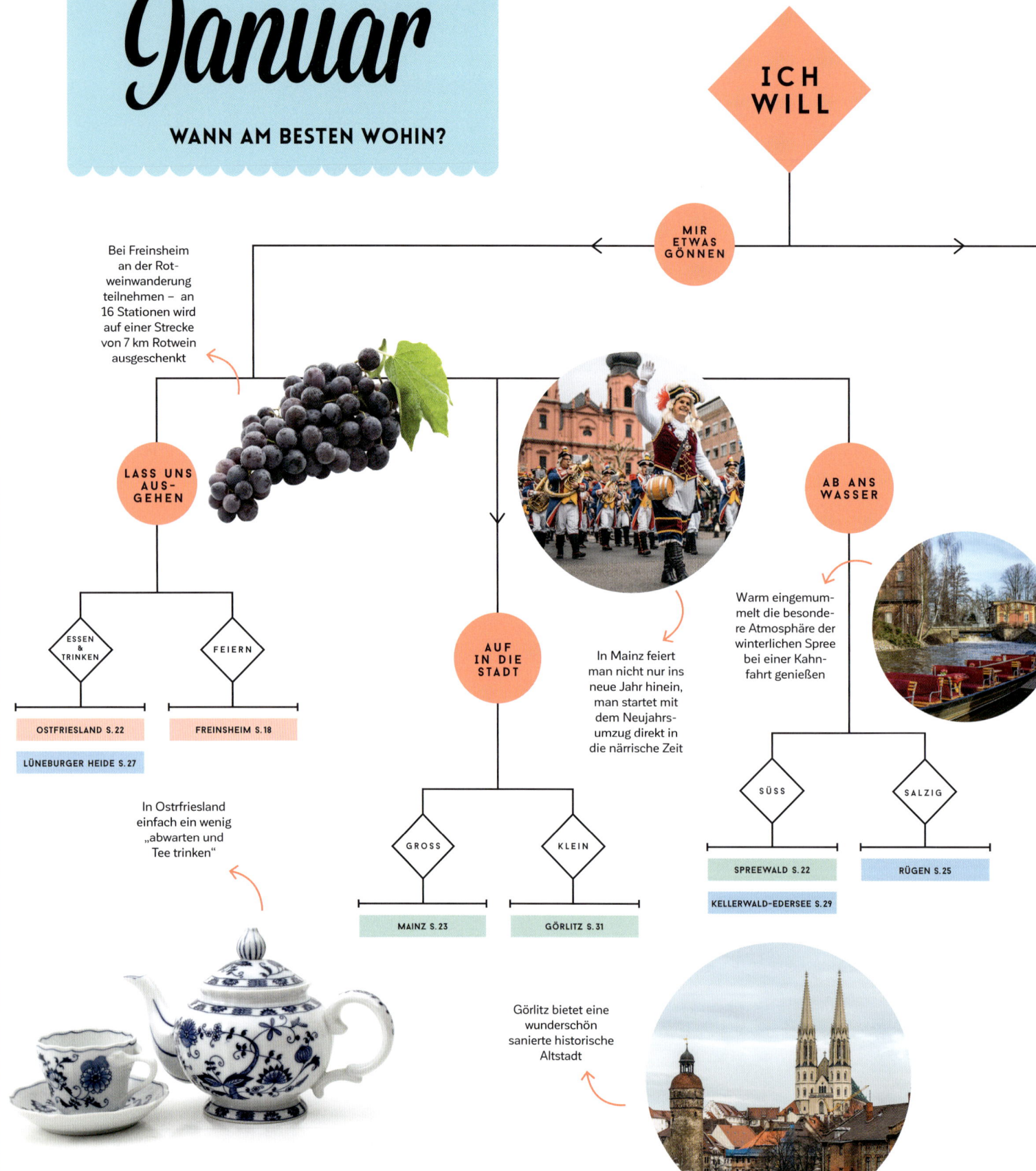

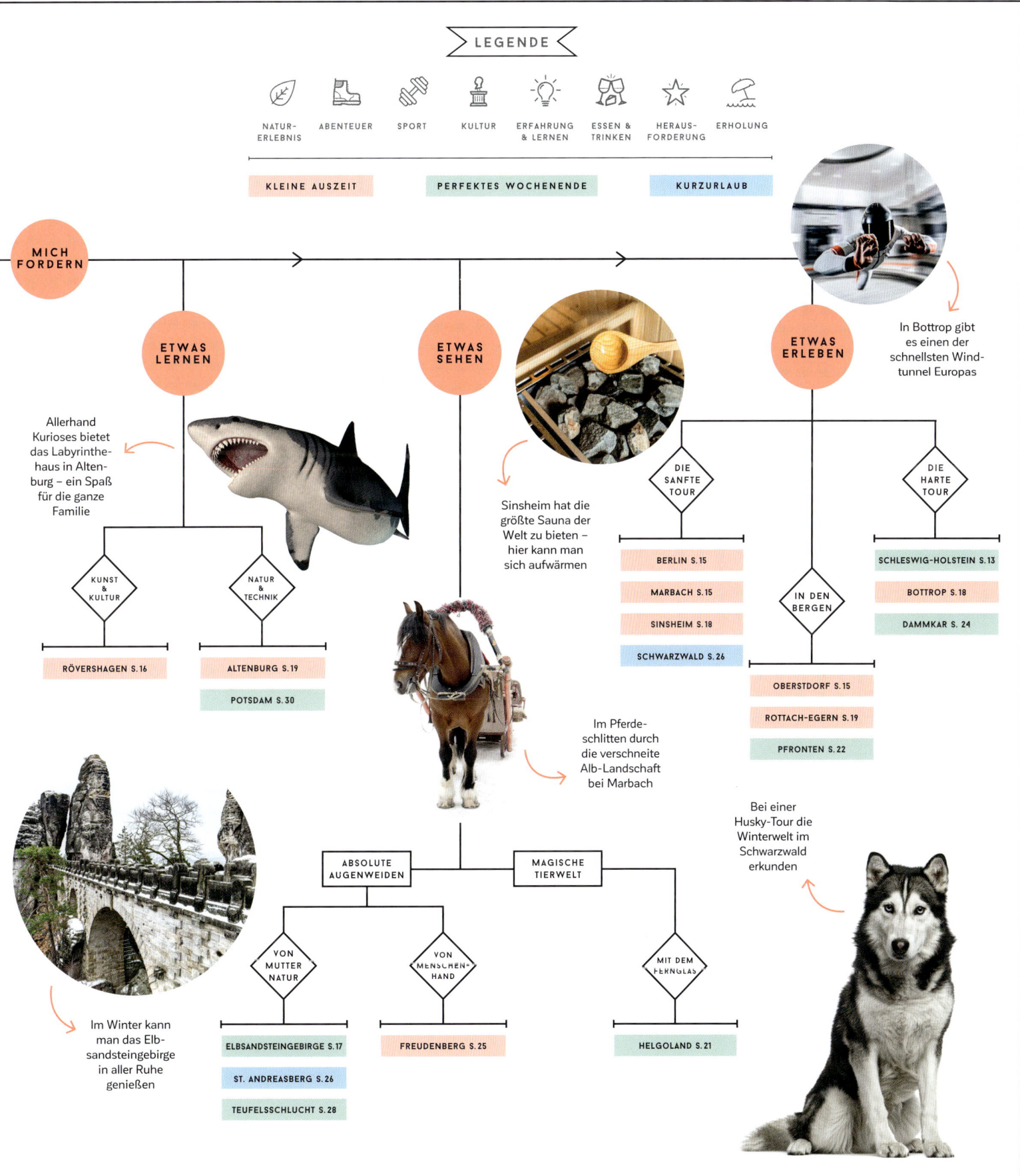

LEGENDE

| NATUR-ERLEBNIS | ABENTEUER | SPORT | KULTUR | ERFAHRUNG & LERNEN | ESSEN & TRINKEN | HERAUS-FORDERUNG | ERHOLUNG |

KLEINE AUSZEIT   PERFEKTES WOCHENENDE   KURZURLAUB

MICH FORDERN

ETWAS LERNEN

ETWAS SEHEN

ETWAS ERLEBEN

In Bottrop gibt es einen der schnellsten Windtunnel Europas

Allerhand Kurioses bietet das Labyrinthehaus in Altenburg – ein Spaß für die ganze Familie

Sinsheim hat die größte Sauna der Welt zu bieten – hier kann man sich aufwärmen

DIE SANFTE TOUR

DIE HARTE TOUR

KUNST & KULTUR

NATUR & TECHNIK

BERLIN S. 15

MARBACH S. 15

SINSHEIM S. 18

SCHWARZWALD S. 26

SCHLESWIG-HOLSTEIN S. 13

BOTTROP S. 18

DAMMKAR S. 24

IN DEN BERGEN

RÖVERSHAGEN S. 16

ALTENBURG S. 19

POTSDAM S. 30

OBERSTDORF S. 15

ROTTACH-EGERN S. 19

PFRONTEN S. 22

Im Pferdeschlitten durch die verschneite Alb-Landschaft bei Marbach

Bei einer Husky-Tour die Winterwelt im Schwarzwald erkunden

ABSOLUTE AUGENWEIDEN

MAGISCHE TIERWELT

VON MUTTER NATUR

VON MENSCHEN-HAND

MIT DEM FERNGLAS

Im Winter kann man das Elbsandsteingebirge in aller Ruhe genießen

ELBSANDSTEINGEBIRGE S. 17

ST. ANDREASBERG S. 26

TEUFELSSCHLUCHT S. 28

FREUDENBERG S. 25

HELGOLAND S. 21

KIEL

RÜGEN S.25

RÖVERSHAGEN S.16

SCHLESWIG-HOLSTEIN S.13

ROSTOCK

HELGOLAND S.21

OSTFRIESLAND S.22

HAMBURG

BREMEN

LÜNEBURGER HEIDE S.27

BERLIN S.15

BERLIN

HANNOVER

POTSDAM S.30

MÜNSTER

SPREEWALD S.22

ST. ANDREASBERG S.26

DORTMUND

ESSEN

BOTTROP S.18

LEIPZIG

DÜSSELDORF

KASSEL

KÖLN

KELLERWALD-EDERSEE S.29

ALTENBURG S.19

GÖRLITZ S.31

ERFURT

DRESDEN

FREUDENBERG S.25

ELBSANDSTEINGEBIRGE S.17

TEUFELSSCHLUCHT S.28

FRANKFURT/MAIN

MAINZ S.23

SAARBRÜCKEN

SINSHEIM S.18

NÜRNBERG

FREINSHEIM S.18

MARBACH S.15

STUTTGART

SCHWARZWALD S.26

FREIBURG

MÜNCHEN

PFRONTEN S.22

ROTTACH-EGERN S.19

OBERSTDORF S.15

DAMMKAR S.24

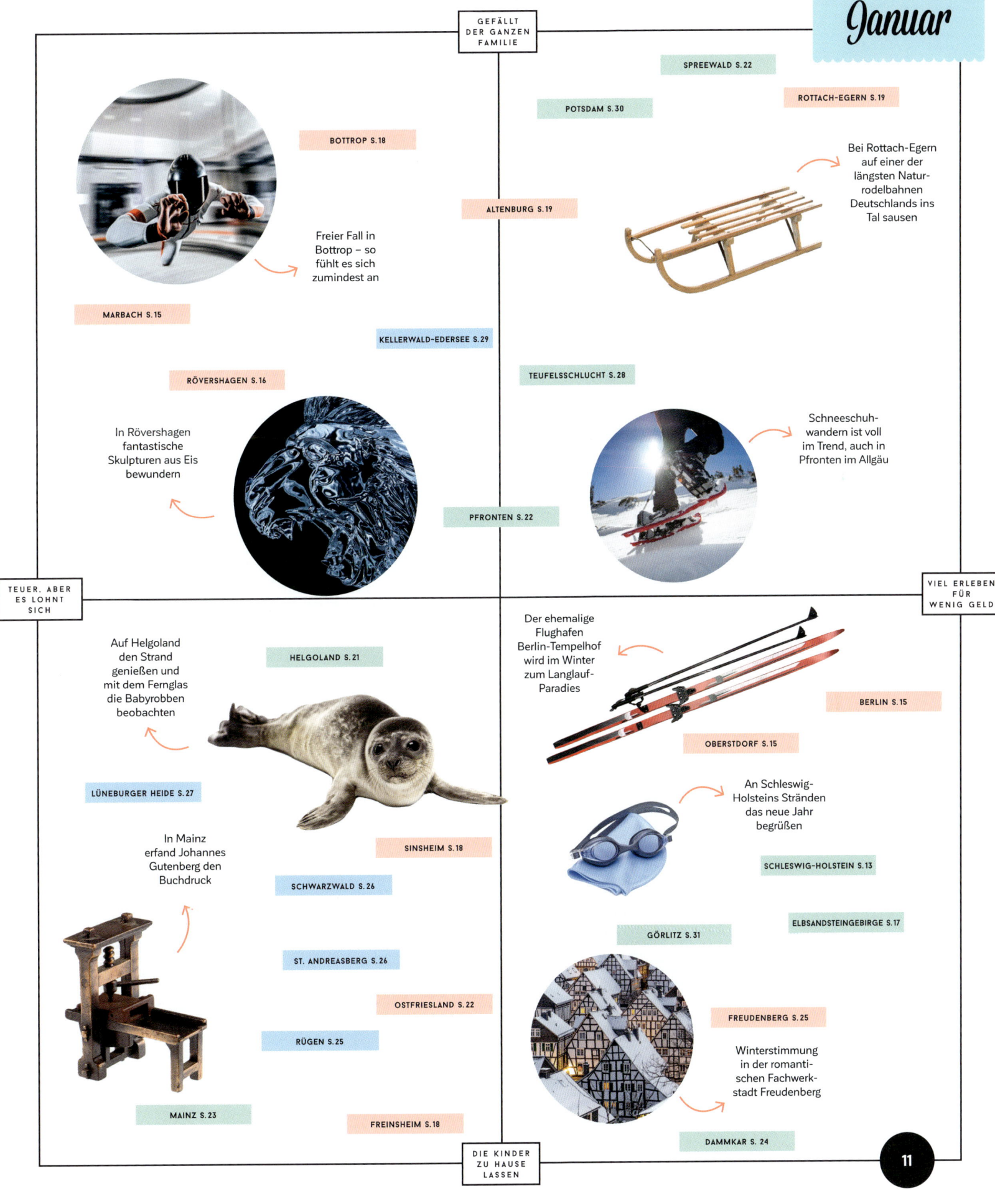

SPREEWALD S. 22

POTSDAM S. 30

ROTTACH-EGERN S. 19

BOTTROP S. 18

Bei Rottach-Egern auf einer der längsten Naturrodelbahnen Deutschlands ins Tal sausen

ALTENBURG S. 19

Freier Fall in Bottrop – so fühlt es sich zumindest an

MARBACH S. 15

KELLERWALD-EDERSEE S. 29

RÖVERSHAGEN S. 16

TEUFELSSCHLUCHT S. 28

In Rövershagen fantastische Skulpturen aus Eis bewundern

Schneeschuhwandern ist voll im Trend, auch in Pfronten im Allgäu

PFRONTEN S. 22

Der ehemalige Flughafen Berlin-Tempelhof wird im Winter zum Langlauf-Paradies

Auf Helgoland den Strand genießen und mit dem Fernglas die Babyrobben beobachten

HELGOLAND S. 21

BERLIN S. 15

OBERSTDORF S. 15

LÜNEBURGER HEIDE S. 27

An Schleswig-Holsteins Stränden das neue Jahr begrüßen

In Mainz erfand Johannes Gutenberg den Buchdruck

SINSHEIM S. 18

SCHLESWIG-HOLSTEIN S. 13

SCHWARZWALD S. 26

ELBSANDSTEINGEBIRGE S. 17

GÖRLITZ S. 31

ST. ANDREASBERG S. 26

FREUDENBERG S. 25

OSTFRIESLAND S. 22

RÜGEN S. 25

Winterstimmung in der romantischen Fachwerkstadt Freudenberg

MAINZ S. 23

FREINSHEIM S. 18

DAMMKAR S. 24

HELGOLAND
SCHLESWIG-HOLSTEIN

→ **Warum jetzt? Die Kegelrobben bringen ihren Nachwuchs zur Welt und belagern die Strände**

Im Winter an den Strand? Genau, und zwar auf Helgoland. Natürlich nicht mit Badeklamotten und Sonnenschirm, sondern am besten mit warmer, wetterfester Kleidung und Fernglas. Denn so kann man, ohne zum Störenfried zu werden, den neugeborenen Robbenbabys ganz nah sein. Hier geht es in den Wintermonaten Dezember und Januar zu wie auf einer Geburtenstation: Täglich erblicken neue Kegelrobben das Licht der Helgoländer Welt. Besonders viele Tiere sammeln sich am Nordstrand der Düne. Diese Nebeninsel befindet sich rund 1 km östlich der Hauptinsel.

Vor Ort: Die Helgoländer Düne ist ein Paradies für Urlauber, die Ruhe und Kontakt zur Natur suchen. Auf der etwa 1 km langen und 700 Meter breiten Insel stehen den tierischen und menschlichen Besuchern

rund 130 000 Quadratmeter feinster Strand zur Verfügung. Und Fossiliensammler finden hier etwas ganz Besonderes: den roten Feuerstein.

Gut zu wissen: Zwischen der Hauptinsel und der Düne verkehrt in den Wintermonaten im halbstündigen Takt bis 16.30 Uhr eine Fähre (5 Euro pro Person). Sie legt je nach Wetterlage von der Landungsbrücke oder vom kleinen Nordosthafen ab (bitte aktuelle Hinweise beachten).

www: helgoland.de

◼ Naturerlebnis
◼ Erfahrung & Lernen
◼ Abenteuer

Die kleine Kegelrobbe auf Helgoland scheint sich pudelwohl zu fühlen

Langlaufen mitten
der Großstadt auf de
ehemaligen Flughaf

(L) Die Breitach
klamm, zu E
erstarr
(R) Wintervergnüge
wie anno dazum

LANGLAUF
TEMPELHOFER FELD, BERLIN

→ Warum jetzt? Auf der City-Loipe durch die innerstädtische Winterlandschaft gleiten

Einer Anekdote zufolge soll einmal ein Berliner zu einem Schweizer gesagt haben: „Berge haben wir zwar nicht, aber wenn wir welche hätten, wären sie größer als eure." Inzwischen haben es die Berliner trotz Berglosigkeit geschafft, ein Zentrum für aktive Freunde des Skisports einzurichten – wenngleich der Skiläufer hier „nur" auf der Ebene über eine Langlaufloipe gleitet. Fans sind sich einig: Der Tempelhofer Park auf dem Gelände des ehemaligen Flughafens ist auch ohne Berge und Hüttenzauber ein lohnenswertes Ziel für Wintersportler.

Vor Ort: Früher Flughafen – heute Naherholung: Wo ehemals Flugzeuge von West-Berlin aus in alle Welt starteten, gibt es seit rund zehn Jahren 300 Hektar grünen Freiraum für Berliner und Nicht-Berliner zum Skaten, Schlendern, Picknicken, Joggen, Vogelbeobachten, und zwar sowohl im Winter als auch im Sommer.

Gut zu wissen: Voraussetzung für das Spuren einer Loipe ist eine Schneehöhe von 25 cm. Vor Ort gibt es einen Langlaufskiverleih. Das Tempelhofer Feld liegt zwischen Tempelhofer Damm, Columbiadamm, Oderstraße und Ringbahn südlich des Zentrums und ist mit öffentlichen Verkehrsmitteln sehr gut zu erreichen.
www: gruen-berlin.de/tempelhofer-feld, nordisch-aktiv.de/veranstaltungsort/tempelhofer-feld

BREITACHKLAMM IN EIS
OBERSTDORF

→ Warum jetzt? Die tiefste Klamm der Bayerischen Alpen präsentiert sich in Eis erstarrt

Als ob selbst die Zeit Winterschlaf machen würde – nichts bewegt sich mehr. Wo bis in den Herbst hinein Wasserfälle mit Karacho nach unten stürzten, ist die Breitach nun erstarrt. Im freien Fall, sozusagen. Der Weg durch die Allgäuer Klamm führt an Eisvorhängen, gefrorenen Wasserfällen und mächtigen Eiszapfen vorbei, durch eine weiße Winterwunderschlucht, die dich in eine andere Welt entführt. Ab und zu knarzt oder tropft es, aber der Schnee dämpft die Geräusche und es herrscht, auch unter den Mitwanderern, ehrfürchtige Stille! Die kannst du übrigens auch im weniger bekannten Eistobel südlich von Isny genießen (im Winter allerdings auf eigene Gefahr).

Vor Ort: Nicht mal 8 km liegen zwischen der quirligen Stadt Oberstdorf und der wilden Breitachklamm. Zwischen beiden Punkten gibt es eine praktische Busverbindung, wahlweise zum oberen Eingang der Klamm an der Walserschanze oder unten bei Tiefenbach.

Gut zu wissen: Die Breitachklamm ist im Winter von 9 bis 17 Uhr geöffnet. Allerdings kann es – Achtung, wilde Natur! – sein, dass der Weg wegen ungünstiger Witterung gesperrt wird. Es lohnt also, sich vorab zu informieren.
www: breitachklamm.com/jahreszeiten/winter.html, eistobel.de

PFERDE-SCHLITTENFAHRT
MARBACH

→ Warum jetzt? Auf der Schwäbischen Alb Pferde erleben, mit denen man gut Schlitten fahren kann

Du liebst Pferde? Dann ist das baden-württembergische Haupt- und Landgestüt Marbach dein Paradies, eingebettet in die weite Landschaft der Schwäbischen Alb. Seit gut 500 Jahren dreht sich hier, im ältesten Gestüt Deutschlands, alles ums Ross. Und im Winter gibt es etwas ganz Besonderes: eine Schlittenfahrt durch die verschneite Alb-Landschaft, hinüber bis zum steilen Albtrauf samt Traumblick. Die wehenden Mähnen der stämmigen Kaltblüter, die den Schlitten ziehen, wirst du so schnell nicht vergessen. Überhaupt: Wer die Herden auf ihren Winterwiesen laufen sieht, wird automatisch zum Pferdefan.

Vor Ort: Das Gestüt Marbach liegt mitten im UNESCO-Biosphärengebiet, umringt von weitläufigen Wiesen und Natur. Wenn dich der Hunger überfällt, bestellst du dir im Gestütsgasthof (www.gestuetsgasthof-marbach.de) Linsen und Spätzle – das hilft gegen die Winterkälte. So wie die anderen deftigen Gerichte von Maultaschen bis Zwiebelrostbraten.

Gut zu wissen: Auch in den Winterferien bietet das Gestüt Marbach nachmittags täglich Führungen an (Weihnachten und Silvester ausgenommen). Außerdem gibt es im Gestütsshop allerlei Mitbringsel rund ums Pferd zu kaufen.
www: gestuet-marbach.de

Sport
Erfahrung & Lernen
Naturerlebnis

Sport
Naturerlebnis

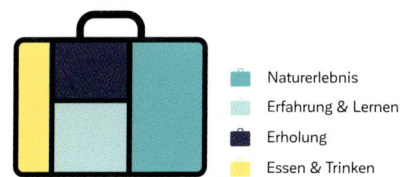

Naturerlebnis
Erfahrung & Lernen
Erholung
Essen & Trinken

Eiskalte Kunst
in Rövershagen

EISWELT
RÖVERSHAGEN

→ **Warum jetzt? Glitzerkälte in Löwengestalt**

Afrika und Eis, das passt auf den ersten Blick nicht wirklich zusammen. Selbst die Gletscher auf dem Kilimandscharo sind in den letzten Jahren geschrumpft. Nicht so in der Eiswelt Rövershagen, wo der höchste Berg des afrikanischen Kontinents in Form gefrorenen Wassers staunen lässt. In der 17. Ausgabe des eiskalten Vergnügens, das noch bis November 2020 zu sehen ist, haben 25 warm eingepackte Künstler 300 Tonnen Eis mit Bohrer, Meißel und Motorsäge in eine tiefgefrorene Bilderwelt aus ägyptischen Pyramiden samt Kamelen, afrikanischen Dörfern und furchteinflößenden Löwen verwandelt. Musik- und Lichteffekte haben schon die früheren Ausstellungen – in denen sich Dinosaurier und Elfen tummelten oder die Geschichte Rostocks nachgebildet wurde – zu glitzernden Spektakeln gemacht.

Vor Ort: Die jährlich Anfang Dezember mit einem neuen Thema aufwartende Eiswelt ist eine Attraktion des Karls Erlebnis-Dorf Rövershagen. Entstanden aus einem Erdbeerhof, ist die Anlage bei Rostock heute eine Mischung aus Freizeitpark, Hofladen, Bauernmarkt und Restaurants.

Gut zu wissen: Eine weitere Eiswelt findet jedes Jahr im Karls Erlebnis-Dorf Elstal bei Berlin statt. Bis November 2020 geht die Reise an 19 Stationen einmal quer durch ein tiefgefrorenes Asien. Wer die Ausstellungen besucht, muss sich warm anziehen: Die Temperatur beträgt nur -7 °C.
www: karls.de

■ Kultur
■ Erfahrung & Lernen

Die 1851 errichtete Basteibrücke besteht wie das Gebirge aus Sandstein

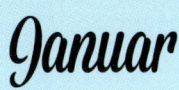

ELBSANDSTEIN-GEBIRGE
SACHSEN

→ Warum jetzt? Weil du dann das Elbsandsteingebirge (fast) für dich allein hast und die Natur in einem ganz anderen Licht erscheint

Im Sommer geht es in der Felsenlandschaft im Nationalpark Sächsische Schweiz manchmal zu wie beim Samstagsshopping im nahe gelegenen Dresden. Im Winter aber, da liegen bizarrer Fels und weiter Wald einsam und verlassen da. Schneesicherheit ist zwar auch hier in den letzten Jahren Fehlanzeige, aber falls Frau Holle Pause macht, kannst du ja vom Ski auf den Schuh umsatteln. Wie wäre es mit einer Wanderung hoch zur Basteibrücke, mit einem grandiosen Blick über die weite wilde Winterlandschaft? Wer nicht allein unterwegs sein möchte: In den Gemeinden der Region – Schmilka und Bad Schandau, Rathen, Königstein, Pirna oder Bad Gottleuba – gibt's jede Menge Führungen und Winterangebote.

Vor Ort: Das Aktiv Zentrum Sächsische Schweiz in Bad Schandau gewinnt der kalten Jahreszeit tolle Highlights ab. Ob Wanderungen mit Glühweinkochen, Yoga, Trail-Running durchs Felsengewirr oder Stirnlampenwanderungen: Der Winter im Elbsandsteingebirge braucht sich vor dem Sommer nicht zu verstecken.

Gut zu wissen: Das Auto kannst du zu Hause lassen, das Elbsandsteingebirge hat S-Bahn-Anschluss! Von Dresden aus fahren Zug, Bus oder die S-Bahn ins nahe gelegene Naturparadies.

www: saechsische-schweiz.de

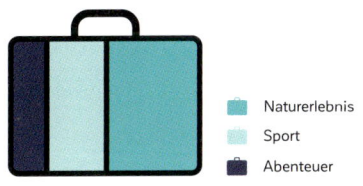

- Naturerlebnis
- Sport
- Abenteuer

17

INDOOR SKYDIVING
BOTTROP

→ **Warum jetzt?** Fallschirmspringen im Winter

In ein paar Tausend Metern Höhe mit einem Fallschirm aus einem Flugzeug zu fallen, ist nicht jedermanns Sache. Schon gar nicht im Winter. Wer trotzdem wissen will, wie sich ein Sturz in die Tiefe anfühlt, steigt beim Indoor Skydiving in Bottrop in einen 17 Meter hohen gläsernen Turm. Wird einer der schnellsten Windtunnel Europas angeworfen, schwebt man in einem bis zu 300 km/h schnellen Luftstrom, der den freien Fall suggeriert. Den rasend schnell auf dich zukommenden Erdboden musst du dir eben vorstellen. Und die Zuschauer ignorieren, die die Skydiver von außen beobachten. Also, die richtige Haltung einnehmen und einfach fliiiiiegen.

Vor Ort: Genug vom Fliegen? Direkt neben der Anlage liegt das Alpincenter Bottrop, in dem man auf der längsten überdachten Skipiste der Welt über den Schnee pesen kann. Sommerrodelbahn und Klettergarten vervollständigen den Abenteuerparcours.

Gut zu wissen: Wer übernachten will, kann in den Partnerhotels des Alpincenters absteigen: im Hotel Gladbeck (www.gladbeck.vandervalk.de) und im Hotel Moers (www.moers.vandervalk.de).
www: indoor-skydiving.com

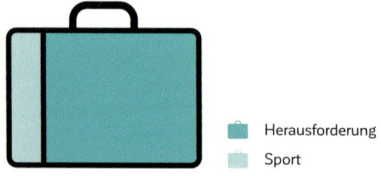

- ■ Herausforderung
- ■ Sport

ROTWEIN-WANDERUNG
FREINSHEIM

→ **Warum jetzt?** Rotwein mal mit Raureif

Eigentlich wandert man ja im goldenen Herbstlicht durch die Weinberge. Aber nachdem es in der Adventszeit Rebensaft oft nur in Form der Glühwein-Variante gibt, ist die traditionelle Rotweinwanderung am vierten Januarwochenende in Freinsheim eine willkommene Abwechslung. Auf die Herbstfarben der Pfalz muss man zwar verzichten, aber wenn der Reif die Blätter der Reben nachzeichnet, hat das auch seinen Reiz. Das Weinwanderwochenende beginnt am Freitag um 18 Uhr mit einem Fackelzug auf den „Musikantenbuckel", wie die Weinlage rund um die Stadt genannt wird. 7 km lang ist die Strecke, an 16 Stationen wird Rotwein ausgeschenkt. Der ist nicht eiskalt, sondern hat genau die richtige Trinktemperatur. Glühwein gibt's übrigens auch.

Vor Ort: Am Samstag und Sonntag startet die Weinwanderung um 11.30 Uhr. Neben Rotweinen werden auch deftige Pfälzer Spezialitäten serviert.

Gut zu wissen: Freinsheim liegt an der Deutschen Weinstraße und ist mit seiner fast vollständig erhaltenen Stadtmauer und dem historischen Stadtkern idyllischer Ausgangspunkt für Ausflüge in die Reblandschaft der Pfalz.
www: weinwanderung.net

- ■ Essen & Trinken
- ■ Naturerlebnis
- ■ Erfahrung & Lernen

GRÖSSTE SAUNA DER WELT
SINSHEIM

→ **Warum jetzt?** Südseeträume im süddeutschen Winter

Im Winter sind sie leider eher selten zu sehen, die japanischen Kois, die sonst vor dem Panoramafenster der gleichnamigen Sauna in der Badewelt Sinsheim vorbeistreichen. Die in allen Farben schillernden Fische sind nicht das einzig Bemerkenswerte des Schwitzhauses im Stile Nippons: Mit seinen fast 170 Quadratmetern hat es sich den Titel „Größte Sauna der Welt" gesichert. 150 Gäste können hier gleichzeitig vor der Januarkälte in die wohlige Wärme von 80 °C entfliehen. Die Koi-Sauna ist nur einer von insgesamt neun bis zu 100 °C heißen Themenräumen der Therme.

Vor Ort: Wellness wird in den Wintermonaten in der Badewelt Sinsheim großgeschrieben. Neben Aqua Fit und Aqua Floating gibt es einen detaillierten Aufguss- und Aktionsplan für die Saunen, vom Licht- und-Farben-Aufguss in der 80 °C warmen Euphoria bis zum Gesundheits-Workshop im Elysium oder dem Frühaufsteher-Aufguss im 90 °C warmen Holzstadl.

Gut zu wissen: Das Wasser in der Großen Lagune ist 34 °C warm, über dem von echten Südseepalmen umsäumten Becken wölbt sich eine Glaskuppel, die im Sommer auch aufgefahren werden kann. Direkt nebenan liegt das Technik Museum Sinsheim (www.sinsheim.technik-museum.de) mit IMAX 3D Kino, einer echten Concorde und jeder Menge spannender Fahrzeuge.
www: badewelt-sinsheim.de

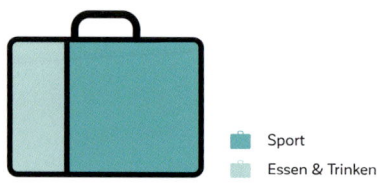

- ■ Sport
- ■ Essen & Trinken

RODELN
ROTTACH-EGERN

→ **Warum jetzt? Schnee und Rodel gut – beste Bedingungen fürs Bergab-Vergnügen**

Achtung, das ist nichts für Warmduscher: Hier wird gerodelt, bis das Sitzfleisch schmerzt. Die Rodelbahn am Wallberg bei Rottach-Egern in Oberbayern ist 6,5 km lang und damit eine der längsten Naturrodelbahnen Deutschlands. Ein Rodeldiplom braucht man nicht, aber etwas geübt sollte man für die etwa halbstündige Abfahrt schon sein. Damit alles glatt läuft, wird die Bahn täglich neu präpariert. Hinauf an den Start – mit phänomenalem Ausblick über den Tegernsee – geht es per pedes oder mit der Wallbergbahn. Wer kein eigenes Kufenfahrzeug hat, kann sich an der Talstation eines ausleihen.

Vor Ort: Der Wallberg befindet sich auf der Südseite des Tegernseer Tals. Von München schafft man die 50 km Anfahrt mit

dem Auto in knapp 1 Stunde. Nach dem Rodeln lohnt sich ein Spaziergang über die Flaniermeile am Seeufer in Rottach-Egern. Dort finden sich feine Hotels, Restaurants, Boutiquen sowie Wellness- und Schönheitsangebote.

Gut zu wissen: Neben der Bergstation liegt das große Panoramarestaurant Wallberg. Die Rodelstrecke führt am Berggasthof Wallbergmoosalm vorbei, wo typische

Schmankerl vom Brotzeitbrettl bis zum Kaiserschmarrn serviert werden.
www: wallbergmoos-alm.de

Ein Bilderbuchtag auf dem Wallberg

Herausforderung
Naturerlebnis
Sport
Abenteuer
Essen & Trinken

LABYRINTHEHAUS
ALTENBURG

→ **Warum jetzt? Winterwetter? Hat sich im Labyrinth verlaufen**

Reise nach Ägypten ins Tal der Könige. Düstere Wege durch die Pyramide führen zur Mumie des Pharaos. Folge den Trommeln und kämpfe dich bis ins Herz der afrikanischen Wildnis. Achtung, in der Tiefsee lauern Meeresungeheuer und Riesenkraken! Aber was ist das? Treiben hier Geschöpfe der Unterwelt ihr Unwesen? Ist da was durcheinandergeraten? Nein. Die Rede ist vom Labyrinthehaus in Altenburg – ein ideales Ausflugsziel für abenteuer-

lustige Familien und Freunde spektakulärer Indoorparks.

Vor Ort: Das Themen- und Kulissenlabyrinth befindet sich auf dem Gelände der ehemaligen Herzog-Joseph-Kaserne. Die einstige Residenzstadt liegt etwa in der Mitte des thüringischen Städtedreiecks Leipzig–Chemnitz–Gera.

Gut zu wissen: Das Labyrinthehaus ist täglich von 10 bis 18 Uhr geöffnet. Der Eintrittspreis beträgt für Erwachsene 13 Euro, für Kinder bis 1,40 Meter 11 Euro, Kinder unter 1 Meter dürfen sich kostenfrei verirren.

Achtung: nur Barzahlung möglich. Haltestelle für die Anfahrt mit öffentlichen Verkehrsmitteln (Bus Linie Z, S-Bahn Linie 5): Leipziger Straße/Beethovenstraße.
www: labyrinthehaus.de

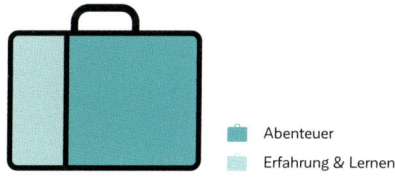

Abenteuer
Erfahrung & Lernen

NEUJAHRSANBADEN
SCHLESWIG-HOLSTEIN

→ Warum jetzt? Weil originelle Vorsätze fürs Neue Jahr neue Horizonte eröffnen

Das soll gesund sein? 5 °C „warmes" Wasser, Windstärke bis zur Sturmwarnung, Zuschauer mit rot gefrorenen Nasen und dicken Handschuhen – und dazwischen Menschen in Badehose. Diese „Unverfrorenen" starten in das Neue Jahr mit einem spektakulären Kälte-Kick, dem Bad in den eisigen Fluten der Nord- oder Ostsee: In Schleswig-Holstein hat das Neujahrsanbaden Tradition, übers Land verteilt sprinten Hunderte spärlich bekleidete Wasserratten nach dem Startschuss los, angefeuert von dick vermummten Zuschauern. Auch wenn die Beine schlottern, eine Gaudi ist das Kaltbaden auf jeden Fall.

Vor Ort: Gleich den Strand vor der Tür findest du im Beach Motel Heiligenhafen in Ostholstein. Und wer nach dem eisigen Bad Hunger bekommt: Im Lütt Hus schmeckt's nicht nur gut, hier ist es auch gemütlich.

Gut zu wissen: Für Neulinge ist es ratsam, einen Gesundheitscheck machen zu lassen. Nicht, dass es eine böse Überraschung gibt. Im Meer ein Bad nehmen geht ansonsten natürlich immer, im Sommer liegen die Wassertemperaturen der Nordsee in Küstennähe meist um die 18 °C, die Ostsee bietet im Schnitt sogar 19 °C.

Herausforderung

Sport

Naturerlebnis

Nur wer ganz eintaucht, wird beim Neujahrsanbaden ernst genommen

ABWARTEN UND TEE TRINKEN
OSTFRIESLAND

→ Warum jetzt? Teezeremonie auf Ostfriesisch

„Ik mook us eben en Koppke Tee." Wenn man das hört, wird's ostfriesisch gemütlich. Und zeremoniell. Mit der „Kluntjezange" bugsiert man einen Brocken Kandiszucker, den „Kluntjes", in die filigrane Tasse mit der ostfriesischen Rose. Darüber wird nun der Tee gegossen, der die richtige Temperatur hat, wenn der Zuckerbrocken knistert. Vorsichtig kommt Sahne dazu, die sich wolkengleich im dampfenden Tassenrund verteilt. Und die Welt kommt zum Stillstand.

Vor Ort: Die Teezeremonie mitzuerleben ist ein wahrer Genuss für Liebhaber des aromatischen Heißgetränks. Besonders gut schmeckt der Tee in einem typischen Haus aus rotem Klinker mit tiefgezogenem Dach und originalgetreuer Einrichtung, zum Beispiel im De Groot'sche Hus in Ihlowerfehn.

Gut zu wissen: Wer mehr über die Ostfriesen und ihren Tee erfahren möchte, sollte das Bünting Teemuseum in Leer (www.buenting-teemuseum.de) oder das Ostfriesische Teemuseum in Norden (www.tee museum.de) besuchen. In beiden Museen gibt es auch regelmäßig Teezeremonien.

www: fehnmuseumteestube-ihlowerfehn. jimdofree.com

Essen & Trinken
Kultur
Erfahrung & Lernen

SCHNEESCHUH-WANDERN
PFRONTEN

→ Warum jetzt? Schneespaß im Winterwunderland

Wie Tennisschläger sehen sie schon lange nicht mehr aus, die Schneeschuhe von heute. Sie verhindern, dass man bei jedem Schritt in der weißen Pracht einsinkt – und haben sich nicht nur im Allgäu zur beliebten Ski-Alternative entwickelt. Mach dich mit einem Bergführer auf ins unberührte Weiß, genieß die Stille, die nur durch das Knirschen des Schnees beim Laufen unterbrochen wird. Eiskristalle flirren in der glasklaren Luft und wenn sich watteweiche Wolken über die Tannen legen, bekommt der Ausflug zur Hundeleskopfhütte oder zur Alpe Kögelhof schnell etwas von einem Rocky-Mountain-Abenteuer. Mit lecker Happy End bei Kässpätzle und Almbrotzeit.

Vor Ort: Eine geführte Schneeschuhtour kann man auf der Website www. pfronten.de buchen. In den Bayerischen Alpen gibt es noch viele weitere Orte, die solche Touren anbieten, etwa Immenstadt oder Bad Hindelang.

Gut zu wissen: Der Deutsche Alpenverein (DAV) hat ein Merkblatt für naturverträgliches Schneeschuhgehen herausgebracht. Wer zum ersten Mal die Teller unterschnallt, sollte auf jeden Fall mit einem Führer aufbrechen.

www: pfronten.de

Naturerlebnis
Sport
Abenteuer
Essen & Trinken

WINTERKAHN-FAHRT
SPREEWALD

→ Warum jetzt? Weil der Spreewald im Winter eine besonders zauberhafte Stimmung entfaltet

Kalt? Na und! Bei einer Glühweinfahrt im Spreewald wird dir warm, keine Bange. In dicken Winterstiefeln, eingemummelt in kuschelige Decken, einen heißen Glühwein oder Tee in den Händen, geht es auf verschlungenen Kanälen durch das märchenhaft verschneite Waldgebiet in Brandenburg. Du bist eher der romantische Typ? Dann ist eine Kahnfahrt der ultimative Herzenswärmer. Nichts fehlt: atmosphärische Abendstimmung, prasselndes Kaminfeuer an Bord und ein dampfendes Getränk gibt es hier natürlich auch. Und wenn es so kalt wird, dass eine Eisschicht die Kanäle überzieht, schlägt die Stunde der Schlittschuhläufer – leider kommen die mittlerweile nur selten zum Zug.

Vor Ort: In Burg im Spreewald geht es Ende Januar sportlich zu. Dann heißt es „Auf die Plätze – fertig – los" beim beliebten Frostwiesenlauf. Strecken zwischen gemütlichen 2 und sportlichen 30 km stehen zur Wahl. Und natürlich ist auch der Glühwein nie weit.

Gut zu wissen: In der Nebensaison bieten nicht alle Häfen täglich Winterkahnfahrten an. Daher ist es ratsam, vorher zu checken, wo und an welchen Tagen eine solche Kahnfahrt mit Glühwein angeboten wird.

www: spreewald.de

Naturerlebnis
Essen & Trinken

MAINZ
RHEINLAND-PFALZ

→ **Warum jetzt? Helau und Schoppen**

Stell dir vor, es ist Silvester – und die Party endet nicht. So wie in Mainz: Die Nacht steckt dir noch in den Knochen, da startet um 11.11 Uhr mit dem Neujahrsumzug der Garden die närrische Zeit. Auf dem Weg durch die Innenstadt wird getrommelt und gepfiffen, gewunken, „Helau" gerufen und „Prost Neujahr" … und einfach weitergefeiert. Doch die Karnevalshochburg hat noch viel mehr zu bieten: Mainz zählt zu den Great Wine Capitals, wie Bordeaux oder das Napa Valley. Sprich: Ein „Schoppe", also ein halber Liter Edelstoff aus der heimischen Weinbauregion Rheinhessen, serviert in einer der unzähligen Weinstuben der Landeshauptstadt von Rheinland-Pfalz, lässt auch am trübsten Wintertag die Sonne aufgehen. Dazu Köstlichkeiten wie Handkäs mit Musik oder eine ordentliche Fleischworscht – und schon überlegt man, ob man überhaupt im Gutenbergmuseum (www.gutenberg-museum.de) vorbeischauen soll … ist doch gerade so gemütlich hier. Aber: man sollte! Die beiden Gutenbergbibeln aus dem 15. Jahrhundert sind schließlich wunderschön und stehen für die wichtigste Erfindung, die in Mainz gemacht wurde: der

Im Mainzer Untergrund wartet so manches Fläschchen auf seine Entdeckung

Buchdruck. Und danach? Noch durch die Altstadt schlendern, 2000 Jahre Geschichte einatmen zwischen Dom, Fachwerkhäusern und Kurfürstlichem Schloss. Hoppla, war da nicht gerade eine Weinstube?

■ Essen & Trinken
■ Kultur
■ Erfahrung & Lernen

RUND UM MAINZ

🚲 **MAINZER SAND · 7 KM ·** Naturschutzgebiet mit europaweit einzigartiger Vegetation

🚙 **HOFGUT LAUBENHEIMER HÖHE · 8 KM ·** Eislaufen, Schlemmen, Aussicht und Wein genießen

🚆 **OPPENHEIMER KELLERLABYRINTH · 23 KM ·** 1000 Jahre Geschichte(n) unter der Stadt

🚗 **KLOSTER EBERBACH · 27 KM ·** Eintauchen in „Game of Thrones" (www.kloster-eberbach.de)

DAMMKAR
BAYERN

→ Warum jetzt? 7 km Powder auf Deutschlands längster Abfahrt

Der frühe Vogel fängt den Wurm – oder besser: Der frühe Freerider fährt im besten Pulverschnee. Wer an einem schönen Wintertag nach einer schneereichen Nacht zeitig aufsteht, sich seine Bretter auf die Schulter schwingt und mit der ersten Gondel auffährt, findet am Dammkar Traumkonditionen für Tiefschneefans und Variantenfahrer. Über 7 km Länge, 1300 Höhenmeter und teils bis zu 40 Prozent Gefälle – das hält die Skitour bei Mittenwald in den bayerischen Alpen für echte Könner bereit. Es ist die längste unpräparierte Skiabfahrt Deutschlands und eine der spektakulärsten Pisten in den Alpen.

Vor Ort: Das Vergnügen startet an der Bergstation der Karwendelbahn auf 2244 Meter. Ein Skifahrer-Tunnel bringt die Wintersportler zum Start. Langsam steigt der Adrenalinspiegel und los geht's mit dem ersten Schwung auf dem obersten Hang der Talabfahrt.

Gut zu wissen: Die unpräparierte Strecke eignet sich nur für geübte Skifahrer und Snowboarder und wird von der Lawinenkommission nur bei sicheren Verhältnissen freigegeben. Auf der Website der Karwendelbahn können sich alle Powderfans über Schnee- und sonstige Verhältnisse auf dem Laufenden halten. Nach der Abfahrt empfiehlt sich ein Absacker im Dammkar-Stadel an der Talstation.

www: karwendelbahn.de

- Herausforderung
- Sport
- Abenteuer
- Naturerlebnis

Die Dammkar ist eine Herausforderung für Skifahrer und Snowboarder

FREUDENBERG IM SIEGERLAND

→ **Warum jetzt?** Die romantischste Fachwerkstadt im Winter – besonders zur Blauen Stunde

Wer nach Sonnenuntergang durch Freudenbergs Gassen spaziert, verliebt sich in die Stadt. Es ist auch zu romantisch, wie die putzigen Fachwerkhäuser vor dem tiefblauen Himmel stehen. Und der Nachtwächter durch den „Alten Flecken" zieht – mit Hellebarde, Horn und Lampe. Schon im Mittelalter sorgte er für Ruhe und warnte vor Feinden und Feuer. Am 9. August 1666 brannten Stadt und Burg nach einem Blitzschlag nieder – nur ein Haus blieb stehen. Zum Glück bauten die Freudenberger alles neu auf, nach strengem Plan: Die 80 schwarz-weißen Fachwerkhäuser stehen seither parallel in Viererreihen. Schnell zum Kurpark – ein romantisches Foto schießen, bevor es dunkel wird.

Vor Ort: Wer ein Freudenberger Fachwerkhaus von innen sehen will, geht ins Mittendrin-Museum, dort dreht sich alles um Kunst, Geschichte und Uhren-Tradition (www.4fachwerk.de). Technikfreaks schauen ins Technikmuseum (www.technik museum-freudenberg.de) oder man zieht mit dem Nachtwächter durch die Altstadt.

Gut zu wissen: Blaue Stunde nennt sich der Zeitraum zwischen Sonnenuntergang und Nacht. Die Sonne steht dann recht weit unterhalb des Horizonts und taucht den Himmel in magisches Blau. Perfekt für einen romantischen Fotospaziergang!
www: freudenberg-wirkt.de

KREIDE-DAMPFBAD BINZ, RÜGEN

→ **Warum jetzt?** Schwitzen tut gut und ist gesund

Ahhh, das tut gut! Rügen im Winter ist eine Wohltat für Körper und Seele. An den langen, einsamen Stränden am stürmischen Meer kannst du bei ausgiebigen Spaziergängen die Lungen mit jodhaltiger Luft durchpusten. Das Gute ist: Strände gibt es auf der Insel wie – nun ja – Sand am Meer. Und danach? Nichts wie rein ins Warme, am besten in eine der zahlreichen Wellnesseinrichtungen. Wie wäre es etwa mit einer Wärmepackung oder einem Kreidedampfbad aus Rügener Heilkreide, der Geheimwaffe gegen Durchblutungsstörungen, Gelenkbeschwerden und Hauterkrankungen. Schwitzen im Kreideschlamm – wenn das nicht hilft ...

Vor Ort: Wenn du ein Hotel mit Wellnessangeboten suchst, hast du auf Rügen die Qual der Wahl. Es soll etwas Originelles sein? Dann ist vielleicht eines der schwimmenden Häuser in der Wasserferienwelt Im jaich (www.im-jaich.de) im Hafen von Lauterbach was für dich.

Gut zu wissen: Das Auto kann zu Hause bleiben, schließlich geht es um Stressvermeidung. Rügen ist gut mit der Bahn zu erreichen, auf der Insel selbst fahren Busse. Und dann gibt es ja auch noch den Rasenden Roland, den Schmalspurzug, der auch im Winter fährt.
www: ruegen.de, heilkreide.de/anwender_ruegen.php

Erfahrung & Lernen
Kultur

Erholung
Naturerlebnis
Essen & Trinken

LANGLAUF
ST. ANDREAS-BERG IM HARZ

→ **Warum jetzt? Alpen? Kann ja jeder**
Mit Langlaufskiern lohnt sich auf jeden Fall auch mal eine Tour in die Gegend rund um den Luftkurort Sankt Andreasberg im Oberharz. Hier kommen engagierte Schneegleiter auf ihre Kosten: Es erwarten sie nämlich rund 500 km gespurte Loipen aller Schwierigkeitsgrade. Sowohl im klassischen Langlauf- als auch wahlweise im Skating-Stil kann man auf Skiern durch die märchenhafte Winterlandschaft im Oberharz hecheln. So sieht sie aus, die perfekte Kombination aus gesundem Ausdauertraining und Landschaftsgenuss.

Vor Ort: Sankt Andreasberg – noch nie gehört? Dann wird es Zeit. Die höchstgelegene Stadt im Harz bietet ideale Möglichkeiten, Berglandschaften zu erkunden, Ausblicke zu genießen, frische Harzer Luft zu atmen und Traditionen zu erleben. Für Aktivurlauber hat die Gegend im Winter Loipen und Pisten, im Sommer tolle Wanderwege, knifflige Klettertouren und einen Bikepark für Mountainbiker im Angebot.

Gut zu wissen: Ein Großteil der Langlaufloipen befindet sich in Naturschutzgebieten. Achte bitte auf Flora und Fauna! Besonders die Hochmoore im Brockengebiet stehen unter strengstem Schutz. Deshalb dürfen die Wanderwege und maschinell gespurten Loipen nicht verlassen werden.
www: oberharz.de/orte/sankt-andreasberg, braunlage.de/unsere-orte/st-andreasberg.html

Sport
Naturerlebnis

HUSKY-TOUR
SCHWARZWALD

→ **Warum jetzt? Weil der Schwarzwald im Winter alles andere als schwarz ist**
Langlauf, Schneeschuh- und Winterwandern für die Ruhesuchenden. Carven, Snowboarden oder Snowkiting für die, die den Kick suchen. Wenn unten im Rheintal noch die Wiesen grünen, tobst du in ein paar Hundert Metern Höhe schon durch den Schnee. Auf den freuen sich auch die Huskys, die mit dir auf dem Hundeschlitten durch die Winterwelt stürmen, etwa in Lenzkirch beim Titisee. Die Begeisterung der quirligen Vierbeiner jedenfalls ist hochgradig ansteckend! Im Schwarzwald stand übrigens die Wiege des europäischen Wintersports: 1891 wurde in Todtnau, am Fuß des Feldbergs, der erste Skiclub gegründet.

Vor Ort: Der Schwarzwald erstreckt sich von Karlsruhe im Norden bis Bad Säckingen an der Schweizer Grenze ganz im Süden. Deutschlands höchstes Mittelgebirge ist auch ein Skiparadies: Allein am 1493 Meter hohen Feldberg, dem alles überragenden Gipfel, warten 38 Lifte.

Gut zu wissen: Der Nationalpark Schwarzwald ist der jüngste in Deutschland und der erste in Baden-Württemberg. Das rund 100 Quadratkilometer große Schutzgebiet besteht aus zwei getrennten Bereichen: Ruhestein und Hoher Ochsenkopf. Im Norden der Region nehmen dich Park-Ranger mit auf interessante Wintertouren.
www: schwarzwald-tourismus.info, nationalpark-schwarzwald.de

Naturerlebnis
Erfahrung & Lernen
Sport
Herausforderung

Bei Eiseskälte sind die Huskys in ihrem Element

Im Januar hat man die Lüneburger Heide fast für sich allein

STILLE IN DER
LÜNEBURGER HEIDE

→ Warum jetzt? Stille im Touristenmagnet

Tief durchatmen. Und die Ohren spitzen. Du hörst ... nichts. Tiefe Stille. Nur der eigene Atem und das Knirschen des Schnees. Die Menschen, die in und an der Lüneburger Heide leben, lieben den Winter. Dann hat man die weiße Weite, die nur durch die dunklen, weiß überzuckerten Wacholderbüsche unterbrochen wird, praktisch für sich allein. Die Moore liegen zu Eis erstarrt, die Wasserflächen spiegeln den kalten Winterhimmel, Nebel und Schneefall verleihen der Landschaft eine mystische Atmosphäre.

Wer den ganzen Tag auf einem der mehr als 20 Wanderwege durch den Naturpark gestreift ist, freut sich dann auf Kaminfeuer und Heidschnuckenbraten in den Hotels und Restaurants der Gegend. Und selbst Städte wie Lüneburg oder Celle geben sich entschleunigt-romantisch.

Vor Ort: Die Häuser der Hotelkette „Naturotel", oft Fachwerkhäuser oder traditionsreiche ehemalige Höfe, liegen an besonders schönen Ecken der Lüneburger Heide (www.lueneburger-heide.de/natur/naturhotel).

Gut zu wissen: Drei ganzjährig geöffnete Wildparks liegen in der Lüneburger Heide: Schwarze Berge, Lüneburger Heide und Müden. Alle Tiere, die keinen Winterschlaf halten, kann man hier beobachten – und dank der fehlenden Vegetation sogar besser als in der warmen Jahreszeit.

www: lueneburger-heide.de

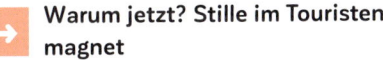 Naturerlebnis

Essen & Trinken

TEUFELS-SCHLUCHT
SÜDEIFEL

→ **Warum jetzt? Mit Fackeln durch eine frostig-düstere Schlucht**

„Wilde, schluchtartige Täler, die sich nach innen vielgestaltig verzweigen und intime Reize bergen, die der Wanderer selbst entdecken muss." So beschreibt ein Wanderführer von 1911 sehr treffend den bizarren, geheimnisvollen Charakter der Gegend um die mächtige Felsspalte, genannt Teufelsschlucht, bei Ernzen in der Südeifel. Das dortige Naturparkzentrum veranstaltet im Winter geführte Fackelwanderungen, bei denen die nächtliche Ruhe, der Dunst des eigenen Atems vor Augen und das Flackern des Feuers eine packende Atmosphäre erzeugen. Aber Vorsicht! Man munkelt auch, in der Nähe treiben Dinosaurier ihr Unwesen …

Vor Ort: Tatsächlich gibt es sie hier, nur 300 Meter von der Teufelsschlucht entfernt: Mächtige Urzeitkreaturen, die sich zwischen den Bäumen verstecken und Wanderern auflauern. Im riesigen Dinosaurierpark erlebst du eine Zeitreise durch 620 Millionen Jahre Erdgeschichte. Eintrittspreise Kinder (4–12 Jahre) 9,50 Euro, Erwachsene 12,50 Euro.

Gut zu wissen: Natürlich kann jeder die Teufelsschlucht am Ostrand des Ferschweiler Hochplateaus auch ohne Führung und tagsüber erkunden. „Teufelspfade" unterschiedlicher Länge und Anforderungen führen durch das märchenhafte Felsenland.
www: teufelsschlucht.de, dinopark-teufels schlucht.de

■ Naturerlebnis
■ Erfahrung & Lernen

Die Teufelsschlucht – an der schmalsten Stelle gerade mal 1 Meter breit

BIOSPHÄRE
POTSDAM

→ **Warum jetzt? Kurztrip in die Tropen**

Urlaubsreif? Dann auf nach Potsdam! Hier ist 365 Tage im Jahr Sommer. Konstant 28 °C, hohe Luftfeuchtigkeit, echtes Dschungelfeeling mitten in der Stadt. Die Biosphäre ist Potsdams grüne Oase: Im tropischen Riesen-Gewächshaus wachsen 20 000 exotische Grünpflanzen – ein Paradies, auch für Tiere. Also Augen auf bei der Expedition auf den verschlungenen Dschungelpfaden, damit ja keiner die Schildkröten verpasst. Oder die Leguane. Wichtiger Tipp für die Dschungelauszeit: Kopf einziehen, falls einem das Federvieh zu nahe kommt. Und ja nicht erschrecken, wenn es plötzlich blitzt und donnert. Das ist in den Tropen normal. Und deshalb zieht auch hier ein tropisches Gewitter auf – über dem Urwaldsee. Pünktlich jede Stunde.

Vor Ort: Die Biosphäre Potsdam erreicht man von Berlin aus einfach und schnell mit der S-Bahn oder dem Regionalexpress. Vom Hauptbahnhof Potsdam geht es dann mit der Tram 96 in 15 Minuten bis zur Haltestelle Volkspark, direkt gegenüber liegt der Dschungel.

Gut zu wissen: Im Winter auf Orchideenexpedition oder lieber nachts mit der Taschenlampe in den dunklen Dschungel? Wer die geheimnisvolle Welt abseits der Dschungelpfade entdecken will, bucht am besten eine Führung.
www: biosphaere-potsdam.de

Naturerlebnis
Erfahrung & Lernen

Die ganze Pracht der Tropen in der Biosphäre Potsdam

29

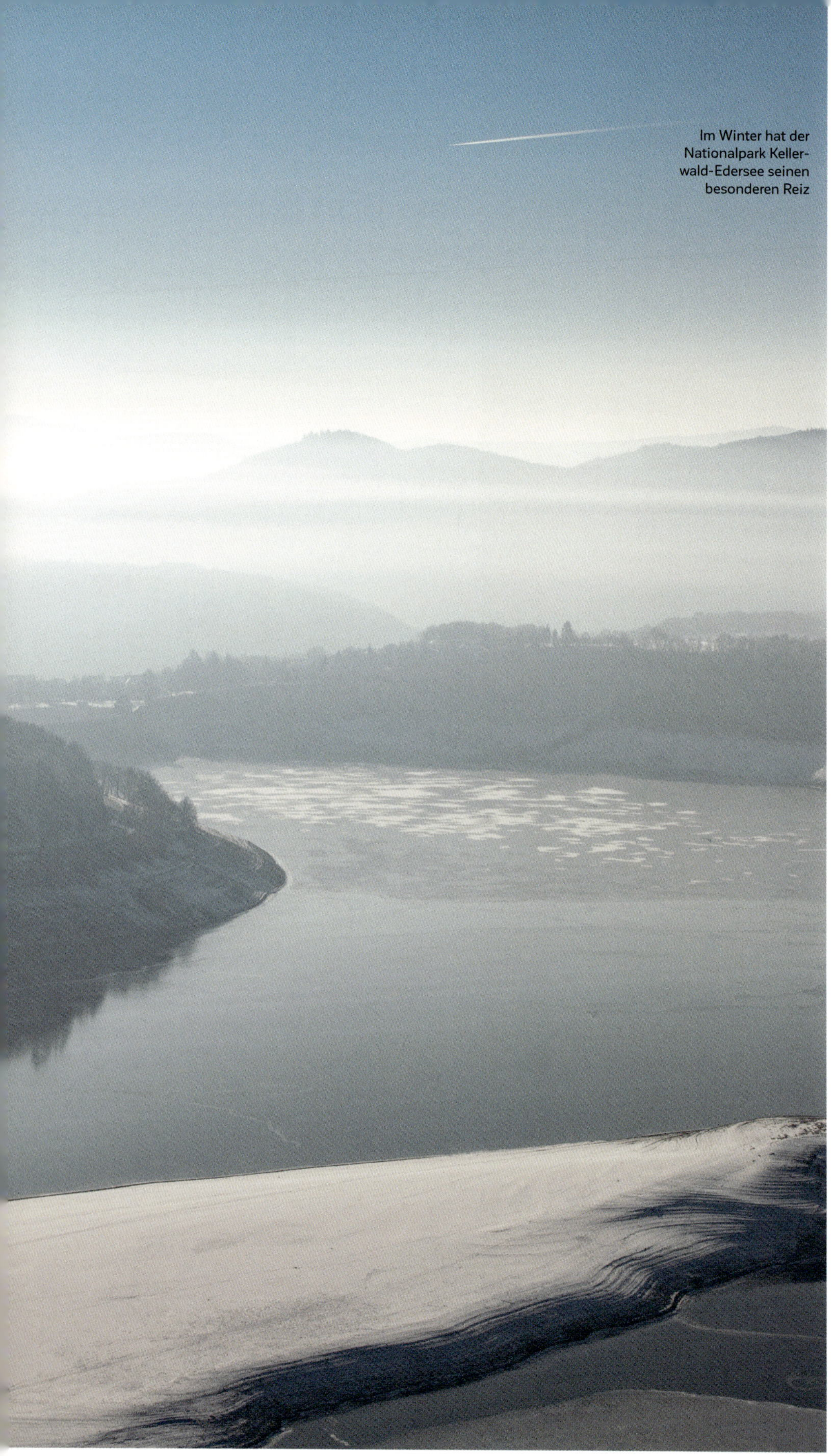

KELLERWALD-
EDERSEE
HESSEN

→ **Warum jetzt? Erfahre, wie Pflanzen und Tiere in der frostigen Jahreszeit leben**

Wandern im Reich der Buchen: Der Nationalpark Kellerwald-Edersee beherbergt einen der größten Buchenwälder Europas. Aber im gut 57 Quadratkilometer großen Park im Norden von Hessen wachsen nicht nur riesige Buchen, hier jagen, pirschen und fressen normalerweise unzählige kleine und größere Vierbeiner. Nur im Winter ist bei Pflanzen und Tieren Ruhe angesagt, die Ressourcen werden geschont, der Stoffwechsel aufs Minimum heruntergefahren. Dann durchstreifen die stille Winterwelt nur Wanderer, denen Nationalpark-Ranger bei einer Führung spannende Einblicke in den Wald geben.

Vor Ort: Das Nationalparkzentrum Kellerwald in Vöhl-Herzhausen bietet umfassende Informationen. Im Sommer ist es täglich, im Winter dienstags bis sonntags geöffnet. Ein dichtes Netz öffentlicher Verkehrsmittel macht Wanderern das Leben leicht.

Gut zu wissen: Der Nationalpark Kellerwald-Edersee ist ein scheinbar unendliches Meer aus Bäumen. Oder besser gesagt: aus einer Baumart, der Rotbuche nämlich. Das Schutzgebiet mit dem Edersee, stillen Wiesentälern und tollen Ausblicken ist unter dem Titel „Alte Buchenwälder Deutschlands" Weltnaturerbe.

www: nationalpark-kellerwald-edersee.de, edersee.com

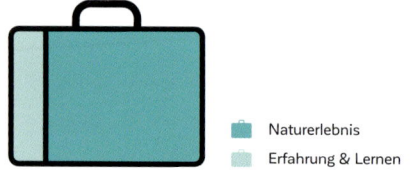

■ Naturerlebnis
■ Erfahrung & Lernen

HISTORISCHES
GÖRLITZ

→ **Warum jetzt? Filmkulisse im grauen Winter**

Wer Wes Andersons schnurrig-tragische Komödie „Grand Budapest Hotel" gesehen hat, wird sich nicht nur an die glamouröse Kulisse der titelgebenden Herberge erinnern. Jede Menge Flair verströmten auch die Gassen und Fassaden der Umgebung – die keineswegs in der ungarischen Hauptstadt zu finden sind. Das Wintermärchen, das hier erzählt wird, spielt nämlich in Görlitz. Die östlichste Stadt Deutschlands ist nicht nur für Dutzende Filmproduktionen auch die schönste des Landes: Die rund 4000 aufwendig sanierten Gebäude der historischen Altstadt stammen aus der Romanik, aus Barock, Renaissance und Gründerzeit und verleihen „Görliwood" jene aus der Zeit gefallene Atmosphäre, die gerade auch im Winter verzaubert. Während das Innere des Jugendstil-Warenhauses am Marienplatz das Grand Hotel doubelte, wurde auch am historischen Freisebad, in der Berliner Straße oder an der Stadthalle gedreht. Ob sonnig-eisige oder neblig-kalte Tage, hier streifst du nicht nur durch Jahrhunderte, du spazierst sogar zu Fuß in ein anderes Land: über die Altstadtbrücke in die polnische Schwesterstadt Zgorzelec.

Die Kirche St. Peter und Paul ist das Wahrzeichen von Görlitz

Vor Schnee und Kälte kannst du in urig-gemütliche Cafés, Restaurants oder Kneipen rund Unter- und Obermarkt oder in der Neiß- und Peterstraße flüchten. Auf der Karte: eine Zeitreise in die Vergangenheit.

- Kultur
- Erfahrung & Lernen
- Essen & Trinken

RUND UM GÖRLITZ

 **ZITTAUER GEBIRGE · 50 KM ·** Ski(langlauf) und Rodel gut! (www.zittauer-gebirge.com)

 **JELENIA GORA (POLEN) · 85 KM ·** Residieren im Schlosshotel in Polen (www.talderschloesser.de)

 **PRAG (TSCHECHIEN) · 170 KM ·** Winterzauber in der goldenen Stadt

BRESLAU (POLEN) · 175 KM · Flanieren auf dem prächtigen Marktplatz

Februar

WANN AM BESTEN WOHIN?

ICH WILL

MIR ETWAS GÖNNEN

LASS UNS AUS-GEHEN

In Lübeck feinstes Marzipan herstellen und kosten

ESSEN & TRINKEN

DRESDEN S. 39

LÜBECK S. 46

BERGISCHES LAND S. 49

FEIERN

OSTFRIESLAND S. 46

MARNE S. 51

Boßeln ist Nationalsport in Friesland – sei dabei, wenn in Ostfriesland die Boßelkugeln fliegen

AUF IN DIE STADT

GROSS

KÖLN S. 53

KLEIN

JENA S. 47

Eine Stadt im Ausnahme-zustand – Jecken beim Karneval in Köln

AB ANS WASSER

Auf dem Einfelder See in Neumünster über die glitzernde gefrorene Fläche gleiten

SÜSS

NEUMÜNSTER S. 52

SALZIG

PELLWORM S. 43

LUBMIN S. 45

RÜGEN S. 51

Die vielen Sehens-würdigkeiten auf Rügen lassen sich im Winter ohne viel Trubel genießen

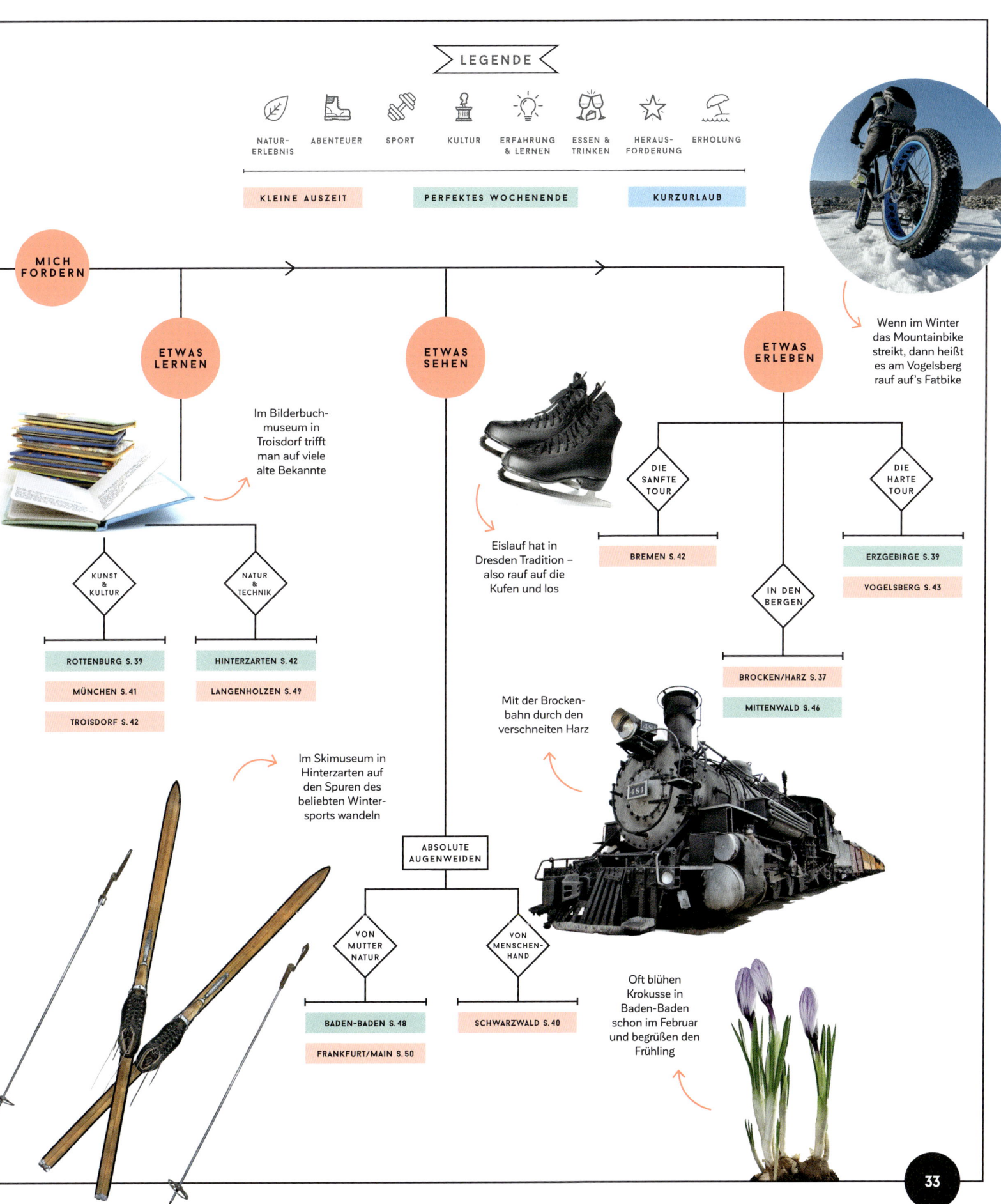

NATUR-ERLEBNIS   ABENTEUER   SPORT   KULTUR   ERFAHRUNG & LERNEN   ESSEN & TRINKEN   HERAUS-FORDERUNG   ERHOLUNG

KLEINE AUSZEIT   PERFEKTES WOCHENENDE   KURZURLAUB

MICH FORDERN

ETWAS LERNEN

ETWAS SEHEN

ETWAS ERLEBEN

Wenn im Winter das Mountainbike streikt, dann heißt es am Vogelsberg rauf auf's Fatbike

Im Bilderbuch-museum in Troisdorf trifft man auf viele alte Bekannte

Eislauf hat in Dresden Tradition – also rauf auf die Kufen und los

DIE SANFTE TOUR

DIE HARTE TOUR

BREMEN S. 42

ERZGEBIRGE S. 39

VOGELSBERG S. 43

KUNST & KULTUR

NATUR & TECHNIK

IN DEN BERGEN

ROTTENBURG S. 39

HINTERZARTEN S. 42

MÜNCHEN S. 41

LANGENHOLZEN S. 49

TROISDORF S. 42

BROCKEN/HARZ S. 37

MITTENWALD S. 46

Mit der Brocken-bahn durch den verschneiten Harz

Im Skimuseum in Hinterzarten auf den Spuren des beliebten Winter-sports wandeln

ABSOLUTE AUGENWEIDEN

VON MUTTER NATUR

VON MENSCHEN-HAND

Oft blühen Krokusse in Baden-Baden schon im Februar und begrüßen den Frühling

BADEN-BADEN S. 48

SCHWARZWALD S. 40

FRANKFURT/MAIN S. 50

PELLWORM S. 43

RÜGEN S. 51

KIEL

NEUMÜNSTER S. 52

LUBMIN S. 45

ROSTOCK

MARNE S. 51

LÜBECK S. 46

HAMBURG

OSTFRIESLAND S. 46

BREMEN

BREMEN S. 42

BERLIN

HANNOVER

BROCKEN/HARZ S. 37

MÜNSTER

LANGENHOLZEN S. 49

DORTMUND

ESSEN

LEIPZIG

DÜSSELDORF

KASSEL

BERGISCHES LAND S. 49

KÖLN

ERFURT

DRESDEN

KÖLN S. 53

JENA S. 47

DRESDEN S. 39

TROISDORF S. 42

ERZGEBIRGE S. 39

VOGELSBERG S. 43

FRANKFURT/MAIN

FRANKFURT/MAIN S. 50

SAARBRÜCKEN

NÜRNBERG

STUTTGART

BADEN-BADEN S. 48

ROTTENBURG S. 39

SCHWARZWALD S. 40

FREIBURG

MÜNCHEN

HINTERZARTEN S. 42

MÜNCHEN S. 41

MITTENWALD S. 46

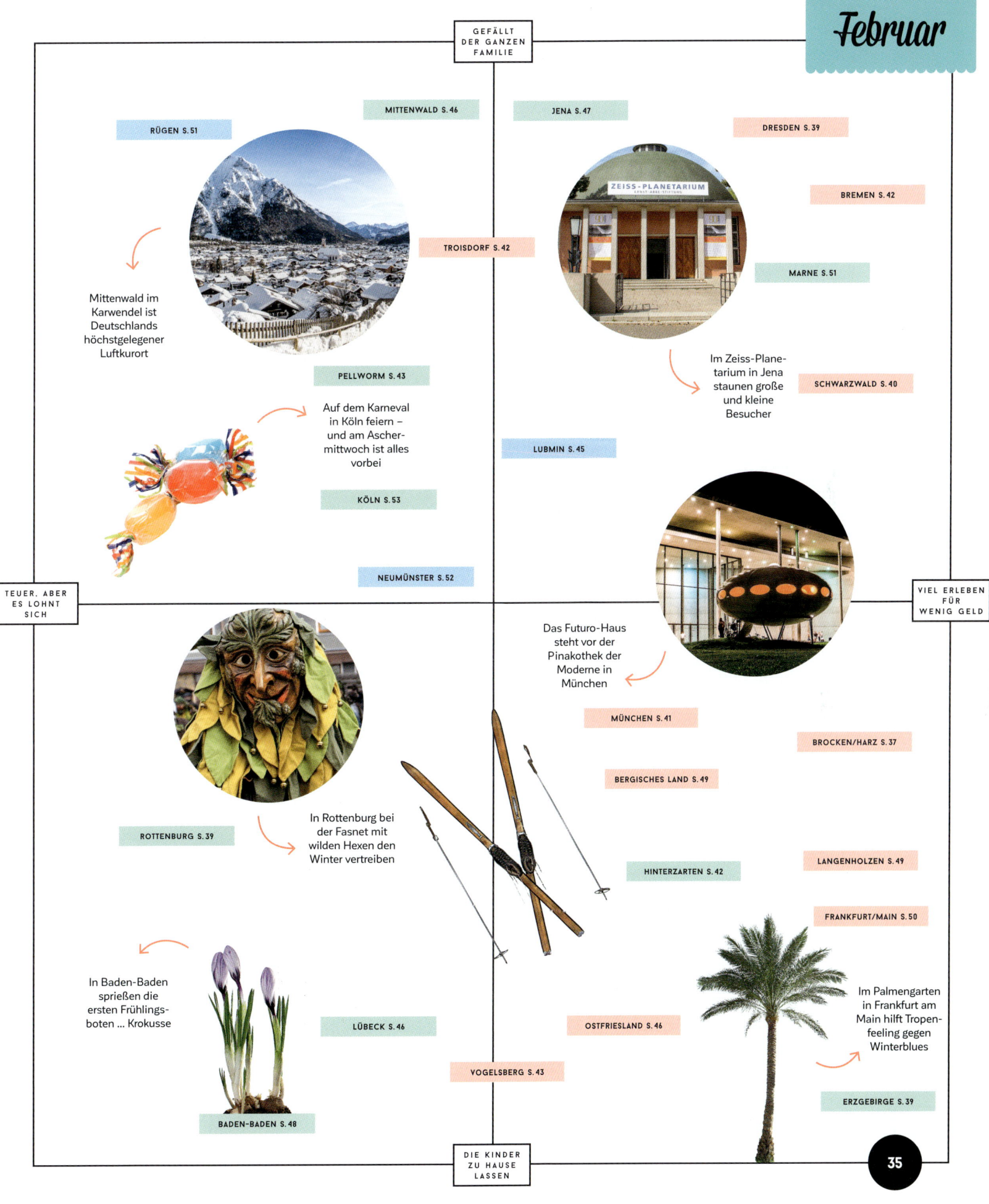

GEFÄLLT
DER GANZEN
FAMILIE

MITTENWALD S. 46

JENA S. 47

DRESDEN S. 39

RÜGEN S. 51

BREMEN S. 42

TROISDORF S. 42

MARNE S. 51

Mittenwald im
Karwendel ist
Deutschlands
höchstgelegener
Luftkurort

PELLWORM S. 43

Im Zeiss-Plane-
tarium in Jena
staunen große
und kleine
Besucher

SCHWARZWALD S. 40

Auf dem Karneval
in Köln feiern –
und am Ascher-
mittwoch ist alles
vorbei

LUBMIN S. 45

KÖLN S. 53

NEUMÜNSTER S. 52

TEUER, ABER
ES LOHNT
SICH

VIEL ERLEBEN
FÜR
WENIG GELD

Das Futuro-Haus
steht vor der
Pinakothek der
Moderne in
München

MÜNCHEN S. 41

BROCKEN/HARZ S. 37

BERGISCHES LAND S. 49

ROTTENBURG S. 39

In Rottenburg bei
der Fasnet mit
wilden Hexen den
Winter vertreiben

LANGENHOLZEN S. 49

HINTERZARTEN S. 42

FRANKFURT/MAIN S. 50

In Baden-Baden
sprießen die
ersten Frühlings-
boten ... Krokusse

LÜBECK S. 46

OSTFRIESLAND S. 46

Im Palmengarten
in Frankfurt am
Main hilft Tropen-
feeling gegen
Winterblues

VOGELSBERG S. 43

ERZGEBIRGE S. 39

BADEN-BADEN S. 48

DIE KINDER
ZU HAUSE
LASSEN

AUF DEN BROCKEN
HARZ

Warum jetzt? Dampflok und Schnee – das passt perfekt

Man muss kein Modelleisenbahn-Fan sein, um sich von dem fauchenden schwarzen Ungeheuer gefangen nehmen zu lassen, das da unter Dampf im Bahnhof Wernigerode steht. Jetzt geht es gut 1,5 Stunden durch tief verschneite Wälder und Schluchten, immer Richtung Himmel. Oder zumindest bis auf 1125 Meter Höhe, denn so hoch liegt der eiszapfenstarrende Gipfel des Brocken. Falls man ihn überhaupt erreicht – denn manchmal stapelt sich der Schnee so hoch auf den Schienen, dass es selbst für die Brockenbahn kein Durchkommen mehr gibt. Ein Abenteuer, rundrum wie aus einer anderen Zeit. Kein Wunder, schließlich schlängelten sich die Schienen der Schmalspurbahn schon vor mehr als 100 Jahren durchs östliche Mittelgebirge.

Vor Ort: Achtung, im verschneiten Wernigerode mit seinen schief-bunten Fachwerkhäusern herrscht Romantikalarm! Weitere (Winter-)tipps: die 10-km-Langlaufloipe durch den Stadtwald, Schneewanderungen oder Taschenlampenführungen durchs Schloss (www.schloss-wernigerode.de).

Gut zu wissen: Meist fahren Dampfloks aus den 1950er-Jahren die 48 Bahnhöfe auf der 140 km langen Strecke der Harzer Schmalspurbahnen an, ein paar historische Lok-Juwelen vom Ende des 19. Jahrhunderts sind ebenfalls unterwegs. Auch im Winter fährt die Brockenbahn mehrmals am Tag. Am besten vorher informieren, ob Strecken gesperrt sind.
www: hsb-wr.de

■ Naturerlebnis
■ Erfahrung & Lernen

Rund 1,5 Stunden braucht die Bahn bis zum Gipfel des Brocken

Wohl nirgendw
kann man stilvoller Eis
laufen als im Dresdn
Taschenbergpala

(L) Eiskaltes Vergü
gen im Erzgebirge
(R) Die Narre
setzen in Rottenbur
dem Winter ein Ende

EISLAUFEN IN
DRESDEN

Warum jetzt? Was wäre Winter ohne Schlittschuhlaufen

Dresden und Eislaufen, das hat Tradition – schon zu DDR-Zeiten war die sächsische Hauptstadt ein Zentrum des Kufensports. Und sie ist es geblieben: In Dresden hast du jede Menge Möglichkeiten, mit deinen Pirouetten oder Rittbergern Eindruck zu machen. Ganz schön was bieten musst du im Innenhof des Taschenbergpalais im Hotel Kempinski (www.kempinski.com/de/dresden/hotel-taschenbergpalais): Die schönste Eisfläche in Dresden stiehlt jedem Kufen-Crack die Show. Lieber raus vor die Stadt? Dann raus zum Weißen Hirsch, der 700 Quadratmeter-Eisfläche mitten im Wald. Zwischen November und Februar knirscht hier das Eis unter den Kufen, und auch kulinarisch geht was. Vor dem Zwinger in der Altstadt lockt der Zwingerteich und auch vor der Moritzburg kannst du deine Runden drehen.

Vor Ort: Im Weißen Hirsch können sich auf zwei Bahnen auch Eisstockfans austoben. Du tanzt gerne? Dann gleich zur Eisdisco. Und wenn du dir noch nicht sicher bist: In den Eislaufkursen lernst du, immer schön senkrecht zu bleiben. Mit rund 5000 Quadratmetern bietet die EnergieVerbundArena Dresdens größte Eisfläche.

Gut zu wissen: Für Übernachtungsgäste ist der Zugang zur Eisfläche im Taschenbergpalais kostenlos, alle anderen zahlen Eintritt.

www: dresden.de

Sport
Naturerlebnis
Kultur

EISSCHWIMMEN ALTES ZOLLHAUS
ERZGEBIRGE

Warum jetzt? Weil es fürs Eisschwimmen natürlich richtig knackig kalt sein muss

Es gibt sie noch, die ganz harten Naturen – vielleicht gehörst du ja dazu? Dann ist das hier für dich genau das Richtige! Das Eisschwimmen am Landhotel Altes Zollhaus im Erzgebirge. Auch der Veranstalter Gerrit Curcio betont: „Eisschwimmer sind keine Warmduscher." Denn selbstverständlich gilt: Der Neoprenanzug bleibt im Schrank. Während also außen im Trockenen die Warmduscher in Jacke, Schal und Mütze in ungläubiges Staunen verfallen, stürzen sich die Wasserratten ins knapp über dem Gefrierpunkt kalte Wasser des hauseigenen Teichs. Aber nicht, ohne vorher noch das Eis von der Wasseroberfläche zu hacken.

Vor Ort: Nicht weit vom Hotel locken Skilifte, Rodelhänge und Langlaufloipen. Oder wie wär's mit Schlittschuhlaufen im Eisstadion? Die Region gilt auf jeden Fall als ziemlich schneesicher – beste Voraussetzung für einen genialen Wintertag.

Gut zu wissen: Ein Glück, dass der Teich direkt neben dem Hotel Altes Zollhaus in Neuhermsdorf (www.landhotel-alteszollhaus.com) liegt. So kann man sich schnell wieder aufwärmen. Nicht nur Eisschwimmer, auch Genießer mit einem Faible für Sauna, Wellness und köstlichem Essen sind hier willkommen.

www: erzgebirge.de

Herausforderung
Sport
Essen & Trinken

FASNET IN ROTTENBURG
OBERSCHWABEN

Warum jetzt? Schwäbisch-alemannischen Narren machen die Straßen der Stadt unsicher

Wenn am Schmotzigen Dauschteg (Schmutzigen Donnerstag) die Hexen von Rottenburg auf dem Marktplatz bei prasselndem Feuer und außer Rand und Band die heiße Phase der Fasnet mit schauerlichem Geheul einläuten, weiß jedes Kind – der Winter macht's nicht mehr lang. Darum geht's ja eigentlich: Die wüsten Hexen (der Winter) werden vertrieben von den grimmigen Ahlande samt ihrer Saublasen. Deftig geht's zu, schließlich ist der ausgelassene Winterzauber ein Direktimport aus dem Mittelalter. Der Schmotzige ist nur der Auftakt, sechs Tage geht es von da an rund in der schönen Stadt am Neckar, samt Schunkelwalzern und Fasnetsküchle.

Vor Ort: Wer übernachten will, sollte rechtzeitig buchen, denn die wildeste Zeit des Jahres lockt Tausende Besucher aus Nah und Fern. Die aus Fern sollten bedenken: Fasching ist woanders, Fasnet ist das Wort der Stunde.

Gut zu wissen: Die schwäbisch-alemannische Fasnet hat eine jahrhundertelange Tradition im Süden Baden-Württembergs. Hochburgen gibt es auch in Oberschwaben, zum Beispiel Wangen im Allgäu oder Ravensburg.

www: rottenburg.de, narrenzunftrottenburg.de

Kultur
Essen & Trinken

SCHNEESKULPTUREN
SCHWARZWALD

Vergängliche
Kunstwerke beim
Schwarzwälder
Schneeskulpturen-
Festival

→ Warum jetzt? Nur im Februar: eiskalte Kunst

Der große Michelangelo soll einmal gesagt haben, es sei nicht schwierig, eine Löwen-skulptur zu schaffen. Schließlich müsse man ja einfach nur alles weghauen, was nicht nach Löwe aussieht. Ob das die Bild-hauer beim Schwarzwälder Schneeskulp-turen-Festival genauso sehen? Vielleicht erwischt man einen von ihnen vor Ort und kann nachfragen. Ein riesiger Löwenkopf mit aufgerissenem Schlund, ein Hexen-gesicht, eine Sphinx oder die weltgrößte Schnee-Kuckucksuhr – das sind nur einige Beispiele der monumentalen Eis-Exponate, die sie ihrem Publikum präsentierten.

Vor Ort: Mehrere Bildhauerteams aus der ganzen Welt sind während des Festivals zu Gast im Schwarzwald und verwandeln ein kleines Plateau im Bernauer Hochtal in eine Kunstgalerie. Innerhalb von vier Tagen lassen sie aus mindestens 3 mal 3 Meter großen Schneewürfeln ihre glitzern-den Skulpturen entstehen. Die Arbeit der Künstler wird von einem bunten Programm eingerahmt: Ski-Shows, Pistenbully-Parade, Fackelabfahrtslauf, Feuerwerk, Alphornklän-ge. Die aktuellen Termine und das Pro-gramm findest du kurz vor Festivalbeginn im Internet.

Gut zu wissen: 2020 ist das Festival wegen Schneemangels ausgefallen, also vorher immer die neuesten Meldungen checken. Zwei Skigebiete mit fünf Liften, zehn Loipen, jede Menge Winterwanderwe-ge und eine Rodelbahn bieten ebenfalls viel Spaß in Bernau. Natürlich auch nur dann, wenn es genügend geschneit hat.
www: bernau-schwarzwald.de, schnee-skulpturen-schwarzwald.de

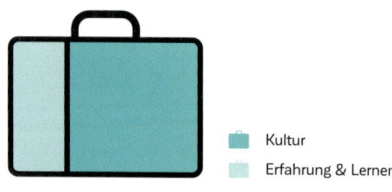

Kultur

Erfahrung & Lernen

EIN GANZER TAG KUNST
MÜNCHEN

→ **Warum jetzt? Weil in den Münchner Pinakotheken und Kunstmuseen jetzt warm und inspirierend ist**
Wenn der Schneeregen durch die Straßen peitscht, ist ein Abtauchen in die Kunst nicht die schlechteste Entscheidung. Aufwärmen – und lernen. In Münchens Maxvorstadt findest du auf engstem Raum zahlreiche Museen und Galerien von Weltruhm, allen voran natürlich die Pinakotheken, die Alte, die Neue und die der Moderne. Diese drei Museen umfassen einen unglaublichen Schatz an Kunst zwischen Mittelalter und Moderne, mit Meistern wie Albecht Dürer und Peter Paul Rubens bis Pipolotti Rist. Das würde schon einen Tag sprengen, aber wenn du noch Energie hast, ist da weit mehr zu sehen: das Museum Brandhorst mit moderner Kunst oder die Glyptothek, in der antike Skulpturen warten.
Vor Ort: Alleine in der Pinakothek der Moderne verbergen sich vier einzelne Museen: Kunst, Grafik, Design und Architektur (Architekturmuseum der Technischen Universität München).
Gut zu wissen: Die Neue Pinakothek wird im Moment umfangreich saniert und ist deshalb bis mindestens 2025 geschlossen. Einige Meisterwerke der Kunst des 19. Jahrhunderts werden deshalb im Erdgeschoss der Alten Pinakothek gezeigt. Münchens Kunstmuseen haben montags geschlossen, sonntags kostet der Eintritt nur 1 Euro.
www: pinakothek.de

In der Alten
Pinakothek in
München

Kultur
Erfahrung & Lernen

41

DREI KILOMETER SPASS
BREMEN

→ **Warum jetzt? Bei knackig Frost verwandelt sich die Semkenfahrt in eine riesige Eislaufbahn**

Wir haben was, was ihr nicht habt. Das können die Hansestädter mit Fug und Recht behaupten, wenn es ums Eislaufen geht. Denn welcher Schlittschuhfreund kann schon so mir nichts, dir nichts eine 3 km lange, spiegelglatte Fläche entlanggleiten? Schon seit den 1960er-Jahren sorgt das Feld im Blockland, einem Stadtviertel von Bremen, für Vergnügen in der kalten Jahreszeit. Fallen die Temperaturen unter Null, warten viele Bremer sehnsüchtig, dass das „Go" vom Eisverein kommt, der die Semkenfahrt mit riesigen Pumpen flutet. Dann pilgern Scharen von Schlittschuhläufern nach Horn-Lehe, um sich ins eisige Vergnügen zu stürzen.

Vor Ort: Die Semkenfahrt liegt im Stadtteil Horn-Lehe an der Blocklander Hemmstraße. Es steht nur eine sehr begrenzte Anzahl von Parkplätzen zur Verfügung, auf dem Parkplatz der ENO, auf dem Parkplatz des Stadtwaldsees und am Hochschulring. Die Buslinie 28 hält in der Nähe am Wetterungsweg.

Gut zu wissen: Ob das Eis dick genug ist, erfährt man auf der Internetseite des Vereins.

www: bremer-eisverein.de

BILDERBUCH-MUSEUM
TROISDORF

→ **Warum jetzt? Winterzeit ist Bilderbuchzeit**

Der kleine Tiger und der kleine Bär, die sich aufmachen nach Panama, um am Ende glücklich wieder im eigenen Zuhause anzukommen … es gibt wohl kaum jemanden, der die Geschichte „Oh, wie schön ist Panama" nicht kennt. Sie stammt von Horst Eckert, den alle nur als Janosch kennen. Das Bilderbuchmuseum der Stadt Troisdorf beherbergt die weltweit größte Sammlung seiner Originalzeichnungen. Bilderbücher über Bilderbücher stehen in der Bibliothek von Burg Wissem und in der Schmökerstube hoch oben im Turm kann man tief in Geschichten abtauchen. Oder ganz weit übers Land blicken.

Vor Ort: Allein rund 800 Bände umfasst die Sammlung rund um das Rotkäppchen, dazu Gemälde, Grafiken und Originalzeichnungen, die die Geschichte um die wohl bekannteste Märchenfigur Europas von allen Seiten beleuchten.

Gut zu wissen: Troisdorf liegt zwischen Köln und Bonn. Die Burg Wissem ist das Wahrzeichen Stadt. Nahe bei der Burg beginnt das Naturschutzgebiet der Wahner Heide (www.wahnerheide.net), eine herausragende Landschaft im Ballungsgebiet Köln/Bonn.

www: troisdorf.de/bilderbuchmuseum

SCHWARZWÄLDER SKIMUSEUM
HINTERZARTEN

→ **Warum jetzt? Museum mit Realitätsanschluss**

Das, was in der Ausstellung im 1446 erbauten Hugenhof zu sehen ist, liegt gleich vor der Haustür des Schwarzwälder Skimuseums: Schneespaß im Skizentrum Thoma mit seinen drei Liften. Auch das Museum geht auf einen Thoma zurück, auf Georg Thoma nämlich. 1960 wurde der Hinterzartener Olympiasieger in der Nordischen Kombination. Klar, dass es im Museum eine Georg-Thoma-Stube gibt, man erlebt aber auch die Anfänge des Skilaufens im Schwarzwald, reist virtuell auf den Feldberg, bestaunt frühe Wintersportausrüstungen und kann die Skimode von damals mit der heutigen vergleichen. Falls es vor der Tür mit dem Schnee noch nicht so weit her ist: Auf den Bildern der Wintermaler Hermann Dischler und Karl Hauptmann ist der Schwarzwald ein weißes Wunderland.

Vor Ort: Das Museum ist Dienstag, Mittwoch und Freitag von 14 bis 17 und am Wochenende von 12 bis 17 Uhr geöffnet. In der rustikalen Georg-Thoma-Stube können Skibegeisterte auch heiraten.

Gut zu wissen: Liegt genügend Schnee, sind die elf Loipen in Hinterzarten gespurt. Wer mag, kann auf geführten Schneeschuhwanderungen die Wälder und Wiesen erkunden. Bei den Schanzenführungen im Adler-Skistadion hat man denselben schwindelerregenden Blick wie die Springer, die hier trainieren.

www: schwarzwaelder-skimuseum.de

Sport
Naturerlebnis

Erfahrung & Lernen

Kultur
Erfahrung & Lernen
Naturerlebnis

BIIKEBRENNEN
PELLWORM

Das Biikebrennen ist ein wichtiger Feiertag auf den Nordfriesischen Inseln

Warum jetzt? Riesenfeuer verabschieden den Winter

Das hat er verdient, der kalte, graue, nasse Winter. Ein riesiges Feuerzeichen, meterhoch lodernde Flammen, die Funken in die Nacht über der Nordsee schleudern. Es ist der 21. Februar und für viele Nordfriesen bedeutet das Biikebrennen: Der Frühling kommt! Auf Pellworm, der drittgrößten Nordfriesischen Insel nach Sylt und Föhr, wird der Abschied vom Winter gleich mehrere Tage lang gefeiert. Da gibt's dann plattdeutsche Theaterstücke, Grünkohlessen bei einer Dampferfahrt oder „Lämmer gucken" – die ersten Lämmer des Jahres sind dann nämlich schon geboren worden. Am 21. Februar versammeln sich dann alle am Parkplatz des Leuchtturms, um den großen Scheiterhaufen in Flammen aufgehen zu sehen. Nass und kalt ist dann das Biike-Baden am nächsten Tag: ein beherzter Sprung in die eiskalte Nordsee.

Vor Ort: Die 1200 Pellwormer setzen vor allem auf Kur- und Wellnessgäste, denn die Insel hat keine Sandstrände. Ein 28 km langer Deich schützt die Insel vor Überschwemmungen.

Gut zu wissen: Das Biikebrennen sollte wohl im Mittelalter die Geister vertreiben. Später dann wurden die in See stechenden Walfänger am Vorabend des 22. Februar – des Petritags, an dem Petrus, dem Schutzpatron der Fischer und Seefahrer, gedacht wird – mit großen Feuern verabschiedet. **www:** pellworm.de

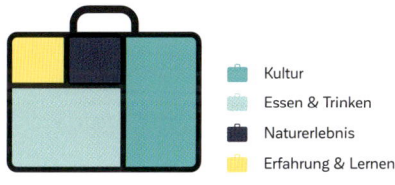

Kultur
Essen & Trinken
Naturerlebnis
Erfahrung & Lernen

FATBIKE AM VOGELSBERG

Warum jetzt? Zweirad-Monstertrucks im Schnee

Seit es Fatbikes gibt, sieht man im Herbst deutlich weniger traurige Mountainbiker. Früher hieß es nämlich mit Einbruch des Winters: Ab in die Garage mit dem geländegängigen Zweirad, Wiedersehen im nächsten Frühjahr. Dank ihrer extrem breiten Reifen sind Schnee und Matsch in der kalten Jahreszeit für Fatbikes aber kein Hindernis. Entwickelt für Schneerennen in Alaska, sind die Monstertrucks unter den Fahrrädern regelmäßig in den winterlichen Alpen, im verschneiten Schwarzwald oder Harz zu sehen. Auch am Hoherodskopf, einem knapp 800 Meter hohen Gipfel im Vogelsberg-Gebirge (www.vogelsberg-touristik.de) bei Frankfurt am Main, toben Fatbikes durch den Schnee. Das größte Vulkanmassiv Mitteleuropas fasziniert durch seine bizarren Felsen und ist im Winter oft tief verschneit, weshalb Ski-Langlauf und -Abfahrt eine Alternative zum Winterradeln sein können – wobei sich Fatbikes auch gern durch Matsch und Schlamm wühlen.

Vor Ort: In der Vulkanregion Vogelsberg liegt der älteste Naturpark Deutschlands (www.naturpark-vulkanregion-vogelsberg.de), den man auf Langlaufloipen oder bei Schneeschuhtouren erkunden kann.

Gut zu wissen: Am Hoherodskopf verleiht das Mountainbike-Trainingszentrum Kokopelli Bikepower Fatbikes. Hier kann man auch Touren buchen. **www:** koko-pelli.de

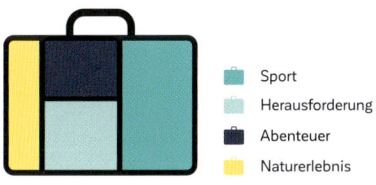

Sport
Herausforderung
Abenteuer
Naturerlebnis

STRANDWANDERUNG
LUBMIN

→ Warum jetzt? Sturm und Strand – fantastisch

Bekanntlich gibt es kein schlechtes Wetter, sondern nur unpassende Kleidung. Diese sollte für einen Winterspaziergang am Strand von Lubmin in der Tat passen – am besten warm und winddicht. Es kann nämlich ganz schön frisch und stürmisch werden. Ein Aufenthalt während der kalten Jahreszeit am Greifswalder Bodden pustet den Alltag weg: Wenn die winterliche Ostsee sich von der wilden Seite zeigt, wenn frische Luft pfeift und die Wellen peitschen, dann wird die Stimmung am Strand richtig prickelnd.

Vor Ort: Einst ein Bauern- und Fischerdorf, ist Lubmin heute ein beliebtes Ferienziel. Von Großstadtstress und Massentourismus kann nicht die Rede sein und die frische Seeluft sorgt für gesunden Appetit. Der so gewonnene Elan trägt dich hinaus in die Natur mit ihren weitläufigen Stränden, würzigen Kiefernwäldern und malerischen Kliffküsten. Wer weiter weg will: Rügen und Usedom liegen ganz nah und wer Stadtluft schnuppern möchte, macht Tagesausflüge nach Greifswald und Stralsund.

Gut zu wissen: Natürlich ist Lubmin auch im Sommer einen Besuch wert. Urlauber können baden, reiten, angeln, surfen oder Fahrradtouren unternehmen. Auf der Bühne im Kurpark gibt es oft Livemusik oder Puppenspiele für Kinder. Ein tolles Ziel für Familien!

www: lubmin.de

🟩 Erholung

🟩 Naturerlebnis

🟦 Essen & Trinken

Im Winter kann man sich im Seebad Lubmin herrlich erholen

MARZIPAN
LÜBECK

→ **Warum jetzt? Schlemmen und süße Sünden selber machen**

Die „Lehrangebote" im Lübecker Café Niederegger sind vielfältig: „Süß und Sehenswert", „Do it Yourself" oder „Liqueurchen im Museum" – nur ein paar Beispiele aus dem köstlichen Lehrplan. Je nachdem, welches Angebot du gebucht hast, kannst du nach dem Genuss der sündhaften Leckereien (und dem Besuch der Welt des Niederegger Marzipans natürlich) unter der fachlichen Anleitung eines Konditors das Modellieren der süßen Masse erlernen. Es winkt: ein persönlicher Meisterbrief der Marzipan-Zunft.

Vor Ort: Das elegante Café Niederegger im Herzen Lübecks gilt als eines der besten und schönsten Cafés in Deutschland. Nach der Unternehmensgründung 1806 erlangte das Niederegger Marzipan weltweite Berühmtheit. Neben der süßen Versuchung aus gemahlenen Mandeln, Zucker und Aromastoffen kreierte der Meister-Konditor feinstes Nougat und edle Trüffel-Pralinen.

Gut zu wissen: Der Fabrikverkauf im Gewerbegebiet Genin lockt mit Angeboten von Niederegger-Spezialitäten: Montag bis Freitag 8 bis 18, Samstag 9 bis 16 Uhr.

www: niederegger.de/cafe-niederegger

BOSSELN
OSTFRIESLAND

→ **Warum jetzt? Im Winter fliegen seltsame Kugeln durch die Gegend**

Wenn Grünkohlsaison ist, dann ist auch Zeit fürs Boßeln. Boßeln? Frieslands Nationalsport lässt sogar König Fußball blass aussehen. Wie's geht? Spieler treiben eine Kugel mit möglichst wenigen Würfen eine rund 8 km lange Strecke entlang. Das kann auf Frieslands Landstraßen passieren, oder auf Deichen – und seit neuestem auch mitten in Oldenburg. Mit dabei: der Boßelwagen, ein Leiterwagen, gefüllt mit Kruiden, einem Kräuterbitter und Grünkohl mit Mettwurst, Pinkel, Kassler und Bauchfleisch. Die Begeisterung jedenfalls ist gigantisch und wenn die winterlichen Wettbewerbe anstehen, berichten sogar die Zeitungen darüber. Und warum im Winter? Weil man dann nicht so schwitzt, wissen die Profis.

Vor Ort: Boßeln und Grünkohl gehören zusammen, beides wird im Winter genossen. Zum Grünkohlessen lädt zum Beispiel der idyllische Bümmersteder Krug (www.buemmersteder-krug.de) am Rand von Oldenburg ein.

Gut zu wissen: Für Boßel-Neulinge bietet sich eine Führung an, zum Beispiel „City-Boßeln" – eine sportliche Stadtführung (www.oldenburg-tourismus.de/o-city-bosseln).

www: nordwestreisemagazin.de/bosseln.htm

LUFTKURORT
MITTENWALD

→ **Warum jetzt? Winter-High in Champagnerlaune**

So, und jetzt: tiiiiief Luft holen! Das tut gut ... kalt und rein und bis obenhin voller Sauerstoff. Feinstaub und Stickoxide? Pah! Schmeckt nach Champagner, die Luft hier, auf knapp 1000 Metern – was Mittenwald zum höchstgelegenen Luftkurort Deutschlands macht. Und einen selbst ganz high. Um sich die Lungen randvoll mit dem guten Gebirgsstoff zu pumpen, empfiehlt sich eine der vielen Winterwanderungen. Während die Sonne vom stahlblauen Himmel lacht, vergnügt sich der Pulverschnee mit eiskaltem Knirschen und glitzernden Kristallen. Zurück im Ort gibt's was auf die Augen: Wie ein „lebendiges Bilderbuch" hat schon 1786 Dichterfürst Goethe das Örtchen im Karwendel empfunden, schließlich ist jede Hausfassade prächtig-farbenfroh verziert. „Lüftlmalerei" nennt sich die Technik, die weniger mit Luft als mit romantischer Atmosphäre zu tun hat. Also: träumen und nochmal tiiiiief Luft holen!

Vor Ort: Die Skigebiete von Mittenwald am Kranzberg sowie in Krün und Wallgau sind ideal für Anfänger und Familien.

Gut zu wissen: Auf 2244 Metern liegt die Bergstation der Karwendelbahn (www.karwendelbahn.de). Hier findet sich nicht nur Deutschlands höchstgelegenes Naturinformationszentrum, die „Bergwelt Karwendel", sondern auch ein toller Winterwanderweg.

www: alpenwelt-karwendel.de

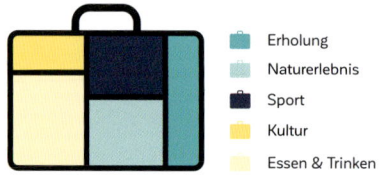

Essen & Trinken
Erfahrung & Lernen

Erfahrung & Lernen
Herausforderung
Essen & Trinken
Sport

Erholung
Naturerlebnis
Sport
Kultur
Essen & Trinken

Seit fast 100 Jahren kann man in Jena virtuell in den Weltraum reisen

BLICK IN DIE STERNE
JENA

→ **Warum jetzt? Willkommen in der Lichtstadt**

Licht ist wohl das, was uns im Winter am meisten fehlt. Warum also nicht nach Jena (www.visit-jena.de) reisen, das sich eben dieses Licht auf die Fahnen geschrieben hat? Wobei das, trotz manch sonnig-himmelblauem Wintertag, eher im übertragenen Sinne zu verstehen ist. Die Stadt an der Saale ist nämlich ein Zentrum der optischen Industrie – und hat damit ihren Erfolg gewissermaßen aus Licht gebaut. Das zeigt sich besonders eindrucksvoll (und nicht nur in Laserform) im Zeiss-Planetarium, das dich mit seinen Musikshows und lehrreichen Programmen direkt zwischen Planeten und kosmische Nebel beamt. Der Ruf der Forschungs-, Wissenschafts- und Uni-Stadt verpflichtet: Das grandiose Sternentheater von 1926 ist das dienstälteste Großplanetarium der Welt, gebaut von der Firma Carl Zeiss. Deren Gründer wiederum entwickelte mithilfe von Licht, dem Physiker Ernst Abbe und dem Glasexperten Otto Schott meisterliche Mikroskope. Noch vor diesen Geistesleuchten lebten andere helle Köpfe in Jena: Friedrich Schillers Dichteraura begegnest du in seinem Gartenhaus, seinem Freund Goethe in der Gedenkstätte im Botanischen Garten. Und dem Licht der Sonne kommst du am nächsten auf dem Jentower (jentower.de) und seiner 128 Meter hohen Aussichtsplattform, von der der Blick weit über die Stadt schweift.

Kultur
Erfahrung & Lernen
Essen & Trinken

RUND UM JENA

 **APOLDA · 16 KM ·** Museums-Zeitreise in die DDR (www.olle-ddr.de)

JAGDANLAGE RIESENECK · 23 KM · Wandern durch eine barocke Jagdanlage (www.saaleland.de)

NAUMBURG (SAALE) · 34 KM · Die schöne Uta im prachtvollen Dom (www.naumburger-dom.de)

FREYBURG (UNSTRUT) · 40 KM · Beschwipst in der Sektkellerei Rotkäppchen

KROKUSSE IN
BADEN-BADEN

→ **Warum jetzt? Erste blühende Frühlingsboten**

Irgendjemand hat vor Jahren mal mitgerechnet: 30 000-mal müssen sich die Gärtnerinnen und Gärtner der Stadt Baden-Baden im Herbst wohl bücken, um jedes Jahr einen gelb-weiß-lilafarbenen Frühlingstraum wahr werden zu lassen. Oft schon Anfang Februar stecken die vorwitzigsten Krokusse die bunten Köpfchen aus den Wiesen entlang der Lichtensteiner Allee in die milder werdende Frühlingsluft. Spätestens Ende Februar sind ihnen dann auch die letzten Kollegen gefolgt – und die baumbestandenen Grünflächen entlang des Flüsschens Oos werden zu einem impressionistischen Gemälde aus Millionen bunter Blütenköpfchen. Jetzt heißt es: Wer postet das schönste Frühlingsbild?

Vor Ort: Die Lichtentaler Allee ist eine Promenade aus dem 19. Jahrhundert, die sich auf einer Länge von etwas mehr als 2 km durch die Innenstadt von Baden-Baden zieht. Angelegt wurde sie für die extravaganten Besucher der noblen Kur- und Festspielstadt. Wer über das nötige Kleingeld verfügt, steigt im Brenners Park-Hotel & Spa ab.

Gut zu wissen: Für ihre eindrucksvolle Krokusblüte sind auch das baden-württembergische Zavelstein oder der Schlosspark in Husum bekannt. In der Regel blühen die Krokusse aber dort später als in Baden-Baden.

www: visit.baden-baden.de

- Naturerlebnis
- Erfahrung & Lernen
- Essen & Trinken

Frühlingserwachen an der Lichtensteiner Allee in Baden-Baden

KAFFEETAFEL
BERGISCHES LAND

→ **Warum jetzt? Süß-deftiges gegen die Winterkälte**

Wer zu einer Bergischen Kaffeetafel eingeladen wird, kann getrost dem Abendessen Adieu sagen. Schließlich setzt man sich im Bergischen Land nachmittags zum „Koffeedrenken mit allem Dröm on Dran" an die große Tafel. Das Drum und das Dran ist zwar nicht überall gleich, die Dröppelmina gehört aber immer dazu: So heißt die metallene Kanne, aus der jeder seinen Kaffee zapft – und die ihren Namen wegen notorischer Undichtigkeit bekommen hat. Ein Muss sind auch die Bergischen Waffeln, die gerne mit heißen Kirschen und Sahne auf den Tisch kommen. Ansonsten ist seit dem 18. Jahrhundert erlaubt, was schmeckt und süß und deftig ist: Butter und Brot, Brezeln oder Pumpernickel, Kuchen und Krapfen, Honig, Marmelade, Milchreis und Quark, Kompott oder Rote Grütze. Herzhaft wird's mit Rührei, Wurst und Fleisch. Der Schnaps zum Schluss ist eine (gern genommene) Option.

Vor Ort: Zur Bergischen Kaffeetafel kannst du dich überall in der Region niederlassen. Eine Liste kulinarischer Adressen findest du auf der Homepage.

Gut zu wissen: Das Bergische Land heißt nicht wegen seiner Berge so, sondern weil die Region auf der rechten Rheinseite rund um Remscheid, Solingen und Wuppertal bis Anfang des 19. Jahrhunderts zum Herzogtum Berg gehörte.

www: dasbergische.de

Essen & Trinken

Kultur

SCHNARCH-MUSEUM
LANGENHOLZEN

→ **Warum jetzt? Nicht nur für Winterschläfer**

Es gibt Menschen, die würden den ganzen Winter am liebsten verschlafen. Kein Licht, keine Wärme draußen, nur grau in grau – also ab ins Bett. Da passt thematisch das Schnarchmuseum in Alfeld-Langenholzen gut. Zumal es in der Ausstellung um all die Hilfsmittel geht, die für einen gesunden Schlaf sorgen, auch wenn man nächtens ganze Wälder umsägt. Was ganz schön gefährlich sein kann, falls man auch noch unter Schlafapnoe, regelmäßig auftretenden Atemaussetzern, leidet. Aufgebaut parallel zur Weltausstellung Expo 2000 in Hannover, verfügt das Museum heute über 400 mehr oder weniger skurrile Exponate, die alle den nächtlichen Un-Konzerten entgegenwirken sollen.

Vor Ort: Das Schnarchmuseum ist mittwochs, samstags und sonntags von 15 bis 18 Uhr geöffnet. Es ist das einzige Museum seiner Art weltweit.

Gut zu wissen: Wer ausgeschlafen ist, kann in Alfeld eine der 46 Natur- und Kulturerbestätten in Deutschland besuchen: Das Fagus-Werk (www.fagus-werk.com) ist das 1911 erbaute Erstlingswerk der Bauhaus-Architektenikone Walter Gropius. In der Schuhleistenfabrik, die durch viel Glas und Stahl beeindruckt, wird heute noch produziert. Das Werk gilt als erster Industriebau der Moderne und ist heute Denkmal und Veranstaltungsort in einem.

www: schnarchmuseum.de

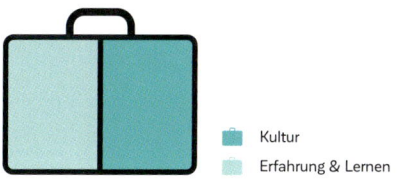

Kultur

Erfahrung & Lernen

PALMENGARTEN
FRANKFURT/ MAIN

→ **Warum jetzt? Tropenbunte Warmzeit**

Ungemütlich, kalt, nass. Willkommen im grauen deutschen Winter. Wer Farbe in den Alltag bringen will, braucht Urlaub und ein Flugticket – oder eine Eintrittskarte für den Palmengarten im Frankfurter Westend. Und dann nichts wie hin zum Blütenhaus, denn nomen ist omen: Das ganze Jahr über übermittelt hier ein Meer blühender Pflanzen Frühlingsgrüße, egal, wie ungemütlich es draußen ist. Überhaupt liegen in den teils historischen Gebäuden im 22 Hektar großen Garten von 1871 die warmen Gegenden der Erde nur einen Palmkätzchensprung entfernt. Im Palmenhaus tobt sich üppiges Grün rund um die namengebenden Exotikgewächse aus, die Wärme im Tropicarium lässt den Winterblues im Nebelregenwald verschwinden. Winter, wo ist dein Stachel?

Vor Ort: Tolle Villen, Wolkenkratzer und weitläufige Parks: Das Frankfurter Westend ist ein Stadtviertel der Gegensätze. Direkt neben dem Palmengarten befindet sich Frankfurts Botanischer Garten und das Senckenberg-Museum mit seinen berühmten Dinosaurierskeletten liegt ebenfalls hier.

Gut zu wissen: Im verglasten Anbau des „Gesellschaftshauses Palmengarten" liegt das mit zwei Michelinsternen ausgezeichnete Restaurant Lafleur (www.restaurant-lafleur.de), das zu Frankfurts besten Adressen zählt.

www: palmengarten.de

Der Palmengarten ist die Heimat von 13 000 tropischen und subtropischen Pflanzen

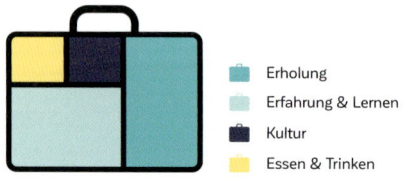

Erholung

Erfahrung & Lernen

Kultur

Essen & Trinken

KARNEVAL DES NORDENS
MARNE

→ **Warum jetzt? Einmal närrisch sein in Norddeutschland**

Auf nach Marne, in die närrische Hochburg des Nordens! Pinkfarbene Perücken, Funkenmariechen, tonnenweise fliegende Kamellen und reichlich feierwütiges Publikum – nein, du bist nicht in Köln beim Rosenmontag, du bist ganz im Norden in Marne in Schleswig-Holstein gelandet. Dort hat sich eine karnevaleske Enklave gebildet, die man in dieser Gegend wirklich nicht vermutet. Unweit der Elbemündung wird der Rosenmontagsumzug jedes Jahr aufs Neue mit Begeisterung begangen, egal, welche Windstärke den Zylinder fliegen lässt. Tausende pilgern ins kleine Städtchen, professionell mit Pappnasen, bizarren Kopfbedeckungen und viel Schminke im Gesicht. Wenn du mal Karneval auf norddeutsch erleben willst: Hier bist du richtig!

Vor Ort: Marne ist ein hübsches Städtchen in der Südermarsch, nur ein paar Kilometer vom schleswig-holsteinischen Wattenmeer entfernt. Übernachten lässt es sich gut im Hotel Der Kleine Hans in Sankt Michaelisdonn (www.kleiner-hans.de), rund 10 km entfernt.

Gut zu wissen: Vielleicht sehnst du dich nach dem ganzen Trubel nach Ruhe? Dann ist ein Ausflug zum Wattenmeer, um sich mal ordentlich vom Winterwind durchblasen zu lassen, genau das, was du brauchst.
www: echt-dithmarschen.de/urlaubsorte/marne/marne-erleben

Die Pfahlhaus-Suiten in Lauterbach auf Rügen versprechen Erholung pur

ÜBER DEM WASSER
RÜGEN

→ **Warum jetzt? Karnevalstrubel – nein danke**

Wem das Wohnen *am* Wasser noch zu weit von den Wellen entfernt ist, der mietet sich ein Hausboot – oder eine der Pfahlhaus-Suiten in Lauterbach auf Rügen. Die Ein-Zimmer-Häuser bieten 40 Quadratmeter Wohnkomfort auf Stelzen, 2,40 Meter über dem Wasser, mit fernöstlich angehauchtem Mobiliar und Blick auf die See. Auf der Holzterrasse weht eine frische Meeresbrise – und wenn die Wintersonne scheint, kannst du auch mal die Füße überm Wasser baumeln lassen. Im Winter haben die Stelzenhäuser einen ganz besonderen Reiz: scheinbar allein im kalten Sonnenlicht, mit dem frostigen Küstennebel und der aufgepeitschten Ostsee.
Vor Ort: Die vielen Sehenswürdigkeiten der Insel lassen sich im Winter ohne viel Trubel bestaunen. Dann sind nämlich keine Urlaubermassen unterwegs, sondern – neben den Insulanern – nur ein paar Liebhaber des Ostsee-Eilands. Erkunde zum Beispiel die Seebrücke in Sellin, bewundere die berühmten Kreidefelsen, besuche den Sassnitzer Hafen und finde Hühnergötter in den Feuersteinfeldern. So dürfen die Steine übrigens nur genannt werden, wenn das Loch in der Mitte natürlichen Ursprungs ist.
Gut zu wissen: Vom Café Gumpfer aus (www.gumpfer.de) lässt sich die Aussicht auf den Hafen von Sassnitz bei köstlichem Kuchen, heißer Schokolade oder anderen Leckereien besonders gut genießen.
www: im-jaich.de

Kultur
Essen & Trinken

Erholung
Naturerlebnis
Essen & Trinken

EIS, EIS, EIS
NEUMÜNSTER

→ Warum jetzt? Spiegelglattes Natureis in idyllischer Umgebung

Dass das Mammut Manfred und das Faultier Sid aus „Ice Age" schon einmal am Einfelder See vorbeispaziert sind, darf infrage gestellt werden. Vielleicht aber waren ihre realen Verwandten hier: Den See in Neumünster in Schleswig-Holstein gibt es tatsächlich schon seit dem Ende der letzten Eiszeit vor ungefähr 20 000 Jahren. Heute lässt es sich auf der glitzernden Fläche wunderbar Schlittschuh fahren, Eishockey spielen oder sogar Eissegeln, wenn der See bei anhaltenden Minusgraden eine ausreichend dicke Eisschicht gebildet hat. Wer lieber festen Boden unter den Füßen behält, kann die Landschaft vom 8 km langen Rundwanderweg aus bewundern. Und im Sommer? Ist natürlich Baden, Surfen, Segeln, Rudern oder Kanufahren angesagt.

Vor Ort: Der Spazierweg führt an der Nordspitze des Sees durch das Dorf Mühbrook und im Süden durch den Neumünsteraner Stadtteil Einfeld. 20 „Sehpunkte" entlang der Route informieren dich über die Natur, Kultur und Geschichte rund um den See. Den Spaziergang kannst du zu Wandertouren in das benachbarte Dosenmoor (Naturschutzgebiet) ausweiten.

Gut zu wissen: Das Restaurant Schanze am See (www.schanzeamsee.de) am Ostufer bietet gehobene deutsche Küche in stilvollem Ambiente, natürlich mit Blick aufs Wasser. Im angegliederten Laden gibt es Wohnaccessoires und Möbel der Marke Rivièra Maison.

www: nms-einfeld.de/einfelder_see

Herausforderung
Naturerlebnis
Sport
Abenteuer

Wer's drauf hat, erreicht beim Eissegeln bis zu 100 km/h

MILLIONENDORF AM RHEIN
KÖLN

→ **Warum jetzt? Viel mehr als Karneval und Narren**

Köln im Februar? Klar, Karneval! Ausnahmezustand! Man sollte schon mal miterlebt haben, wie eine ganze Stadt kollektiv ausflippt und feiert, als gäb's kein Morgen. Den gibt es aber, und besonders schöne noch dazu. Dann etwa, wenn sich morgens wie ein Weichzeichner der Nebel über den Rhein legt und die Domstadt bei einer Wanderung entlang der rechten Flussseite nach Süden zu den Poller Wiesen zur geheimnisvollen Kulisse wird. Zum Aufwärmen gibt's Brauhäuser wie das Päffgen (www.paeffgen-koelsch.de), dessen Biergarten sogar im Winter lockt – ein Glasdach macht's möglich. Nicht weniger verlockend ist auch das Schokoladenmuseum (www.schokoladenmuseum.de) mit kuschelig-warmem Tropenhaus und Schokobrunnen. Und dann sind da ja auch die „Veedel" wie die Altstadt oder das Belgische Viertel mit seinen hippen Boutiquen, Bars und Cafés als warme Oasen. Es gibt Museen wie das Rautenstrauch-Joest-Museum (museen-koeln.de/rautenstrauch-joest-museum), in dessen ethnologischer Ausstellung es mal eben um die ganze Welt geht, und das Museum Ludwig (www.museum-ludwig. de). Und der KölnTriangle (www.koeln trianglepanorama.de) bietet an klaren Winterabenden, wenn die Sonne hinterm Dom untergeht, einen besonders eindrucksvollen Blick aus 100 Meter Höhe.

Von „Wieverfaste-lovend" bis „Veilchendienstag" herrscht in Köln Ausnahmezustand

Essen & Trinken
Kultur
Erfahrung & Lernen

RUND UM KÖLN

PHANTASIALAND · 25 KM · Wintertraum und Achterbahnspaß (www.phantasialand.de)

DRACHENFELS · 45 KM · Sagenhafte Aussicht vom mystischen Felsen (www.der-drachenfels.de)

MAASTRICHT · 106 KM · Schicke Oldtimer bei der InterClassic (www.besuchemaastricht.de)

WINTERBERG · 140 KM · Da ist der Winter! Skifahren im Sauerland (www.winterberg.de)

März

WANN AM BESTEN WOHIN?

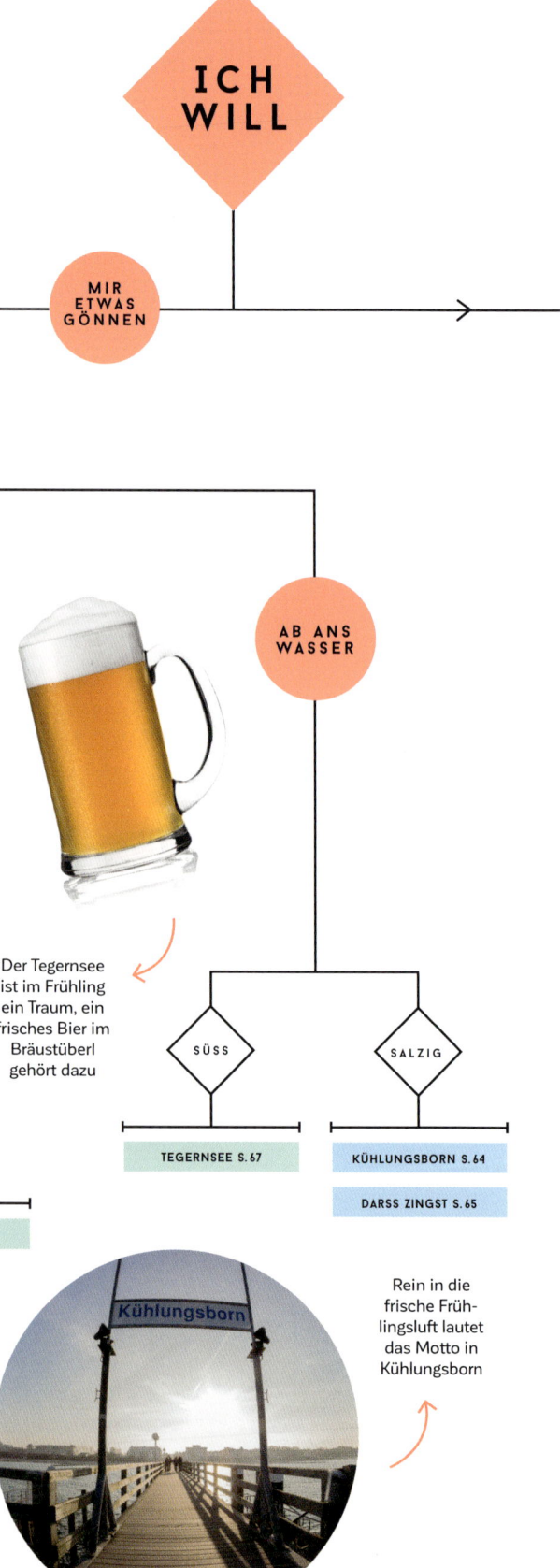

ICH WILL

MIR ETWAS GÖNNEN

LASS UNS AUSGEHEN

In Hamburg lockt das größte Volksfest Norddeutschlands

AUF IN DIE STADT

AB ANS WASSER

Der Tegernsee ist im Frühling ein Traum, ein frisches Bier im Bräustüberl gehört dazu

ESSEN & TRINKEN

FEIERN

BERLIN S. 65

HAMBURG S. 73

SÜSS

SALZIG

GROSS

KLEIN

TEGERNSEE S. 67

KÜHLUNGSBORN S. 64

DARSS ZINGST S. 65

Frankfurt hat natürlich mehr zu bieten als Senf und Würstchen – es geht hoch hinaus

FRANKFURT S. 75

FREIBURG S. 69

Rein in die frische Frühlingsluft lautet das Motto in Kühlungsborn

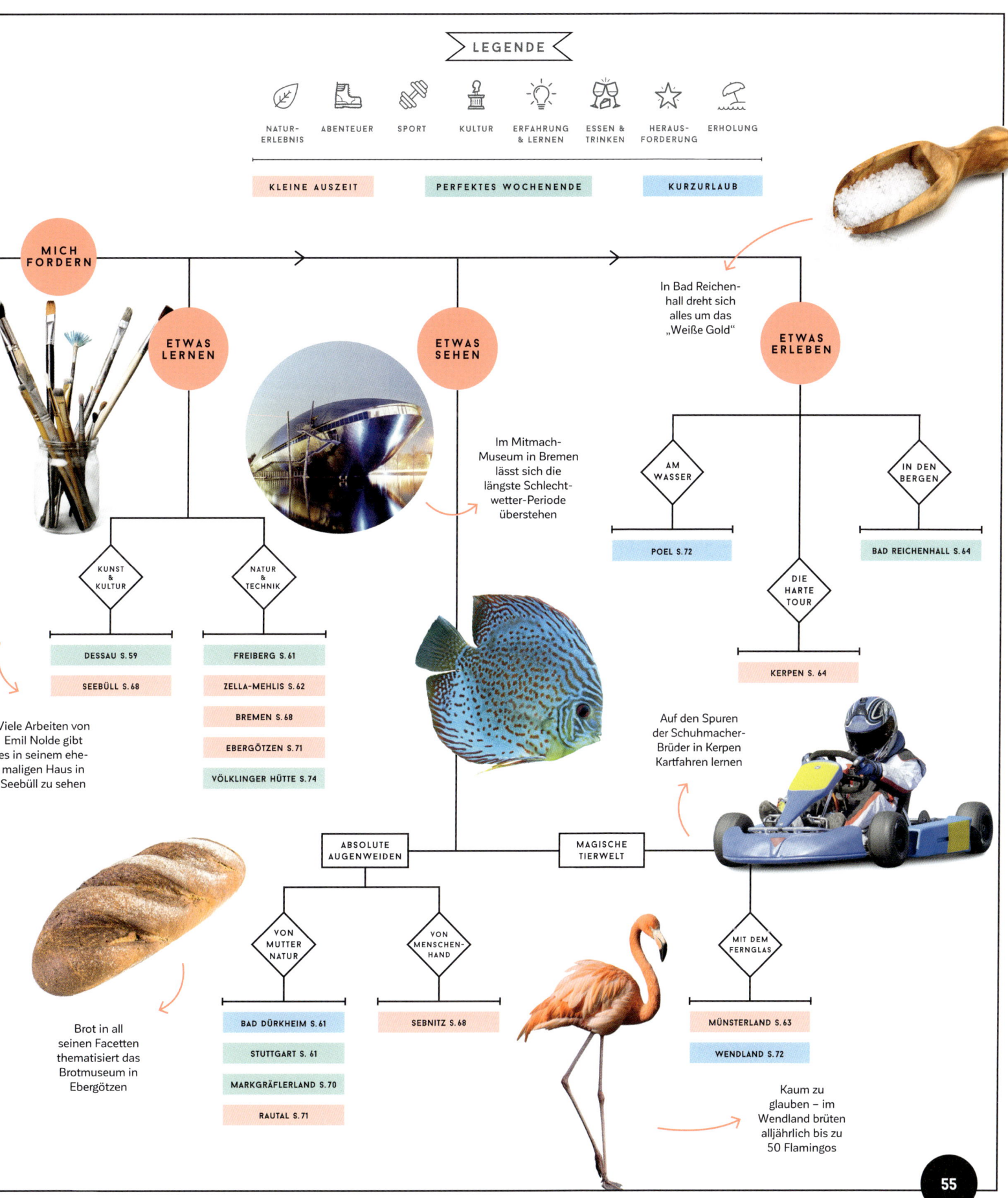

LEGENDE

NATUR-ERLEBNIS ABENTEUER SPORT KULTUR ERFAHRUNG & LERNEN ESSEN & TRINKEN HERAUS-FORDERUNG ERHOLUNG

KLEINE AUSZEIT | PERFEKTES WOCHENENDE | KURZURLAUB

MICH FORDERN

ETWAS LERNEN

ETWAS SEHEN

In Bad Reichenhall dreht sich alles um das „Weiße Gold"

ETWAS ERLEBEN

Im Mitmach-Museum in Bremen lässt sich die längste Schlechtwetter-Periode überstehen

Viele Arbeiten von Emil Nolde gibt es in seinem ehemaligen Haus in Seebüll zu sehen

KUNST & KULTUR

NATUR & TECHNIK

DESSAU S. 59
SEEBÜLL S. 68

FREIBERG S. 61
ZELLA-MEHLIS S. 62
BREMEN S. 68
EBERGÖTZEN S. 71
VÖLKLINGER HÜTTE S. 74

AM WASSER

POEL S. 72

IN DEN BERGEN

BAD REICHENHALL S. 64

DIE HARTE TOUR

KERPEN S. 64

Auf den Spuren der Schuhmacher-Brüder in Kerpen Kartfahren lernen

Brot in all seinen Facetten thematisiert das Brotmuseum in Ebergötzen

ABSOLUTE AUGENWEIDEN

MAGISCHE TIERWELT

VON MUTTER NATUR

VON MENSCHEN-HAND

MIT DEM FERNGLAS

BAD DÜRKHEIM S. 61
STUTTGART S. 61
MARKGRÄFLERLAND S. 70
RAUTAL S. 71

SEBNITZ S. 68

MÜNSTERLAND S. 63
WENDLAND S. 72

Kaum zu glauben – im Wendland brüten alljährlich bis zu 50 Flamingos

SEEBÜLL S. 68

DARSS ZINGST S. 65

POEL S. 72

• KIEL

KÜHLUNGSBORN S. 64

• ROSTOCK

• HAMBURG

HAMBURG S. 73

• BREMEN

BREMEN S. 68

WENDLAND S. 72

BERLIN S. 65

• BERLIN

• HANNOVER

MÜNSTERLAND S. 63

• MÜNSTER

DESSAU S. 59

EBERGÖTZEN S. 71

• DORTMUND

• ESSEN

• LEIPZIG

• DÜSSELDORF

• KASSEL

• KÖLN

• ERFURT

RAUTAL S. 71

• DRESDEN

KERPEN S. 64

FREIBERG S. 61

SEBNITZ S. 68

BAD DÜRKHEIM S. 61

ZELLA-MEHLIS S. 62

• FRANKFURT/MAIN

FRANKFURT S. 75

VÖLKLINGER HÜTTE S. 74

• SAARBRÜCKEN

• NÜRNBERG

• STUTTGART

STUTTGART S. 61

FREIBURG S. 69

• FREIBURG

• MÜNCHEN

BAD REICHENHALL S. 64

TEGERNSEE S. 67

MARKGRÄFLERLAND S. 70

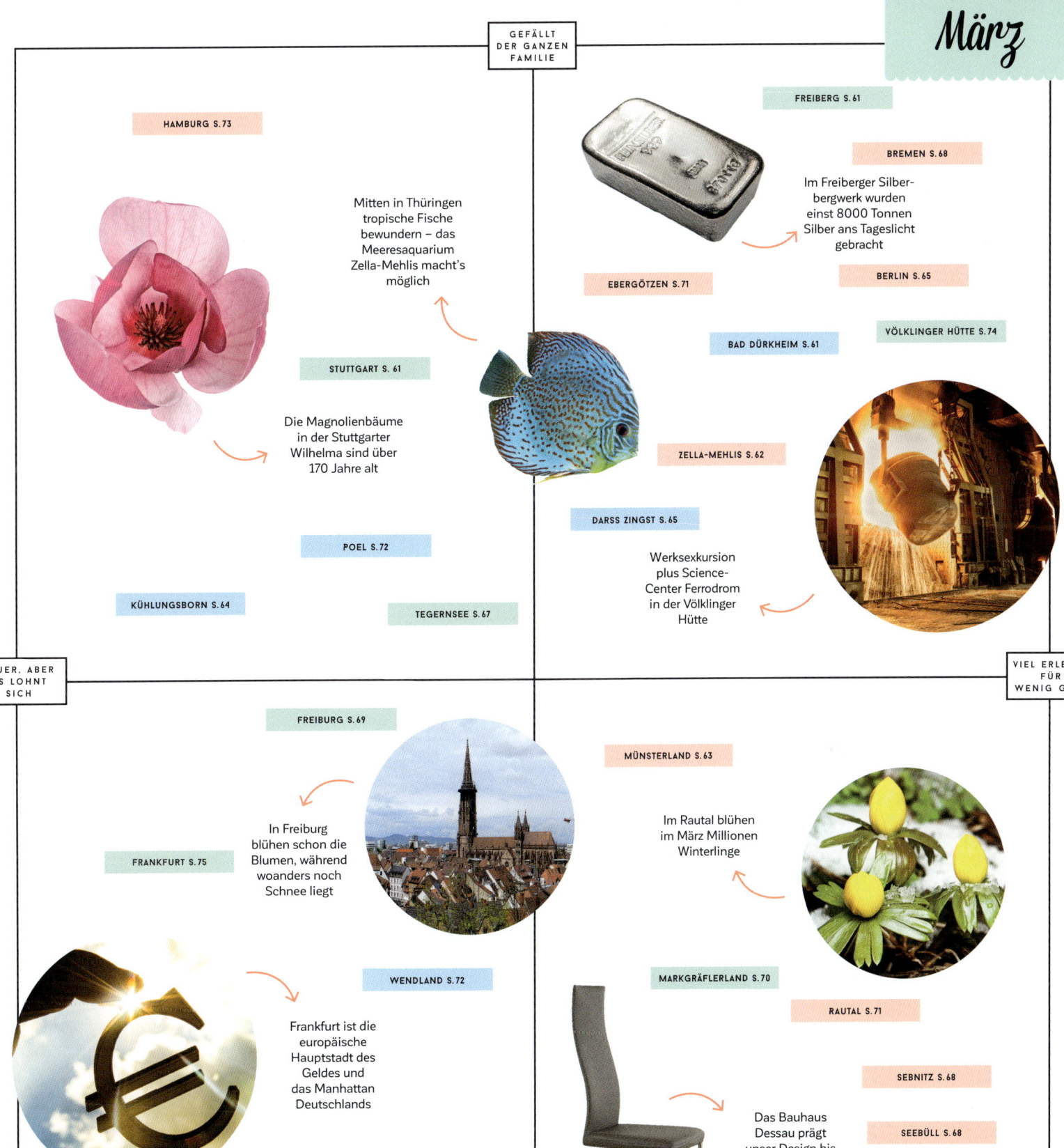

GEFÄLLT DER GANZEN FAMILIE

HAMBURG S.73

FREIBERG S.61

BREMEN S.68

Mitten in Thüringen tropische Fische bewundern – das Meeresaquarium Zella-Mehlis macht's möglich

Im Freiberger Silberbergwerk wurden einst 8000 Tonnen Silber ans Tageslicht gebracht

EBERGÖTZEN S.71

BERLIN S.65

VÖLKLINGER HÜTTE S.74

STUTTGART S. 61

BAD DÜRKHEIM S.61

Die Magnolienbäume in der Stuttgarter Wilhelma sind über 170 Jahre alt

ZELLA-MEHLIS S. 62

DARSS ZINGST S.65

POEL S.72

Werksexkursion plus Science-Center Ferrodrom in der Völklinger Hütte

KÜHLUNGSBORN S.64

TEGERNSEE S.67

TEUER, ABER ES LOHNT SICH

VIEL ERLEBEN FÜR WENIG GELD

FREIBURG S.69

MÜNSTERLAND S.63

In Freiburg blühen schon die Blumen, während woanders noch Schnee liegt

Im Rautal blühen im März Millionen Winterlinge

FRANKFURT S.75

WENDLAND S.72

MARKGRÄFLERLAND S.70

RAUTAL S.71

Frankfurt ist die europäische Hauptstadt des Geldes und das Manhattan Deutschlands

SEBNITZ S.68

SEEBÜLL S.68

Das Bauhaus Dessau prägt unser Design bis in die Gegenwart

KERPEN S.64

BAD REICHENHALL S.64

DESSAU S.59

DIE KINDER ZU HAUSE LASSEN

BAUHAUS DESSAU

→ **Warum jetzt? Der größte Andrang ist vorbei**

2019 war der Hype groß: Das Bauhaus, jene 1919 in Weimar von Walter Gropius als Kunstschule gegründete Kunst-, Design- und Architekturströmung, die Kunst und Handwerk wieder zusammenführen wollte, feierte ihren 100. Geburtstag. Nun gehören die großen Feiern, die Festreden und ausführlichen Beiträge in den Medien der Vergangenheit an – und man kann sich, besonders an verregneten Frühlingstagen, in Ruhe in ein Gesamtkunstwerk vertiefen, das wie kein anderes für die Klassische Moderne steht. Pünktlich zum Jubiläum hat nicht nur Weimar ein neues Museum bekommen, sondern auch Dessau: Mitten in der Stadt gelegen, ist der monolithische Glasbau ein Spiegelbild der Stadt auf der einen und der Natur auf der anderen Seite – bis er sein Inneres offenbart, wenn die Lichter angehen.

Vor Ort: Im Erdgeschoss des Bauhausmuseums Dessau liegt ein 600 Quadratmeter großer Raum, der als Offene Bühne Platz für Veranstaltungen und Wechselausstellungen bietet. Darüber schwebt ein dunkler Kubus aus Stahlbeton, in dessen tageslichtlosen Räumen die Reise in die Geschichte des Bauhaus und seiner Objekte führt.

Gut zu wissen: Die kostenlose App „Bauhaus Dessau" führt dich mithilfe einer interaktiven Karte zu den originalen Bauhausbauten in Dessau und dank 360-Grad-Panoramen in Räume, die man sonst nur bei Führungen sehen kann. Der „Bauhaus Sound" sorgt für ein begleitendes Hörerlebnis.

www: bauhaus-dessau.de

■ Kultur
■ Erfahrung & Lernen

Das Bauhaus Dessau entstand 1926 nach Plänen von Walter Gropius

14 Magnolienbäume
in der Wilhelma
stammen noch aus
der Erstpflanzung
von 1850

(L) In Freiberg wur[...]
seit 1715 Silb[...]
geförde[...]
(R) Unterwegs a[...]
der nördliche[...]
Weinstra[...]

MANDELBLÜTEN-PFAD
BAD DÜRKHEIM

→ **Warum jetzt? Die Wellen im rosa Blütenmeer schlagen hoch**

Es ist immer dasselbe: Der Frühling ist schlicht und einfach ein Wunder. Und auf dem Pfälzer Mandelpfad sowieso, denn hier begeistern die Bäume, deren Name die Strecke trägt, jedes Jahr aufs Neue mit ihrem frühen Blütenwunder im März und April. Der Mandelpfad schwingt sich rund 76 km durch die sanfte Pfälzer Landschaft, durch hübsche Weindörfer, vorbei an zahlreichen Weingütern, in deren Kellern leckere Tropfen lagern. Wer vom meist asphaltierten Hauptweg abweichen will, kann auf etlichen Rundwanderwegen entlang der Strecke gemütliche Extra-Spazierrunden durch die zauberhafte Landschaft drehen. Der Hauptweg führt über weite Strecken direkt an der Deutschen Weinstraße entlang und ist auch gut mit Bus und Bahn zu erreichen – auch kleinere Teilstrecken sind auf diese Weise möglich.

Vor Ort: Bad Dürkheim ist der Startpunkt des Mandelblütenpfads. Und wenn du nach 76 km schließlich das Deutsche Weintor in Schweigen-Rechtenbach passierst, hast du Grund zu feiern. Da der Hauptweg fast durchweg asphaltiert ist, eignet er sich auch gut zum Fahrradfahren.

Gut zu wissen: Jedes Jahr, vom 1. März bis Mitte April, gibt es anlässlich der „Pfälzer Mandelwochen" zahlreiche Veranstaltungen.

www: mandelbluete-pfalz.de

- Naturerlebnis
- Kultur
- Essen & Trinken
- Sport

SILBERBERG-WERK
FREIBERG

→ **Warum jetzt? Unter der Erde regnet's nicht**

Eine Reise zum Mittelpunkt der Erde ist es zwar nicht – es geht aber schon ziemlich tief hinunter bei der Abfahrt ins Silberbergwerk „Reiche Zeche" im sächsischen Freiberg. Ausgestattet wie echte Bergmänner werden die Besucher in einem Förderkorb etwa 150 Meter unter die Erde transportiert. Unter Tage bewegt ihr euch auf den Spuren des Bergbaus nicht nur auf unterschiedlichen Höhenniveaus, sondern auch in der Zeit: Vom Mittelalter bis in die Gegenwart reicht das Thema der Führungen, die auch einen Ausblick in die Zukunft unter Tage bieten. Das Silberbergwerk ist nämlich nicht nur eine bedeutende historische Stätte, sondern auch Teil des Forschungs- und Lehrbergwerkes der Technischen Universität Bergakademie Freiberg.

Vor Ort: Wo einst Bergleute Silber schürften (rund 8000 Tonnen wurden aus dem Boden des Reviers geholt), forschen und lehren heute Studenten und Wissenschaftler. Das schon von weither sichtbare Fördergerüst weist dem Besucher den Weg zum Schacht „Reiche Zeche".

Gut zu wissen: Die Bergwerk-Führungen unterscheiden sich nach Dauer und körperlichem Anspruch, die Grubentour etwa dauert 1,5, die Expertentour 5 Stunden (Kinder erst ab 7 Jahren). Unter Tage herrschen ganzjährig Temperaturen von rund 10 °C.

www: silberbergwerk-freiberg.de

- Erfahrung & Lernen
- Kultur
- Abenteuer

MAGNOLIEN IN DER WILHELMA
STUTTGART

→ **Warum jetzt? Der größte Magnolienhain nördlich der Alpen blüht nur kurz**

Jetzt aber los! Denn die 69 Magnolienbäume im Zoologisch-Botanischen Garten in Stuttgart, der Wilhelma, geben in den rund zwei Wochen Ende März/Anfang April alles – und dann ist wieder Warten bis zum nächsten Jahr angesagt. Wenn du in den ehemaligen Privatgarten von König Wilhelm I. eintrittst, empfängt dich ein überwältigendes Blütenmeer in Weiß, Rosa und Magenta, durch das die historischen Gebäude im maurischen Stil nur noch vage zu erkennen sind. Setz dich auf eine der Bänke, die rund um die drei Teiche stehen, und bestaune die Tulpen- und Purpurmagnolien samt ihrer knorrigen Stämme. Dazwischen schreiten bunte Pfauen, die neidisch den mitgebrachten Proviant der Besucher der „Alhambra am Neckar" beäugen.

Vor Ort: Das schwäbische Paradies in Stuttgart-Bad Cannstatt ist gut mit der U-Bahn zu erreichen. Wenn du in der Ferienzeit mit dem Auto anreist, ist frühes Aufstehen angesagt: Das Parkhaus ist oft schon vormittags belegt.

Gut zu wissen: Die Wilhelma ist weltweit einzigartig: Die Kombination aus Botanischem Garten, Tierpark und historischem Park mit rund 8500 Pflanzenarten und 110 00 Tieren gibt es so nicht noch einmal. Sie ist immer eine Reise wert, nicht nur zur Magnolienzeit.

www: wilhelma.de

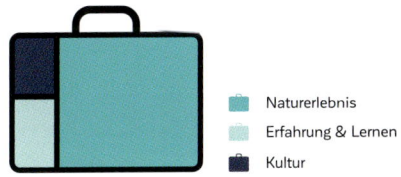

- Naturerlebnis
- Erfahrung & Lernen
- Kultur

Bunte Diskusfische zählen zu den vielen tropischen Fischen im Meeresaquarium

MEERESAQUARIUM
ZELLA-MEHLIS

→ Warum jetzt? Haie in Thüringen – nicht nur bei Regen gigantisch

Das ist alles so wunderbar bunt hier. Der 1994 gegründete und 2002 erheblich erweiterte Erlebnispark Meeresaquarium Zella-Mehlis verspricht nicht zu viel: Mit einem Fassungsvermögen von 1 Million Liter ist das Haibecken schlicht gigantisch. Verschiedene Arten der Raubfische drehen hier in unnachahmlicher Eleganz ihre Runden und werfen scheinbar immer wieder begehrliche Blicke nach draußen. Exotische Muränen lauern in Riffhöhlen, Piranhas schwimmen gruppenweise umher, farbenfrohe Genossen aus den tropischen Ozeanen zeigen sich von ihrer besten Seite: Zackenbarsche, Wimpelfische, knallrote Seesterne, dezent gekleidete Seepferdchen, die knallgelben Riffbarsche, der Igelfisch und, und, und. Die Stimmungslage der Krokodile ist nicht so leicht auszumachen, aus sicherer Entfernung kannst du sie von einer Brücke aus beobachten. Auch im Außengelände ist was los, hier ist das Reich der Koi, die entspannt in ihren Teichen herumplätschern und sich sogar streicheln lassen.

Vor Ort: Entdecken macht hungrig, deshalb gibt es im parkeigenen Restaurant „aquamaehlis" etwas Warmes für knurrende Besuchermägen.

Gut zu wissen: Auch Haie haben Hunger, bei der Fütterung kannst du jeden Sonntag um 15 Uhr dabei sein. Zur selben Zeit bekommen auch die Rochen und Schildkröten ein Häppchen, während die Alligatoren Weltmeister im Fasten sind: Sie fressen nur von April bis September.

www: meeresaquarium-zella-mehlis.de

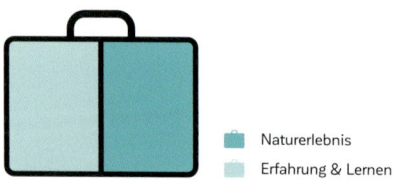

Naturerlebnis
Erfahrung & Lernen

FLAMINGOS IM MÜNSTERLAND

→ **Warum jetzt? Im Zwillbrocker Venn balzen die Flamingos**

Das Zwillbrocker Venn liegt im Münsterland, nahe der holländischen Grenze und der Stadt Gronau in Westfalen. Exotik? Hmmm ... doch halt! An der Biologischen Station Zwillbrock finden sich tatsächlich Gäste, die aus dem Rahmen fallen: Flamingos, jene rosaroten Vögel mit dürren Beinen und merkwürdigen gravitätischem Gang, die man eher in afrikanischen Savannen verorten würde. Seit 1970 kommen sie ab März hierher, um zu balzen, zu brüten und ihre Jungen großzuziehen. Du kannst sie dabei beobachten, wie sie durch den Lachmöwensee waten und mit ihren Schnäbeln das Plankton aus dem seichten Wasser seihen. Woher auch immer die gefiederten Migranten stammen: Sie haben die nördlichste Flamingo-Kolonie Europas gegründet.

Vor Ort: Wenn du keine Führung in Anspruch nehmen willst, kannst du auch auf eigene Faust die Flamingos beobachten: Meist ab März ist der beste Platz die Beobachtungkanzel an der Remise, direkt am Rundwanderweg des Zwillbrocker Venns.

Gut zu wissen: Das Idyll ist bedroht: Im Sommer 2019 sind das Zwillbrocker Venn und der Lachmöwensee praktisch ausgetrocknet. Auch Füchse, die die Eier der Vögel stehlen, bedrohen den Fortbestand der Kolonie. Ein Graben um die Brutinsel soll die Vögel schützen.

www: bszwillbrock.de/de/biologische-vielfalt/flamingos

Bis zu 50 Flamingos kommen alljährlich ins Zwillbrocker Venn, um zu brüten

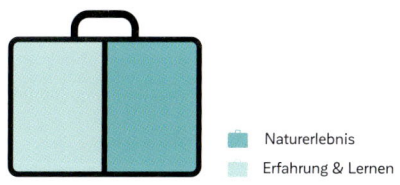

Naturerlebnis

Erfahrung & Lernen

OSTSEEBAD KÜHLUNGSBORN

→ **Warum jetzt? Jetzt hast du den weiten Strand fast für dich allein**

Strandleben im Sommer kann jeder – jetzt ist die Zeit für das raue, klare Seewetter. Zeit, Körper und Geist aus dem Winterschlaf zu holen. Und was weckt die Lebensgeister besser als eine Strandwanderung am kilometerlangen Strand im Ostseebad Kühlungsborn? Raus mit der Winterluft aus Kopf und Lungen, rein mit der reinen Seeluft! Wegen der ist hier auch die Sonne besonders intensiv. Dazu noch die Weite des Horizonts über der Ostsee und die wenigen Mitspaziergänger. Man mag sich gar nicht losreißen von diesem herrlichen Strand – andererseits gibt es nichts Schöneres, als nach ausgiebigem Sandstapfen in einem der Cafés oder Restaurants zu sitzen, die sich entlang Deutschlands längster Strandpromenade aufreihen.

Vor Ort: Wenn das Wetter mal schlecht sein sollte, lädt die Kunsthalle zum Besuch ein. Oder der Leuchtturm Buk. Die 240 Meter lange Seebrücke. Oder die Spa- und Wellnessbereiche, die hier in den Hotels zum Standard gehören.

Gut zu wissen: Kühlungsborn ist wegen seines milden Reizklimas ein hervorragender Standort für Vorsorge- und Rehabilitationseinrichtungen.

www: kuehlungsborn.de

TOTES MEER IN BAYERN BAD REICHENHALL

→ **Warum jetzt? Wenn Winter und Frühling sich die Hand geben**

Bad Reichenhall ist der ideale Ort für Salz-Freunde, die sich einmal nicht das Meer, sondern die Schönheit der Alpenwelt als Umrahmung für ihren Urlaubsort wünschen. Allein das Einatmen salzhaltiger Luft ist gesundheitsfördernd. Irgendwann fiel nämlich auf, dass die Gradierwerke-Arbeiter in Reichenhall seltener krank waren. Kurz darauf war der Ortsname um die Bezeichnung „Bad" reicher. Die Solequellen liegen direkt unter der Stadt. Man kann schwerelos darin baden oder die Mineralien in Form von Peelings und Massagen genießen.

Vor Ort: Der Alpensole-Springbrunnen im Kurgarten ist der Hingucker schlechthin, das Alpensole-Kneippbecken regt den Kreislauf an, in der Rupertus-Therme (www.rupertustherme.de) findest du sowohl Action als auch Ruhe. Spektakulär ist ein Besuch der Alten Saline mit ihrem unterirdischen Stollensystem (www.alte-saline.de).

Gut zu wissen: Bad Reichenhall und die Umgebung sind sehr gut auch ohne Auto zu erkunden: Die Berchtesgadener Landbahn (www.blb.info) bietet attraktive Tickets an, teilweise auch Sondertickets mit eingeschlossenen Eintrittspreisen, zum Beispiel für die Rupertus-Therme.

www: bad-reichenhall.de

KART & EVENT-CENTER KERPEN

→ **Warum jetzt? Wecke den Formel-1-Champion in dir**

Kerpen? Das ist doch die Heimat der Schumacher-Brüder Michael und Ralf, der einstigen Formel-1-Helden. Der Sport auf vier Rädern ist in der Stadt westlich von Köln immer noch sehr präsent, heute kannst du hier aber selber im Kerpener Michael Schumacher Kart & Event-Center Vollgas geben. Auf einer mehr als 700 Meter langen Indoor-Kartstrecke stellen ambitionierte Kartpiloten Rekorde auf, während Fun-Fahrer nur so aus Spaß um die Kurven fegen, natürlich inklusive Top-Sicherheitsstandards. Bei Sonne ist auch auf der etwa ebenso langen Outdoorbahn Fahrspaß garantiert. Den hast du sicher auch im Twin-Elektrokart, in dem man zu zweit um die Runden flitzt. Wer es ganz genau wissen will, bekommt von einem Fahrtrainer im einstündigen Einzelcoaching Tipps für Streckenführung, Geschwindigkeit und die Strategie fürs nächste Rennen.

Vor Ort: Die reale Kerpener Welt wird erweitert, im Holodeck 2.0. Mit einer VR-Brille ausgerüstet geht es ab in fremde Spiele-Welten. Allein oder mit Freunden kannst du dich dabei auf einem Spielfeld austoben.

Gut zu wissen: Kart-Fahrer unter 18 Jahren sollten wissen: Für die erste Fahrt muss ein Kundenkartenantrag ausgefüllt werden, inklusive Unterschrift und Ausweiskopie des Erziehungsberechtigten.

www: ms-kartcenter.de

- Erholung
- Naturerlebnis
- Essen & Trinken

- Erholung
- Erfahrung & Lernen
- Naturerlebnis

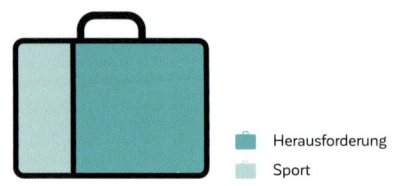

- Herausforderung
- Sport

FISCHLAND
DARSS ZINGST

→ Warum jetzt? Ostseetraum ohne Sommeransturm

Längst ist die Halbinsel Fischland-Darß-Zingst mit ihren weiten Stränden aus allerfeinstem Sand kein Geheimtipp mehr. Zumindest im Sommer nicht, dann findet man auf den 60 km langen Sandstreifen entlang der Ostseeküste kaum ein freies Plätzchen. Im März allerdings, wenn der Winter sich noch zwischen den knorrigen Buchen und den Windflüchtern des Darßer Urwalds herumdrückt und der Sommer nur eine Ahnung ist – dann hat man die Gegend zwischen Boddeen und Ostsee fast für sich allein. Dann wird der Nationalpark auf der Halbinsel für Wanderer und Radler zum eigenen Wildniskontinent, galoppieren Reiter über die Strände und fangen Fotografen das Licht bei Ahrenshoop ein, das Maler seit mehr als 100 Jahren begeistert.

Wind und Wellen schaffen immer wieder neue Küstenlandschaften

Vor Ort: Die Halbinsel Fischland-Darß-Zingst liegt an der Ostseeküste Mecklenburg-Vorpommerns. Ein großer Teil der Region wird vom Nationalpark Vorpommersche Boddenlandschaft eingenommen. Unterkünfte in Hotels und Ferienwohnungen gibt es in allen Orten auf der Halbinsel.
Gut zu wissen: In der Bar Weitblick im Hotels The Grand Ahrenshoop (www.the-grand.de/de/gastronomie/weitblick) hast du eine herrliche Sicht über Strand, reetdachgedeckte Häuschen und das Meer.
www: fischland-darss-zingst.de

- Erholung
- Naturerlebnis
- Essen & Trinken

MIT DEM SCHIFF DURCH BERLIN

→ Warum jetzt? Leinen los, die Saison beginnt

In Berlin alle spannenden Sehenswürdigkeiten abzuklappern, ohne sich die Füße platt zu laufen? Schwierig. Eine Möglichkeit gibt es aber, nämlich mit dem Schiff. Die Berliner Innenstadtdampfer schippern gemütlich durch das Zentrum der Metropole, am Fernsehturm, an der Museumsinsel und vielen weiteren Hinguckern vorbei. Sitzplätze gibt es natürlich an Deck, aber auch wettergeschützt im dicken Schiffsbauch. Die innerstädtischen Touren führen durch den Stadtkern und interessante Stadtteile wie Kreuzberg und Charlottenburg. Für Romantiker eignet sich eine Schlössertour oder eine abendliche Brückenfahrt.
Vor Ort: Die Schifffahrt-Angebote in und um Berlin sind vielfältig. Die Metropole hat zwei große Flüsse – Spree und Havel – sowie zahlreiche Kanäle und Seen. Längere Touren führen von Berlin ins Grüne und ins Umland, so zum Beispiel von Wannsee nach Tegel, vom Zentrum zum Müggelsee oder auf der Havel zum UNESCO-Welterbe in Potsdam.

Gut zu wissen: Zieh dich warm an. Draußen an Deck zu bleiben lohnt sich, es kann allerdings um diese Jahreszeit noch recht kühl und windig werden.
www: berlin.de/tourismus/dampferfahrten

- Kultur
- Erfahrung & Lernen
- Essen & Trinken

FRÜHLING AM
TEGERNSEE

Warum jetzt? Weiß-blaue Frühlingspracht mit Seeblick

Die Gipfel der blauen Berge, sorry, der Blauberge, wie das Gebirge korrekt heißt, das sich südlich vom Tegernsee als Alpenpanorama räkelt, trägt noch weiß. Drunten im Tal aber, da zwitschert's schon, es blüht knallig gelb, blassblau, violett und das Wasser des Tegernsees fügt noch unzählige Schattierungen leuchtenden Grüns hinzu. Die schon erstaunlich kräftige Frühjahrssonne kann man jetzt genießen, indem man sich in einem der herrlichen Biergärten rund um den See zurücklehnt. Oder man nimmt die Beine in die Hand, den Rucksack auf den Rücken und den Wanderweg vom Tegern- zum Schliersee unter die Stiefel. Erst bei T-Shirt-Wetter zwischen grünen Wiesen, dann – beim Aufstieg zum Berggasthof Neureuth – oft noch bei Schnee zwischen den Bäumen des Bergwalds.

Vor Ort: Bayerischer als rund um den Tegernsee soll's nirgendwo unterm weiß-blauen Himmel zugehen. Sagen die Tegernseer. Auf jeden Fall erwarten dich jede Menge Wanderwege authentische Atmosphäre in den Orten Gmund, Rottach-Egern, Bad Wiessee, Kreuth und Tegernsee.

Gut zu wissen: Die Berggasthöfe auf der Tour vom Tegernsee an den Schliersee öffnen frühestens im April. Der Einkehr-Klassiker am See ist das Herzogliche Bräustüberl in Tegernsee (www.braustuberl.de), einen wunderschönen Blick übers Wasser auf die Berge hat man vom Biergarten des Hotels Das Tegernsee (www.dastegernsee.de). **www:** tegernsee.com

- Naturerlebnis
- Sport
- Essen & Trinken
- Erholung

Der bis zu 76 Meter tiefe Tegernsee zählt zu den saubersten Gewässern Oberbayerns

UNIVERSUM
BREMEN

→ **Warum jetzt? Experimente im Trockenen statt Frühjahrsregen**

März in Bremen – da hat der Frühling noch jede Menge Luft nach oben. Wie viel, kann man sich im „Turm der Lüfte" im Außenbereich des Universums Bremen anschauen. Dunkle Wolken, die man fast mit der Hand berühren kann, und eine steife Brise? Jede Menge Luft nach oben! Blankgeputztes Himmelblau – und eine steife Brise? Es wird schon besser. Wie es sich für ein richtiges Wissenschaftsmuseum gehört, kannst du im 27 Meter hohen Turm die Windstärke messen oder durchs Himmelsfenster spähen. Wenn allerdings der Regen waagerecht daherpeitscht, weiß auch der letzte Forscher: ab ins Gebäude und an einem der 300 Exponate rumexperimentieren.

Vor Ort: „Mitmach-Museum" nennt sich das Haus im Technologiepark am Uni-Gelände. Wissenschaft zum Anfassen liegt also im Fokus, weshalb es auch keine Führungen gibt: Selbermachen und Experimentieren ist angesagt. Kein Wunder, dass ein Besuch auch mal 6 Stunden oder mehr dauert.

Gut zu wissen: Nur wenige Minuten zu Fuß entfernt finden sich das Atlantic Hotel Universum und das Hotel Munte am Stadtwald.

www: universum-bremen.de

Erfahrung & Lernen

SEIDENBLUMEN-STADT
SEBNITZ

→ **Warum jetzt? Zeit, Blumen zum Blühen zu bringen**

Schon mal geblümelt? Tu es dem Frühling gleich und nutze die Gelegenheit in Sebnitz in der Sächsischen Schweiz! Die Deutsche Kunstblume Sebnitz zählt zu den wenigen Manufakturen weltweit, die noch in traditioneller Handarbeit künstliche Blumen herstellen. Ein Rundgang durch die Schaumanufaktur ermöglicht den Blick hinter die Kulissen und über die Schultern der Blütenkünstlerinnen. Im Anschluss darf jeder seine eigene Fingerfertigkeit beim Selberblümeln testen und im Verkaufsraum das reiche Sortiment bestaunen.

Vor Ort: Die Schaumanufaktur ist Dienstag bis Sonntag und an Feiertagen von 10 bis 17 Uhr geöffnet. Jeden Montag (außer an Feiertagen) können kleine Blumenliebhaber von 10 bis 14 Uhr die Kinder-Erlebniswerkstatt besuchen.

Gut zu wissen: Sebnitz (www.sebnitz.de) hat auch vor den Türen der Blumenmanufaktur viel zu bieten. Der staatlich anerkannte Erholungsort liegt malerisch im Tal des gleichnamigen Flusses an der Grenze zu Tschechien und dem Lausitzer Bergland. Mit dem Kräutervitalbad, dem Sport- und Freizeitzentrum SoliVital, dem Urzeitpark und tollen Wanderwegen gibt es hier einiges zu erleben.

www: deutsche-kunstblume-sebnitz.de

Erfahrung & Lernen

NOLDE-MUSEUM
SEEBÜLL

→ **Warum jetzt? Ein Farbenfest nach dem Wintergrau**

Ein E und ein A. Diese beiden Buchstaben bilden die Wege im Garten von Emil Nolde und seiner Frau Ada. Nichts hat der Künstler in seinem eigenen, kleinen Paradies dem Zufall überlassen, alles ist sorgsam geplant und angelegt. Das Ehepaar Nolde kaufte das Gelände in Nordfriesland im Jahr 1927 und errichtete dort sein Wohn- und Atelierhaus – das heute als Museum spannende Einblicke in das Leben und auf die Werke des Künstlers zulässt. Im Erdgeschoss schauen Besucher in die Wohnräume der Noldes; im Bildersaal sieht man – in jährlich wechselnden Arrangements – Noldes leuchtende Gemälde. Nach den grauen Wintermonaten wirkt ihre reiche Farbenwelt noch wohltuender und strahlender. Die ehemaligen Wohnräume im ersten Stock sind zu Ausstellungskabinetten für weitere Arbeiten Noldes geworden.

Vor Ort: Der Rundgang durch die Anlage beginnt und endet im Foyer, wo Besucher alle gewünschten Informationen erhalten. Außerdem befindet sich dort das Café Seebüll, mit allen möglichen Köstlichkeiten und Eis aus eigener Herstellung.

Gut zu wissen: Die Malschule Seebüll bietet für Kinder, Jugendliche und Erwachsene Kurse und Seminare an – inspiriert von Noldes Werk und Garten, jedoch auch unter Einbezug der Arbeitsweisen anderer Künstler.

www: nolde-stiftung.de

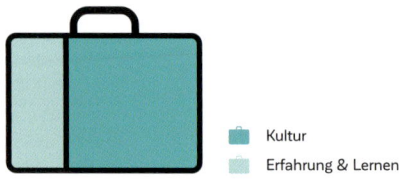

Kultur
Erfahrung & Lernen

FRÜHLING IN
FREIBURG

→ **Warum jetzt? Weil der Frühling in Freiburg besonders früh kommt**

Im März ins Freibad? Klar! In Freiburg kann das schon mal vorkommen. In der Studentenstadt im Süden Deutschlands scheint die Sonne nämlich öfter als anderswo. Im März riecht es überall nach Frühling. Wer zum ersten Mal nach Freiburg kommt, spaziert direkt zum Münster. Der höchste Turm der Stadt ist nicht zu übersehen. Und den Münstermarkt drum herum muss man einfach gesehen haben. Wer nach grauen Wintertagen Farbe braucht, kauft sich bunte Frühlingsblumen. Und unbedingt eine „Lange Rote" vom Grill, egal, ob mit oder ohne Zwiebeln. Wichtig ist nur eines: Die Freiburger Kultwurst auf keinen Fall knicken! Das machen nur Touris. Um die Kalorien wieder abzutrainieren, rauf auf den Münsterturm steigen. Oben gibt's den schönsten Blick auf die Stadt und den Schwarzwald. Danach ein Eis holen, die Sonne genießen und übers Kopfsteinpflaster schlendern. Hallo, Frühling! Jetzt bloß vor lauter Lebensfreude nicht in eines der Bächle stolpern, die überall durch die Altstadt sprudeln. Wer ins Wasser tritt, muss eine Freiburgerin oder einen Freiburger heiraten, sagen die Einheimischen. Wer schon vergeben ist, steigt statt ins Bächle auf den Schlossberg. Mit etwas Glück hat Freiburgs höchster Biergarten schon geöffnet. Falls nicht: Bier oder Limo mitbringen. Und bleiben. Bis die Frühlingssonne untergeht ...

Die Freiburger Bächle erfreuen sich großer Beliebtheit bei Alt und Jung

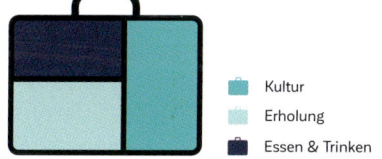

■ Kultur
■ Erholung
■ Essen & Trinken

RUND UM FREIBURG

 SCHAUINSLAND · 20 KM · Mit der Bahn auf Freiburgs Hausberg schweben

🚗 **KAISERSTUHL · 30 KM** · Am Kirschbaumpfad zwischen Sasbach und Endingen blüht's schon Ende März

🚆 **FELDBERG · 45 KM** · In Freiburg Sonnenbaden, eine Stunde später auf dem Feldberg Skifahren

 DREISAMTOUR · 49 KM · Immer an der Dreisam lang, von der Quelle bis zur Mündung in Riegel

SONNE TANKEN
MARKGRÄFLER-LAND

→ **Warum jetzt? Der Schnee ist weg, das Markgräflerland am Start**

„Paradiesgärtlein" oder „Toskana Deutschlands" wird das Markgräflerland auch genannt, kein Wunder. Im äußersten Südwesten Deutschlands liegt es, mit den unmittelbaren Nachbarn Schweiz und Frankreich. Sanfte Hügel, im Osten der südliche Schwarzwald, im Westen der Rhein, eine Sonne, die mit sich selbst um die Wette zu scheinen scheint, und kulinarische Köstlichkeiten, die das Beste von Baden, Schweiz und Elsass präsentieren. Und wenn es doch mal regnen sollte, locken mittelalterliche Burgen, Schlösser, Museen und Galerien zu einem Besuch. Wenn du besonders sonnenhungrig bist, statte Bad Bellingen einen Besuch ab, einen der sonnenreichsten Orte Deutschlands. Dort gibt es nicht nur schöne Wanderwege, auch die vom Elsaß beinflusste Küche kann sich sehen lassen.

Vor Ort: Das Markgräflerland bietet eine große Bandbreite an Übernachtungsmöglichkeiten. Besonders atmosphärisch steigt man im Romantik Hotel & Restaurant Zur Sonne in Badenweiler ab (www.zur-sonne.de).

Gut zu wissen: Dieses Land ist schon lange besiedelt und kultiviert, nach den Kelten kamen die Römer, die wiederum von den Alamannen vertrieben wurden. Später kamen auch noch die Staufer vorbei – und alle hinterließen ihre Spuren.

www: markgraefler-land.com

■ Erholung
■ Naturerlebnis
■ Essen & Trinken

Das Markgräflerland ist von der Sonne verwöhnt

WINTERLINGE IM RAUTAL
THÜRINGEN

→ **Warum jetzt? Die knallgelben Winterlinge kündigen den Frühling an**

Eigentlich müssten sie Frühlinge heißen. Aber das wäre, ganz klar, missverständlich. Also heißen sie Winterlinge – aber auch das trifft nicht den Kern, denn schließlich sind die kleinen gelben Blüten eben dies genau nicht: Sie kündigen nach einem langen Winter das Frühjahr an. Am Anfang noch ganz zaghaft lugen sie aus dem Boden, in einem Waldgebiet im Rautal nordwestlich von Jena. Das Tal ist beliebtes Wandergebiet, berühmt ist es aber eben wegen der Winterlinge, die sich als erste Frühlingsboten an die Oberfläche wagen. Die kleinen gelben Schalenblüten bedecken große Flächen in der Region wie ein fröhlich gemusterter Teppich. Endlich, das Wintergrau kann einpacken! Allerdings bist du nicht der Einzige, der sie auf kleinen Wanderungen bewundern will – im Februar und März ist hier speziell an den Wochenenden richtig was los. Denn dass die Winterlinge in freier Natur wachsen, ist einmalig.

Vor Ort: Auf einem rund 2 km langen Rundweg kannst du ab dem Parkplatz „Burschenweg" einen Spaziergang durch den „Winterling-Edellaubholzwald" machen. Blüht es schon? „Visit Jena" informiert über den Stand der Dinge.

Gut zu wissen: 1965 wurde das Rautal zum Naturdenkmal erklärt, da die Winterlinge, die sonst nur in Gärten wachsen, auf wundersame Weise hier ihre Pracht entfalten.
www: visit-jena.de

Naturerlebnis
Erholung

BROTMUSEUM
EBERGÖTZEN

→ **Warum jetzt? Unser täglich Brot gib uns … ab März**

Pünktlich mit dem ersten Grün auf den Feldern öffnet das Brotmuseum nach der Winterpause und lädt in seine Ausstellung „Vom Korn zum Brot" ein. Da passt es, dass Wilhelm Busch, der in Ebergötzen bei Göttingen zur Schule ging, in seinem Gedicht „Das Brot" ebendieses selbst erzählen lässt: „Ich selber war ein Weizenkorn. Mit vielen, die mir anverwandt, lag ich im lauen Ackerland. Bedrückt von einem Erdenkloß, macht' ich mich mutig strebend los (…)" Die Erlebnisse des Busch'schen Brots mögen abenteuerlicher sein als die eines Brotlaibs in der echten Welt. Dieser Werdegang ist jedoch nicht minder bewegend. Die Ausstellung beleuchtet die gut 6000-jährige Geschichte des Grundnahrungsmittels, aus grauer Vorzeit bis heute.

Vor Ort: Das Museum bietet Brotbackaktionen für Jung und Alt an. Unter Anleitung wird Teig zubereitet, geknetet, gewirkt, geformt und gebacken. Während das Brot im Ofen ist, dürfen die Teilnehmer das Museum, auf Wunsch in Form einer spannenden Rallye, erkunden.

Gut zu wissen: Nur 500 Meter entfernt liegt die Wilhelm-Busch-Mühle (wilhelm-busch-muehle.de). Ein Muss für Liebhaber historischer Mühlen – und Fans des großen Künstlers. Schließlich finden Max und Moritz in einer Mühle ihr Ende: „Gott sei Dank! Nun ist's vorbei/Mit der Übeltäterei!"
www: brotmuseum.de

Erfahrung & Lernen
Essen & Trinken

OSTSEEINSEL
POEL

→ **Warum jetzt? Strandeinsamkeit in der Vorsaison**

Immerhin 37 Quadratkilometer ist sie groß, die Insel Poel. Und doch segelt sie weitgehend unter dem touristischen Radar. Jetzt, in der Vorsaison, ist es an ihren schönen Sandstränden besonders ruhig. Wer am Strand und an der Steilküste entlangstapft, kann viel frische Seeluft schnuppern und den Blick in Richtung Dänemark schweifen lassen. Oder zur Nachbarinsel namens, ähem, Walfisch. Das Vogelschutzgebiet mit dem außergewöhnlichen Namen darf nicht betreten werden und ist einer der Beweise dafür, dass das Leben in der Wismarer Bucht noch einen anderen Rhythmus hat. Riesige Hotelanlagen? Fehlanzeige auf Poel, hier wohnt man in reetgedeckten Häusern und alten Gutshöfen und schlendert durch Timmendorf-Strand oder Gollwitz. Guckt auf die Boote in den Häfen und dem Strahlen des Leuchtturms hinterher. Schöner kann der Frühling nicht kommen.

Vor Ort: Das jüngste Seebad des Landes Mecklenburg-Vorpommern (Verleihung 2005) liegt nur wenige Kilometer von Wismar entfernt und ist mit dem Auto über einen Deich erreichbar. Kirchdorf ist der größte Ort und liegt im Herzen der Insel.

Gut zu wissen: In der Nähe des Ortes Schwarzer Busch steht die Gedenkstätte für die mehr als 4000 KZ-Häftlinge, die beim Untergang der *Cap Arcona* im Mai 1945 ertrunken sind.

www: insel-poel.de, poel.m-vp.de

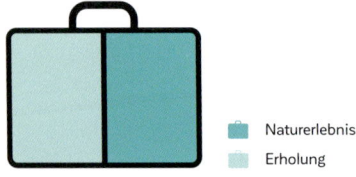

- Naturerlebnis
- Erholung

STÖRCHE IM
WENDLAND
NIEDERSACHSEN

→ **Warum jetzt? Die Störche sind zurück**

Reisende soll man nicht aufhalten – aber man kann sie beobachten! Ab März zum Beispiel, wenn die Störche aus Afrika zurückkehren und ihre Nester entlang der Elbe im Wendland wieder aufsuchen. Bis August bleiben sie jetzt hier in der Elbtalaue, brüten ihre Jungen aus und versorgen den Nachwuchs. Wer die Deutsche Storchenstraße entlangfährt, hat ausreichend Gelegenheit, Einblicke in den Alltag der Vögel mit den roten Beinen und dem langen Schnabel zu bekommen. Das zentrale Gebiet der Storchenroute liegt im niedersächsischen Teil im „Biosphärenreservat Niedersächsische Elbtalaue", das mit rund 340 000 Hektar eines der größten Europas ist, und im Naturpark Elbhöhen-Wendland. Fast in jedem Dorf nistet hier ein Storchenpaar, da gibt's eine Menge zu entdecken.

Vor Ort: Entlang der Deutschen Storchenstraße gibt es zahlreiche Infozentren, etwa die Infostelle Storkenkate Preten, in denen man viel über die Vögel erfahren kann. Außerdem liegen jede Menge Ausflugslokale, Cafés und Restaurants auf der Strecke.

Gut zu wissen: Auch im Informationszentrum Biosphaerium Elbtalaue in Bleckede gibt es auf gut 1000 Quadratmetern Faszinierendes über die Natur und die Vögel der Region zu erfahren. Die Aussichtsplattform bietet einen besonders tollen Blick über die Elbauen.

www: deutsche-storchenstrasse.de

- Naturerlebnis
- Erfahrung & Lernen
- Essen & Trinken

Schwarz, Rot, Weiß sind die Farben der Weißstörche

FRÜHLINGSDOM
HAMBURG

Der Hamburger
Dom ist Nord-
deutschlands
größtes Volksfest

→ **Warum jetzt? Heiße Party bei
Schietwetter**

Wer zum Hamburger Dom will, möchte
nicht in die Kirche. Zumindest nicht heute.
Im 11. Jahrhundert allerdings schon: Da
strömten sie in den Mariendom, die Händler, Handwerker, Gaukler und Schausteller,
zumindest dann, wenn es anderswo ström-
te. Vom Himmel nämlich, beim berühmten
Hamburger Schietwetter. Bis 1804 blieb der
Markt – bis auf eine kurze Unterbrechung –
im Dom. Dann wurde die Kirche abgerissen,
der Name aber blieb: Seit 1893 geht es nun
auf dem Heiliggeistfeld vor dem Millern-
tor-Stadion auf und nieder und überhaupt
hoch her. Den Reigen der Jahrmarkt-Kir-
mes-Spektakel eröffnet der Frühlingsdom,
gefolgt von ähnlichen Sommer- und
Winterriesenpartys unter gleichem Namen.
Bis zu 250 Schausteller lassen dann die
„Wilde Maus" los, verbreiten Furcht im
„Panic Room", schleudern ihre Gäste im
„Mr. Gravity" im Kreise herum, nur, um sie
dann an der 1,5 km langen Dom-Meile mit

Bratwurst, Schmalzkuchen, Poffertjes und
ganz viel Bier wieder aufzupäppeln.

Vor Ort: Der Frühlingsdom findet jedes
Jahr von Mitte/Ende März bis Mitte/Ende
April statt. Wahrzeichen ist das 60 Meter
hohe Riesenrad mit 42 Gondeln, von denen
aus man nicht nur einen prima Blick aufs
Fest, sondern auch über die Stadt hat.

Gut zu wissen: Die Fahrgeschäfte laufen
unter der Woche bis 23 Uhr, am Wochenende bis 24 Uhr. Das Heiliggeistfeld liegt
in direkter Nachbarschaft zum Stadtviertel
St. Pauli, Hamburgs weltberühmter Amü-
siermeile. Auch die Szeneviertel Karolinen-
viertel und Schanzenviertel sind nur einen
Katzensprung entfernt.

www: hamburg.de/dom

Essen & Trinken

WELTKULTURERBE
VÖLKLINGER HÜTTE

→ **Warum jetzt? Ein ideales Ziel bei Frühlingsschmuddelwetter**

Was haben die ägyptischen Pyramiden, die Chinesische Mauer, der Kölner Dom und die Völklinger Hütte gemeinsam? Sie alle gehören zu den Welterbestätten der UNESCO. „Hütte" bezeichnet in diesem Fall eine gigantische Fabrik im Saarland: Das Weltkulturerbe ist das einzige vollständig erhaltene Eisenwerk, das noch aus der Glanzzeit der Industrialisierung stammt. Im Jahr 1986 stillgelegt, zeugt der riesenhafte Industriekomplex noch heute davon, wie hart die Arbeit mit dem Eisenerz war. Eine Exkursion durch das Werk hält im wahrsten Sinn des Wortes herausragende Erlebnisse für Besucher bereit, etwa die Aussichtsplattform am Hochofen, eine Multimedia-Zeitreise in der Sinteranlage und ein Blick auf die gigantischen Gebläse, die den Wind für die Hochöfen erzeugt haben.

Vor Ort: Das in die Völklinger Hütte integrierte Science-Center Ferrodrom lädt mit mehr als 100 Mitmachstationen ein, die Geschichte des Eisens hautnah mitzuerleben. Hier herrschen die vier Urelemente Feuer, Wasser, Erde und Luft! Und dann gibt es da ja auch noch die ziemlich abenteuerlich aussehende Neun-Meter-Rutsche …

Gut zu wissen: Das Weltkulturerbe Völklinger Hütte liegt direkt am Bahnhof von Völklingen und ist von dort in 3 Minuten erreichbar.

www: voelklinger-huette.org

Erfahrung & Lernen
Kultur

Die Völklinger Hütte ist seit 1986 ein Industriedenkmal

HOCH HINAUS
FRANKFURT

→ **Warum jetzt? Mainhattan statt Manhattan**

Hand aufs Herz: New York im März? Eher so eine mittelgute Reiseidee. Außerdem, das mit dem Fliegen ... Trotzdem Lust auf Wolkenkratzer? Dann vielleicht besser Mainhattan statt Manhattan – und rauf auf den Main Tower. Von der Aussichtsplattform in 200 Meter Höhe beamt dich der Blick zwar nicht über den Atlantik, lässt dich aber doch schon mal nach Luft schnappen. Und wenn man ganz genau hinschaut, kann man vielleicht sogar schon einen Hauch Frühling erahnen, der die Bäume der Stadt mit einem leichten grünen Flaum überzieht. Was Mainhattan Manhattan voraus hat: eine Altstadt. Auch wenn die, so meinen Kritiker, mehr Las Vegas ist als Frankfurt, schließlich sieht sie nur historisch aus und ist es nicht wirklich. Von 2012 bis 2018 wurden 35 Fachwerk- und andere Gebäude wiederaufgebaut oder so rekonstruiert, wie sie in Mittelalter und Renaissance ausgesehen haben (könnten). Egal, das Dom-Römer-Quartier, also der Kern der Altstadt, hat Flair und Anziehungskraft, dank schöner Fassaden, Cafés und Weinbars und meist exklusiver Läden. Wenn dir das alles am Ende dann doch zu künstlich ist, bleibt dir ja immer auch die Skyline. Vom Eisernen Steg aus hast du einen besonders schönen Blick auf die Wolkenkratzer, vor allem, wenn es noch nicht ganz dunkel ist und die Türme schon manhattan-like funkeln.

Typische Frankfurter Proportionen: Katharinenkirche und Commerzbank Tower

- Kultur
- Erfahrung & Lernen
- Essen & Trinken

RUND UM FRANKFURT

LOHRBERG · 7 KM · Toller Skyline-Blick im schönen Park mit Biergarten

RHEIN-MAIN-THERME IN HOFHEIM · 20 KM · Wärme-Oase bei Frühlingskälte

FELDBERG IM TAUNUS · 30 KM · Frischluftpanorama mit Wintergruß

BURG FRANKENSTEIN · 45 KM · Prächtige Burg mit Aussicht und Gruselfaktor

April

WANN AM BESTEN WOHIN?

ICH WILL

MIR ETWAS GÖNNEN

LASS UNS AUS-GEHEN

AB ANS WASSER

An der Schwäbi-schen Bäderstraße haben auch Kinder jede Menge Spaß

ESSEN & TRINKEN

FEIERN

Der Blütengrund an Saale und Unstrut lockt mit tollen Wander-wegen und Weingütern

AUF IN DIE STADT

| NAUMBURG S. 86 |
| FRIEDRICHSTADT S. 93 |
| WERDER (HAVEL) S. 94 |

DUISBURG S. 87

In Duisburgs Norden enstand aus Schwer-industrie ein ideenreicher Vergnügungspark

SÜSS

SALZIG

GROSS

KLEIN

SCHWÄBISCHE BÄDERSTRASSE S. 93

SYLT S. 90

WILHELMSHAVEN S. 97

ZITTAU S. 91

Sylts berühmte Strandsaunen sind ab April geöffnet

Whale watching gibt es auch in Deutschland – Schweinswale in Wilhelmshaven

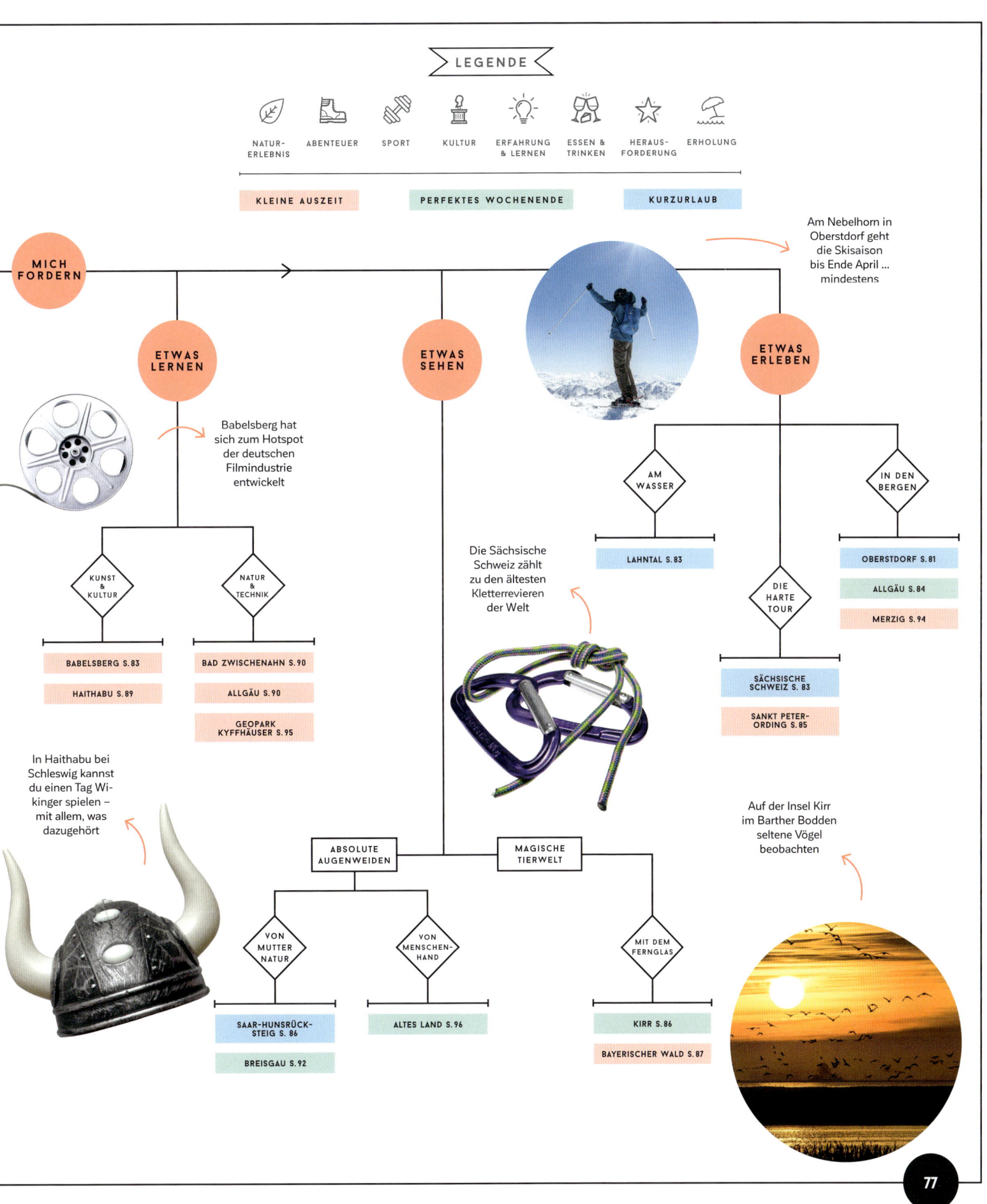

LEGENDE

NATUR-ERLEBNIS   ABENTEUER   SPORT   KULTUR   ERFAHRUNG & LERNEN   ESSEN & TRINKEN   HERAUS-FORDERUNG   ERHOLUNG

KLEINE AUSZEIT   PERFEKTES WOCHENENDE   KURZURLAUB

MICH FORDERN

Am Nebelhorn in Oberstdorf geht die Skisaison bis Ende April ... mindestens

ETWAS LERNEN

ETWAS SEHEN

ETWAS ERLEBEN

Babelsberg hat sich zum Hotspot der deutschen Filmindustrie entwickelt

AM WASSER

IN DEN BERGEN

KUNST & KULTUR

NATUR & TECHNIK

Die Sächsische Schweiz zählt zu den ältesten Kletterrevieren der Welt

LAHNTAL S. 83

DIE HARTE TOUR

OBERSTDORF S. 81

ALLGÄU S. 84

MERZIG S. 94

BABELSBERG S. 83

HAITHABU S. 89

BAD ZWISCHENAHN S. 90

ALLGÄU S. 90

GEOPARK KYFFHÄUSER S. 95

SÄCHSISCHE SCHWEIZ S. 83

SANKT PETER-ORDING S. 85

In Haithabu bei Schleswig kannst du einen Tag Wikinger spielen – mit allem, was dazugehört

Auf der Insel Kirr im Barther Bodden seltene Vögel beobachten

ABSOLUTE AUGENWEIDEN

MAGISCHE TIERWELT

VON MUTTER NATUR

VON MENSCHEN-HAND

MIT DEM FERNGLAS

SAAR-HUNSRÜCK-STEIG S. 86

ALTES LAND S. 96

KIRR S. 86

BREISGAU S. 92

BAYERISCHER WALD S. 87

SYLT S. 90

KIRR S. 86

FRIEDRICHSTADT S. 93

HAITHABU S. 89

• KIEL

• ROSTOCK

SANKT PETER-
ORDING S. 85

WILHELMSHAVEN S. 97

ALTES LAND S. 96

• HAMBURG

BAD ZWISCHENAHN S. 90

• BREMEN

• HANNOVER

• BERLIN

WERDER (HAVEL) S. 94

BABELSBERG S. 83

• MÜNSTER

• DORTMUND

• ESSEN

DUISBURG S. 87

GEOPARK
KYFFHÄUSER S. 95

• LEIPZIG

• DÜSSELDORF

• KASSEL

NAUMBURG S. 86

• KÖLN

• ERFURT

• DRESDEN

ZITTAU S. 91

SÄCHSISCHE
SCHWEIZ S. 83

LAHNTAL S. 83

SAAR-HUNSRÜCK-
STEIG S. 86

• FRANKFURT/MAIN

MERZIG S. 94

• SAARBRÜCKEN

• NÜRNBERG

BAYERISCHER WALD S. 87

• STUTTGART

BREISGAU S. 92

• FREIBURG

ALLGÄU S. 90

• MÜNCHEN

SCHWÄBISCHE
BÄDERSTRASSE S. 93

ALLGÄU S. 84

OBERSTDORF S. 81

GEFÄLLT DER GANZEN FAMILIE

TEUER, ABER ES LOHNT SICH

VIEL ERLEBEN FÜR WENIG GELD

DIE KINDER ZU HAUSE LASSEN

April

BABELSBERG S. 83

GEOPARK KYFFHÄUSER S. 95

LAHNTAL S. 83

DUISBURG S. 87

MERZIG S. 94

HAITHABU S. 89

In Sankt Peter-Ording beim Kitebuggyfahren an deine Grenzen gehen

Hirsche, Bären, Wölfe, Luchse – nicht im Zoo, sondern im Nationalpark Bayerischer Wald erleben

BAYERISCHER WALD S. 87

FRIEDRICHSTADT S. 93

SCHWÄBISCHE BÄDERSTRASSE S. 93

BREISGAU S. 92

WERDER (HAVEL) S. 94

WILHELMSHAVEN S. 97

SANKT PETER-ORDING S. 85

OBERSTDORF S. 81

In Werder (Havel) blühen im April die Obstbäme, genau wie im Alten Land

ALTES LAND S. 96

Naumburg hat neben vielen Weinlokalen auch einen berühmten Dom zu bieten

ZITTAU S. 91

Auf bis zu 27 Etappen den Naturpark Saar-Hunsrück erwandern

BAD ZWISCHENAHN S. 90

NAUMBURG S. 86

SYLT S. 90

In der Sächsischen Schweiz an deine (Kletter-)Grenzen gehen

KIRR S. 86

In Bad Zwischenahn kannst du lernen, wie ein erfolgreicher Gärtner aus dir wird

SÄCHSISCHE SCHWEIZ S. 83

SAAR-HUNSRÜCK-STEIG S. 86

ALLGÄU S. 84

ALLGÄU S. 90

79

NEBELHORN
OBERSTDORF

 Warum jetzt? Nimm Abschied vom Schneevergnügen

Du kannst vom Winter nicht genug bekommen? Nur noch ein letztes Mal die Hänge hinunterwedeln, noch ein letzter weiter Hüpfer mit dem Snowboard? Das Nebelhorn im Allgäu könnte der beste Ort sein, sich in den Sommer zu verabschieden. Also schnapp dir Ski oder Board und fahr mit der Nebelhornbahn von Oberstdorf aus auf über 2200 Meter Höhe, wo der Schnee auch jetzt noch der Sonne trotzt. Ganze 130 km Piste warten hier oben darauf, erobert zu werden. Die Talabfahrt, mit rund 7 km die längste präparierte Abfahrt Deutschlands, wirst du vielleicht nicht mehr ganz bis unten fahren können. Aber sei's drum, bei diesen Temperaturen ist es auch schön, sich nach dem Auspowern auf der Hüttenterrasse in die schon warme Sonne zu legen, in Ruhe das Panorama zu genießen und die umliegenden Berggipfel zu zählen. An einem klaren Tag könntest du auf 400 kommen.

Vor Ort: Wer lieber Schlitten fährt, startet die große Sause an der Station Seealpe. Hier, im NTC Park, wird's auf Reifen, Snowbikes oder Airboards nochmal richtig lustig, bevor der Winter die Biege macht.

Gut zu wissen: Eine Nacht auf dem Berg? In der Iglu Lodge in 2000 Meter Höhe wartet neben kuscheligen Schlaf-Iglus ein Allgäuer Käsefondue. Anschließend geht's in den Whirlpool und dann raus zum Sternegucken. Oder andersrum.

www: oberstdorf.de/ski-snowboard/nebelhorn.html

■ Sport
■ Naturerlebnis
■ Essen & Trinken

Am Nebelhorn geht die Skisaison bis Anfang Mai

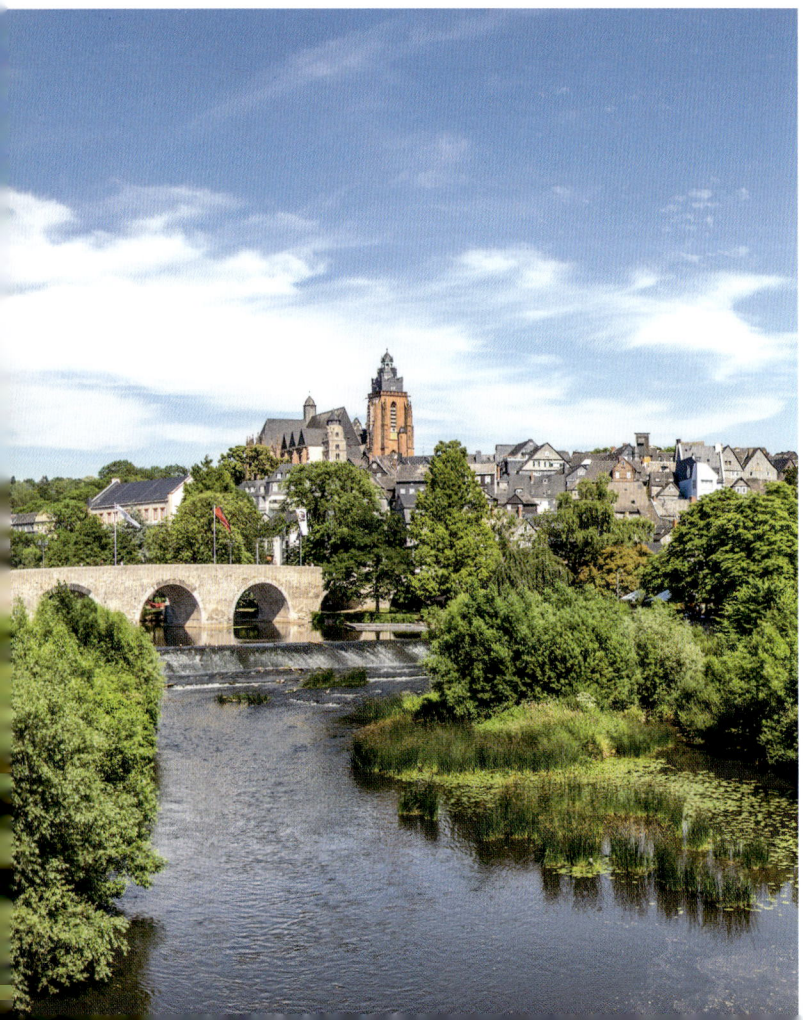

Freeclimben ist ni[cht]
nur Sport, sondern h[at]
auch viel mit Selb[st-]
erfahrung zu t[un]

(L) Wetzlar mit al[ter]
Lahnbrücke u[nd]
Do[m]
(R) Spektakulä[re]
Stunts im Filmpa[rk]
Babelsb[erg]

FREECLIMBEN
SÄCHSISCHE SCHWEIZ

Warum jetzt? Saisonstart am Geburtsort des Freeclimbens

Mehr als 1100 Felsentürme warten im Elbsandsteingebirge darauf, erobert zu werden. Bizarre Felsformationen, mit Kaminen, Wänden und Terrassen. Wer den Fels gern kletternd erobert, wird sich auf ewig in das steinerne Paradies aus Tafelbergen und Klippen verlieben. Wie andere zuvor – die hier das Freeclimben, also das Klettern ohne künstliche Hilfsmittel, erfunden haben. Seile und Haken dürfen dabei eingesetzt werden, allerdings nur zur Sicherung. 1874 wurde so der erste Felsturm erobert, weshalb die Sächsische Schweiz zu den ältesten Klettergebieten der Welt zählt. Bei Kletterkursen erfährst du alles über die Geheimnisse des weichen und empfindlichen Sandsteins, wo und wann Kletterverbote bestehen und warum Sicherungen anbringen hier eine eigene Kunst ist.

Vor Ort: Eine ganze Reihe von Kletterschulen bietet ab April Kurse an. Dabei lernt man auch die besonderen Kletterregeln der Region und die eigene Schwierigkeitsskala kennen.

Gut zu wissen: Viele Kletterfelsen liegen im Nationalpark Sächsische Schweiz und unterliegen strengen Naturschutzregeln. Eine Besonderheit des Schutzgebiets ist das Boofen: Weil schon früher viele Kletterer direkt am Fels übernachteten, gibt es auch heute noch 58 Stellen, an denen man in der Natur schlafen kann. Aber nur dort!
www: nationalpark-saechsische-schweiz.de

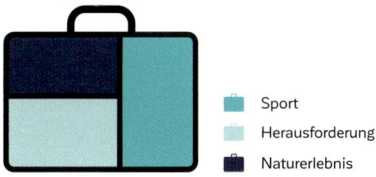

Sport
Herausforderung
Naturerlebnis

DURCH DAS LAHNTAL
HESSEN

Warum jetzt? Paddeln auf der Lahn – ab April geht's los

Das fühlt sich schon wie Sommer an – rein ins Kanu und ab geht's! Ganze 242 km lang ist die Lahn, von denen man sich als Wasserwanderer rund 160 km erpaddeln kann. Der Nebenfluss des Rheins startet auf 600 Meter Höhe, auf seinem Weg durch Hessen wird er dann immer breiter und Landschaft und Natur variieren rechts und links des Flusses: sanfte Hügel, Wiesen, Äcker und Auen gleiten vorbei, Westerwald und Taunus, Burgruinen und Schlösser, manchmal geht es über Bootsrutschen hinunter, manchmal muss man auch schleusen. Ein Highlight ist die Durchquerung des Weilburger Schifffahrtstunnels, des ältesten und längsten heute noch befahrbaren Schifffahrtstunnels Deutschlands. Und besonders eindrucksvoll ist Wetzlar, vorbei am Dom und an erstaunlich grünen Ufern.

Vor Ort: In Wetzlar gibt es allein vier Ein- und Ausstiegstellen für Kanus, die ab April geöffnet sind. So kannst du hier deine Tour beginnen oder eine Pause machen – an den idyllischen Biergärten der Stadt kommt man kaum vorbei.

Gut zu wissen: Paddeln ist nicht die einzige Fortbewegungsart, um den Fluss zu erkunden. Wenn du lieber Rad fährst: Der Lahn-Radweg führt von der Quelle bis zur Mündung in den Rhein in Lahnstein über 245 ereignisreiche Kilometer.
www: daslahntal.de

Naturerlebnis
Sport
Abenteuer
Kultur

FILMPARK
BABELSBERG

Warum jetzt? Die Traumwelt öffnet nach dem Winter wieder

Da, da drüben, ist das nicht Emma, die Lokomotive? Na klar, da steht sie in ihrem Schuppen, dessen Dach sogar so geformt ist, dass sie samt Schornstein reinpasst. Das liebevoll ausgestatte Filmset von „Jim Knopf und Lukas der Lokomotivführer" ist nicht das einzige, das man auf der Tour durchs Studio Babelsberg bewundern kann. Und vor allem ist die Filmset-Tour beileibe nicht das Einzige, was im Filmpark Babelsberg – der im April in die neue Saison startet – für große Augen sorgt. Da fliegen Motorräder durch die Luft und Männer von hohen Türmen, da geht's mit dem Boot ins Tigerenten-Traumland oder erwartungsvoll hinein in die gruselige Mittelalterstadt. Das 4-D-Actionkino rüttelt auf einer wilden Canyonfahrt die Magennerven durch und wer nicht aufpasst, hat plötzlich eine Wunde an den Kopf geschminkt bekommen.

Vor Ort: Der Filmpark Babelsberg ist von April bis Oktober geöffnet. Im Eintrittspreis sind die meisten Shows und Führungen enthalten. Immer vorher checken, ob der Park geöffnet hat!

Gut zu wissen: Babelsberg ist ein Stadtteil von Potsdam. Dort kannst du eines der vielen Traumschlösser besuchen oder im ältesten Filmmuseum Deutschlands (www.filmmuseum-potsdam.de) noch tiefer in die Welt der Leinwandhelden abtauchen.
www: filmpark-babelsberg.de

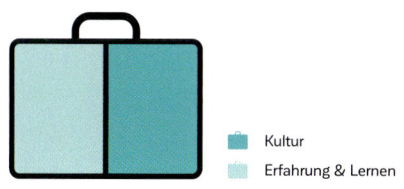

Kultur
Erfahrung & Lernen

Der Wind liefert die Power, gesteuert wird mit den Füßen: Das ist Kitebuggyfahren

NAGELFLUHKETTE
ALLGÄU

Über die Nagelfluhkette führt eine der schönsten Gratwanderungen der Alpen

→ **Warum jetzt? Wander-Kracher zum Saisonauftakt**

Wer hätte geahnt, dass der Herrgott Beton angerührt und überm Oberallgäu ausgegossen hat. „Herrgottsbeton", so nannten die Leute früher das Gestein der Nagelfluhkette, die sich vom bayerisch-schwäbischen Immenstadt bis nach Hittisau in Österreich zieht. Sie konnten sich nämlich dessen Zusammensetzung nicht erklären, also musste es wohl der Herrgott hier ausgekippt haben. In Wirklichkeit sind es 30 Millionen Jahre alte Kiesfächer, die mit der Zeit verklebten und dann geologisch gehoben wurden. Voilà, eine Bergkette war geboren, die durch scharfe Grate, steile Wände und mächtige Gesteinsrippen beeindruckt. Ein

echter Kracher ist die Überschreitung des Grats von Oberstaufen nach Immenstadt: 7 Stunden reine Gehzeit muss man einplanen – dafür wird man an klaren Tagen mit einem Blick vom Bodensee bis zur Zugspitze belohnt.

Vor Ort: Der Naturpark Nagelfluhkette ist der erste grenzüberschreitende Naturpark des Landes, der Kamm des Gebirgszugs ist 24 km lang. Viele mehr oder weniger anspruchsvolle Wanderungen durchziehen das Gebiet. In Orten wie Balderschwang, Immenstadt oder Oberstaufen kann man sein Quartier aufschlagen.

Gut zu wissen: Die Gratwanderung über die Nagelfluhkette ist nur etwas für Könner, die schwindelfrei und trittsicher sind. Man fährt mit der Bergbahn zum Hochgrat, dem höchsten Berg der Kette, und läuft Richtung Mittag-Gipfel. Nicht vergessen, genug zu essen und vor allem zu trinken mitzunehmen, da es unterwegs keine Einkehrmöglichkeit gibt.

www: nagelfluhkette.info

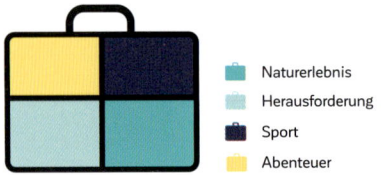

Naturerlebnis
Herausforderung
Sport
Abenteuer

KITEBUGGY
SANKT PETER-ORDING

→ Warum jetzt? Strandflüge in der Frühjahrsbrise

Sonne, Sand, Meer und eine schier endlose Weite. Die Tage werden länger, die Nordsee-Brise wird lauer und kündigt den Frühling an. Zeit für einen Strand-Spaziergang? Das auch, vor allem aber: Zeit fürs Buggyfahren! Die Kitebuggy Fahrschule Sankt Peter-Ording (www.buggyfahrschule. de) holt im April die dreirädrigen Fahrzeuge und Kites aus ihrem Winterquartier und gibt den Saison-Startschuss. Ab sofort fegen sie wieder über den Strand, mit dem Wind in den Segeln, bei Geschwindigkeiten bis zu 100 km/h. Die Fahrschule bietet Kurse für Anfänger und Fortgeschrittene, damit auch du nur von der Windkraft angetrieben über den endlosen Strand „fliegen" kannst.

Vor Ort: Mitten im UNESCO-Weltnaturerbe – dem deutschen Wattenmeer – ist es mit entsprechender Lizenz gestattet, Kitebuggy zu fahren. Wind- und Wetterbedingungen sind dafür an der Nordsee ideal. Der Blick bis zum Horizont, in den Ohren das Rauschen der See, der Kick der Geschwindigkeit und die Sonnenstrahlen auf der Haut – ein rasantes Erlebnis, von dem keiner so schnell genug kriegt.

Gut zu wissen: Der Kitebuggy-Strand befindet sich auf der Sandbank zwischen Sankt Peter-Ording und Sankt Peter-Bad, mitten im Nationalpark Schleswig-Holsteinisches Wattenmeer.

www: st-peter-ording.de

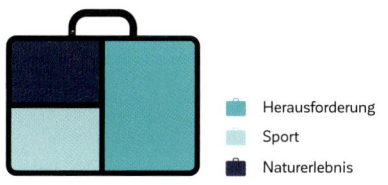

Herausforderung
Sport
Naturerlebnis

85

VOGELSCHUTZ-INSEL
KIRR

→ **Warum jetzt? Vogelbeobachtungs-zeit im Bodden**

„Ein mit Sträuchern bewachsener Ort" – das bedeutet übersetzt der Name Kirr. Du kannst sicher sein: Diese nüchterne Bezeichnung wird der bekanntesten Salz-grasinsel im Nationalpark Vorpommersche Boddenlandschaft nicht gerecht. Da sind zum einen die Priele, über die das salzige Boddenwasser nach Überflutungen zurück-fließt. Und dann die Bewohner des Eilands: Säbelschnäbler und Kiebitze, Austern-fischer und Nonnengänse, sogar bis zu 30 Seeadler leben auf der winzigen Insel südlich von Zingst. Besuchen darf man das Eiland nur mit offizieller Genehmigung. Von einem Aussichtsturm aus blickt man dann über die flache Landschaft, meist mit einem Fernglas an den Augen, schließlich wäre der Anblick eines Seeadlers die Krönung des Ausflugs.

Vor Ort: Im Kurhaus in Zingst (www.zingst.de) kann man die Tour auf die Vogelschutzinsel Kirr buchen, Kosten 35 Euro.

Gut zu wissen: Besonders eindrucksvoll ist es, auf Kirr zu übernachten (www.insel-kirr.de). Zwei Ferienhäuser und zwei Ferien-wohnungen erwarten auf dem Kranichhof Besucher.

www: nationalpark-vorpommersche-boddenlandschaft.de

SAALETAL
BEI
NAUMBURG

→ **Warum jetzt? Winzerwanderung im Blütengrund**

„Hier ist es wie in der Toskana, bloß näher!" So soll es der deutsche Bildhauer, Maler und Grafiker Max Klinger ausgedrückt haben. Gemeint hat er die Täler an der Saale-Unstrut-Mündung. Der Blütengrund, ganz in der Nähe der Domstadt Naumburg, kommt Liebhabern romantischer Wein-baugebiete wie ein Märchenland vor. Also nichts wie rein in die Wanderschuhe und den Saale-Wein-Wanderweg abmarschie-ren. Der 25 km lange Rundweg führt vorbei an urigen Winzerhöfen und einladenden Probierstuben. Was will man mehr?

Vor Ort: Das bedeutendste Weingut am Blütengrund gehörte einst Max Klinger und ist heute eine öffentlich zugängliche Gedenkstätte (www.klinger-weinberg.de). Sehenswert ist auch das Steinerne Album (www.naumburg.de/de/bluetengrund-sehen-erleben/steinernes-album.html), zwölf in den Fels gehauene Reliefs unterhalb eines barocken Weinguts, die Szenen aus dem Alten Testament darstellen.

Gut zu wissen: Ab April ist an der Saale-Unstrut-Mündung die kleine Fähre wieder im Einsatz, die an einem Seil per Strömungsprinzip Wanderer über den Fluss setzt.

www: naumburg.de

SAAR-
HUNSRÜCK-
STEIG

→ **Warum jetzt? Wandern zwischen Krokussen**

Abwechslungsreicher geht es kaum. Über 400 km Wandervergnügen erwarten dich auf dem Saar-Hunsrück-Steig, und zwar am besten dann, wenn sich die ersten Krokusse zaghaft der Frühlingssonne ent-gegenstrecken. Von Perl an der Mosel geht es über die Saarschleife bei Mettlach über Hermeskeil und Idar-Oberstein an der Nahe bis nach Boppard am Rhein. Auf insgesamt 27 Etappen schlängelt sich der Weg durch den Naturpark Saar-Hunsrück. Mal stapfst du gemütlich über Wiesen, dann wieder durch reizvolle Täler wie die Erbachklamm oder du steigst schwindelregende Pas-sagen des Mittelrhein Klettersteigs in der Baybachklamm bei Oppenhausen hinauf. Gleich zu Anfang von Etappe 2 kannst du auf dem Baumwipfelpfad einen guten Kilo-meter lang zu Besuch in einer besonderen Welt sein. Ein weiteres Highlight wartet in Mörsdorf: die Überquerung der Geierlay, eine von Deutschlands längsten Hängeseil-brücken.

Vor Ort: Neben dem Saar-Hunsrück-Steig kannst du noch auf über 100 „Traumschlei-fen" feine Rundwanderungen machen, die meist zwischen 10 und 15 km lang sind.

Gut zu wissen: Entlang der Strecke gibt es zahlreiche Tourist-Informationen, in denen du alles über den Saar-Hunsrück-Steig er-fährst. Bus- und Bahnverbindungen findest du im Internet.

www: saar-hunsrueck-steig.de

- Naturerlebnis
- Erfahrung & Lernen
- Erholung

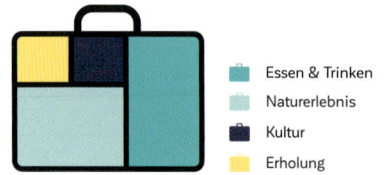

- Essen & Trinken
- Naturerlebnis
- Kultur
- Erholung

- Naturerlebnis
- Sport
- Essen & Trinken

NATIONALPARK
BAYERISCHER WALD

Luchse sind seit den 1980er-Jahren im Bayerischen Wald zurück

→ **Warum jetzt? Im April werden viele Tierbabys geboren**

Hier ist der Bär los. Damit du aber nicht zum Hirsch wirst, wenn du dir einen Wolf suchst, solltest du aufpassen wie ein Luchs. Und mit ganz viel Glück knutscht dich ein Elch. So in etwa kann es dir im Nationalparkzentrum Lusen im Bayerischen Wald ergehen. Alle erwähnten Spezies gibt es dort tatsächlich – neben vielen weiteren Säugetieren und Vögeln. Jetzt, im Frühjahr, wenn Wildkatze und Co. ihre Jungen kriegen, kannst du auch die niedlichen Neugeborenen erspähen.

Vor Ort: Im Nationalparkzentrum Lusen zwischen Neuschönau und Altschönau sind mehr als 40 heimische beziehungsweise ehemals heimische Tierarten zu Hause. Für den 7 km langen Rundweg solltest du 3 bis 4 Stunden einplanen. Wer eine der beiden Abkürzungen nimmt, läuft nur 3 km und braucht 1,5 Stunden. Im Nationalpark Bayerischer Wald, der in der größten Waldlandschaft Mitteuropas liegt, kannst du dazu Deutschlands einzigen Urwald erkunden.

Gut zu wissen: Bring Geduld und am besten ein Fernglas mit, um Wolf, Luchs und Wildkatze zu beobachten. Die besten Chancen hast du, wenn du dich einem Nationalpark-Ranger anschließt. Die Tiere dürfen nicht gefüttert und Hunde müssen an die Leine genommen werden.
www: nationalpark-bayerischer-wald. bayern.de

- Naturerlebnis
- Erfahrung & Lernen
- Sport

LANDSCHAFTSPARK
DUISBURG-NORD

→ **Warum jetzt? Raus zum Toben unter Hochofen**

Wer Landschaftspark hört, denkt vermutlich zunächst an etwas anderes. Denn auf den ersten Blick wirkt das Gelände in Duisburg-Meiderich wie ein, nun ja, Industriepark. Doch weit gefehlt: Wo 90 Jahre lang Roheisen für Stahlwerke verarbeitet wurde, hat sich die Natur breitgemacht – und Kulinarik und Kultur gleich mitgebracht: Metal kommt hier nur noch aus den Boxen. Es wird Wein verkostet und Street Food serviert, bei Kabarettisten gelacht und Kunsthandwerk geshoppt. Für Kids ist das Gelände ein einziger Abenteuerpark, auf riesigen Rutschen geht's durch Erzbunker, man kann skaten, biken und im Hochseilparcours klettern. Die perfekte Mischung für unsicheres Frühlingswetter.

Vor Ort: Tauchen, Klettern, Wandern, Fahrräder leihen oder das E-Bike aufladen oder schlicht und einfach toben: Das 180 Hektar große Gelände bietet für jeden etwas. Der Landschaftspark kostet keinen Eintritt.

Gut zu wissen: Freitag, Samstag und Sonntag unbedingt bis abends bleiben, dann werden die alten Industrieanlagen spektakulär beleuchtet.
www: landschaftspark.de

- Abenteuer
- Erfahrung & Lernen
- Kultur

UNTER WIKINGERN
HAITHABU

→ Warum jetzt? Die Wikinger sind aus dem Winterschlaf erwacht

Raue Krieger mit behörnten Helmen, zotteligen Bärten und kruden Waffen. Dieses Bild hat man vor Augen, wenn von Wikingern die Rede ist. In der Tat war mit den kantigen Kerlen nicht gut Kirschen essen: Sie versetzten im Frühmittelalter ganz Europa in Angst und Schrecken. Allerdings trifft dies nur auf den kleineren Teil der Wikinger-Gesellschaft zu. Weitaus mehr Nordmänner trieben friedlichen Handel, waren kühne Entdecker und fleißige Bauern. Erleben kann man das in der rund 1000 Jahre alten Wikinger-Siedlung Haithabu nahe Schleswig. Mit ihrem Museum und sieben rekonstruierten Häusern ist sie seit 2018 UNESCO-Weltkulturerbe. Den Saisonstart am Wikinger-Erlebnisort bildet der traditionelle Frühlingsmarkt, bei dem Hunderte Experten und Neuzeitwikinger mit ihren Ständen das historische Gelände beleben.

Vor Ort: Das Museum Haithabu am wikingerzeitlichen Handelsplatz gilt als eines der bedeutendsten archäologischen Museen Deutschlands. Ab April, nach der Winterpause, stehen Mitmach-Ausstellungen wie Brotbacken, Fechten und Bogenschießen, Führungen und Exkursionen auf dem Programm.

Gut zu wissen: Du findest die Haithabu-Wikinger Am Haddebyer Noor 3 in Busdorf, wenige Kilometer südlich von Schleswig. Parkplätze befinden sich in der Nähe des Ausstellungshauses. Zu den Wikinger-Häusern führt ein etwa zwanzigminütiger Fußweg.

www: haithabu.de

■ Kultur
■ Erfahrung & Lernen

Ein Tag unterwegs mit den starken Männern – Mitmach-Spaß in Haithabu

PARK DER GÄRTEN BAD ZWISCHENAHN

→ **Warum jetzt? So geht Garten**

Das Lustwandeln in prächtigen Gärten war einst der feinen Hofgesellschaft vorbehalten. Heute ist das glücklicherweise anders. Wen nach den trüben Wintermonaten die Gartenlust packt, sollte unbedingt im Park der Gärten in Bad Zwischenahn vorbeischauen. Mehr als 40 Mustergärten strahlen in ihren Blumen- und Pflanzenkleidern um die Wette und bieten reichlich Anregung für die Gestaltung des Grüns vor der eigenen Haustür. Auf dem 2,5 km langen Rundweg kannst du dir jede Menge Inspiration für Blumen, Rabatten und Beete für den eigenen (Kleinst-)Park holen.

Vor Ort: Der Park ist eine Schule im Grünen. Donnerstags, sonn- und feiertags von 13 bis 16 Uhr kannst du dir Tipps von Experten holen. Am Gartentreff am Pavillon werden alle Gartenfragen beantwortet.

Gut zu wissen: Auf dem Gelände finden regelmäßig Führungen und Veranstaltungen statt. Die kleinen, quirligen Parkbesucher finden überall Spielplätze, auf denen sie toben können, außerdem gibt es einen Wasser- und einen Kletterspielplatz. Alle unter 18 Jahre haben freien Eintritt.

www: park-der-gaerten.de

STRAND-SAUNEN AUF SYLT

→ **Warum jetzt? Die Saunen auf Sylt öffnen wieder**

Das Schwitzen in Holzräumen ist zu Recht eine beliebte Sache – und das heißkalte, gesunde Vergnügen erzielt die beste Wirkung, wenn es draußen noch richtig frisch ist. Die Sylter Strandsaunen sind natürlich – wie so vieles auf der Nordseeinsel – Luxus und haben ihren Preis. Aber dafür liegen sie auch mitten in der Natur: Schon beim Schwitzen fällt der Blick auf die offene See. Friesisch frisch wird es auf jeden Fall, wenn sich die Saunisten nach der Schwitzkur in die Brandung stürzen – mit Salz statt Chlor und anregendem Meeresrauschen statt seichter Entspannungsmusik.

Vor Ort: Die vier Strandsaunen Listland, Rantum, Samoa und Hörnum befinden sich entlang des Weststrandes der Insel. Dort ist es gang und gäbe, dass Nackte durch die Dünen huschen und sich in die Fluten werfen. Übrigens: Die Hörnumer Strandsauna hat das ganze Jahr geöffnet.

Gut zu wissen: Saunabesuche stärken das Immunsystem und regen Kreislauf und die Durchblutung an. Auf Sylt sorgen die salzige Brise und das Meerwasser dafür, dass man ganz allgemein gesünder und fitter ist.

www: sylt.de/entdecken/gesundheit-wellness/strandsauna.html

KRÄUTER-WANDERUNGEN ALLGÄU

→ **Warum jetzt? Die Natur lässt Leckerbissen wachsen**

Was für ein Duft! Genau ... was für ein Duft eigentlich? Pfefferminz? Die herb-würzige Schafgarbe? Majoran? Es ist Frühling, es sprießt und riecht auf jeder blühenden Wiese. An Feldwegen und Wanderpfaden, an Seeufern und in sonnensatten Gärten. Kräutergärten, um genau zu sein. Von denen gibt es nämlich jede Menge im Allgäu. Hier – und auf den vielen Wanderungen hinein ins frische Grün – erfährst du, was deinen Speiseplan extravagant verfeinert, welches Kraut wie schmeckt, wo es seine Stärken entfaltet und wann man es am besten erntet. Um dann die gesammelten Schätze auch gleich in der Küche beim Kochkurs zu verarbeiten, in leckere Gerichte wie Wildkräuterknödel mit Giersch oder Süßkartoffelpuffer auf Löwenzahn.

Vor Ort: Vor allem im westlichen Allgäu finden sich viele Kräutergärten, -wanderungen, -seminare und -akademien. Die meisten Veranstaltungen starten ab Mitte April, wenn die Sonne das Kräuterwachstum beschleunigt.

Gut zu wissen: Wer Kräuter sammeln geht, sollte zumindest ein Bestimmungsbuch dabeihaben. Besser ist es allerdings, zuerst mit jemandem unterwegs zu sein, der sich im Metier auskennt. Zu groß ist nämlich die Gefahr, dass man essbare Kräuter mit ungenießbaren bis giftigen Doppelgängern verwechselt.

www: allgaeu-kraeuterland.de

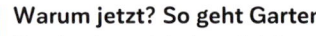

Erfahrung & Lernen
Naturerlebnis

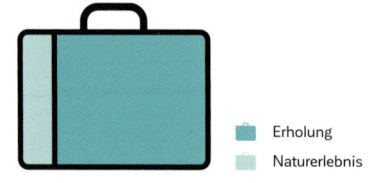
Erholung
Naturerlebnis

Erfahrung & Lernen
Naturerlebnis

TIEF IM OSTEN
ZITTAU

→ **Warum jetzt?** Im April erwacht die Region aus dem Winterschlaf

Viel weiter Richtung Osten geht es nicht. Zittau (www.zittau.de) liegt ganz im Süd-osten Sachsens, mit Polen und Tschechien als direkte Nachbarn. Es ist eine wirtschaft-lich gebeutelte Region, die nur selten auf der touristischen Landkarte liegt. Dabei ist die Landschaft rund um das 26 000-See-len-Städtchen imposant, dessen kulturelle Vergangenheit reich und die Fahrten mit den Dampfloks der Zittauer Schmalspur-bahn (www.zittauer-schmalspurbahn. de) sind herrlich nostalgisch. Seit 1890 umdampfen die Züge die schöne, stilvoll renovierte Zittauer Altstadt, über die du vom Turm der Johanniskirche einen schönen Überblick bekommst. Sowohl das Gottes- als auch das Rathaus stammen von Karl Friedrich Schinkel, Deutschlands wich-tigsten Baumeister des 19. Jahrhunderts. Sogar einen Eintrag ins Guinness-Buch der Rekorde kann Zittau aufweisen. Im Museum Kirche zum Heiligen Kreuz befindet sich die größte Museumsvitrine der Welt – und in ihr das Große Zittauer Fastentuch, eine 7 mal 8 Meter große und bald 600 Jahre alte Nacherzählung der biblischen Geschichte. Noch schnell zum letzten, einem kulinari-

Zittau kann auch modern: Das Künstlerviertel ist größte Pop-Art-Viertel Deutschlands

schen Rekord: Im Dornspachhaus (www. dornspachhaus.de), dem ältesten Bürger-haus der Stadt von 1553 wird Regionstypi-sches von Laberpfonne über böhmische Knödel bis Piroggen serviert.

■ Kultur
■ Erfahrung & Lernen
■ Essen & Trinken

RUND UM ZITTAU

🚗 **ODERWITZ · 10 KM** · Zu den typischen Umgebindehäusern der Gegend (www.stiftung-umgebindehaus.de)

🚆 **ZITTAUER GEBIRGE (OYBIN) · 17 KM** · Naturpark im kleinsten Mittelgebirge Deutschlands

🚙 **LIBEREC · 27 KM** · Ausflug ins tschechische Nordböhmen (www.liberecky-kraj.cz/de)

🚲 **GÖRLITZ · 40 KM** · Über den Oder-Neiße-Radweg nach Görliwood (www.goerlitz.de)

KAISERSTUHL
BREISGAU

→ **Warum jetzt? Hier ist schon fast Sommer**

Im Frühjahr zeigt sie sich auf ganz besondere Weise die klimatische Gunst des Kaiserstuhls: Hier erwarten dich jetzt schon warme Tage in einer sonnenverwöhnten Natur. Es bietet sich im Südwesten Deutschlands, im kleinen Mittelgebirge in der Oberrheinischen Tiefebene, ein Bild, das dich tief durchatmen lässt: Die ersten Frühlingsblumen stecken die Köpfe in die Sonne, während an den Hängen von Schwarzwald und Vogesen noch der Schnee liegt. In der wärmsten Gegend der Ferienregion Schwarzwald kannst du Rebhänge, Waldgebiete, Obstgärten und die Rheinauen erkunden. An gut ausgeschilderten Wegen warten Infotafeln, die allerlei über die Gegend und ihre Natur vermitteln.

Vor Ort: Der Kaiserstuhlpfad zählt zu den schönsten Wanderwegen Deutschlands. Die etwa 22 km lange Strecke von Endingen nach Ihringen führt über die höchsten Erhebungen des Kaiserstuhls und verläuft teils parallel zum Neunlindenpfad. Weitere Themenwege sind etwa der Bienenfresserpfad und der Steinkauzpfad.

Gut zu wissen: Das weitläufige und einheitlich beschriebene Wandersystem eröffnet viele Kombinationsmöglichkeiten. Wer länger bleiben möchte, kann die Gastfreundschaft in den Kaiserstühler Weinhotels oder Winzerhöfen in Anspruch nehmen.

www: naturgarten-kaiserstuhl.de

- Naturerlebnis
- Sport
- Erfahrung & Lernen
- Essen & Trinken
- Erholung

Der Kaiserstuhl ist ein kleines Paradies ganz im Südwesten Deutschlands

SCHWÄBISCHE
BÄDERSTRASSE

→ **Warum jetzt? Zeit, den Winter abzustreifen**

Warum nicht mal die Osterferien im Bad verbringen? Besser gesagt: in sieben Bädern? So viele liegen nämlich an der Schwäbischen Bäderstraße. In den Städten entlang der 180 km langen Route – von Bad Wörishofen über Bad Wurzach, Bad Schussenried und Bad Buchau bis hinunter nach Überlingen – hat jede der sieben Thermen spezielle Angebote: ob Badespaß mit Rutschen und Erlebnisbecken für den Nachwuchs oder Poolbars, ob Ruhe, Wellness und medizinische Anwendungen. Wann kann man denn schon, wie in Überlingens Bodensee-Therme, einen ganzen See nach dem Saunagang als Tauchbecken nutzen?

Vor Ort: Abgesehen vom heilenden Nass hat die Region auch eine herrliche Landschaft zu bieten, mit sanften Hügeln, ausgedehnten Mooren und fantastischen Ausblicken. Außerdem wird hier herzhaft, gut und gesund gegessen, nicht nur in atmosphärischen Städten wie Überlingen oder Bad Grönenbach.

Gut zu wissen: Nicht nur Thermalwasser sorgt hier für Wohlfühlschübe. Die Moore der Gegend liefern ebenfalls Wellnesszutaten: Frisch gestochener Torf, gemischt mit warmem Thermalwasser – das liefert einen Gesundheitskick. Und in Überlingen, Bad Waldsee, Bad Grönenbach und Bad Wörishofen kann man dazu noch kneippen.

www: schwaebische-baederstrasse.de

Erholung
Essen & Trinken
Naturerlebnis

FRIEDRICHSTADT
NORDFRIESLAND

→ **Warum jetzt? Noch herrscht keine Rushhour auf den Grachten**

Ist das hier nicht … sieht doch aus wie … genau! Wie ein schnuckliges Städtchen in den Niederlanden! Aber du bist nirgendwo falsch abgebogen, du befindest dich in Schleswig-Holstein, genauer: in Friedrichstadt. Idyllische Kanäle, schnurgerade Gassen, Häuser mit Treppengiebeln und die vielen Brücken gaukeln einem vor, man sei beim niederländischen Nachbarn gelandet. Im Sommer ist Friedrichstadt beliebtes Ausflugsziel – umso schöner, dass man jetzt noch ganz in Ruhe durch das malerische Städtchen schippern kann. Wer lieber sein eigener Kapitän sein möchte, bummelt mit einem Tret- oder E-Boot über die Wasserstraßen.

Vor Ort: Leihboote für die Grachtenfahrten gibt es zum Beispiel bei Kanu Kunterbunt (www.kanu-kunterbunt.de). Das Umland von Friedrichstadt, eine von den Flüssen Eider, Treene und Sorge geprägte Wiesenlandschaft, lässt sich hervorragend mit dem Fahrrad erkunden.

Gut zu wissen: Sein holländisches Aussehen hat „Klein-Amsterdam" nicht von ungefähr: Herzog Friedrich III. von Schleswig-Gottorf holte im 17. Jahrhundert religiös verfolgte Holländer an diesen abgelegenen Ort und gewährte ihnen Glaubensfreiheit – unter der Bedingung, dass sie ihm ein hübsches Städtchen nach holländischem Vorbild bauen.

www: friedrichstadt.de

Kultur
Erfahrung & Lernen
Essen & Trinken

KLETTERN IN MERZIG
SAARLAND

→ **Warum jetzt? Hoch hinaus in den Frühlingshimmel**

Im April beginnt die Hauptsaison im Kletterhafen Merzig. Der Abenteuerpark im Dreiländereck Saarland, Luxemburg und Frankreich ist rekordverdächtig: Er ist nicht nur der neueste und größte Kletterpark und Hochseilgarten der Region, er ist auch Europas größter frei stehender Kletterpark. Und nichts für Weicheier: Für Sprünge aus 22 und 19 Metern Höhe – selbstverständlich gut gesichert – muss man seinen Mut ganz schön zusammenkratzen. Auf zehn Parcours geht's durch die Lüfte in unterschiedlichen Höhen, mal auf wackligen Stegen balancierend, mal wie im Flug auf Seilbahnen von Mast zu Mast. Auf zwei Einweisungsparcours zeigen einem zertifizierte Trainer, wie man sich durch die Anlage hangelt und stets dafür sorgt, dass Karabinerhaken und Klettergeschirr sauber und sicher an der richtigen Stelle sitzen. Aber dieser 22-Meter-Sprung, ganz ehrlich ...

Vor Ort: Jetzt erst mal ausruhen – im Park lässt sich auch gut chillen! Es gibt Snacks, Getränke und Plätze an der Sonne für Zuschauer, Vorbei-Wanderer oder erschöpfte Spider-Frauen und -Männer.

Gut zu wissen: Als besonderes Highlight bietet der Kletterhafen auch Nachtklettern an. Die Seile und Kletterkonstruktionen leuchten in coolen Farben, was die Parcours in eine ganz spezielle Szenerie verwandelt.

www: kletterhafen.de

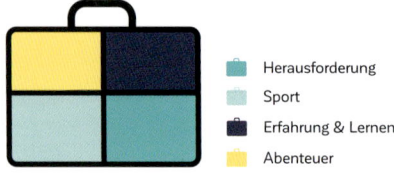

Herausforderung
Sport
Erfahrung & Lernen
Abenteuer

ZU FONTANE NACH WERDER
BRANDENBURG

→ **Warum jetzt? Mit Fontane in den Frühling**

Er ging gerne auf Reisen und Entdeckungstouren, um diese literarisch zu verarbeiten, der deutsche Schriftsteller und Journalist Theodor Fontane. Am Ende kamen so die fünf Bände der „Wanderungen durch die Mark Brandenburg" zusammen, an denen er ab 1861 arbeitete. Kreuz und quer durchstreifte Fontane seine Heimat, gerne auch mal ohne vorher festgelegte Route oder anvisiertes Ziel. So kam er 1869 auch in Werder (Havel) vorbei, wo er die „Knupperkirschen" – süße, spätreifende Früchte – und das Bier „Braunen" in höchsten Tönen lobte. Bier und Kirschen gibt es auch heute noch in der Stadt, die idyllisch am Wasser liegt, dazu urige Fischerhäuser oder die Bockwindmühle auf der Havel-Insel. Drum herum blühen im April die Obstbäume um die Wette, wie sie es vor 150 Jahren, zu Fontanes Zeiten, wohl auch gemacht haben dürften.

Vor Ort: Die Stadt ist von vier Seen umgeben: Am Schwielowsee, Glindowsee, Großen Plessower See und Zernsee kann man Wassersport aller Art betreiben.

Gut zu wissen: Das Hotel Prinz Heinrich in Werder (www.hotelprinzheinrich.de) gab es zu Fontanes Zeiten noch nicht, gebaut wurde es erst um 1900. Aber dem Schriftsteller hätte es hier sicher gefallen, in der Idylle auf der Insel in der Havel und nur wenige Schritte von der Altstadt entfernt.

www: werder-havel.de

Erholung
Essen & Trinken
Kultur

Werder (Havel) verspricht Erholung gleich außerhalb der Berliner Stadtgrenze

Die Barbarossahöhle wurde 1865 zufällig von Bergarbeitern entdeckt

BARBAROSSAHÖHLE
GEOPARK KYFFHÄUSER

Warum jetzt? Höhlenausflug bei launischem Aprilwetter

Wer die Barbarossahöhle im Geopark Kyffhäuser betritt, taucht in eine ganz eigene, atemberaubende Welt ein – schließlich ist sie eine von nur zwei zugänglichen Anhydrithöhlen der Erde. Eine echte Rarität also, weil sich nämlich Höhlen nur sehr selten im Anhydrit bilden, einem Verwandten des Gips. Riesige Hohlräume, Grotten, Seen, bizarr geformtes Gestein, faszinierende Gesteinsstrukturen – die Barbarossahöhle mit ihren gut 13 000 Quadratmetern Fläche wirkt vor allem auch durch ihre effektvolle Beleuchtung. Auf dem rund 800 Meter langen Führungsweg warten der riesige „Tanzsaal", der 25 Meter hohe „Olymp" oder die „Gerberei", die so heißt, weil bis zu 1 Meter lange Gipsplatten wie zum Trocknen aufgehängte Häute oder Felle von der Decke hängen.

Vor Ort: Die Barbarossahöhle ist nur 6 km vom Soleheilbad Bad Frankenhausen (www.bad-frankenhausen.de) entfernt. Und wie wär's mit einer Übernachtung in der Jugendherberge Heldrungen, einer Wasserburg aus dem 12. Jahrhundert? Und: In der Barbarossahöhle finden sogar Trauungen statt.

Gut zu wissen: Eine Führung ist beim Besuch der Höhle obligatorisch, sie finden in der Regel im Stundentakt von 10 bis 17 Uhr statt. Die Wege sind teilweise uneben und glatt, man sollte also gut beschuht sein.
www: barbarossahoehle.de

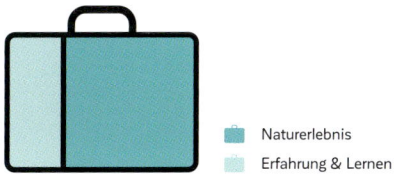

Naturerlebnis

Erfahrung & Lernen

ALTES LAND
NIEDERSACHSEN

→ **Warum jetzt? Apfel- und Kirschbäume laden zur Flower Show**

Jetzt lässt er sich nicht mehr aufhalten, der Frühling. Und im Alten Land am Elbstrom zwischen Hamburg und der Nordsee zeigen Tausende Obstbäume im größten zusammenhängenden Obstanbaugebiet Nordeuropas schon die ersten Knospen, die sich nach und nach zu einem weiß-rosa Blütenmeer entfalten. Der Kirschbaum mit seinen weißen Blüten steht als erster in den Startlöchern und eröffnet die Blütensaison, der Apfelbaum folgt bald nach und steuert leuchtendes Rosa bei. Zusammen ergibt das einen einzigen riesigen Blütenhimmel, der bis in den Mai hinein verzaubert. Das Altländer Blütenfest steigt zwar erst am ersten Maiwochenende – aber Hand aufs Herz: Die Sehnsucht nach dem Frühling ist so groß, dass man sich schon im April mit verführerischen Düften verzaubern lassen möchte.

Vor Ort: Im flachen Alten Land am Elbstrom ist Fahrradfahren ein Vergnügen und eine wunderbare Art, die Obstplantagen mit den blühenden Apfel- und Kirschbäumen zu besuchen. Dabei kannst du auch gleich die idyllische Landschaft samt ihrer zwei Hansestädte Stade und Buxtehude entdecken, und das alles nur einen Katzensprung von Hamburg entfernt.

Gut zu wissen: Der Tourismusverein Altes Land informiert online mit einem Blütenbarometer darüber, wie weit die Kirschblüte ist, wann die Apfelblüte beginnt und wie lange die Pracht noch zu bewundern ist.
www: urlaubsregion-altesland.de

■ Naturerlebnis
■ Erfahrung & Lernen
■ Essen & Trinken

Im Frühling präsentiert sich das Alte Land als Blütenmeer

WALE IN
WILHELMSHAVEN

→ Warum jetzt? Whale watching im Jadebusen

Wilhelmshaven hat den Wal. Jedes Frühjahr schwimmen Schweinswale in den Jadebusen südlich der Stadt, die einzige an Deutschlands Küsten heimische Walart. Bei den Wilhelmshavener Schweinswaltagen gibt es jede Menge Aktionen rund um die kleinen Meeressäuger, die ein wenig an Delfine erinnern. Mit etwas Glück kann man sie von Land aus sehen oder man fährt mit Schiffen hinaus ins Wattenmeer. Die Schweinswaltage sind ein guter, aber längst nicht der einzige Grund, die Stadt zu besuchen. Jahrelang wurde sie in einem Atemzug mit Arbeitslosigkeit und Hartz 4 genannt, doch dieses Bild wandelt sich. In der Südstadt entwickelt sich eine lebendige Café- und Restaurantszene, umgeben von vielen kleinen, spannenden Läden. Der schöne Südstrand ist nicht nur touristisch ein Highlight, das Fliegerdeich Hotel & Restaurant (www.hotel-fliegerdeich.de) ein ausgefallenes Boutiquehotel mit viel Backstein, Leder und Metall. Und dann ist da ja noch der Jadeweserport, Deutschlands einziger Tiefwasserhafen, der längst Fahrt aufgenommen hat. Was da alles los ist, zwischen den dicken Pötten, den Containern

Ähnlichkeit unverkennbar: Schweinswale sind enge Verwandte der Delfine

und Kaianlagen, kann man im Infocenter mit Schiffssimulator und interaktiver Ausstellung erleben. Und wem das zu technisch ist – raus aufs Wasser, Schweinswale gucken. Das ist immer wieder toll.

- Naturerlebnis
- Kultur
- Erfahrung & Lernen
- Essen & Trinken

RUND UM WILHELMSHAVEN

 **LEUCHTTURM ARNGAST · 7 STUNDEN ·** Über den Meeresboden spazieren (www.wattlopen.de/leuchtturm-arngast)

 **CAROLINENSIEL · 40 KM ·** Traditionsschiffe im Sielhafenmuseum (www.carolinensiel.de)

WANGEROOGE (AB HARLESIEL) · 42 KM · Inseltraum in der Nordsee (www.wangerooge.de)

 CUXHAVEN · 110 KM · Abwechslung im Seebad (www.cuxhaven.de)

Mai

WANN AM BESTEN WOHIN?

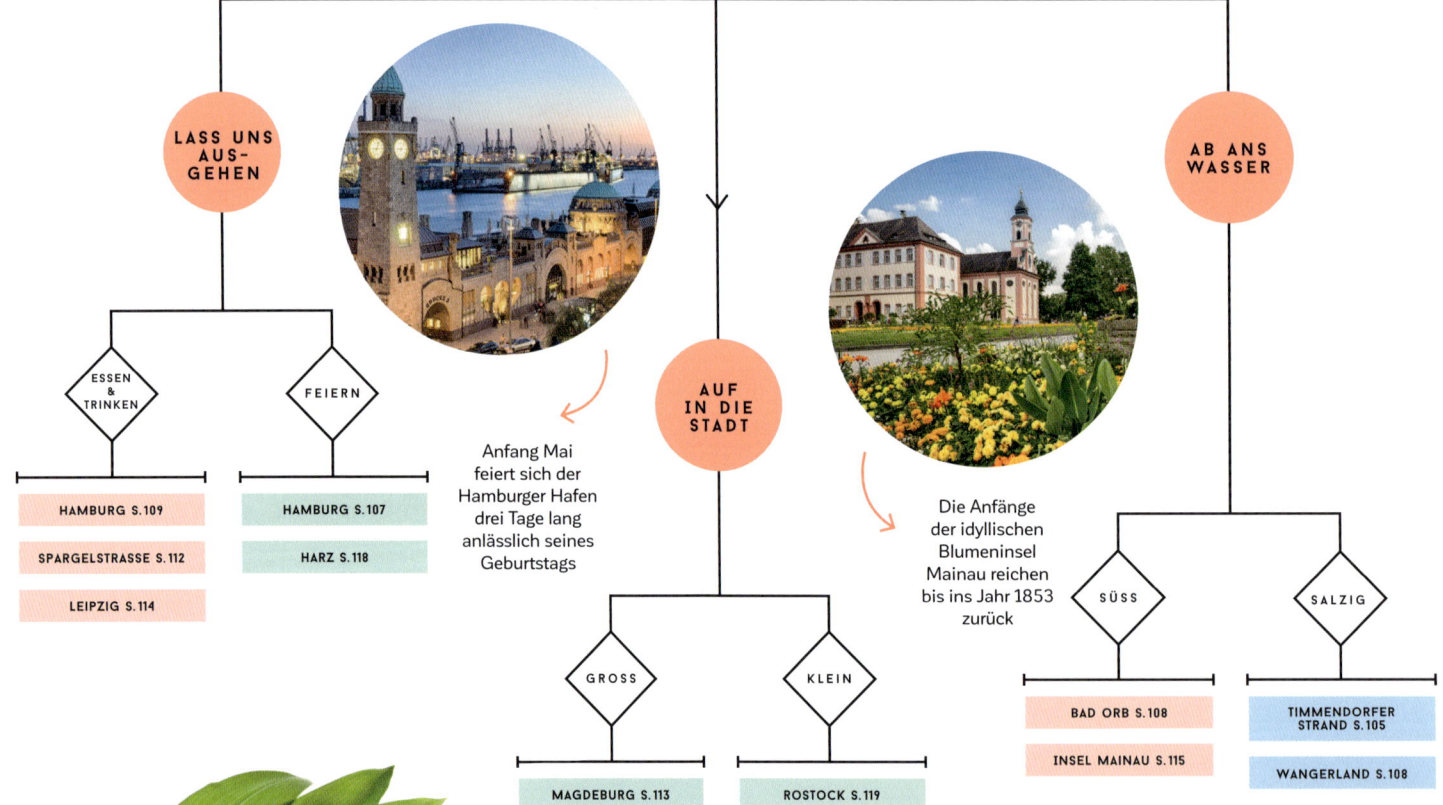

ICH WILL

MIR ETWAS GÖNNEN

LASS UNS AUSGEHEN

AB ANS WASSER

ESSEN & TRINKEN

FEIERN

AUF IN DIE STADT

HAMBURG S. 109

SPARGELSTRASSE S. 112

LEIPZIG S. 114

HAMBURG S. 107

HARZ S. 118

Anfang Mai feiert sich der Hamburger Hafen drei Tage lang anlässlich seines Geburtstags

Die Anfänge der idyllischen Blumeninsel Mainau reichen bis ins Jahr 1853 zurück

SÜSS

SALZIG

BAD ORB S. 108

INSEL MAINAU S. 115

TIMMENDORFER STRAND S. 105

WANGERLAND S. 108

GROSS

KLEIN

MAGDEBURG S. 113

ROSTOCK S. 119

Der Duft von Bärlauch erfüllt im Mai die Luft im Leipziger Auwald

Von Rostock aus erreicht man Warnemünde an der Ostsee in nur 20 Minuten

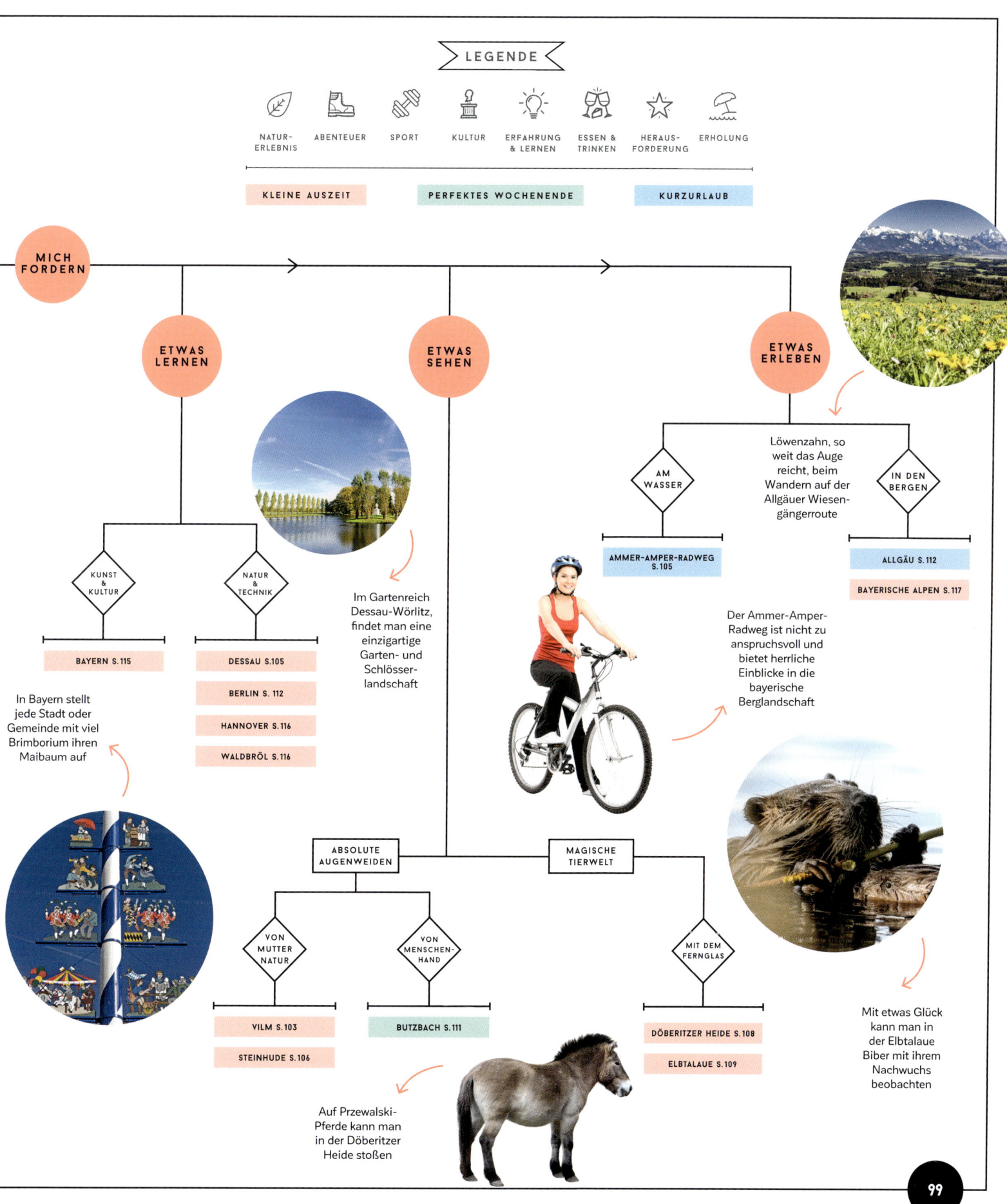

LEGENDE

NATUR-ERLEBNIS ABENTEUER SPORT KULTUR ERFAHRUNG & LERNEN ESSEN & TRINKEN HERAUS-FORDERUNG ERHOLUNG

KLEINE AUSZEIT   PERFEKTES WOCHENENDE   KURZURLAUB

MICH FORDERN

ETWAS LERNEN

ETWAS SEHEN

ETWAS ERLEBEN

KUNST & KULTUR

NATUR & TECHNIK

AM WASSER

IN DEN BERGEN

Löwenzahn, so weit das Auge reicht, beim Wandern auf der Allgäuer Wiesen-gängerroute

BAYERN S. 115

DESSAU S.105

BERLIN S. 112

HANNOVER S. 116

WALDBRÖL S. 116

AMMER-AMPER-RADWEG S. 105

ALLGÄU S. 112

BAYERISCHE ALPEN S. 117

Im Gartenreich Dessau-Wörlitz, findet man eine einzigartige Garten- und Schlösser-landschaft

In Bayern stellt jede Stadt oder Gemeinde mit viel Brimborium ihren Maibaum auf

Der Ammer-Amper-Radweg ist nicht zu anspruchsvoll und bietet herrliche Einblicke in die bayerische Berglandschaft

ABSOLUTE AUGENWEIDEN

MAGISCHE TIERWELT

VON MUTTER NATUR

VON MENSCHEN-HAND

MIT DEM FERNGLAS

VILM S. 103

STEINHUDE S. 106

BUTZBACH S. 111

DÖBERITZER HEIDE S. 108

ELBTALAUE S. 109

Mit etwas Glück kann man in der Elbtalaue Biber mit ihrem Nachwuchs beobachten

Auf Przewalski-Pferde kann man in der Döberitzer Heide stoßen

99

KIEL

VILM S.103

TIMMENDORFER STRAND S.105

ROSTOCK

ROSTOCK S.119

HAMBURG S.109

WANGERLAND S.108

HAMBURG

HAMBURG S.107

BREMEN

ELBTALAUE S.109

BERLIN S. 112

STEINHUDE S.106

BERLIN

HANNOVER

DÖBERITZER HEIDE S.108

HANNOVER S.116

MÜNSTER

MAGDEBURG S.113

SPARGELSTRASSE S.112

DESSAU S.105

DORTMUND

HARZ S.118

ESSEN

LEIPZIG

DÜSSELDORF

KASSEL

LEIPZIG S.114

KÖLN

ERFURT

DRESDEN

WALDBRÖL S.116

BUTZBACH S.111

BAD ORB S.108

FRANKFURT/MAIN

SAARBRÜCKEN

NÜRNBERG

STUTTGART

FREIBURG

MÜNCHEN

ALLGÄU S.112

AMMER-AMPER-RADWEG S.105

BAYERN S.115

INSEL MAINAU S.115

BAYERISCHE ALPEN S.117

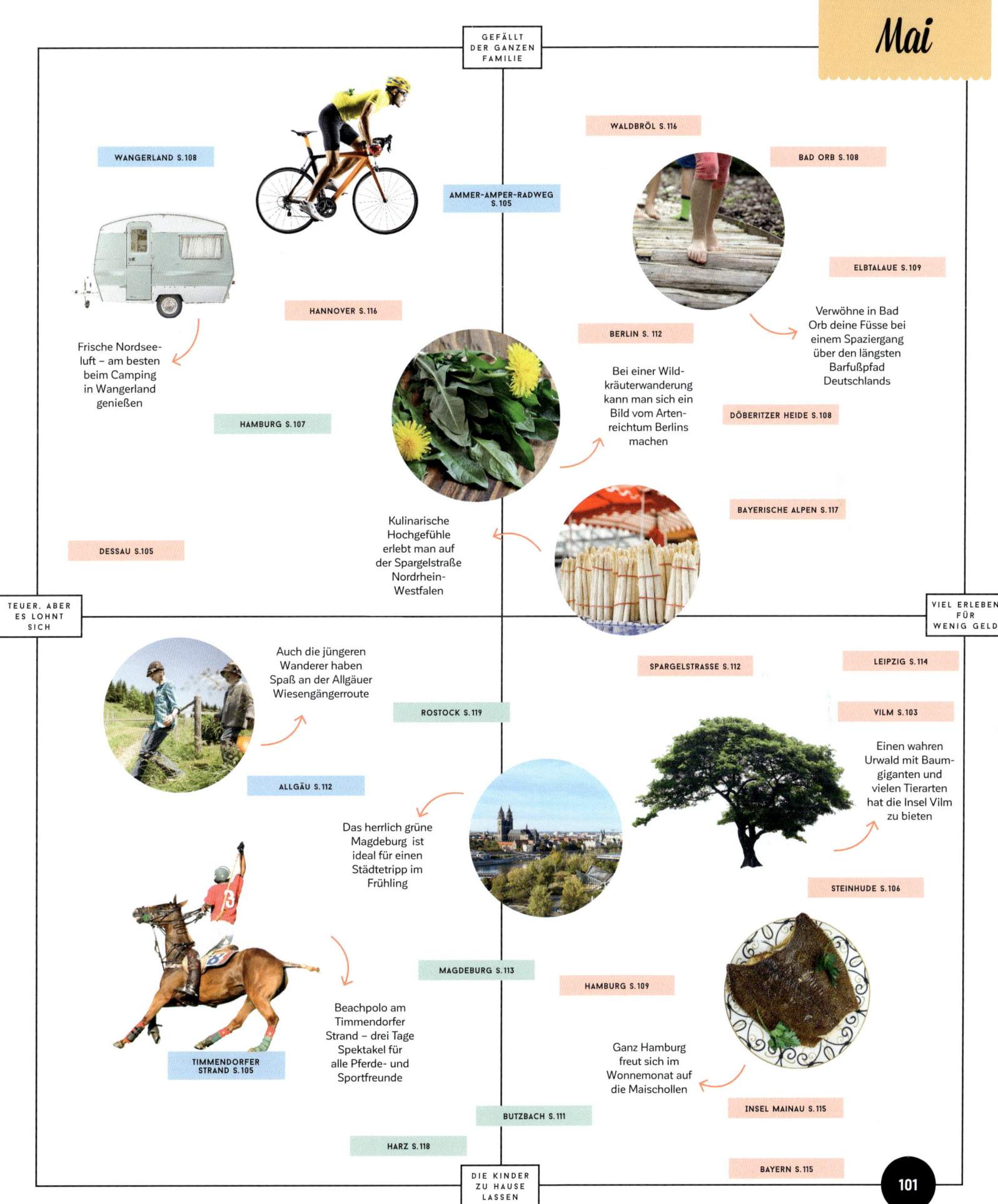

WANGERLAND S. 108

WALDBRÖL S. 116

BAD ORB S. 108

AMMER-AMPER-RADWEG
S. 105

ELBTALAUE S. 109

HANNOVER S. 116

BERLIN S. 112

Verwöhne in Bad
Orb deine Füsse bei
einem Spaziergang
über den längsten
Barfußpfad
Deutschlands

Frische Nordsee-
luft – am besten
beim Camping
in Wangerland
genießen

Bei einer Wild-
kräuterwanderung
kann man sich ein
Bild vom Arten-
reichtum Berlins
machen

DÖBERITZER HEIDE S. 108

HAMBURG S. 107

BAYERISCHE ALPEN S. 117

Kulinarische
Hochgefühle
erlebt man auf
der Spargelstraße
Nordrhein-
Westfalen

DESSAU S.105

Auch die jüngeren
Wanderer haben
Spaß an der Allgäuer
Wiesengängerroute

SPARGELSTRASSE S. 112

LEIPZIG S. 114

VILM S. 103

ROSTOCK S. 119

Einen wahren
Urwald mit Baum-
giganten und
vielen Tierarten
hat die Insel Vilm
zu bieten

ALLGÄU S. 112

Das herrlich grüne
Magdeburg ist
ideal für einen
Städtetripp im
Frühling

STEINHUDE S. 106

MAGDEBURG S. 113

HAMBURG S. 109

Beachpolo am
Timmendorfer
Strand – drei Tage
Spektakel für
alle Pferde- und
Sportfreunde

Ganz Hamburg
freut sich im
Wonnemonat auf
die Maischollen

TIMMENDORFER
STRAND S. 105

INSEL MAINAU S. 115

BUTZBACH S. 111

HARZ S. 118

BAYERN S. 115

URWALDINSEL VILM
OSTSEE

**→ Warum jetzt? Wilde und un-
berührte Natur erleben**

So, wie auf der Ostseeinsel Vilm vor Rügen, sieht Natur aus, wenn sie sich über fast 500 Jahre völlig selbst überlassen war. Im selben Jahr, als hier das letzte Mal Kahlschlag angesagt war, im Jahr 1527, heiratete Martin Luther Katharina von Bora. Diese lange Zeit sieht man ihnen an, den uralten, wunderlich verformten Eichen und Buchen, die den Weg säumen; manche dieser Baum-Giganten sind sogar schon 650 Jahre alt. Aber auch Einsiedler und Mönche lebten auf der Insel, später entdeckten Künstler das Paradies. Seit 1936 steht sie unter Naturschutz, um das urige Refugium für Pflanzen und Tiere zu schützen. Zu Zeiten der DDR durfte nur die Elite auf der Insel urlauben, ansonsten galt: Zutritt verboten! Und heute? Diskutieren in der Naturakademie Politiker und Wissenschaftler über Wege aus der Ökokrise.

Vor Ort: „Ur"-Wald bedeckt den größten Teil der 2,5 km langen und bis zu 37 Meter hohen Insel im Rügischen Bodden, dazu kommen über 300 Farn- und Blütenarten. Kein Wunder, dass sich hier auch die Tiere wohlfühlen: Füchse, Rehe, Gänsegeier, Waldkauz, und ab und zu lässt sich sogar ein Seeadler blicken.

Gut zu wissen: Von März bis Oktober findet täglich eine 2,5-stündige Führung statt (manchmal auch mehr), die Anmeldung ist obligatorisch. Ein Besuch der Insel ohne Genehmigung ist nicht erlaubt. Pro Tag dürfen nicht mehr als 60 Personen das Naturparadies betreten.

www: vilmexkursion.de

Naturerlebnis
Erfahrung & Lernen
Abenteuer

Seit 1990 gehört Vilm zum Biosphärenreservat Südost-Rügen

Mit den Rädern
unterwegs im
Alpenvorland

Beach Polo ist e
sehr exklusives Ve
gnügen und spar
nend für Zuschaue

AMMER-AMPER-RADWEG
OBERBAYERN

 Warum jetzt? Raus zum Radeln in Oberbayern

Die Steigungen halten sich in Grenzen, die traumhaften Berge der bayerischen Voralpen bieten eine wunderbare Kulisse: Der 202 km lange Radweg von der Quelle der Ammer im Graswangtal westlich von Kloster Ettal bis nach Moosburg an der Isar ist ein Leckerbissen für alle, die auf zwei Rädern in den Frühling starten wollen. Mit jedem Kilometer ändert sich die Landschaft am Fluss, der unterhalb des Ammersees seinen Namen in Amper ändert. Gemütlich geht es erst durch Oberammergau mit seinen bemalten Häusern, später dann – die Berge ziehen sich zurück – in Richtung Norden durch den malerischen Pfaffenwinkel, durch Wälder und Moore und am Ammersee entlang. Von hier aus ist dann die idyllische Amper die Leitschnur, an ihr liegen Städte wie Fürstenfeldbruck, Dachau oder Moosburg, wo sie in die Isar mündet.

Vor Ort: Durch Oberbayern fließen etliche Flüsse, und so bietet es sich an, den Ammer-Amper-Radweg mit anderen Strecken zu verbinden, etwa dem Isar-Radweg, dem Bodensee-Königssee-Radweg oder der Via Claudia-Augusta.

Gut zu wissen: Öffentliche Verkehrsmittel gibt es überall entlang der Strecke, sodass man einzelne Etappen auch mit dem Zug fahren kann. Wer flussaufwärts fährt, hat die ganze Zeit das Alpenpanorama im Blick.

www: ammer-amper-radweg.com

BEACH POLO
TIMMENDORFER STRAND

Warum jetzt? Deutsche Beach-Polo-Meisterschaft, ein Weltevent

Beach-Volleyball? Schön und gut, aber ein alter Hut. Wild und tierisch geht es nämlich am Timmendorfer Strand zu, wenn sich dort die Pferde zum Beach Polo formieren und die weltbesten Polospieler aus mehreren Nationen hoch zu Ross um den Meistertitel kämpfen. Das dreitägige Spektakel für alle Pferde- und Sportfreunde spielt sich neben der Timmendorfer Maritim-Seebrücke ab und ist von der Brücke aus gut zu verfolgen. Alle Spiele werden fachkundig und unterhaltsam kommentiert. Die Ostseestrand-Meisterschaft zählt neben Miami Beach und Dubai zu den Top 3 der größten Polo-Turniere.

Vor Ort: Die Attraktion abseits des Spielfelds bildet die Pony-Line im angrenzenden Kurpark: Etwa 60 argentinische Polopferde haben hier während des Großereignisses ihren „Wellnessbereich", wo sie von den Pferdepflegern gehätschelt und getätschelt werden, bevor sie im Wettkampf gegeneinander antreten.

Gut zu wissen: Der Eintritt ist frei, mit Ausnahme des VIP-Bereichs im Zelt, der 95 Euro pro Person und Tag kostet. Auf der Strandpromenade kann man während des Events essen und trinken. Im Kurpark gibt es neben der Pony-Line noch ein buntes Rahmenprogramm für Kinder.

www: beachpolo-timmendorfer-strand.de

GARTENREICH
DESSAU

Warum jetzt? Auch Goethe fand es hier im Mai „unendlich schön"

Johann Wolfgang von Goethe soll es gerührt haben, „wie die Götter dem Fürsten erlaubt haben, einen Traum um sich herum zu schaffen". So schrieb der Dichter in einem Brief im Mai 1778. Der Fürst, den er erwähnt, ist Leopold III. Friedrich Franz von Anhalt-Dessau (1740–1817). Den „Traum", den dieser im 18. Jahrhundert schuf, ist das Gartenreich Dessau-Wörlitz, eine einzigartige, in sich geschlossene Garten- und Schlösserlandschaft nach englischem Vorbild. Das Gartenreich – zwischen der Bauhausstadt Dessau und der Lutherstadt Wittenberg gelegen – erstreckt sich heute über 142 Quadratkilometer. Die Kernflächen bilden die durch Sichtachsen und Alleen verbundenen historischen Landschaftsgärten mit ihren Bauwerken und Gartenplastiken.

Vor Ort: Das Gartenreich wurde im Jahr 2000 mit dem Welterbestatus der UNESCO ausgezeichnet. Wer hier schlendert, flaniert, spaziert und wandert, erlebt eine außergewöhnliche Vielfalt der Stilepochen: Barock, Rokoko und Klassizismus treffen sich auf engstem Raum.

Gut zu wissen: Von April bis Oktober kannst du auf dem Wörlitzer See Gondel-Rundfahrten unternehmen. Auf den zahlreichen Kanälen im Gartenreich verkehren Fähren auf verschiedenen Touren.

www: www.gartenreich.de

- Naturerlebnis
- Sport
- Kultur
- Erfahrung & Lernen
- Essen & Trinken

- Erfahrung & Lernen
- Essen & Trinken

- Kultur
- Naturerlebnis
- Erfahrung & Lernen

SCHMETTERLINGSFARM
STEINHUDE

Der Blaue Morphofalter stammt aus Mittel- und Südamerika

→ **Warum jetzt? Bei Mairegen zu den tropischen Schmetterlingen**

Mairegen macht schön, sagt ein Sprichwort. Doch wenn es am Steinhuder Meer nordwestlich von Hannover so richtig schön schüttet, sucht man sich besser eine trockene Alternative. Auf in die Schlammkuranstalt in Wunstorf. Schlammpackungen werden hier schon lange nicht mehr verteilt. Dafür flattern 400 bunte Schmetterlinge durch die Luft. Die Schmetterlingsfarm Steinhude ist ein privates Museum und ein tropischer Ort: An die 30 °C, hohe Luftfeuchtigkeit – genau wie die Schmetterlinge es lieben. Um sie richtig bewundern zu können, braucht man etwas Geduld. Denn manche flattern einem ziemlich schnell um

den Kopf. Gut, dass es so viele Glasschalen mit Orangen und Bananen gibt. Dort sitzen die Flattertiere und saugen am Obst. Schnell das Smartphone raus – und ein Erinnerungsselfie!

Vor Ort: Zur Schmetterlingsfarm gehört auch das Insektenmuseum. Keine Angst: Vogelspinnen, Skorpione und Tausendfüßler krabbeln nicht frei herum, sondern leben gut geschützt hinter Glasscheiben. (Teddy-)Bären und andere Schätze zeigt das Spielzeugmuseum im „Spieker", einem Speicher im Hof des Fischer- und Webermuseums (www.steinhudermuseen.wordpress.com).

Gut zu wissen: Wer Schmetterlinge live schlüpfen sehen will, kommt am besten vormittags. In der „Puppenstube" schlüpfen die kleinen Falter meist zwischen 10 und 13 Uhr. Sie brauchen dafür eine hohe Luftfeuchtigkeit und tropische Temperaturen. Deshalb ist es im Schmetterlingshaus etwa 26 °C warm.

www: schmetterlingsfarmsteinhude.de

■ Naturerlebnis
■ Erfahrung & Lernen

Auf manchen alten Segelschiffen kann man am Hafengeburtstag mitfahren

HAFEN-GEBURTSTAG
HAMBURG

→ **Warum jetzt? Das, ihr Landratten, gibt's nur in Hamburg**

Stolz geblähte Segel und bunt beleuchtete Riesendampfer – Deutschlands größter Seehafen feiert immer Anfang Mai drei Tage lang seinen Geburtstag. Die Anlaufstelle für rund 8000 Schiffe im Jahr geht zurück auf einen 120 Meter langen hölzernen Landungssteg, der im 9. Jahrhundert noch am Reichenstraßenfleet und nicht an der Elbe lag. Die Seeleute von damals hätten sich die gigantische Party von heute wohl kaum vorstellen können: Etwa 1,3 Millionen Gäste feiern Jahr für Jahr die Große Einlaufparade, bummeln über die bunte Hafenmeile zwischen Baumwall und den Landungsbrücken. Für große Augen sorgen am Samstagnachmittag die Hafenschlepper, wenn sie zum Ballett antreten. Tonnenschwere Boote drehen dann zu Verdi-Melodien oder „Fluch der Karibik"-Klängen Pirouetten auf der Elbe.

Vor Ort: Entlang der Hafenmeile warten Konzerte auf mehr als zehn Bühnen und kulinarische Spezialitäten aus aller Herren Länder. Am Samstagabend findet ab 22.30 Uhr das große Feuerwerk statt, von hier aus kann man am Sonntag um 17.30 Uhr auch die Große Auslaufparade beobachten.

Gut zu wissen: Wer mitfeiern will, muss sich auf hohe Hotelpreise einstellen und unbedingt rechtzeitig buchen. Die meisten Hamburger übrigens nehmen jedes Jahr beim Hafenfest Reißaus.

www: hamburg.de/hafengeburtstag

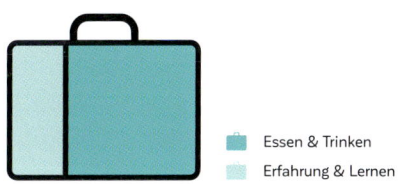

Essen & Trinken

Erfahrung & Lernen

BARFUSSPARK
BAD ORB

 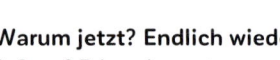

→ **Warum jetzt? Endlich wieder barfuß auf Erkundungstour**

Wenn man es sich so recht überlegt, sind Füße nicht gerade privilegierte Körperteile. Die meisten stecken permanent in Strümpfen und Schuhen fest, eingeschnürt, ohne Luft zu kriegen. Da ist es eine Wohltat, endlich einmal freigelassen zu werden und etwas zu spüren. Gönne deinen unteren Extremitäten dieses Vergnügen, gib Socken und Schuhen eine Auszeit und spaziere in Bad Orb über den längsten Barfußpfad Deutschlands. Teste dein Fußspitzengefühl auf unterschiedlichem Untergrund, von Sand über Flusskiesel und federnden Waldboden bis herrlich weichem Schlamm. Da klatschen die Füße – pardon – begeistert in die Hände und das Herz-Kreislauf-System nimmt ordentlich durchblutet Fahrt auf.

Vor Ort: Die 4 km lange Strecke führt vom hinteren Kurpark am Orbbach entlang bis zum Wildpark und zurück. Über 30 abwechslungsreiche Stationen überraschen alle vorbeikommenden Füße mit neuen Herausforderungen.

Gut zu wissen: Bad Orb liegt etwa 55 km östlich von Frankfurt am Main. Über Öffnungszeiten und Führungen informiert die Website des Barfußpfads.
www: barfusspfad-bad-orb.de, stadt-bad-orb.de

Erholung
Erfahrung & Lernen
Naturerlebnis

GLAMPING IM
WANGERLAND

→ **Warum jetzt? Frühlingserwachen im Nordseekarren**

Hotel? Ferienwohnung? Langweilig! Hier wohnst du in blau-weißen Nordseekarren – außen im Bauwagen-Look, innen bestens ausgestattet. Und das Tollste: Mit deinem Nordseekarren stehst du in der ersten Reihe, praktisch an der Wasserkante. Frische Seeluft satt! Die charmanten Unterkünfte stehen von April bis Oktober an den Campingplätzen in Schillig, Dornumersiel und Dangast. Sie bieten allen Komfort, den das anspruchsvolle Camper-Herz begehrt, vom Doppelbett über die Küchenzeile bis hin zum gemütlichen Essplatz. Die Terrasse ist der perfekte Ort für ein Frühstück im Freien oder ein romantisches Stelldichein bei Sonnenuntergang.

Vor Ort: Das Nordseeheilbad Horumersiel-Schillig hat im Frühling eine Menge zu bieten. Wattwanderungen und allerlei Wassersportarten wie Wasserski, Segeln oder Kitesurfen stehen hoch im Kurs. Auf den Fahrradwegen an der Küste lässt sich das Wangerland wunderbar erkunden.

Gut zu wissen: Die Nordseekarren bieten Platz für zwei Personen auf 4,40 mal 2,30 Meter. Sanitärgebäude befinden sich auf den Campingplätzen in nächster Nähe.
www: wangerland.de, horumersiel-schillig.de

Erholung
Naturerlebnis
Sport

DÖBERITZER HEIDE
BRANDENBURG

→ **Warum jetzt? Beste Zeit für Kraniche, Wisente und Co.**

Ein Fernglas ist wichtig für den Wandertrip in die Wildnis. Und Glück. Wer beides hat, kann in der Döberitzer Heide Wildtiere beobachten. Ja, die gibt's hier, nur wenige Kilometer vor Berlins Stadtgrenze. Im Mai hört man Kraniche rufen, sieht Seeadler kreisen und Wildpferde grasen und Wisente umherziehen, samt Bison-Nachwuchs. Verrückt, dass die Döberitzer Heide zu DDR-Zeiten der größte Übungsplatz sowjetischer Truppen war. Bis 1992 rollten hier Panzer und schlugen Testbomben ein. 2004 kaufte die Stiftung des Tierfilmers Heinz Sielmann einen Großteil. Die Landschaft ist einzigartig – und 17-mal so groß wie der Berliner Tiergarten. Wer nichts verpassen will, marschiert 22 km rundum durch Dünen, Heide und Wälder und blickt vom Turm über die Wildnis nach Berlin.

Vor Ort: Die Maiwanderung muss nicht gleich ein Tagesmarsch sein. Es gibt acht Optionen, darunter ein einstündiger Familienrundweg und eine Nord-Süd-Wanderung mit 9 km.

Gut zu wissen: Im Boden der Döberitzer Heide liegen noch immer Hunderte Tonnen alter Munition, von der Panzergranate bis zum Zünder. Auf den Wegen bleiben! Am Rand des Naturschutzgebiets ist militärisches Sperrgebiet. Dort bildet die Bundeswehr Soldaten aus, an einem Schießstand wird mit Übungsmunition geschossen.
www: doeberitzerheide.de

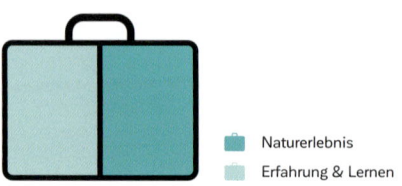

Naturerlebnis
Erfahrung & Lernen

BIOSPHAERIUM
ELBTALAUE

→ **Warum jetzt? Große und kleine Biber und live erleben**

Fisch zu Mittag? Von wegen! Biber sind Vegetarier. Rote Bete und frische Weidenzweige schmecken viel besser. Im Biosphaerium Elbtalaue im Schloss Bleckede bei Lüneburg kann man die Tiere beim Fressen beobachten. Nur eine Glasscheibe trennt Biber und Besucher. Die fühlen sich selbst ein bisschen wie im Biberbau: Lehmige Wände, enge Höhlen – die Ausstellung des Informationszentrums gleicht einem überdimensionalen Biberkessel. Und mit etwas Glück gibt's im Mai sogar Mini-Biber zu bewundern. Am Ende rauf auf den Turm und über die Elbe blicken. Herrlich – ob mit oder ohne Biber!

Vor Ort: Wer in Bleckede ist, unbedingt mit der Elbfähre (www.kurs-elbe.de/faehr zeiten) rüber über die ehemalige Ost-West-Grenze. Einfach vom Biosphaerium

Ein junger Biber knabbert an einem Weidenast

Elbtalaue in 20 Minuten runter zum Fähranleger spazieren, dann bis Neu-Bleckede fahren und wieder zurückschippern.

Gut zu wissen: Meister Bockert wird der Elbe-Biber auch genannt. Seit 1819 war er an der niedersächsischen Elbe fast ausgestorben – vor allem, weil das Pelztier zu stark bejagt wurde. Um 1990 sind die Biber zurückgekehrt. Inzwischen sollen allein im

Biosphärenreservat Elbtalaue rund 500 Tiere leben.

www: biosphaerium.de

■ Naturerlebnis
■ Erfahrung & Lernen

MAISCHOLLEN
HAMBURG

→ **Warum jetzt? Endlich wieder fangfrischer Fisch**

Schon mal was von der Maischolle gehört? Falls nicht, bist du jedenfalls kein Hamburger. Für die Hansestädter gehört das Fischgericht nämlich zum Frühjahr wie die Gans zu Weihnachten. Also, für Nicht-Kenner: Eine Maischolle ist keine eigene Gattung, sondern einfach nur eine junge Scholle, die ab Mai im Nordatlantik oder in der Nordsee gefischt wird. Deshalb werden im Wonnemonat die kleinen, feinen Schollen als Frühjahrs-Spezialität angeboten.

Vor Ort: Zu den besten Adressen für exquisite Maischollen-Gerichte zählen das Gasthaus zur Post im Stadtteil Cranz (www.gasthaus-zur-post-cranz.de) direkt vor Lothars Kutter, das Landhaus Scherrer in Ottensen (www.landhausscherrer.de), das Catch of the Day in der Hafen City (www.kaispeicher-b.hamburg) im ältesten Speicher Hamburgs, das Bistro Restaurant Rive (www.rive.de) mit Elbpanorama sowie das Seven Seas in Blankenese (www.karlheinz hauser.de/seven-seas) mit zwei Sternen und Küche auf höchstem Niveau.

Gut zu wissen: Die Bezeichnung „Maischolle" entstand, weil die Schollen die ersten Fische waren, die die Fischer nach der Winterpause von ihren Touren mitbrachten.

www: hamburg.de/maischolle

■ Essen & Trinken

MARKTBUMMEL IN
BUTZBACH

→ **Warum jetzt? Erdbeeren auf Hessens schönstem Marktplatz**

Spieglein, Spieglein an der Wand, wo ist der schönste Marktplatz im ganzen Land? Ein hessischer Zauberspiegel würde antworten: in Butzbach. Die Marktfläche, umsäumt von fein herausgeputzten Fachwerkhäusern, bildet eine unvergleichlich pittoreske Kulisse für den Wochenmarkt mit seinen vielen frischen Leckereien, die jetzt neben Erdbeeren die Marktstände bunt schmücken, aber auch für alle anderen Veranstaltungen wie etwa die Nachtwächterführungen oder das alljährliche Weinfest. Die historische Häuserreihe am Platz wird dominiert von dem 1560 erbauten Rathaus; das Zentrum des Platzes bildet der sandsteinerne Marktbrunnen.

Vor Ort: Mit ihren rund 150 unter Denkmalschutz stehenden Häusern wird die kleine Fachwerkstadt Butzbach gerne als die „Perle der Wetterau" bezeichnet. Seit 2011 trägt der Ort am Rande des Naturparks Taunus (www.naturpark-taunus.de) offiziell den Namen Friedrich-Ludwig-Weidig-Stadt. Weidig, ein Sohn der Stadt, war einer der Wegbereiter der Deutschen Revolution von 1848. Weitere Sehenswürdigkeiten sind die Stadtmauer, das Schloss mit Lustgarten, das Solmser Schloss und die um 1440 erbaute St. Wendelinskapelle.

Gut zu wissen: Der Wochenmarkt lädt immer dienstags und samstags jeweils von 9 bis 13 Uhr zum Flanieren, Naschen und Einkaufen frischer, regionaler Produkte ein.
www: stadt-butzbach.de

◼ Essen & Trinken
◼ Kultur

Mehr Fachwerk
als am Butzbacher
Marktplatz geht nicht

WILDKRÄUTER-WANDERUNG
BERLIN

→ **Warum jetzt? Da ist ein Kraut gewachsen**

Selbstverständlich geht „Grün" auch in der Stadt, das ist bekannt. Aber eine Wildkräuterführung? Ja, auch das geht, und zwar in Berlin. Die Metropole hat nämlich eine größere Artenvielfalt als viele Monokultur-Landschaften fernab urbaner Räume. Und jetzt, ab Mai bis Juli, haben viele Kräuter den Höhepunkt ihrer Entwicklung erreicht und können geerntet werden. Bei einer Kräuterführung erklärt dir ein Experte alles über die würzigen Grünlinge: Essbarkeit, Inhaltsstoffe, Verwendbarkeit, Heilwirkung – und sogar, mit welchem Kräuterchen man Hexen ausfindig machen kann! Das Team von Kräuterevents wird dich garantiert beeindrucken, dagegen ist kein Kraut gewachsen.

Vor Ort: Neben den klassischen dreistündigen Spaziergängen werden auch Themenführungen angeboten, die gewisse „Kräuterlichkeiten" wie zum Beispiel die Heilwirkung in den Vordergrund stellen. Auch für Kinder und Familien zu empfehlen!

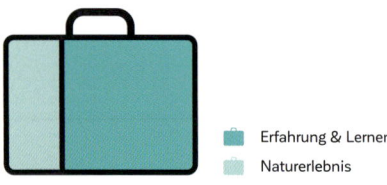

Gut zu wissen: Kräuterführungen und -wanderungen gibt es auch in Frankfurt, Fulda, Mannheim, Hamburg und anderen Städten. Einfach mal recherchieren!

www: wildkräuterevents-berlin.de

SPARGELSTRASSE
NORDRHEIN-WESTFALEN

→ **Warum jetzt? Hochsaison fürs „königliche Gemüse"**

Mitten in der Spargelsaison ist es klar: Jetzt wird's bald Sommer. Wer sich zu den Liebhabern der leckeren Stangen zählt, findet auf der Spargelstraße sein kulinarisches Glück und Spargel satt: 150 Betriebe verkaufen entlang der Route durch ganz Nordrhein-Westfalen, von Emmerich am Niederrhein bis nach Cloppenburg, die Köstlichkeit frisch vom Feld. Wer nicht selber an den Herd mag, lässt kochen – spargelfrischer geht's kaum. Natürlich gibt es auch hilfreiche Tipps von den Experten, vom Einkauf bis zur Lagerung, und obendrauf noch ein paar tolle Rezeptideen. Sportliche setzen sich aufs Rad und machen etwa die Höfetour zum bekannten Walbecker Spargeldorf. Genuss pur: erst die idyllische Landschaft samt duftender Blumen genießen, dann im Himmel der köstlichen Stangen schwelgen.

Vor Ort: Damit auch die Kinder zufrieden sind, veranstalten zahlreiche Spargelbetriebe Erlebnistage für den Nachwuchs. Die Liste der teilnehmenden Höfe findet man im Internet.

Gut zu wissen: Das Logo „Spargelstraße NRW" gewährleistet, dass in diesen Betrieben Qualitätsspargel aus heimischer Produktion zu bekommen ist.

www: spargelstrasse-nrw.de

WIESENGÄNGER-ROUTE
ALLGÄU

→ **Warum jetzt? Weil im Mai das Allgäu knallgelb leuchtet**

Was für ein Fernwanderweg! Am liebsten würde man barfuß gehen. Denn die Wiesengänger-Route führt – na klar – durch herrliche Allgäu-Wiesen. Und dort wächst im Mai nicht nur saftig grünes Gras, nein, es blühen auch Tausende Löwenzahnblumen. Gelber geht nicht! Wiesengänger wandern übrigens rund um Marktoberdorf auf leichten Pfaden, nicht nur über Wiesen, sondern durch Hügel, Felder und Moore. Und am Wegrand Schlösser, Ruinen und Klöster, die nur darauf warten, entdeckt zu werden. Genau wie kleine Orte und historische Städte, an denen die 21 Tagesetappen starten und enden. Geschichten sammeln, statt Höhenmeter.

Vor Ort: Die Wiesengänger-Route führt 460 km durchs Allgäuer Voralpenland. Von Marktoberdorf geht's in 21 Tagesetappen über Kaufbeuren, Bad Wörishofen, Leutkirch im Allgäu, Bad Wurzach, Wangen im Allgäu, Isny und Kempten. Unterkünfte gibt es massig, je nach Geschmack und Geldbeutel.

Gut zu wissen: Die Wiesengänger-Route ist der leichteste Part des Fernwanderwegs Wandertrilogie Allgäu. Es gibt kaum Steigungen und die Pfade sind auch für weniger geübte Wanderer gut zu gehen. Trotzdem: Trittsicherheit und gute Wanderschuhe sind Voraussetzung, ebenso Kondition für Tagesetappen bis zu 7 Stunden.

www: www.allgaeu.de/die-etappen-1

- Erfahrung & Lernen
- Naturerlebnis

- Essen & Trinken
- Naturerlebnis

- Naturerlebnis
- Sport
- Erfahrung & Lernen
- Essen & Trinken

GRÜNES
MAGDEBURG

 Warum jetzt? Es grünt so grün in Parks und Gärten

Grün, grüner – Magdeburg. Wer im Frühling einen Städtetrip plant, muss die Hauptstadt Sachsen-Anhalts auf der Liste haben. Die Stadt an der Elbe gehört zu den Top-Ten der grünen Städte Deutschlands. So viele Parks und Gärten gibt's sonst fast nirgendwo. Im Mai blüht und grünt es überall. Wohin zuerst? Vielleicht in Magdeburgs Central Park: Im Stadtpark Rotehorn auf der Elbinsel kann man spazieren, joggen, grillen, Tretboot fahren. Im Montego-Beach-Club fühlen sich nicht nur Instagram-Fans wie im Paradies. Die Strandbar beim Rotehornpark hat Schaukeln, Daybeds und einen Pool (www.montego-beachclub.de). Von der „Grünen Zitadelle", dem Hundertwassergebäude, kann man auf die Stadt blicken – oder dort im Hotel übernachten (www.gruene-zitadelle.de).Wer's entspannt mag, lässt sich mit der Rikscha kutschieren. Noch so eine Stadtoase: der Elbauenpark. Erst ein Picknick, danach mit der Zipline über den Park fliegen (www.kletterpark-magdeburg.de/elbauenzip). Klein, und im Mai besonders fein, ist der Florapark. Dann blühen die Kirschbäume. Nicht grün, aber zauberhaft! Und falls das Maiwetter

Der Jahrtausendturm im Elbauenpark ist mit 60 Metern das höchste Holzgebäude Deutschlands

nicht mitspielen will: Im Klosterbergegarten stehen die Gruson-Gewächshäuser (www.gruson-gewaechshaeuser.de). Zwischen 4500 exotischen Grünpflanzen fühlt sich jeder wie im Dschungel.

- Naturerlebnis
- Kultur
- Essen & Trinken

RUND UM MAGDEBURG

 **SCHIFFSHEBEWERK ROTHENSEE · 16 KM ·** Mit der „Weißen Flotte" auf Rundfahrt (www.weisseflotte-magdeburg.de)

 **KALIMANDSCHARO · 28 KM ·** Höchster Berg zwischen Magdeburg und der Ostsee (www.kalimandscharo.com)

 AUF DEM ELBERADWEG NACH BURG · 30 KM · Am Fluss entlang in die Stadt der Türme

 **WITTENBERG · 87 KM ·** Besuch in der Lutherstadt (www.lutherstadt-wittenberg.de)

BÄRLAUCH PFÜCKEN
LEIPZIG

→ **Warum jetzt? Bärlauchgerichte genießen – jetzt**

Im Mai liegt in Leipzig ein höchst markanter Duft in der Luft. Im Leipziger Auwald nordwestlich der Altstadt sprießt der Bärlauch aus dem Boden, und zwar überall. Wie ein weiß-grüner Teppich bedecken die Blüten den Boden – und locken jede Menge Pflücker in den Wald. Das Gute daran: Er riecht nicht nur mundwässernd, er verleiht Gerichten auch geschmacklich das gewisse Etwas. Hast du schon einmal Bärlauchpesto probiert? Oder Eintopf mit Bärlauch? Gesund ist der wilde Verwandte von Schnittlauch, Zwiebel und Knoblauch auch noch: Seine antibakterielle Wirkung hilft bei Magen-Darm-Problemen, außerdem kann er Blutdruck senken und den Stoffwechsel anregen. Doch das nur am Rande – denn das Bärlauchfieber ist zunächst einmal ein ganz und gar kulinarisches.

Vor Ort: Auch ohne Bärlauch ist der Auwald eine feine Sache. Er besitzt mehrere eingebettete Naturschutzgebiete, zum Stadtwald Leipzig gehören rund 1163 Hektar des insgesamt fast 6000 Hektar großen Auengebiets.

Gut zu wissen: Wer mehr sammelt als für den abendlichen Suppentopf, braucht eine Genehmigung. Übrigens: Die beste Zeit zum Ernten ist, bevor der Bärlauch in voller Blüte steht.

www: leipzig.travel/blog/baerlauch-im-auwald

- Naturerlebnis
- Essen & Trinken

Ein Meer aus Bärlauch bedeckt im Mai den Leipziger Auwald

MAIBAUM AUFSTELLEN
BAYERN

→ **Warum jetzt? Alles dreht sich um den Maibaum**

Der weiß-blaue Himmel lacht, dann ist in Bayern Zeit fürs Maibaumaufstellen – schließlich weiß jeder: Am 1. Mai fängt der Frühling an. Alle putzen sich heraus, auch dem Baum geht es nicht anders. Der schönste, längste und geradeste soll es sein, und wenn nur noch der Stamm übrig ist, hat jede Stadt oder Gemeinde ihre Art, ihn zu schmücken: weiß-blau gestrichen, mit Bändern verziert, mit Figuren oder einem Kranz geschmückt. Zuweilen wird der Baum auch vor dem Aufstellen „gestohlen" und mit Bier wieder ausgelöst. Dann wuchten kräftige Burschen das bis zu 30 Meter hohe „Stangerl" in die Senkrechte. Es wird kräftig angefeuert, dazu fließt reichlich Gerstensaft, und wenn es steht, erklingt die Blasmusik (und es gibt noch mehr Bier).

Vor Ort: In Rottenstuben im südlichen Niederbayern oder in Passau zeigen die „Buam", was sie beim Maibaumkraxeln draufhaben: A bisserl Pech an die Füße und los geht's. In schwindelnder Höhe gibt's dann sogar noch akrobatische Einlagen.

Gut zu wissen: In manchen Städten und Gemeinden Bayerns wird der Maibaum schon am 30. April aufgestellt, aber in Grafenau im Bayerischen Wald oder im oberbayerischen Schönau am Königssee steigt das Fest am 1. Mai.

www: bayern.by/erlebnisse/stadt-land-kultur/bayerisches-brauchtum/rund-um-den-maibaum

Essen & Trinken
Kultur

INSEL MAINAU
BODENSEE

→ **Warum jetzt? Blütenpracht am Bodensee – noch Fragen?**

Schweigend breiten sie ihre Laubdächer und Nadelzweige über den Parkflächen des Arboretums aus. Manche Mammutbäume, Zedern, Metasequoien und andere Exoten wachsen in dem von Großherzog Friedrich I. begründeten Park auf der Insel Mainau schon seit 1853. Wenn sie sprechen könnten, die knorrigen Burschen, sie könnten Geschichten erzählen aus einer Zeit vor fast 170 Jahren. Und sie würden wahrscheinlich schwärmen von den duftenden Blumenmeeren zu ihren Füßen, vor allem, wenn diese im Frühlingsmonat Mai ihre besonders betörenden Verführungskünste entfalten. Nein, allein ist man hier nicht. Trotzdem: Die Blumeninsel im Schwäbischen Meer gehört zu den idyllischsten Fleckchen in Deutschland. In dem Moment, da man die auto- und fahrradfreie Insel betritt, beschleicht einen das Gefühl, man betrete eine andere Welt.

Vor Ort: Die Insel Mainau ist ein Ort zum Innehalten und Entspannen. Und auch die kleinsten Gäste kommen hier auf ihre Kosten: Kinder können sich im Mainau-Kinderland austoben, dazu gehören die Abenteuerspielplätze Zwergendorf, Wasserwelt und Blumis Uferwelt sowie ein Bauernhof mit Streichelzoo und Ponyreiten.

Gut zu wissen: Achtung, die schöne Mainau verlangt Eintritt. Kinder bis 12 Jahre dürfen die Insel kostenfrei besuchen.

www: mainau.de

Naturerlebnis
Kultur
Essen & Trinken

PARK DER SINNE
HANNOVER

→ **Warum jetzt? Die beste Zeit für Riechen, Sehen, Fühlen**

Im Park der Sinne in Laatzen bei Hannover kommt die Wahrnehmung auf Trab. Hier kannst du testen, was du beim Hören, Sehen, Tasten und Riechen so drauf hast. Durch den 7 Hektar großen Park, der zur Weltausstellung EXPO 2000 geschaffen wurde, mäandern Spazierwege, an denen mehr als 30 Erlebnisstationen stehen. Im Garten der Düfte etwa geben unzählige Pflanzen olfaktorisch ihr Bestes, nur ein kurzes Stück Weg ist es danach zu den Anamorphosen. Dort geht's ums Sehen, auch wenn die Bilder nicht auf den ersten Blick erkennbar sind. Im Heckenlabyrinth müssen Geruchs- und Tastsinn aktiviert werden. Und ums Hören geht es an der Klangschalenstation. Mit einem Schlag an den Rand bringt man die Schale nicht nur zum Klingen, auch das Wasser darin fängt an, kleine Wellen zu bilden. So werden Töne sichtbar. Wieder einer, der die Sinne angeregt.

Vor Ort: Im Park sind die vier Elemente Luft, Wasser, Feuer, Erde sinnlich erlebbar, aber auch Fragen wie „Welche Farben leuchten in der Natur?" werden an den vielfältigen Stationen beantwortet.

Gut zu wissen: Der Park ist das ganze Jahr über geöffnet. Von Mai bis Oktober ist das Informationsbüro im Gartenhaus geöffnet, das Café nur bei gutem Wetter. Alle paar Wochen gibt es 1,5-stündige Führungen.
www: verein-park-der-sinne.de/der-park.html

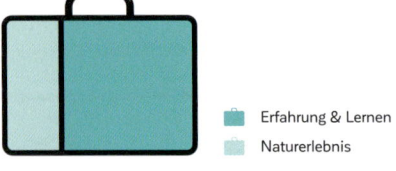

Erfahrung & Lernen

Naturerlebnis

PANARBORA
WALDBRÖL

→ **Warum jetzt? Waldzauber nach der Winterstarre**

Dem Monat Mai wohnt ein Zauber inne. Im Wald ist das besonders zu spüren, wenn du fühlst, siehst und hörst, wie alles nach der Winterstarre wieder erwacht. „Komm lieber Mai und mache die Bäume wieder grün, und lass mir an dem Bache die kleinen Veilchen blüh'n." Das von Mozart vertonte Gedicht beschreibt die Leichtigkeit, Lebendigkeit und Fröhlichkeit, die der Mai bringt. Und selbst wenn man sich an Mozarts Lied nur noch dunkel aus fernen Kindertagen erinnert – ein Besuch im Naturerlebnispark Panarbora macht dieses Gefühl wieder lebendig: Hier, im Bergischen Land, begleitet es dich auf einem 1,6 km langen Baumwipfelpfad. An Baumkronen vorbei spazierst du auf einen 34 Meter hohen Aussichtsturm, von dem aus der Blick weit über die frühlingsleichte Landschaft reicht. An sechs Lern- und Erlebnisstationen entdeckst du Spannendes und Wissenswertes über Land und Natur.

Vor Ort: Ein Abenteuerspielplatz bringt kleinen Waldbesuchern die Natur auf spielerische Weise näher. Und ein Waldweg, der um den halben Park führt, bietet Duftkräutergarten, Barfußpfad und Klanginstallationen.

Gut zu wissen: Besucher sind nicht nur tagsüber willkommen: Wer möchte, kann die Nacht in einem Baumhaus verbringen.
www: panarbora.de

Erfahrung & Lernen

Naturerlebnis

Der Aussichtsturm in Panarbora schraubt sich bis in 34 Meter Höhe

Die Benediktenwand
zählt zu den belieb-
testen Münchner
Wanderbergen

WILDBLUMENWANDERUNG
BAYERISCHE ALPEN

→ **Warum jetzt? Weil im Mai in den Alpen die Bergblumen blühen**

Der Frühling ist da! Botanikfans aufgepasst: Auf zur Wildblumenwanderung in den Bayerischen Alpen. Die Gipfeltour zum Rabenkopf, einer von Münchens Hausbergen, ist im Mai besonders bunt: Maiglöckchen, Orchideen und Enzian, so weit das Auge reicht. Oder besser: die Wanderschuhe tragen. Kurz nach dem Start geht's durch die Rappinschlucht. Dort blüht eine der schönsten wilden Orchideen: der gelbe Frauenschuh. Weiter oben, auf der Staffelalm, gibt's Brotzeit mit Blick auf blaue Enzianwiesen. Und ganz oben auf dem Gipfel? Keine Blumen! Macht aber nichts.

Auf 1559 Metern über dem Meer hat man einen herrlichen Blick auf die imposante Benediktenwand – und mit etwas Glück im Frühling auch noch seine Ruhe.

Vor Ort: Die Tour startet im Ort Jachenau, 20 km südwestlich von Lenggries im gleichnamigen Hochtal. Knapp 800 Höhenmeter und 3 Stunden sind es von dort bis zum Rabenkopf-Gipfel. Das letzte Stück ist steil und hat kleine Kletterpassagen, Wanderschuhe sind Pflicht. Wer weniger Kondition hat, wandert nur bis zur Staffelalm und bestellt sich dort eine Brotzeit. Für die Rappinschlucht sollte man schwindelfrei sein, ansonsten besser umgehen.

Gut zu wissen: So schön die Orchideen auch sind: Der gelbe Frauenschuh darf nicht gepflückt oder ausgegraben werden. Die Pflanze gilt nach der Roten Liste als gefährdet und ist nach der Bundesartenschutzverordnung streng geschützt – also nur anschauen.

www: jachenau.de

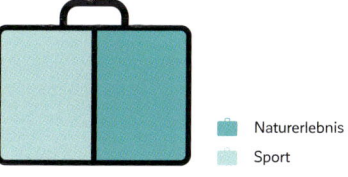

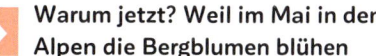
Naturerlebnis
Sport

HEXENTANZ IM HARZ

 **Warum jetzt? Zur Walpurgisnacht fliegen die Hexen ein**

Im Harz fühlen sich Hexen besonders wohl, denn in rund 20 Ortschaften im höchsten Gebirge Norddeutschlands sind in der Nacht zum 1. Mai die unheimlichen Damen außer Rand und Band. Dann geht's mit Mistgabel und Teufelshorn hinaus in die stürmische Walpurgisnacht. Im niedersächsischen Braunlage sind am 30. April ab nachmittags bis tief in die Nacht rund um den Kurparkteich Hexe und Teufel los. Wildes Geheul schallt auch durchs Bodetal in Sachsen-Anhalt, dort wird beim größten Walpurgisfest im Harz dem Winter vom 30. April bis zum 3. Mai der Laufpass gegeben. Die Teufelsschwanz- und Besendichte ist hier besonders hoch: Bis zu 10 000 Besucher feiern rund um den Hexentanzplatz das uralte Frühlingsfest, das durch Goethes „Faust" erst so richtig bekannt wurde.

Vor Ort: Für wanderfreudige Hexen genau das Richtige ist der Harzer Hexen-Stieg, der von Thale bis nach Treseburg verläuft. Der Fluss Bode hat hier eine urtümliche, sagenumwogte Landschaft geschaffen. Und das Hexen-Epizentrum, der Brocken, ist auch nicht weit.

Gut zu wissen: Teuflisch gut nächtigt die müde Hexe zum Beispiel im Schlosshotel Stecklenberg (www.schloss-stecklenberg. de), einen guten Kilometer von Thale entfernt. Und in Thale ist wohl das Mythenresort Heimdall (www.mythenresort.de) die passende Adresse.

www: harzinfo.de/veranstaltungen/ walpurgis-im-harz.html

Kultur

Naturerlebnis

Abenteuer

Zur Walpurgusnacht am 30. April sind im Harz die Hexen los

FRÜHLINGSSTADT
ROSTOCK

→ Warum jetzt? Rostock im Frühling rockt

Die Winterschwere ist vorbei, die Endorphine sprudeln. Und – wer hätte es gedacht – Rostock rockt! Die Hansestadt an der Ostsee ist *die* Frühlingsstadt hoch im Norden. Hier scheint die Frühlingssonne öfter als anderswo. Grüner Tipp für Pflanzenfreaks: Auf in den botanischen Garten (www.garten.uni-rostock.de). Wer mehr Lust auf eine urbane Wanderung hat, spaziert durch Rostocks Altstadt. Alles, was man braucht, ist ein Stadtplan. Guter Startpunkt ist das Kröpeliner Tor mitten im Studentenviertel, samt Kneipen, Cafés und kreativen Shops. Von der Petrikirche gibt's einen Panoramablick über die Stadt: für kleines Geld 196 Stufen hochsteigen und oben bei gutem Wetter bis zum Horizont gucken. Keine Sorge: Wer müde Beine hat, fährt in 26 Sekunden mit dem Fahrstuhl rauf (www.petrikirche-rostock.de). Schon gewusst: Warnemünde ist ein Stadtteil von … Rostock! Keine 20 Minuten mit der S-Bahn, und schon steht man an der Ostsee. Am „Teepott", dem Wahrzeichen der Strandpromenade, erst mal Schuhe aus. Dann immer der Nase nach, 4,5 km Strandspaziergang bis Wilhelmshöhe. Tipp: Drachen einpacken – Frühlingswind gibt's hier immer genug (www.warnemuende-infos.de). Und am Ende des Tages? Chillen und grillen am Stadthafen. Bis die Frühlingssonne zwischen den Segelbooten untergeht.

Der Leuchtturm in Warnemünde wurde 1898 in Betrieb genommen

- Naturerlebnis
- Kultur
- Erfahrung & Lernen
- Essen & Trinken

RUND UM ROSTOCK

 **WARNEMÜNDE · 10 KM ·** Durch den Hafen ans Meer (www.warnemuende.m-vp.de)

 MINILAND M-V · 18 KM · Mecklenburg-Vorpommern in klein (www.miniland-mv.de)

 **HEILIGENDAMM · 20 KM ·** In die „Weiße Stadt am Meer" (www.heiligendamm.info)

 **GÜSTROW · 45 KM ·** Begegnungen mit Ernst Barlach (www.guestrow-tourismus.de)

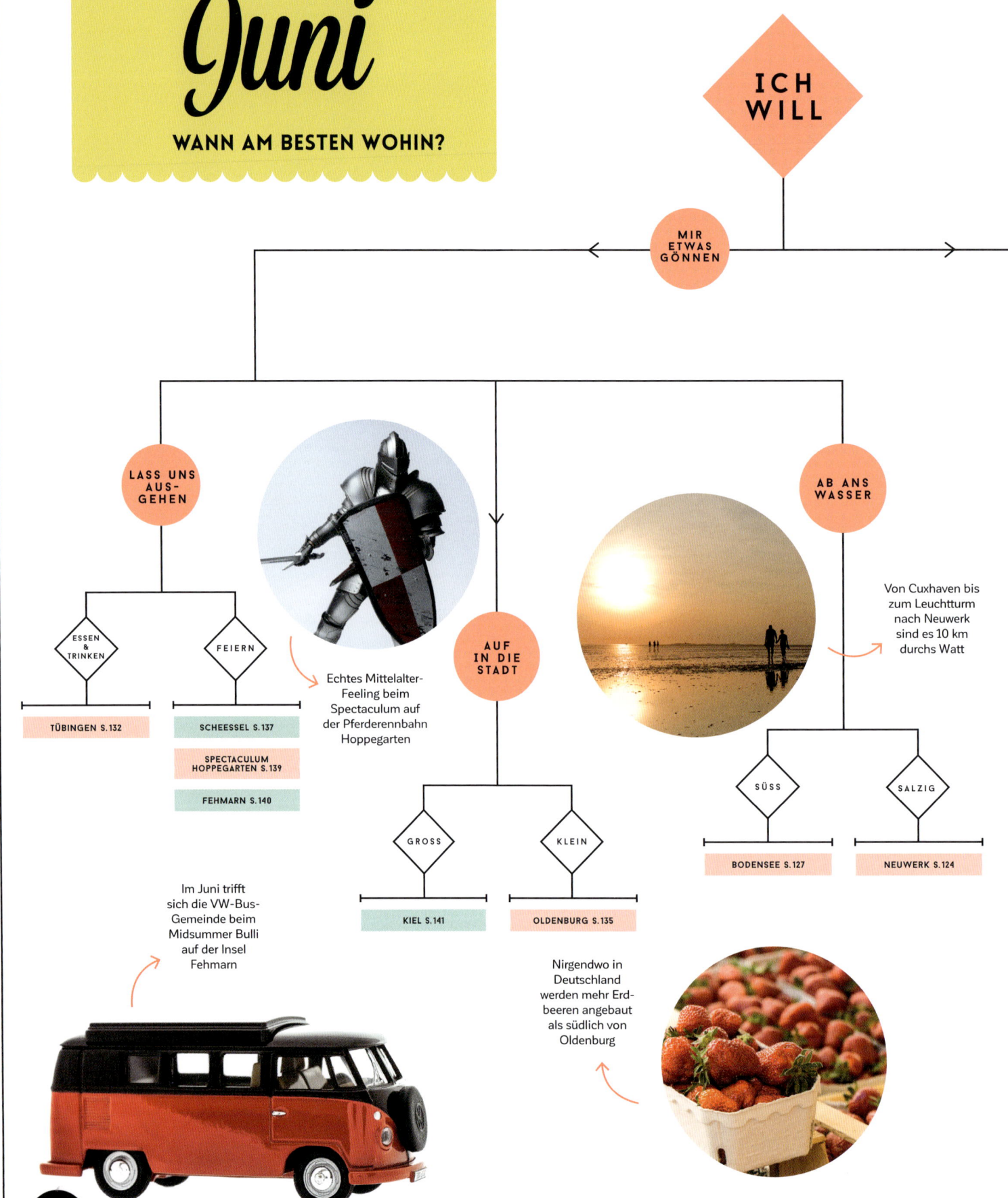

Juni

WANN AM BESTEN WOHIN?

ICH WILL

MIR ETWAS GÖNNEN

LASS UNS AUS-GEHEN

ESSEN & TRINKEN

FEIERN

TÜBINGEN S.132

SCHEESSEL S.137

SPECTACULUM HOPPEGARTEN S.139

FEHMARN S.140

Echtes Mittelalter-Feeling beim Spectaculum auf der Pferderennbahn Hoppegarten

Im Juni trifft sich die VW-Bus-Gemeinde beim Midsummer Bulli auf der Insel Fehmarn

AUF IN DIE STADT

GROSS

KLEIN

KIEL S.141

OLDENBURG S.135

Nirgendwo in Deutschland werden mehr Erd-beeren angebaut als südlich von Oldenburg

AB ANS WASSER

Von Cuxhaven bis zum Leuchtturm nach Neuwerk sind es 10 km durchs Watt

SÜSS

SALZIG

BODENSEE S.127

NEUWERK S.124

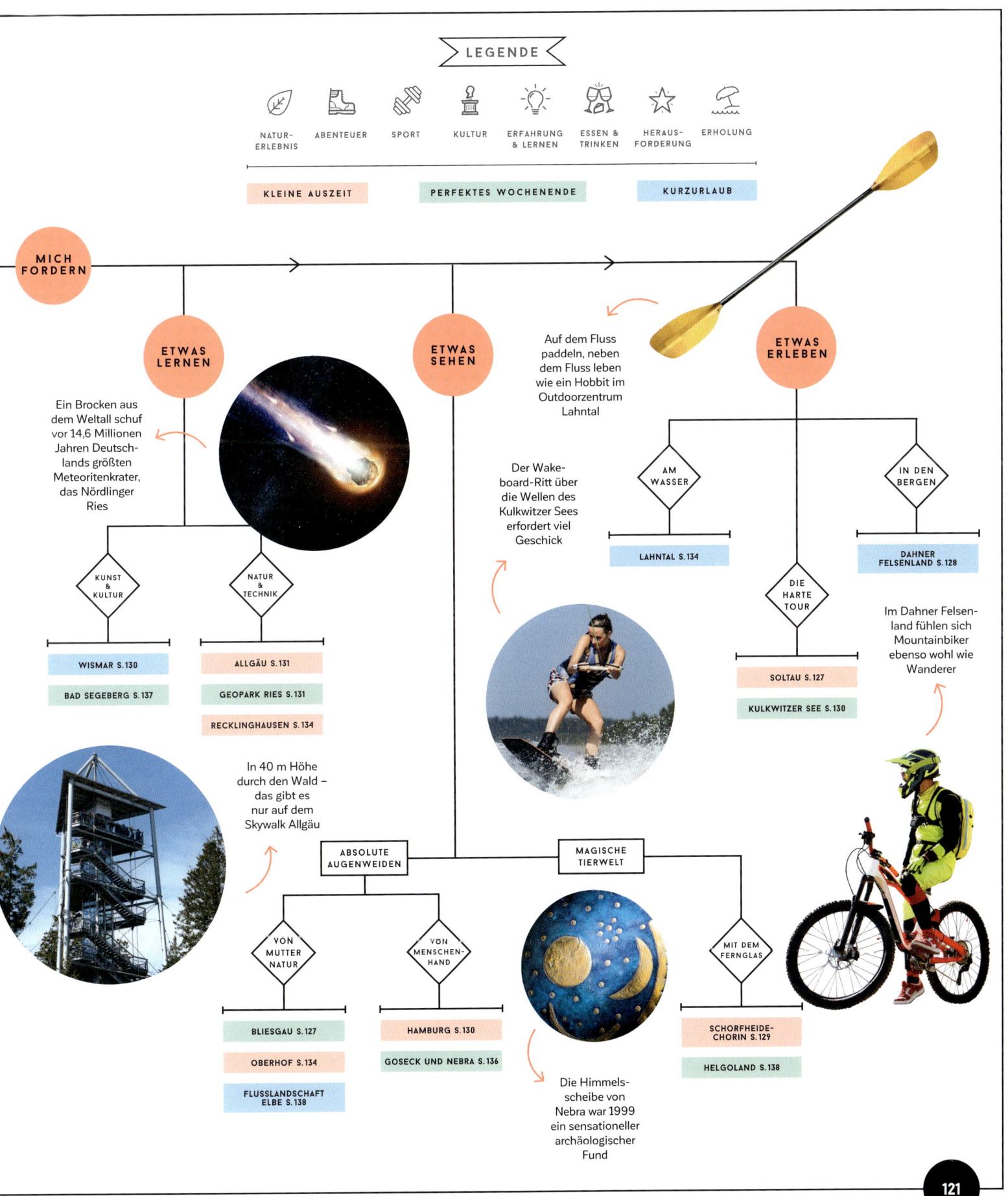

MICH FORDERN

ETWAS LERNEN

Ein Brocken aus dem Weltall schuf vor 14,6 Millionen Jahren Deutschlands größten Meteoritenkrater, das Nördlinger Ries

KUNST & KULTUR

WISMAR S. 130

BAD SEGEBERG S. 137

NATUR & TECHNIK

ALLGÄU S. 131

GEOPARK RIES S. 131

RECKLINGHAUSEN S. 134

In 40 m Höhe durch den Wald – das gibt es nur auf dem Skywalk Allgäu

ETWAS SEHEN

Der Wakeboard-Ritt über die Wellen des Kulkwitzer Sees erfordert viel Geschick

ABSOLUTE AUGENWEIDEN

VON MUTTER NATUR

BLIESGAU S. 127

OBERHOF S. 134

FLUSSLANDSCHAFT ELBE S. 138

VON MENSCHEN-HAND

HAMBURG S. 130

GOSECK UND NEBRA S. 136

MAGISCHE TIERWELT

Die Himmelsscheibe von Nebra war 1999 ein sensationeller archäologischer Fund

MIT DEM FERNGLAS

SCHORFHEIDE-CHORIN S. 129

HELGOLAND S. 138

Auf dem Fluss paddeln, neben dem Fluss leben wie ein Hobbit im Outdoorzentrum Lahntal

ETWAS ERLEBEN

AM WASSER

LAHNTAL S. 134

DIE HARTE TOUR

SOLTAU S. 127

KULKWITZER SEE S. 130

IN DEN BERGEN

DAHNER FELSENLAND S. 128

Im Dahner Felsenland fühlen sich Mountainbiker ebenso wohl wie Wanderer

FEHMARN S. 140

KIEL

HELGOLAND S. 138

KIEL S. 141

ROSTOCK

NEUWERK S. 124

BAD SEGEBERG S. 137

WISMAR S. 130

HAMBURG S. 130

HAMBURG

SCHEESSEL S. 137

OLDENBURG S. 135

BREMEN

SOLTAU S. 127

FLUSSLANDSCHAFT
ELBE S. 138

SCHORFHEIDE-
CHORIN S. 129

BERLIN

SPECTACULUM
HOPPEGARTEN S. 139

HANNOVER

MÜNSTER

RECKLINGHAUSEN S. 134

DORTMUND

ESSEN

GOSECK UND NEBRA S. 136

LEIPZIG

DÜSSELDORF

KASSEL

KULKWITZER SEE S. 130

KÖLN

ERFURT

DRESDEN

OBERHOF S. 134

LAHNTAL S. 134

FRANKFURT/MAIN

SAARBRÜCKEN

BLIESGAU S. 127

DAHNER
FELSENLAND S. 128

NÜRNBERG

GEOPARK RIES S. 131

STUTTGART

TÜBINGEN S. 132

FREIBURG

MÜNCHEN

BODENSEE S. 127

ALLGÄU S. 131

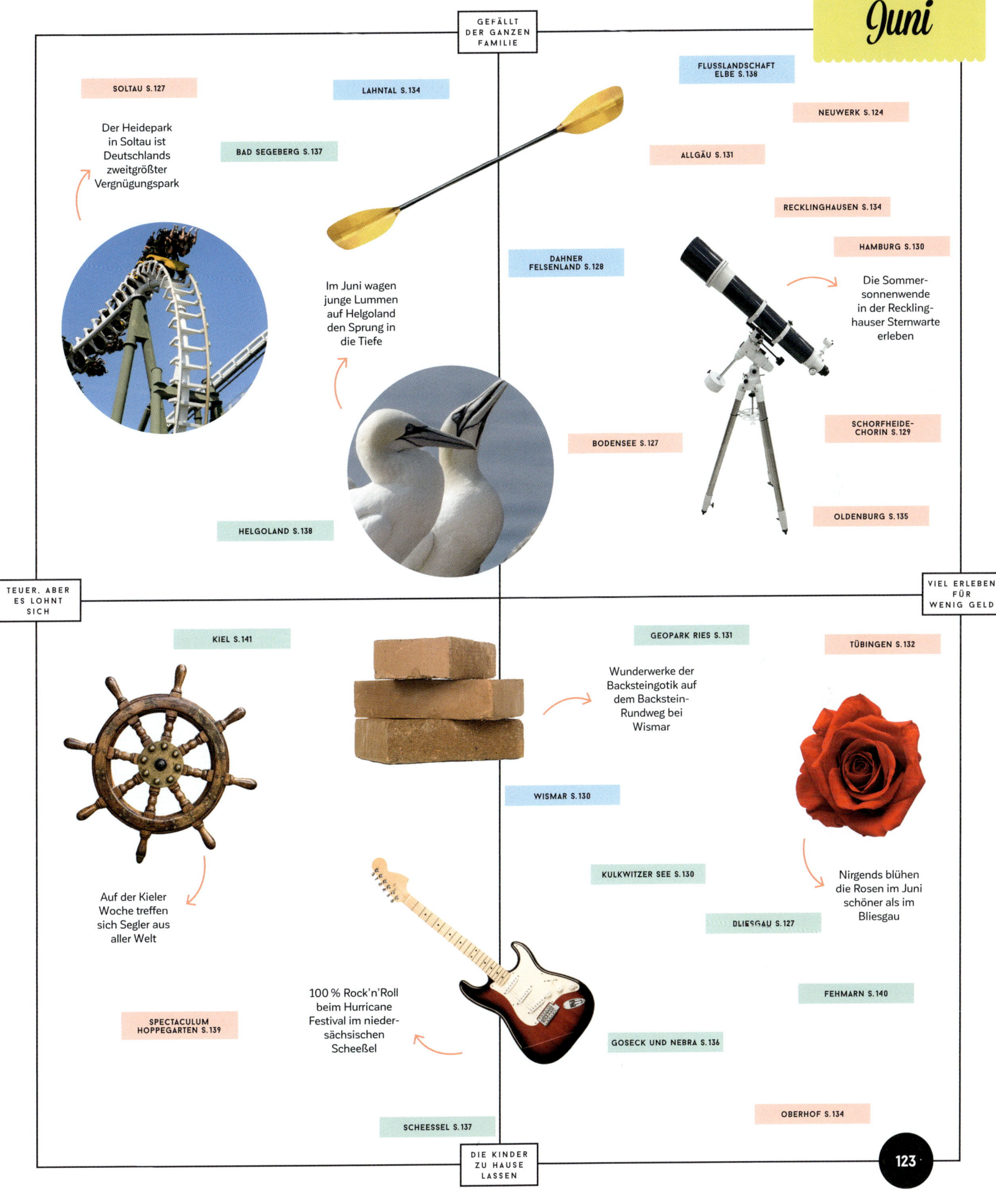

GEFÄLLT
DER GANZEN
FAMILIE

SOLTAU S.127

LAHNTAL S.134

FLUSSLANDSCHAFT
ELBE S.138

NEUWERK S.124

BAD SEGEBERG S.137

ALLGÄU S.131

Der Heidepark
in Soltau ist
Deutschlands
zweitgrößter
Vergnügungspark

RECKLINGHAUSEN S.134

HAMBURG S.130

DAHNER
FELSENLAND S.128

Die Sommer-
sonnenwende
in der Reckling-
hauser Sternwarte
erleben

Im Juni wagen
junge Lummen
auf Helgoland
den Sprung in
die Tiefe

BODENSEE S.127

SCHORFHEIDE-
CHORIN S.129

OLDENBURG S.135

HELGOLAND S.138

TEUER, ABER
ES LOHNT
SICH

VIEL ERLEBEN
FÜR
WENIG GELD

KIEL S.141

GEOPARK RIES S.131

TÜBINGEN S.132

Wunderwerke der
Backsteingotik auf
dem Backstein-
Rundweg bei
Wismar

WISMAR S.130

Nirgends blühen
die Rosen im Juni
schöner als im
Bliesgau

Auf der Kieler
Woche treffen
sich Segler aus
aller Welt

KULKWITZER SEE S.130

DLIESGAU S.127

FEHMARN S.140

100 % Rock'n'Roll
beim Hurricane
Festival im nieder-
sächsischen
Scheeßel

SPECTACULUM
HOPPEGARTEN S.139

GOSECK UND NEBRA S.136

OBERHOF S.134

SCHEESSEL S.137

DIE KINDER
ZU HAUSE
LASSEN

WATTWANDERUNG
NACH NEUWERK

Warum jetzt? Frühsommerliches Wanderabenteuer

Bist du schon mal den Small Five begegnet? Sie sind die tierische Attraktion des Wattenmeers, denn die Wattwürmer, Herzmuscheln, Nordseegarnelen, Wattschnecken und Strandkrabben tragen ihren Teil zum biologischen Gleichgewicht des Wattenmeers bei. Diese Helden kann man bei einer Wattwanderung von Cuxhaven bis zum Leuchtturm nach Neuwerk durch den Nationalpark Wattenmeer kennenlernen. Und erfährt, dass sie nicht nur reichlich Plankton und Algen futtern, sondern auch eine prima Nahrungsquelle für die zahlreichen Zugvögel sind. Eine weitere Attraktion ist die Kieselalge, die sehr verbreitet ist. Sie produziert fleißig Sauerstoff, auch in die Erdatmosphäre! Ein schönes Lüftchen und schon etwas wärmeres Wasser machen die Wattwanderung im Juni zum Vergnügen: Vor dir öffnet sich eine weite Landschaft mit riesigem Horizont und unter dir gluckert und platscht es.

Vor Ort: Die Wanderung dauert im Schnitt 3,5 Stunden, je nachdem, wo sie startet: Ab Sahlenburg, einem Stadtteil von Cuxhaven, ist der Weg 10 km lang, ab Duhnen sind es rund 12 km. Wer lieber fährt: Mit der Pferdekutsche lässt sich das Watt bequem erobern.

Gut zu wissen: Ins Watt geht man nur im Rahmen einer Führung, alles andere wäre viel zu gefährlich. Nebel, auflaufende Flut oder aufziehendes Schlechtwetter bedeuten Lebensgefahr.

www: cuxhaven-neuwerk.de

■ Naturerlebnis
■ Erfahrung & Lernen
■ Erholung

Wattwandern geht auch ganz bequem im Sitzen

Die restaurierte M
Österreich schipp
seit 2019 über d
Bodens

(L) DieHängelo
pingbahn „Limit"
Heidepark Solta
(R) Die Rosengärt
im Bliesgau erfreu
Naturliebhab

MS ÖSTERREICH
BODENSEE

→ **Warum jetzt? Stilvoller Sommertraum auf dem Bodensee**

Ein Leben wie ein Roman, mitten auf dem Bodensee! Bei seiner Jungfernfahrt 1928 fuhr das Motorschiff *Österreich* als erstes großes Dieselschiff auf dem Schwäbischen Meer. Als Passagierschiff wurde es Publikumsliebling, mit seiner geschmackvoll-luxuriösen Art-déco-Ausstattung. Weniger glamourös war später sein Dienst als Eisbrecher oder ab 1941 als Torpedo-Abschussrampe, wofür es mit zwei Flaks ausgerüstet wurde. Fast hätten es die Nazis versenkt, stattdessen übernahm es die französische Marine, die es später, inzwischen total gebeutelt, an die ersten Besitzer übergab, die Österreicher. Aber es gibt ein Happy End, Freunde des Schiffs renovierten es und das Ergebnis ist überwältigend! Die Jungfernfahrt wurde 2019 gefeiert und seitdem kreuzt das schwimmende Schmuckstück wieder über den See – zur Freude begeisterter Passagiere.

Vor Ort: Die *MS Österreich* hat ihren Heimathafen in Hard/Österreich, steuert aber regelmäßig Häfen in Deutschland an, zum Beispiel Konstanz. Die Gastronomie an Bord ist ein Gaumenschmaus – zum Beispiel bei der Fahrt „Böhmischer Abend" (www.hohentwiel.com).

Gut zu wissen: Du feierst Hochzeit oder einen runden Geburtstag? Wie gut, dass das historische Schiff auch gechartert werden kann.

www: ms-oesterreich.at

Naturerlebnis
Essen & Trinken
Erholung

HEIDEPARK
SOLTAU

→ **Warum jetzt? Vergnügungspark gehört zum Sommerprogramm**

Nervenkitzel, Gruselfaktor, Adrenalinkick. Jeder Freizeitpark wird zu einer Welt für sich, die ihren Besuchern Spektakuläres in Hülle und Fülle zu bieten hat. Der Heidepark Soltau ist einer der Mammuts unter den Vergnügungsstätten: Mit mehr als 50 Attraktionen und Shows hat sich das Resort an der Lüneburger Heide den Rang des zweitgrößten Erlebnisparks in Deutschland gesichert. Europas höchste Holzachterbahn „Colossos", 60 Meter hoch und 1344 Meter lang, ist eine der Attraktionen – und nichts für Warmduscher. Auch die Achterbahn „Desert Race" und den 103 Meter hohen Gyro-Drop-Tower „Scream" sollte man auslassen, wenn man einen schwachen Magen hat.

Vor Ort: Auch die Kleinsten kommen in Soltau auf ihre Kosten. Mutige ab 3 Jahren werden in der Drachenwelt zu Drachenzähmern, Kinder ab 4 Jahren flitzen mit dem „Indy Blitz" durch den wilden Westen und kleine Fahrtalente ab 6 Jahren machen in der Fahrschule „Wüstenflitzer" ihren Führerschein. Gäste, denen ein Tag im Erlebnisresort nicht reicht, übernachten im Holiday Camp, Bulli Camp oder im Abenteuerhotel.

Gut zu wissen: Werktags, außerhalb der Ferien und bei unbeständigem Wetter sind die Wartezeiten deutlich kürzer. Online-Tickets sind günstiger und vermeiden das Schlangestehen an den Kassen.

www: heide-park.de

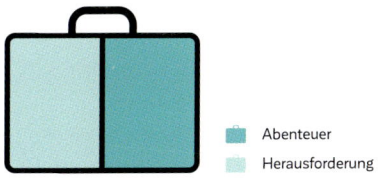

Abenteuer
Herausforderung

ROSENGÄRTEN
BLIESGAU

→ **Warum jetzt? Eine Rose ist eine Rose ist eine Rose**

Weißt du, was eine Bocks-Riemenzunge ist? Oder ein Klappertopf? Beides sind Pflanzen, die im Bliesgau heimisch sind. Die Region im Saarland an der Grenze zu Frankreich und Rheinland-Pfalz ist ein Rückzugsort für viele seltene Tier- und Pflanzenarten. Die idyllischen Landschaftskulissen sind geprägt von Streuobstwiesen, Buchenwäldern und Auen, durchzogen von der Blies – ein Kleinod für alle Naturliebhaber, das von der UNESCO zum Biosphärenreservat ernannt wurde. Wanderer und Radfahrer kommen hier garantiert auf ihre Kosten – auf ausgezeichneten Wanderpfaden und den teils grenzüberschreitenden Radwegen. Auch Kletterer und Kanufahrer können sich im schönen Bliesgau hervorragend austoben.

Vor Ort: Blumenliebhaber dürfen sich die Rosengärten im Blies-Hügelland nicht entgehen lassen. Der Landkreis Neunkirchen darf sich als einzige Region in Deutschland Rosenkreis nennen – wegen seiner einzigartigen, parkähnlich angelegten Rosengärten, in denen die Königin der Blumen im Juni in voller Blüte steht.

Gut zu wissen: Zertifizierte Natur- und Landschaftsführer nehmen dich im Bliesgau mit auf Entdeckungstour. Aktuelle Angebote und Veranstaltungstipps findest du auf biosphaere-bliesgau.eu.

www: regionneunkirchen.de/erleben/rosenkreis

Naturerlebnis
Erholung
Sport
Erfahrung & Lernen

Durch die zauber-
hafte Natur im
Dahner Felsenland

MOUNTAINBIKEN IM
DAHNER FELSENLAND

→ Warum jetzt? Fantasy-Land für Entdecker

Einfach mal innehalten und seinen Ge-
danken freien Lauf lassen. Da, marschieren
sie dort hinten nicht auf, die Heere aus
„Der Herr der Ringe", in dieser sagenhaften
Landschaft, zwischen dichten Wäldern,
zackigen Felsen, sanften Hügeln und alten
Burgen? Das Dahner Felsenland, Teil des
Biosphärenreservats Naturpark Pfälzerwald,
hat etwas von einer wild-romantischen
Filmkulisse – und ist das perfekte, im
Frühsommer eher wenig besuchte Ziel für
Familien mit Kindern, für Wanderer und
Naturliebhaber. Mountainbiker verleihen
dem Gebiet das Prädikat „Nonplusultra":
180 km ausgeschildertes Streckennetz, ver-
schlungene Pfade und Trails mit schnellen
Wechseln zwischen anspruchsvollen
Abfahrten und Anstiegen, phänomenalen
Aussichten und Ansichten, Burganlagen
und urigen Gasthäusern.

Vor Ort: Das Dahner Felsenland hat
praktisch für jeden etwas in petto. Für
Wasserratten gibt es Badeseen und das
Felsland-Badeparadies mit Saunadorf
(www.felsland-badeparadies.de). Wanderer
nehmen Routen wie den Felsenland Sagen-
weg unter die Stiefel und neun Nordic-
Walking-Parks warten auf Bewegungsfans.

Gut zu wissen: Es gibt einige Touren, die
auch mit Kinderwagen gut zu bewältigen
sind und an kinderfreundlichen Attraktionen vorbeiführen. Tipps und Routen finden
sich auf der Felsenland-Homepage.

www: dahner-felsenland.net, pfaelzerwald.
de

- Naturerlebnis
- Erholung
- Sport
- Abenteuer

Diese Elchkuh und
ihr Kalb finden in
Schorfheide-Chorin
einen Rückzugsort

SCHORFHEIDE-CHORIN
BRANDENBURG

→ **Warum jetzt? Sommer mit Glüh-
würmchen**

Ruhe und Natur? Schorfheide-Chorin bietet beides. Das Biosphärenreservat, gerade
mal 50 km nordöstlich der Metropole Berlin
gelegen, mutet mit seinen Seen, Mooren
und Wäldern fast wie eine Märchenwelt an.
Viele vom Aussterben bedrohte Tier- und
Pflanzenarten haben hier ihren Rückzugsort
gefunden. Die Seen sind Heimat seltener Wasservögel wie Fisch-, Schrei- und
Seeadler, und in den Abendstunden kann
man an ihren Ufern Biber und Fischotter
beobachten. Lust auf geruhsame Wald-
spaziergänge? Dann ab in den Buchenwald
Grumsin. Vier ausgeschilderte Wege führen
durch das UNESCO-Welterbe.

Vor Ort: Die verwunschenen Wälder, Auen-
landschaften und Seen sind ein Paradies
für Naturliebhaber und Wanderer. Über
das gesamte Biosphärenreservat verteilt
befinden sich zwölf Informationspunkte
für Besucher. Das große Besucherinforma-
tionszentrum ist die Blumberger Mühle bei
Angermünde (www.blumberger-muehle.de).

Gut zu wissen: Wenn die Glühwürm-
chen-Weibchen im Juni auf Partnersuche
sind, zeigt sich ein besonderer Sommer-
zauber: An Waldrändern oder entlang von
Naturwegen glimmen in der Dunkelheit
kleine grüne Punkte auf. Die Weibchen versuchen damit, Männchen anzulocken.

www: schorfheide-chorin-biosphaeren
reservat.de, weltnaturerbe-grumsin.de

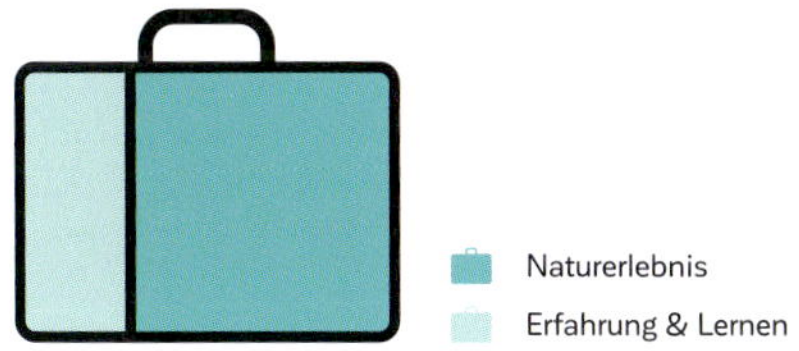

■ Naturerlebnis
■ Erfahrung & Lernen

129

WAKEBOARDEN AM KULKWITZER SEE

→ **Warum jetzt? Im Juni lernen, und dann den ganzen Sommer rauf aufs Brett**

Der Kulki ist einfach Kult. Am Stadtrand von Leipzig treffen sich im Sommer alle, die gerne übers Wasser cruisen. An der Leine. Auf dem Brett. Wakeboarden, ein Mix aus Snowboard, Wasserski und Surfen. Ein Lift sorgt dafür, dass man übers Wasser rast. Erste Hürde: der Start. Wer an der Leine zieht, hat schon verloren. Platsch! Kleiner Tipp für Anfänger: erst mal mit den Wasserski starten, dann aufs Brett umsteigen. Und von der perfekten Welle träumen …

Vor Ort: Der Kulkwitzer See liegt am westlichen Stadtrand von Leipzig. Hin geht es mit Straßenbahn, S-Bahn und Bus. Am Wasserskilift gibt's Tageskarten, Wakeboards und Neoprenanzüge – und Tipps zum Start. Wenn es dunkel wird: Zelt aufschlagen auf dem Campingplatz (www.leipzigseen.de/die-seen/kulkwitzer-see).

Gut zu wissen: Wasserski- und Wakeboardanlagen gibt's in Deutschland viele. Manche liegen wie der Kulkwitzer See an einem Campingplatz, perfekt für den Kurzurlaub. Wer seinen Lieblingsspot sucht: Karte aufrufen und reinklicken (www.w4ke.com/wakeboardanlagen).

www: wasserski-leipzig.de

Sport
Erfahrung & Lernen
Herausforderung

ELBFÄHREN HAMBURGER HAFEN

→ **Warum jetzt? Preiswerte Rundfahrt mit frischer Elb-Brise**

Größter Seehafen Deutschlands und drittgrößter Europas – den sollte man sich mal genauer anschauen. Am besten, du machst es wie die Hanseaten, wenn die ihren Besuch rumführen: Du nimmst eine der Elbfähren, für die du nur eine Karte des HVV brauchst. Empfehlenswert ist die Linie 62, die alle 15 Minuten ab Landungsbrücken nach Finkenwerder fährt, mit Stopps an der Fischauktionshalle oder am Museumshafen in Övelgönne. Steig hier aus und steck die Füße an der Strandperle (www.strandperle-hamburg.de) in den Sand. Vielleicht kommt ja gerade ein Kreuzfahrtschiff den Fluss hinauf. Oder ein Containerschiff parkt gegenüber an einem der Docks ein.

Vor Ort: Wochentags fährt die Linie 61 gegenüber vom Dockland in Richtung Köhlbrandbrücke. Mit der Linie 73 kommst du ans andere Elbufer, toller Hamburg-Blick inklusive. Fahrräder sind an Bord erlaubt!

Gut zu wissen: Es gibt auch Elbe-Touren mit historischen Schiffen. Die Stiftung Hamburg Maritim (www.stiftung-hamburg-maritim.de) bietet im Sommer Törns mit alten Dampfern und Seglern an. Start ist meist am Sandtorhafen, ab 35 Euro pro Person.

www: hadag.de

Erfahrung & Lernen

BACKSTEIN-RUNDWEG WISMAR

→ **Warum jetzt? Die Ruhe vor dem Feriensturm**

Eigentlich ist so ein Backstein ja eine einfache Sache, aber wer ein talentierter Baumeister war, der konnte daraus ein Juwel von Bauwerk schaffen. Um Wismar und Schwerin herum gab es von diesen Meistern offensichtlich eine stattliche Menge. Was sie erbaut haben, ist ein wunderbarer Grund, sich aufs Rad zu schwingen. In Wismar bestaunt man die St.-Georgen-Kirche, eines dieser Wunderwerke der Backsteingotik. Es geht entlang der Mecklenburger Bucht mit ihren Stränden und Steilküsten oder Richtung Süden nach Schwerin, wo mit dem Schloss Schwerin einer der bedeutendsten Bauten des Historismus in Europa steht. Aber auch kleine Backsteinschönheiten wie das Museum in Neukloster, rund 25 km südöstlich von Wismar, liegen auf dem Weg.

Vor Ort: Zahlreiche Backstein-Highlights locken, etwa die Marienkirche in Rostock, das Münster in Bad Doberan oder das grandiose Schloss Bothmer in Klütz, eine der größten barocken Schlossanlagen im Land Mecklenburg-Vorpommern.

Gut zu wissen: Auf sieben Etappen ist der Westliche Backstein-Rundweg angelegt, und auch die Übernachtungsmöglichkeiten passen zur Tour, etwa das Gästehaus22 am Klostergarten in Rehna (www.urlaub-in-rehna.de).

www: auf-nach-mv.de/radweg-westlicher-backstein-rundweg

Kultur
Erfahrung & Lernen
Sport
Naturerlebnis

SKYWALK
ALLGÄU

→ **Warum jetzt? Auge in Auge mit den Baumriesen**

Zugegeben, für Höhenängstliche ist das nicht die ideale Destination, für andere Menschen, die die Vogelperspektive lieben, allerdings ein Muss: der Skywalk Allgäu Naturerlebnispark. Der Baumwipfelpfad in Scheidegg mit bis zu 40 Metern Höhe zählt zu einem der höchsten in Deutschland. Auf einer 540 Meter langen Hängebrücke befindest du dich mit den Baumriesen auf „Augenhöhe", begegnest 34 Baumarten und genießt einen fantastischen Blick über das Allgäu bis in die Alpen und über den nahen Bodensee. Der Aufstieg zum Steg erfolgt über Treppen oder per Aufzug, das Wandern durch die schattenspendenden Baumkronen und das Spazieren in luftigen Höhen ist erfrischend. Wer besondere Herausforderungen braucht, kann über Planken, Seile und Pfeiler balancieren. Runter geht's zum Schluss in Windeseile durch eine Röhrenrutsche.

Vor Ort: Wieder festen Boden unter den Füßen, kannst du auf verschiedenen Erlebnispfaden die Natur erforschen und allerlei über Bäume und Tiere erfahren. Tannenzapfenschleuder, Spechtwippe, Barfußpfad und andere Attraktionen sorgen dabei für Abwechslung und Spaß. Die Website des Skywalk informiert über Mitmachaktionen, Kinderattraktionen und vieles mehr.

Gut zu wissen: Krönender Abschluss eines Ausflugs nach Scheidegg: Ein Cappuccino und ein Stück Torte im Café Margit und Fehl (Pfarrweg 2)!

www: skywalk-allgaeu.de

- Naturerlebnis
- Herausforderung
- Sport
- Abenteuer

In der Ofnethöhle am Riesrand fand man 33 bestattete Menschenschädel

METEORITENEINSCHLAG
GEOPARK RIES

→ **Warum jetzt? Frühgeschichte, Mittelalter und Volksfest**

Vor 14,6 Millionen Jahren ist hier genau das passiert, wovor sich alle fürchten: ein Meteoriteneinschlag, und was für einer! Ein rund 1000 Meter großer Brocken schlägt mit Schmackes (ca. 70 000 km/h) auf und hinterlässt einen Krater mit 25 km Durchmesser. Im Geopark Ries folgen die Wanderungen den Spuren dieses apokalyptischen Ereignisses, Lehrpfade führen zu zahlreichen Geotopen, die ein „Schaufenster in die Erdgeschichte" sind. Wer sich einen Überblick verschaffen will, erklimmt Aussichtpunkte wie die Marienhöhe in Nördlingen oder den Wennenberg bei Alerheim. Genug von den dramatischen Ereignissen in der tiefsten Vergangenheit? Dann kommt die „Nördlinger Mess" gerade recht, das größte Volksfest Nordschwabens. 1219 wurde die Pfingstmesse das erste Mal urkundlich erwähnt, damals war sie noch ein Warenumschlagplatz für Händler aus ganz Europa.

Vor Ort: Wandern, Radfahren, die lokale Küche genießen, sich erdgeschichtlich weiterbilden – es gibt viel zu tun. Wer über Nacht bleiben will, kann im Hotel Klösterle (www.nh-hotels.com) in der mittelalterlichen Nördlinger Altstadt absteigen.

Gut zu wissen: Im Geopark Ries erhältst du in den Infozentren von Nördlingen, Oettingen und Treuchtlingen Informationen über die Entstehung des Rieses, über Veranstaltungen, interessante Führungen sowie Wander- und Radwege.

www: geopark-ries.de, noerdlingen.de

- Naturerlebnis
- Kultur
- Erfahrung & Lernen
- Essen & Trinken

Juni

STOCHERKAHNRENNEN
TÜBINGEN

Warum jetzt? Neckartoben zu Fronleichnam

Wo kommen auf einmal all diese Stocherkähne her? Wo sonst nur ein paar der für Tübingen typischen Flachboote gemütlich auf dem Neckar vor der idyllischen Altstadt dahingleiten, geht es an Fronleichnam deutlich wilder und ausgelassener zu. Bevor der Startschuss zum legendären studentischen Stocherkahnrennen knallt, sind von den teilnehmenden Kahnteams allerdings Fantasie, Witz und Kreativität gefragt – die Kostümparade steht an. Da dümpelt unter Begeisterungsstürmen des zahlreich angereisten Publikums zum Beispiel Familie Simpson vorbei, mit Vater Homer an der Stocherstange. Danach wird's ernst, an die 40 Boote, mit jeweils acht Leuten besetzt, wollen alle nur eins: gewinnen. Dramatisch wird es vor allem an der engsten Stelle an einem der Pfeiler der Eberhardsbrücke, zum Riesenvergnügen der Zuschauer. Die Besatzungen geben alles, denn die Verlierer müssen öffentlich Lebertran trinken.

Vor Ort: Neben dem Stocherkahnrennen lohnt es sich, die Stadt und den nahen Naturpark Schönbuch (www.naturpark-schoenbuch.de) zu entdecken. Wer länger bleibt, übernachtet gemütlich im Hotel am Schloss (www.hotelamschloss.de), mitten in der atmosphärischen Altstadt.

Gut zu wissen: Die Kostümparade beginnt an Fronleichnam um 13 Uhr, eine Stunde später das Stocherkahnrennen. Das Fest ist eines der Highlights im Jahreskalender der Unistadt und einmalig in ganz Deutschland, deshalb sollte man früh nach einem guten Platz zum Zuschauen suchen.
www: tuebingen-info.de

- Kultur
- Essen & Trinken

Das Stocherkahnrennen zählt zu den Höhepunkten des Tübinger Sommers

RENNSTEIG-GARTEN
OBERHOF

→ **Warum jetzt? Erst zu den Rhododendren, dann auf den Rennsteig**

Wer Oberhof hört, denkt sofort an Biathlon, Rodeln und Bobfahren. Doch der bekannte Wintersportort im Thüringer Wald hat auch im Sommer ordentlich was zu bieten. Ende Juni feiern die Rennsteiggärtner ihr Blütenfest. Im botanischen Garten am Ortsrand ist dann Hochsaison: Die Steinwüste blüht! Zum Beispiel die Rhododendren. Oder der Blaue Himalayamohn. Die meisten der 4000 Pflanzen kommen eigentlich in Gebirgen auf der ganzen Welt vor, doch hier auf 860 Metern Höhe fühlen sie sich richtig wohl. Es ist aber auch zu schön hier. Deshalb danach loswandern – eine Etappe des Rennsteigs führt direkt am Garten vorbei. Nichts wie los!

Vor Ort: Der Rennsteiggarten liegt in der Nähe des 868 Meter hohen Pfanntalskopfs am Stadtrand von Oberhof. Montags gibt es offene Führungen, im Café Enzian immer Kaffee und Kuchen oder eine Thüringer vom Grill.

Gut zu wissen: Der Rennsteig schlängelt sich 169,3 km auf dem Kamm des Thüringer Waldes, von Hörschel bis Blankenstein. Wandern ist das ganze Jahr möglich. Radfahrer nehmen den Rennsteig-Radweg.

www: rennsteig.de

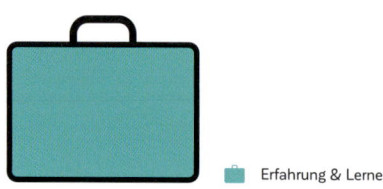

STERNWARTE
RECKLING-HAUSEN

→ **Warum jetzt? Am 21. Juni ist Sommersonnenwende**

Geduld, nur Geduld. Bis die Sonne am längsten Tag des Jahres untergeht, dauert es. Doch gegen 22 Uhr ist es soweit. Dann kommt die spannende Frage: Weißt du, welche Sternlein stehen? In der Volkssternwarte Recklinghausen können Freunde des Weltalls einen besonderen Blick in dessen Tiefen werfen. Während das Planetarium am Stadtgarten künstliche Galaxien an die Decke wirft, öffnet sich nebenan in der Sternwarte die Beobachtungskuppel. Und wenn das Wetter gut ist, tauchen dank Spiegelteleskop vor dir himmlische Bilder auf: Doppelsterne, Galaxien, Mond, Planeten, Gasnebel und Sternhaufen. Himmlisch!

Vor Ort: Recklinghausen ist ein Mekka für Himmelsgucker: Sternwarte und Planetarium liegen nebeneinander im Stadtgarten. Wer die Sonne tagsüber beobachten will: Sonntags, 11 Uhr, öffnet das Sonnenteleskop im Urania-Tempel. Sonnenwende-Aktionen gibt's auch im nahe gelegenen Horizontobservatorium auf der Halde Hoheward (www.hoheward.rvr.ruhr/hoheward/horizont-astronomie).

Gut zu wissen: Die älteste Volkssternwarte steht im Treptower Park in Berlin – samt längstem Linsenfernrohr der Welt.

www: sternwarte-recklinghausen.de

LEBEN WIE EIN HOBBIT
LAHNTAL

→ **Warum jetzt? Sommerabenteuer im Wald**

Einmal leben wie die Hobbits. In kleinen, feinen Hütten mitten in der Natur, in einer Welt, in der kein Stress herrscht, kein Trubel, sondern Gemeinschaftlichkeit und gute Stimmung. Das urige Wald-Feriendorf im Lahntal zwischen Kassel und Frankfurt bietet genau das: Eine Auszeit von Hightech und Highend, mitten im Wald. Übernachtungsmöglichkeiten bieten das hübsch eingerichtete Hobbithaus, das Waldschlösschen mit Turmzimmern, das gemütliche Tiny Haus und das Stelzenhäuschen. Günstiger als in den Ferienhäusern lässt es sich im Tipidorf übernachten. Die Indianerzelte sind für bis zu 15 Erwachsene oder 20 kleine Abenteurer ausgelegt und gruppieren sich um eine Feuerstelle, die perfekt ist zum Kochen, Wärmen, Zündeln oder Marshmellow-Brutzeln.

Vor Ort: Im Outdoorzentrum Lahntal herrschen Natur und Schlichtheit. Neben dem Einfach-mal-chillen sind viele Aktivitäten möglich, vom Bogenschießen übers Kanufahren bis zu Nachtwanderungen. Eine Gaststätte sorgt dafür, dass kein Abenteurer hungrig bleibt.

Gut zu wissen: Jeden letzten Sonntag im Monat findet der „Natur-Markt im Wald" statt – mit kulinarischen Köstlichkeiten, regionalen Produkten, Künstlern und Eseln, Alpakas und Ponys, die man auch auf einen Spaziergang mitnehmen kann.

www: outdoor-zentrum-lahntal.de

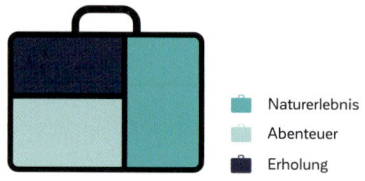

- Naturerlebnis
- Erfahrung & Lernen
- Sport

- Erfahrung & Lernen

- Naturerlebnis
- Abenteuer
- Erholung

ERDBEERSTADT
OLDENBURG

→ **Warum jetzt? In Südoldenburg liegt das Erdbeerparadies**

Juni ist Erdbeerzeit! Egal, ob auf dem Kuchen, in der Bowle oder im Eisbecher: Die süßen Früchtchen gehen immer. Am besten frisch vom Feld. Wer gerne selber pflückt, reist nach Oldenburg. Südlich der Stadt liegt das wahre Erdbeerparadies: Erdbeerfelder bis zum Horizont. Deutschlands größtes zusammenhängendes Anbaugebiet entdeckt man am besten mit dem Fahrrad. Viele Radwege durchziehen das Münsterland rund um Oldenburg. Hier treten alle in die Pedale. Ist auch schön flach, nur manchmal kommt ein „büschen Wind" von vorne. Also ab aufs Rad! Erst mal aber durch die Stadt, die sollte man nämlich nicht so einfach links liegen lassen. Auf zwei Rädern zum Schloss mittendrin, im 12. Jahrhundert von den Grafen als Wasserburg gebaut. Oder zum Pferdemarkt im Norden, auf dem Bauern aus der Region ihre Ware verkaufen. Dann noch Bilderbuchhäuser im Ziegelhofviertel bestaunen. Am Ufer der Hunte entlang zur Schleuse radeln. Auf'n Kaffee in die Espressobar Kaffeekunst. Oder eine Pause ins Café Klinge und eine Erdbeerschnitte essen (www.cafe-klinge.de). Vielleicht ist

Oldenburgs alter Hafenkran war bis 1951 in Betrieb

der Tag in Oldenburg so schnell vorbei, dass die Erdbeerfelder schon längst im Dunkeln liegen. Macht aber nichts. Der nächste süße Sommertag für eine Radtour kommt, ganz bestimmt.

Kultur
Erfahrung & Lernen
Essen & Trinken

RUND UM OLDENBURG

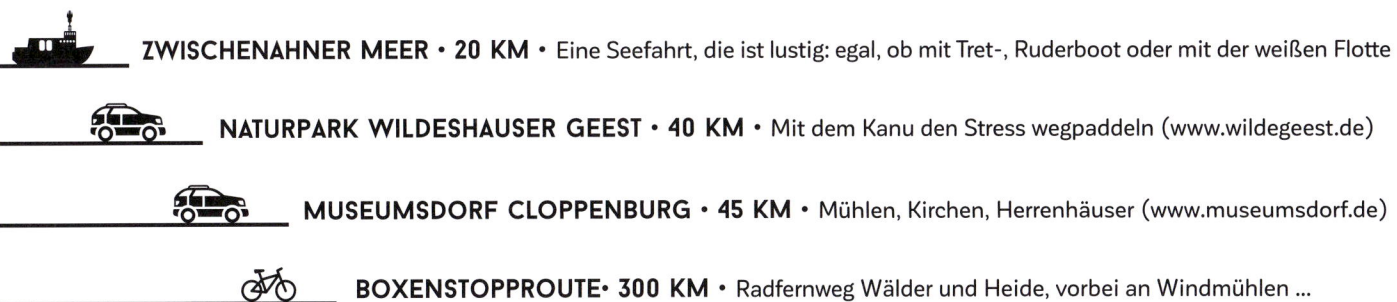

🚢 **ZWISCHENAHNER MEER · 20 KM ·** Eine Seefahrt, die ist lustig: egal, ob mit Tret-, Ruderboot oder mit der weißen Flotte

🚗 **NATURPARK WILDESHAUSER GEEST · 40 KM ·** Mit dem Kanu den Stress wegpaddeln (www.wildegeest.de)

🚗 **MUSEUMSDORF CLOPPENBURG · 45 KM ·** Mühlen, Kirchen, Herrenhäuser (www.museumsdorf.de)

🚴 **BOXENSTOPPROUTE · 300 KM ·** Radfernweg Wälder und Heide, vorbei an Windmühlen …

HIMMELSWEGE
GOSECK UND NEBRA

 Warum jetzt? Zeitreise zur Sommersonnenwende

Da kann selbst Stonehenge einpacken, und das ist ja auch immerhin über 5000 Jahre alt. Wer das Sonnenobservatorium in Goseck zwischen Naumburg und Weißenfels besucht, blickt nämlich auf fast 7000 Jahre alte vorgeschichtliche Zeitmessung zurück. Und wenn der Besuch auf den 21. Juni fällt, dann geht die Sonne genau im Südwesttor unter. Was hier nicht die einzige sensationelle archäologische Entdeckung der letzten Jahre war: Gut 30 km entfernt wurde 1999 die Himmelsscheibe von Nebra gefunden, eine 4000 Jahre alte verzierte Bronzescheibe. Ein 6 km langer Rundweg verbindet die Arche Nebra (www.himmelsscheibe-erleben.de), das Besucherzentrum mitten im Geo-Naturpark Saale-Unstrut-Triasland, mit dem Fundort der Himmelsscheibe.

Vor Ort: Auf den Himmelswegen geht es in die Ur- und Frühgeschichte, auf ihnen erreichst du die archäologischen Orte Goseck und Nebra. Und zwischen dem Landesmuseum Halle (Saale) und Nebra verläuft der 73 km lange Himmelsscheibenradweg (www.saale-unstrut-tourismus.de/himmelsscheibenradweg).

Gut zu wissen: Das Sonnenobservatorium in Goseck ist frei zugänglich. Die originale Sonnenscheibe von Nebra kann man im Landesmuseum für Vorgeschichte in Halle (Saale) besichtigen.

www: sonnenobservatorium-goseck.info

Erfahrung & Lernen
Kultur
Naturerlebnis

Die Himmelsscheibe von Nebra ist die weltweit älteste Darstellung des Kosmos

KARL-MAY-SPIELE
BAD SEGEBERG

→ **Warum jetzt? Wilder Westen mit Winnetou**

Jedes Jahr Ende Juni macht der Wilde Westen für ein paar Wochen Station in Norddeutschland, dort kämpft dann aufs Neue das Gute gegen das Böse, dabei bleiben Winnetou und Old Shatterhand stets beste Freunde. Im Freilichttheater im Bad Segeberger Kalkbergstadion werden die Geschichten von Karl May seit Anfang der 1950er-Jahre immer wieder neu erzählt und jedes Jahr ist die Frage aller Fragen: Wer spielt Winnetou? Keiner ist mit dieser Rolle so berühmt geworden wie Pierre Brice, aber auch die heutigen edlen Ureinwohner begeistern das Publikum, das von Jahr zu Jahr größer wird. Es ist aber auch einiges geboten, auf der riesigen Bühne: galoppierende Pferde, wehende Indianermähnen, kernige Männer und resolute Damen, rauchende Colts und gespannte Bögen – hier schlägt das wilde Herz des Westens.

Vor Ort: Von Ende Juni bis Anfang September gibt es jedes Jahr auf jeden Fall ein Wiedersehen mit Winnetou. Mal ist er mit Old Shatterhand unterwegs, mal mit Old Surehand, er trifft den Ölprinzen, kämpft um den Schatz im Silbersee oder reitet Unter Geiern.

Gut zu wissen: Bad Segeberg beherbergt eines der größten Freilichttheater Europas. Die hübsche Stadt liegt gut 60 km nördlich von Hamburg. Übernachten kannst du etwa in der Karl-May-Jugendherberge.
www: karl-may-spiele.de

Kultur

HURRICANE FESTIVAL
SCHEESSEL

→ **Warum jetzt? Sommerzeit ist Festivalzeit – ab nach Scheeßel**

70 000 Fans können nicht irren: Scheeßel ist 100% Rock'n'Roll! Zumindest einmal im Jahr. Immer Ende Juni ist Hurricane-Zeit. Rockfans aus dem ganzen Land fallen in der niedersächsischen Idylle ein – mit Sack und Pack und ordentlich Dosenbier. Der sandige Eichenring wird zur Open-Air-Bühne – und fast schon traditionell zur Schlammgrube. On Stage: Etablierte Stars und talentierte Newcomer. Die heizen ein. Mit Rock, Alternative, Pop und Electro. Drei Tage lang tanzen, feiern, springen, schwitzen. Und danach im Zelt verkriechen. Bis der Bass wieder wummert …

Vor Ort: Scheeßel, die niedersächsische Gemeinde mit 12 000 Einwohnern, liebt es laut. An anderen Tagen gibt's auf der 1000 Meter langen Sandrennbahn nicht weniger geräuschvolle internationale Motorradrennen (www.msc-eichenring.de).

Gut zu wissen: Das Hurricane ist eines der größten Musikfestivals in Deutschland: 100 Bands rocken vier Bühnen. Seit 1997 feiern Fans Ende Juni ein Wochenende lang, oft bei Wind und Regen, also unbedingt Gummistiefel einpacken! Übrigens: Im Süden (Neuhausen ob Eck, Baden-Württemberg) findet zeitgleich und mit demselben, aber versetzten Line-up das Southside Festival (www.southside.de) statt.
www: hurricane.de

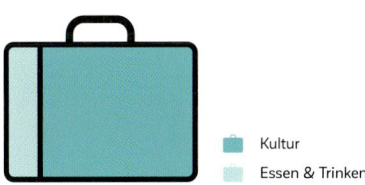

Kultur
Essen & Trinken

BIOSPHÄRE
FLUSSLANDSCHAFT ELBE

→ Warum jetzt? Die Ruhe vor dem Feriensturm

Sich treiben lassen, in Ruhe die Auenlandschaft rechts und links am Ufer betrachten, einen Seeadler kreisen sehen – mehr Erholung geht kaum. Die Flusslandschaft Elbe ist über fünf Bundesländer und rund 400 Flusskilometer hinweg UNESCO-Biosphärenreservat. Und da die Elbe eine der letzten naturnahen Stromlandschaften Mitteleuropas ist, kann man hier im Kanu der Natur und auch der jahrhundertealten Kulturlandschaft besonders nah kommen. Biber bauen fleißig ihre Dämme und fast 100 Vogelarten wie der Weißstorch nutzen die Elbtalauen als Brut- und Rastplatz.

Vor Ort: Das Biosphärenreservat erstreckt sich über 343 000 Hektar von Dessau in Sachsen-Anhalt bis Boizenburg in Mecklenburg-Vorpommern. Auch kleinere Nebenflüsse der Elbe kannst du mit dem Kanu erkunden, etwa die Köcknitz in Brandenburg. Hier leben Biber, Fischotter & Co. in einer vielseitigen Naturlandschaft.

Gut zu wissen: Zahlreiche Informationszentren beleuchten unterschiedliche Aspekte der faszinierenden Elbe-Landschaft, im Norden etwa das Biosphaerium Elbtalaue (www.biosphaerium.de) im niedersächsischen Bleckede oder im Süden das Informationszentrum mit Auenhaus (www.mittelelbe.com) in Oranienbaum östlich von Dessau.

www: flusslandschaft-elbe.de

- Naturerlebnis
- Erholung
- Sport
- Abenteuer
- Erfahrung & Lernen

LUMMENSPRUNG AUF
HELGOLAND

→ Warum jetzt? Ruhe, Sonne und fliegende Trottellummen

Gu'n Dach, Helgoland! Wer im Juni auf die Nordseeinsel kommt, trifft nicht nur die Einheimischen, sondern hat (noch) seine Ruhe an der Steilküste und in der Badedüne. Wobei ... am Lummenfelsen ist schon absolute Hochsaison. Hunderte stürzen sich dort 50 Meter tief ins Meer. Nein, keine Touristen – Trottellummen. Kleine, tollpatschige, schwarz-weiße Küken. Gerade erst frisch geschlüpft, machen die Vögel Mitte Juni ihre ersten Flugversuche. Unten im Meer rufen die Eltern und warten auf den Nachwuchs. Keine Sorge, auch wenn das Fliegen mit den Stummelflügeln nicht so wirklich klappt: Der Sturz in die Nordsee sieht gefährlicher aus, als er ist. Den Kleinen passiert nichts, sie haben dicke Federn. Also ruhig den Sprung ins Leben entspannt beobachten – mit dem Fernglas.

Vor Ort: Nach Helgoland reist man am besten mit dem Seebäderschiff, dann erlebt man auch das Ausbooten mit dem Börteboot. Viele Tagestouristen reisen abends wieder ab. Wer bleibt, genießt die Abendruhe. Und die spektakulären Sonnenuntergänge auf der Hochseeinsel.

Gut zu wissen: Der Lummenfelsen ist der einzige Ort in Deutschland, an dem man den Lummensprung sehen kann. Die meisten Vogelküken springen zwischen dem 15. und 25. Juni. Wer mehr erfahren möchte, Führung buchen.

www: helgoland.de

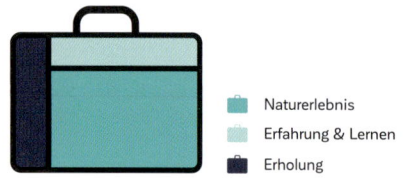

- Naturerlebnis
- Erfahrung & Lernen
- Erholung

Vom Lummenfelsen (im Bild rechts) wagen die kleinen Vögel den Sprung in die Tiefe

Beim Spectaculum machen die Ritter Ernst

SPECTACULUM
HOPPEGARTEN

→ Warum jetzt? Rittertreff nach Mittelalterart

Hier wird beileibe nicht nur gehoppelt, äh, galoppiert. Neben den thematisch unterschiedlich gestalteten Renntagen, die in der Regel ein- bis zweimal monatlich ausgetragen werden, passieren auf dem Gelände der historischen Pferderennbahn kurz hinter der Berliner Stadtgrenze noch ganz andere Dinge. Im Juni etwa schlägt das Kulturfestival Mittelalterlich Phantasie Spactaculum seine Zelte in Hoppegarten auf. Wer sich dorthin aufmacht, reist in der Zeit zurück, in eine bunte Welt aus Rittern, Gauklern, Musikern und anderen Künstlern. Wie es sich gehört, kämpfen Ritter bei ihren Darbietungen hoch zu Ross ebenso wie Mann gegen Mann am Boden. Ein authentischer Markt lädt zum Schlendern ein und Mittelalter- und Folkbands sorgen für Stimmung. Darüber hinaus finden auf der Rennbahn zahlreiche andere Events statt, wie Schlagerfestivals oder schräge Automobilstentreffen.

Vor Ort: Die Renntage der Saison werden auf der Homepage bekannt gegeben. Rund um die spannenden Rennszenen gibt es bei den Pferde-Events Wettoptionen für Groß und Klein, Picknick- und Einkehrmöglichkeiten für Hungrige und Durstige sowie diverse Attraktionen für alle kleinen Gäste.

Gut zu wissen:

Hut auf! An der Rennbahn dürfen wie einst glamouröse und extravagante Hüte getragen werden. Am Pfingstsonntag findet hier beim Ladies Day Berlins größter Hutwettbewerb statt und die Damen legen sich mächtig ins Zeug!

www: hoppegarten.com, spectaculum.de

Kultur
Sport
Essen & Trinken

MIDSUMMER BULLI FESTIVAL
FEHMARN

Warum jetzt? Sonnenwende feiern beim Woodstock der Bulliszene

Es riecht nach Sommer. Und nach Motoröl. Dieses Festival ist der Wahnsinn! Wenn die längsten Tage des Jahres kommen, rollen 1250 VW-Bullis auf die Insel Fehmarn. Leider brettern viele Urlauber oft weiter zum Fährhafen Puttgarden und Richtung Dänemark. Unbedingt stoppen, auch wer keinen eigenen Bulli (mehr) hat, ist hier richtig: kein Eintritt, echte Nostalgie. Am Südstrand stehen sie, Radkappe an Radkappe, T1 neben T2. Da hüpft jedes Bullifreundeherz! Wer kann, übernachtet mit Bus im Beachcamp. Denn wenn die Sonne langsam untergeht, beginnt das Woodstock der Bulliszene auf und vor der Bühne. Blumenkranz ins Haar, tanzen – und vom nächsten Roadtrip träumen.

Vor Ort: Fehmarn ist Deutschlands drittgrößte Insel und liegt in der Ostsee. Bullis und andere Fahrzeuge rollen dorthin – über die Fehmarnsund-Brücke. Übernachten kann man auf 16 Campingplätzen (www.campingparadies-fehmarn.de) – oder im XXL-Strandkorb direkt am Meer (www.fehmarn-strandkorb.de).

Gut zu wissen: Die Skandinavier feiern schon lange „Midsommar": Der einzige Tag, an dem nördlich des Polarkreises die Sonne nicht untergeht. Auch in Deutschland gibt's gute Feiergründe: Die Sonnenwende am 20. Juni ist der längste Tag im Jahr und offizieller Sommeranfang. Endlich!
www: midsummerfestival.de

Essen & Trinken

Kultur

Erfahrung & Lernen

Ein Traum von einem Bulli auf Fehmarn

SEGLERSTADT
KIEL

→ **Warum jetzt? Weil man die Kieler Woche einmal im Leben erlebt haben muss – mindestens**

Große Pötte sieht man in Kiel ja das ganze Jahr. Doch was da zur Kieler Woche so vor Anker liegt, können manche Landratten nicht mal aussprechen: Gaffelslup und Barkentine, Spreizgaffelsegler und Dreimast-Bramsegelschoner, Besanewer und Kielschwertgaffelketsch. Der Höhepunkt – ganz klar – die Windjammerparade. Am zweiten Samstag verfolgen rund 150 000 Menschen vom Ufer der Innenförde, wie sich Großsegler und Traditionsschiffe zur Geschwaderfahrt formieren. Die spannendste Frage: Wer führt wohl die Parade an? Fernglas und Fotoapparat nicht vergessen. Übrigens: Wer will, bucht sich einen Platz und segelt bei der Parade einfach mit (www.kiel-sailing-city.de). Auch an den anderen Tagen können Kinder und Erwachsenen übrigens Schnuppersegeln. Und sonst so? Segelschiffe schauen? Auf jeden Fall! Konzerte hören? Klar! Abschlussfeuerwerk? Ja sowieso! Und dann noch Backfischbrötchen essen, Tango tanzen, Kleinkunst bestaunen. Bei 2000 Veranstaltungen findet sich sicher was (www.kieler-woche.de). Was für ein Volksfest! Ganz am Anfang,

Zur Kieler Woche ist ganz Schleswig-Holstein auf den Beinen

zu Kaisers Zeiten, war die Kieler Woche eine Segelregatta von Marineoffizieren und Kaufleuten. Noch heute wird um die Wette gesegelt – und zwar mit internationalen Crews. Na dann: Raus auf die Ostsee. Ahoi!

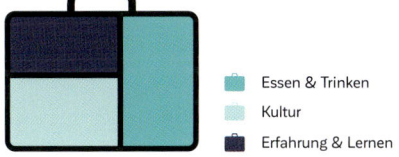

■ Essen & Trinken
■ Kultur
■ Erfahrung & Lernen

RUND UM KIEL

🚶 **VON KIEL NACH PREETZ · 17 KM ·** Der E1, der längste Wanderweg der Welt, führt auch von Kiel nach Preetz

🚗 **FREILICHTMUSEUM MOLFSEE · 45 KM ·** Wie Uroma und Uropa früher so lebten (www.freilichtmuseum-sh.de)

🚢 **MINI-FÖRDEKREUZFAHRT · 20 KM ·** Mit der Linie 1 von Kiel zum Ostseebad Laboe schippern

🚗 **OSTSEEBAD SCHÖNBERG · 25 KM ·** In 5 Minuten zu Fuß von Brasilien nach Kalifornien

Juli

WANN AM BESTEN WOHIN?

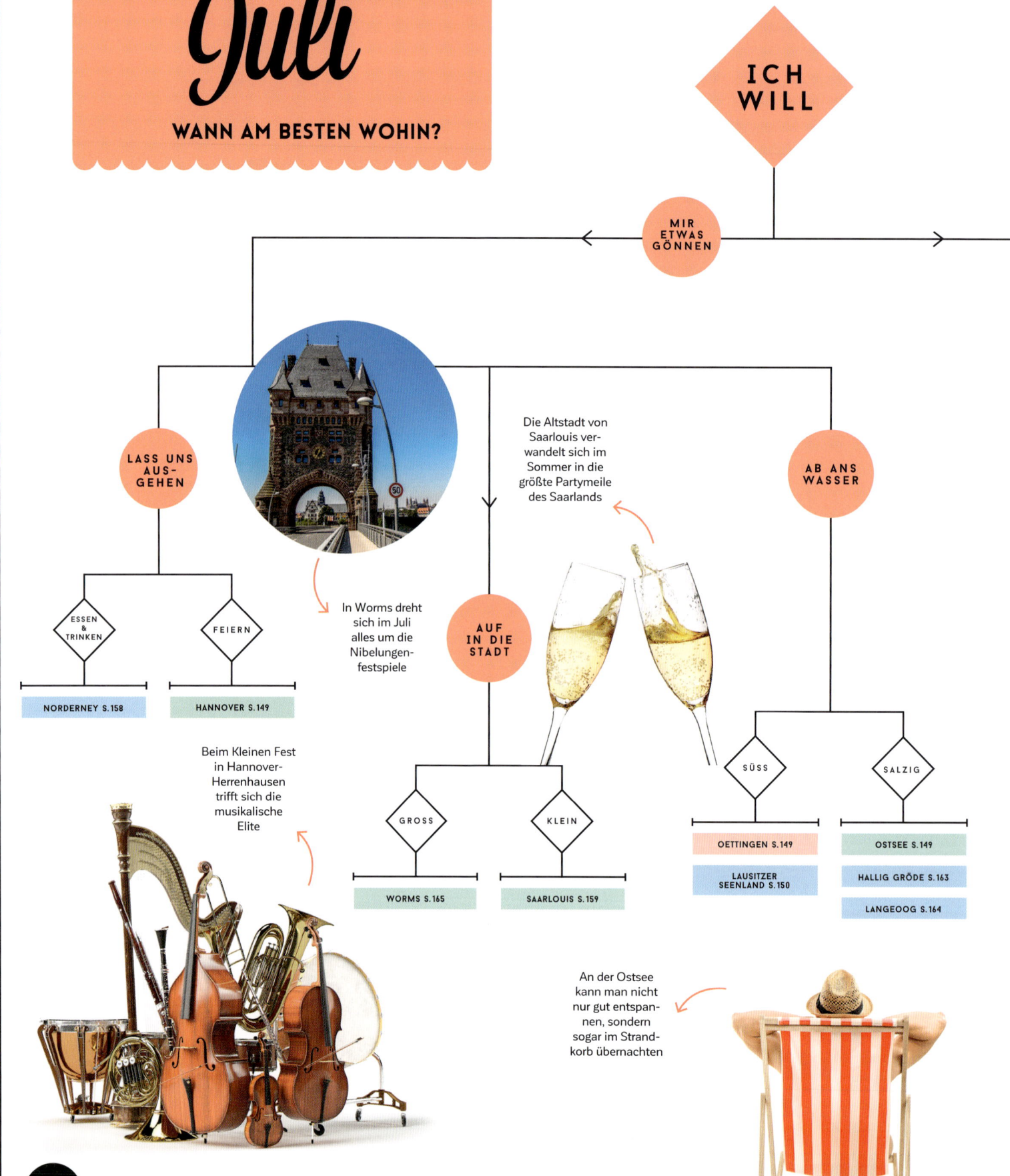

ICH WILL

MIR ETWAS GÖNNEN

LASS UNS AUSGEHEN

In Worms dreht sich im Juli alles um die Nibelungenfestspiele

Die Altstadt von Saarlouis verwandelt sich im Sommer in die größte Partymeile des Saarlands

AB ANS WASSER

AUF IN DIE STADT

ESSEN & TRINKEN

FEIERN

NORDERNEY S.158

HANNOVER S.149

Beim Kleinen Fest in Hannover-Herrenhausen trifft sich die musikalische Elite

GROSS

KLEIN

WORMS S.165

SAARLOUIS S.159

SÜSS

SALZIG

OETTINGEN S.149

LAUSITZER SEENLAND S.150

OSTSEE S.149

HALLIG GRÖDE S.163

LANGEOOG S.164

An der Ostsee kann man nicht nur gut entspannen, sondern sogar im Strandkorb übernachten

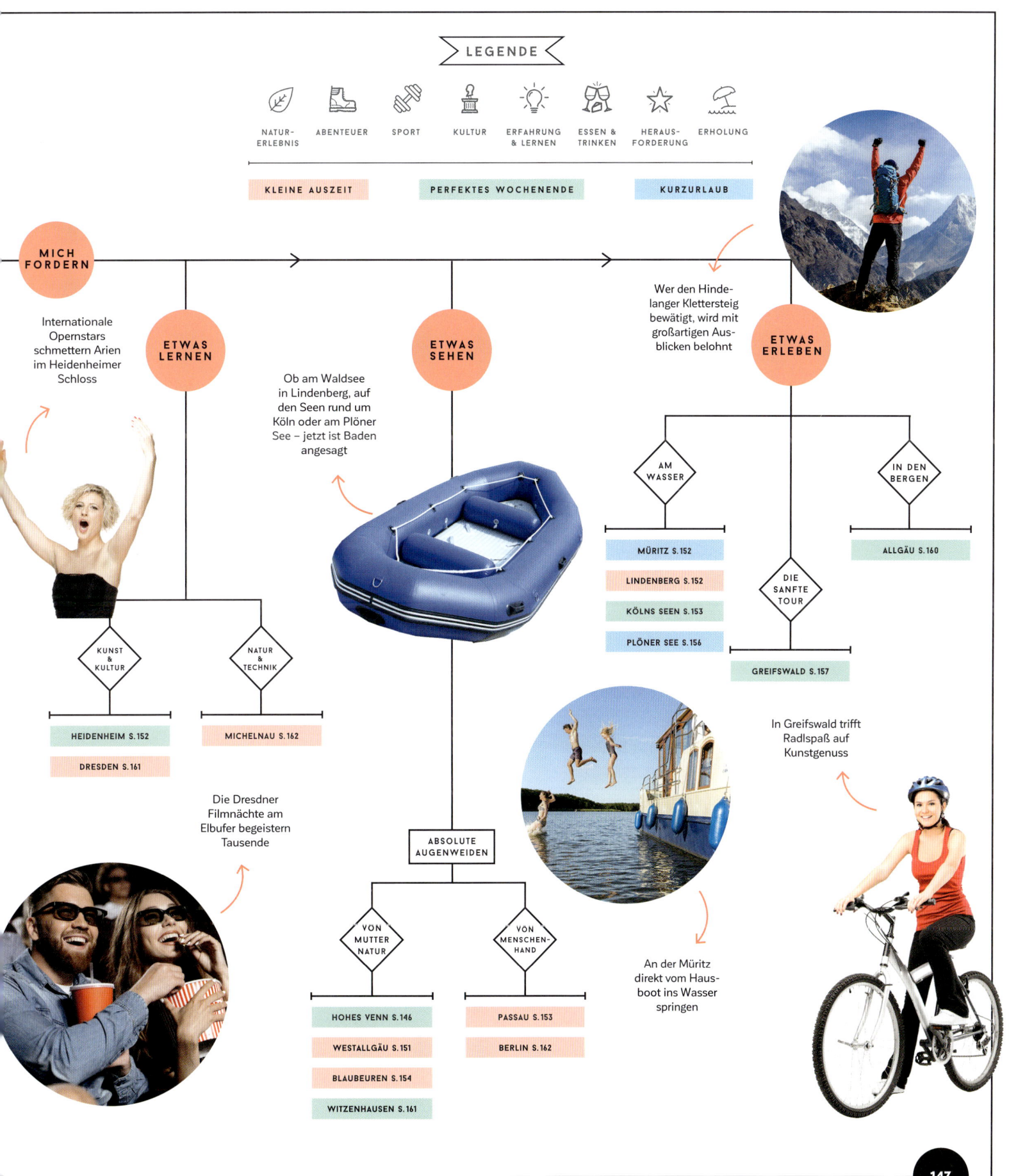

LEGENDE

NATUR-ERLEBNIS · ABENTEUER · SPORT · KULTUR · ERFAHRUNG & LERNEN · ESSEN & TRINKEN · HERAUS-FORDERUNG · ERHOLUNG

KLEINE AUSZEIT · PERFEKTES WOCHENENDE · KURZURLAUB

MICH FORDERN

Internationale Opernstars schmettern Arien im Heidenheimer Schloss

ETWAS LERNEN

Ob am Waldsee in Lindenberg, auf den Seen rund um Köln oder am Plöner See – jetzt ist Baden angesagt

ETWAS SEHEN

Wer den Hinde-langer Klettersteig bewätigt, wird mit großartigen Ausblicken belohnt

ETWAS ERLEBEN

KUNST & KULTUR

NATUR & TECHNIK

AM WASSER

IN DEN BERGEN

MÜRITZ S. 152

ALLGÄU S. 160

LINDENBERG S. 152

KÖLNS SEEN S. 153

DIE SANFTE TOUR

PLÖNER SEE S. 156

HEIDENHEIM S. 152

MICHELNAU S. 162

GREIFSWALD S. 157

DRESDEN S. 161

In Greifswald trifft Radlspaß auf Kunstgenuss

Die Dresdner Filmnächte am Elbufer begeistern Tausende

ABSOLUTE AUGENWEIDEN

VON MUTTER NATUR

VON MENSCHEN-HAND

HOHES VENN S. 146

PASSAU S. 153

WESTALLGÄU S. 151

BERLIN S. 162

BLAUBEUREN S. 154

An der Müritz direkt vom Hausboot ins Wasser springen

WITZENHAUSEN S. 161

KIEL

ROSTOCK

LANGEOOG S.164   HALLIG GRÖDE S.163   OSTSEE S.149   GREIFSWALD S.157

NORDERNEY S.158

PLÖNER SEE S.156

HAMBURG

MÜRITZ S.152

BREMEN

BERLIN

HANNOVER   BERLIN S.162

HANNOVER S.149

MÜNSTER

DORTMUND

ESSEN   WITZENHAUSEN S.161   LEIPZIG   LAUSITZER SEENLAND S.150

DÜSSELDORF   KASSEL

KÖLN   ERFURT   DRESDEN

KÖLNS SEEN S.153   DRESDEN S.161

HOHES VENN S.146   MICHELNAU S.162

FRANKFURT/MAIN

SAARLOUIS S.159   WORMS S.165

SAARBRÜCKEN

NÜRNBERG

OETTINGEN S.149

STUTTGART   PASSAU S.153

HEIDENHEIM S.152

BLAUBEUREN S.154

FREIBURG   MÜNCHEN

WESTALLGÄU S.151

LINDENBERG S.152   ALLGÄU S.160

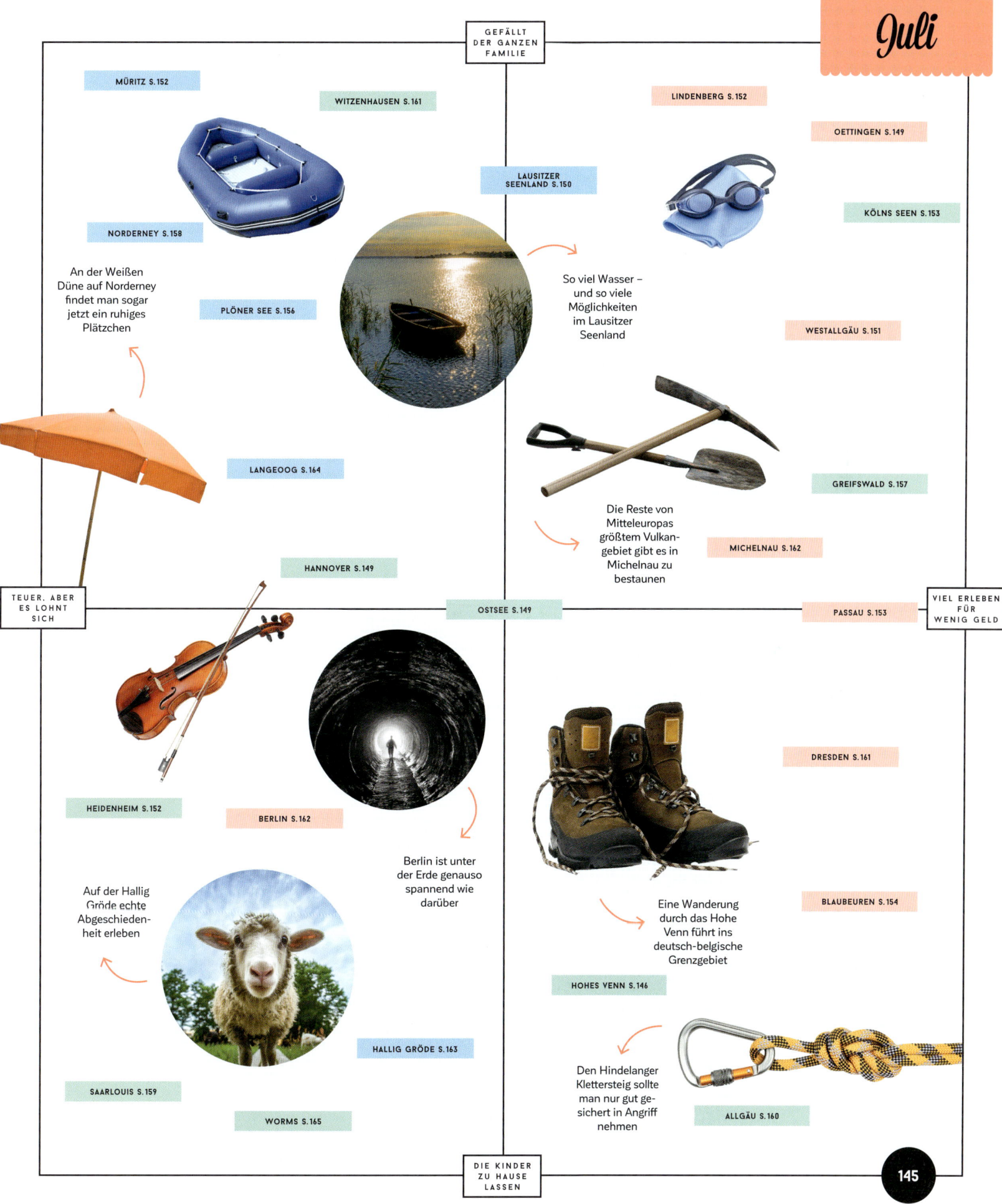

GEFÄLLT DER GANZEN FAMILIE

TEUER, ABER ES LOHNT SICH

VIEL ERLEBEN FÜR WENIG GELD

DIE KINDER ZU HAUSE LASSEN

An der Weißen Düne auf Norderney findet man sogar jetzt ein ruhiges Plätzchen

So viel Wasser – und so viele Möglichkeiten im Lausitzer Seenland

Die Reste von Mitteleuropas größtem Vulkangebiet gibt es in Michelnau zu bestaunen

Berlin ist unter der Erde genauso spannend wie darüber

Eine Wanderung durch das Hohe Venn führt ins deutsch-belgische Grenzgebiet

Auf der Hallig Gröde echte Abgeschiedenheit erleben

Den Hindelanger Klettersteig sollte man nur gut gesichert in Angriff nehmen

NATURPARK
HOHES VENN

→ **Warum jetzt? Give me Moor: Im Juli liegt die raue Landschaft in der warmen Sommersonne**

Grün, wild, natürlich: Das ist der Naturpark Hohes Venn-Eifel. Und mitten drin, im deutsch-belgischen Grenzgebiet, liegt eines der letzten Hochmoore Europas. Spazieren über Holzstege und Pfade, mitten in die Einsamkeit. Was für ein Abenteuer! Die Winter in den Ardennen sind rau und kalt. Davon ist im Sommer nichts zu spüren: Weit und offen liegt die zauberhafte Landschaft in der heißen Sonne. Weiter hinein, vorbei an knorrigen Birken und Weiden, Flechten und Moosen. Immer auf den Planken, kilometerweit. Unter einem Morast, schlammige Gräben und tiefe Löcher. Wie schnell kann man da versinken ...? Die Moorwildnis – mystisch und geheimnisvoll. Und atemberaubend schön.

Vor Ort: Das Hochmoor Hohes Venn gehört zum deutsch-belgischen Naturpark Hohes Venn-Eifel. Verschiedene Wege führen ins Hochmoor, gute Startpunkte sind das Haus Ternell (www.ternell.be) und das Naturparkzentrum Botrange (www.botrange.be). Im Naturparkzentrum gibt's übrigens nicht nur Infos, sondern auch Leih-Gummistiefel.

Gut zu wissen: Ins Hochmoor immer in wasserdichten Schuhen und auf markierten Wegen. Manche Zonen dürfen nur mit Führer betreten werden. Achtung: Die meisten Stege sind für Rollstühle und Kinderwagen nicht geeignet.

www: naturpark-eifel.de

- Naturerlebnis
- Abenteuer
- Erholung

Das Hohe Venn erstreckt sich über 600 Quadratkilometer, rund ein Viertel davon liegt in Deutschland

Durch das golde
Tor betritt man d
Großen Garten v
Schloss Herrenhaus

Im Ostseeb
Grömitz wart
diese Strandkö
auf nächtlic
Bewoh

KLEINES FEST
HANNOVER

→ **Warum jetzt? Feiern beim „Kleinen Fest im Großen Garten"**

Es ist ein bisschen wie in Alices Wunderland, wenn Künstler aus aller Welt in bunt schillernden Kostümen drei Wochen lang die Barockkulissen der Herrenhäuser Gärten beleben. Da wandeln fantastische Wesen über die Wege, exotisch anmutende Tanzgruppen geben feurige Darbietungen, Clowns versprühen ihren Zauber, Akrobaten lassen das Publikum den Atem anhalten und Märchenfiguren verbreiten Staunen und Begeisterung. Was 1986 in kleinem Rahmen zum ersten Mal ausgetragen wurde, ist heute Deutschlands beliebtestes Kleinkunstfestival mit über 100 Künstlern und rund 35 Freilichtbühnen. Leider kann die wunderschöne barocke Gartenanlage in Hannover-Herrenhausen lange nicht alle Menschen fassen, die gerne mit dabei sein möchten.

Vor Ort: Einlass an den Spielabenden ist um 17.30 Uhr, das Bühnenprogramm beginnt um 18.30 Uhr. Aufgrund der hohen Nachfrage werden die Eintrittskarten für das Kleine Fest per Losverfahren vergeben. Das Online-Bestellverfahren läuft im Frühjahr, genaue Termine werden auf der Website bekannt gegeben.

Gut zu wissen: An der Abendkasse werden noch mindestens 300 Karten für den jeweiligen Abend verkauft. Kinder bis zu einer Größe von 111 cm erhalten freien Eintritt.

www: kleinesfest-hannover.de

Kultur
Essen & Trinken

WÖRNITZ-FLUSSBAD
OETTINGEN

→ **Warum jetzt? Alles im Fluss**

Pack die Badehose ein! Und was auch immer du sonst noch brauchst für einen vergnüglichen Sommertag am Fluss. Das Wörnitzfreibad in Oettingen ist eines der letzten Flussfreibäder in Bayern und erfrischt herrlich, denn das Wasser der Wörnitz ist auch im Hochsommer immer noch kalt. Genau das Richtige also für heiße Julitage. Und wer gerade genug vom Schwimmen, Rutschen und Planschen hat, legt sich in die Sonne oder unter einen Baum in den Schatten – oder nutzt die weiteren Angebote auf der Badeinsel: Da werden die Minigolfschläger geschwungen, Fußball und Beachvolleyball gespielt, Tischtennismatches ausgetragen und kräftig gesandelt und gematscht.

Vor Ort: Ein Kiosk mit Biergarten bietet Getränke, kleine Imbisse und Kuchen an, und mittwochnachmittags wird im Massagepavillon geknetet und verwöhnt. Im Fluss gibt es einen Nichtschwimmerbereich, in dem Kleinkinder stehen können, zusätzlich steht ein separates Kinderplanschbecken zur Verfügung.

Gut zu wissen: Oettingen ist eine fachwerk-schnuckelige historische Residenzstadt am Rand des Geoparks Ries (www.geopark-ries.de) und in der Nähe des Fränkischen Seenlands (www.frankentourismus.de). Im Juli feiert die Stadt die Jakobi-Kirchweih mit Wasserfest samt Bootskorso auf der Wörnitz.

www: oettingen.de/woernitz-flussfreibad

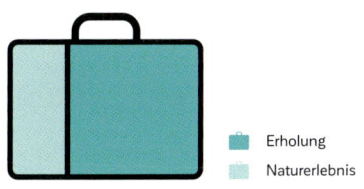

Erholung
Naturerlebnis

SCHLAFEN IM STRANDKORB
OSTSEE

→ **Warum jetzt? Laue Sommernächte im Schlaf-Strandkorb**

Im Hotel übernachten, wo es hier am Strand so schön ist? Wer sich nicht losreißen kann vom leisen Rauschen der Ostsee, vom Möwengeschrei, Sternengefunkel und der frischen Brise, der probiert es doch mal damit: Schlummern im Schlaf-Strandkorb. Man muss kein knallharter Outdoortyp sein, um die Nacht am Meeresstrand zu überstehen. Der Korb ist nicht nur sehr bequem ausgestattet, sondern auch wetterfest und abschließbar, um ungebetene Mitschläfer fernzuhalten. In verschiedenen Orten entlang der schleswig-holsteinischen Ostseeküste kann man die 1,30 auf 2,40 Meter großen Körbe buchen, etwa in Eckenförde, auf Fehmarn oder in der Lübecker Bucht. Um das Stranderlebnis perfekt abzurunden, gibt es als Extraservice noch eine Flasche Sekt und Knabberzeug dazu.

Vor Ort: Dein eigenes Dixi-Klo musst du nicht mitbringen, denn natürlich stehen die Körbe in der Nähe von sanitären Anlagen. Auf Fehmarn und am Timmendorfer Strand lässt sich außerdem Frühstück an den Korb oder ein Lunchpaket dazubuchen. Und in Grömitz sind im Paket auch noch zwei Stühle und ein Tisch enthalten.

Gut zu wissen: Das Konzept kommt gut an. Mittlerweile steht auch an der Nordsee, etwa in Büsum oder auf Föhr, Nächten unterm Sternenhimmel nichts im Wege.

www: ostsee-schleswig-holstein.de/strandschlafen-ostsee.html

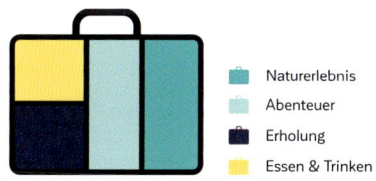

Naturerlebnis
Abenteuer
Erholung
Essen & Trinken

LAUSITZER SEENLAND
BRANDENBURG / SACHSEN

Schwimmende Ferienhäuser im Lausitz Resort

→ **Warum jetzt? Sommer und Seen, a perfect match**

Was könnte es Schöneres geben, als sich jetzt mitten im Sommer im Lausitzer Seenland auf, im und am Wasser auszutoben? So viel Wasser – und so viele Möglichkeiten! Im Lausitzer Seenland, das sich südlich von Cottbus ganz im Osten Deutschlands ausbreitet, reiht sich leuchtendes Blau an leuchtendes Blau, jedes mit eigenem Charakter. Wo kommen all diese Seen her? Vom Kohleabbau im Tagebau: Die ehemaligen Gruben wurden während der vergangenen Jahre (oder Jahrzehnte) geflutet. Sehr zur Freude der Wassersportler! Wie wär's mit Surfen im Lausitzer See, Kitesurfen im Geierswalder oder Bärwalder

See, Jetskifahren auf dem Partwitzer See oder Wasserski- und Wakeboardfahren auf dem Halbendorfer See? Idyllisch geht es am Waldsee Groß Düben zu, hier ist es ruhig, Bäume umsäumen das Wellengeflüster, es gibt schöne Sandstrände und das Wasser ist zum Baden, Tauchen oder Angeln da. Oder man schwingt sich aufs Rad, um den ganz persönlichen Traumsee zu umrunden, Badepausen natürlich inklusive.

Vor Ort: Wer sich nicht vom Wasser trennen will, kann auch die Nacht darauf verbringen: im Ferienhafen Schwimmende Häuser im Lausitz Resort am Geierswalder See (www.lausitz-resort.de). Jedes Haus hat eine Terrasse und seinen eigenen Bootsanleger.

Gut zu wissen: Außer Wasser hat das Lausitzer Seenland auch spannende Industriekultur zu bieten. Bergbau und Kohleabbau waren prägend, heute können ein paar der alten Kraftwerke oder Brikettfabriken besucht werden, etwa die Biotürme in Lauchhammer.

www: lausitzerseenland.de

Erholung
Sport
Naturerlebnis
Kultur

Wunderschön, aber zum Baden zu gefährlich: der Eistobel

EISTOBEL
WESTALLGÄU

→ **Warum jetzt? Eis im Hochsommer: klasse!**

Zugegeben: Eis gibt es am Eistobel gar nicht, jedenfalls nicht im Sommer. Trotzdem ist es dort wunderbar erfrischend. Heiße Sommertage eignen sich bestens, um das Naturschauspiel rauschender Stromschnellen, wilder Wasserstrudel und donnernder Wasserfälle zu erleben. Aber was ist eigentlich ein Tobel? Nichts anderes als eine Schlucht. Durch diese Gebirgsschlucht bei Isny im Allgäu tobt seit Urzeiten der Fluss Obere Argen und formt mit der Kraft des Wassers die Landschaft. Im Winter, wenn der Frost den Eistobel fest im Griff hat, verwandeln gefrorene Wasserfälle und unzählige Eiszapfen die Gegend in eine zauberhafte Eislandschaft. Zu dieser Zeit ist der Tobel ausschließlich erfahrenen Wanderern mit Steigeisen an den Schuhen zu empfehlen. Offiziell ist die Schlucht nur vom 1. Mai bis 1. November geöffnet.

Vor Ort: Die Wandertour über die gut gesicherten Pfade, vorbei an Wasserfällen, Stromschnellen und steilen Felswänden, startet am Infopavillon an der Argentobelbrücke in Grünenbach. Die Wanderung dauert etwa 2 Stunden.

Gut zu wissen: Wer nach dem Eistobel-Ausflug tatsächlich Lust auf ein Eis hat, besucht am besten eine Eisdiele im nur wenige Autominuten entfernten Isny. Empfehlenswert ist das Eiscafé Soravia, zentral in der Fußgängerzone gelegen.

www: eistobel.de

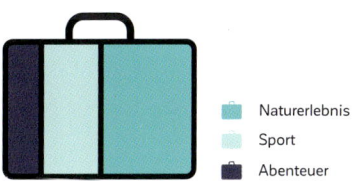

Naturerlebnis
Sport
Abenteuer

HAUSBOOT FAHREN
MÜRITZ

→ Warum jetzt? Sommer, Sonne, Hausboot

Ein Roadtrip mit dem Wohnmobil? Nicht schlecht, aber auch nicht außergewöhnlich. Wie wäre es stattdessen mal mit einer Hausboottour? Mit allem, was dazugehört: das Springen von der eigenen Terrasse ins Wasser, der Sternenhimmel, der sich in den dunklen Seen spiegelt, das ständige, leichte Schaukeln und die Mücken an Bord. Für einen solchen abwechslungsreichen Törn ist die Mecklenburgische Seenplatte die perfekte Gegend. Denn das riesige Binnenrevier besteht aus über 1000 Bade- und Angelseen sowie unzähligen kleinen Flüssen und Kanälen.

Vor Ort: Die Müritz, Deutschlands größter Binnensee, umrahmen schmucke Fachwerkstädte und ein Nationalpark. Lohnenswert ist etwa der Aufstieg auf den Turm der Marienkirche in Röbel. Dort eröffnet sich der schönste Blick auf den See und die Umgebung.

Gut zu wissen: Boote mit mehr als 15 PS sind nicht mehr führerscheinfrei. Dafür kannst du durch die Teilnahme an einem etwa dreistündigen Boots-Einmaleins beim Bootsverleiher einen Charterschein für deinen Urlaubs-Zeitraum erhalten.
www: mecklenburgische-seenplatte.de/faszination-wasser/hausboot

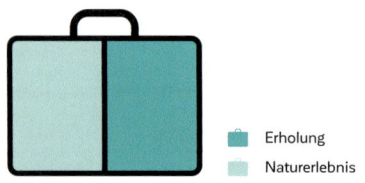

SPASS AM WALDSEE
LINDENBERG

→ Warum jetzt? Sommervergnügen im Moor

Glasklares Wasser? Fehlanzeige! Der idyllisch gelegene Waldsee nahe dem Stadtzentrum von Lindenberg im Allgäu ist ein Moorsee. Gönne dir ein belebendes Bad im gesunden, weichen, warmen Moorwasser, mitten in einem abwechslungsreichen Naturparadies. Rund um den See führt ein Moorlehrpfad – ein gemütlicher, etwa halbstündiger Spaziergang für jedermann, der viel Spannendes über den Naturraum sowie den hier betriebenen Torfabbau vermittelt.

Vor Ort: Im Waldsee darf von Mai bis September geangelt werden, mit Erlaubnisschein, der gegen Vorlage eines Jahresfischereischeines in der Touristeninformation sowie im Bayerischen Hof in Lindenberg erhältlich ist. Die Tageskarten kosten 12 Euro.

Gut zu wissen:
Das familienfreundliche Waldseebad bietet viel Platz zum Sonnen, eine große Spielwiese und Spielgeräte für Kinder. Für die Kleinsten gibt es ein separates Kinderbecken, die Größeren vergnügen sich auf dem Steg und auf der Badeinsel. Genug von Wasser und Natur? Dann lohnt sich noch eine Visite im Lindenberger Hutmuseum!
www: westallgaeu.de/waldsee-in-lindenberg

OPERN-FESTSPIELE
HEIDENHEIM

→ Warum jetzt? Oper in der Provinz – mal was anderes

Im Mittelalter gehörte Schloss Hellenstein den Minnesängern. Heute schmettern internationale Opernstars ihre Arien – in den Ruinen des Rittersaals. Der wird jeden Sommer zur Opernbühne. Oder zur schönsten Freilichtbühne Europas, wie Fans der Heidenheimer Opernfestspiele sagen. Die finden seit mehr als 50 Jahren in der historischen Kulisse auf dem Schlossberg statt. Klassiker wie Verdi oder Rossini werden aber auch mal modern in Szene gesetzt. Dem Publikum gefällt's. Übrigens: Diejenigen, die bepackt mit Kissen und Decken Richtung Schloss ziehen, sind keine Operngäste. Sie pilgern zum Naturtheater nebenan. Dort wird bei Wind und Wetter gespielt. Operngäste haben es da besser: Bei Regen fällt das Open-Air zwar ins Wasser. Gespielt wird trotzdem – im Festspielhaus Congress Centrum.

Vor Ort: Heidenheim an der Brenz liegt im Osten Baden-Württembergs, an der Grenze zu Bayern. Egal, woher man kommt: Schloss Hellenstein ist von Weitem zu sehen. Während der Opernfestspiele gibt's dort Arien zu hören, in der übrigen Zeit im Museum Kutschen und Karren zu sehen.

Gut zu wissen: Schloss Hellenstein thront als Wahrzeichen über der Stadt. Die Stauferburg aus dem 12. Jahrhundert brannte 1530 fast völlig ab. Geblieben sind nur die Ruinen des sogenannten Rittersaals.
www: opernfestspiele.de

■ Erholung
■ Naturerlebnis

■ Erholung
■ Naturerlebnis

■ Kultur

DACKELMUSEUM
PASSAU

→ **Warum jetzt? An den Hundstagen ins passende Museum**

Der Passauer Waldi-Wahnsinn passt bestens in die heißen Hundstage ab Ende Juli: Dackel aus Porzellan, Fußabstreifer in Dackelform, Wackeldackel in allen Formen und Größen, Flaschenöffner-Dackel, Dackel aus Zinn, gezeichnete Dackel, Spielzeugdackel, Dackel auf Postkarten, Gemälden, Bierdeckeln und sogar der bunt gestreifte Olympiawaldi von 1972. Wer das Dackelmuseum Kleine Residenz besucht, kommt womöglich etwas verdackelt, aber vergnügt wieder heraus. Die Ausstellung „Der Dackel – eine Weltanschauung" zeigt die weltgrößte Kurzbeiner-Sammlung mit über 4500 Exponaten.

Vor Ort: Das Museum befindet sich am schönsten Standort der Stadt, dem Residenzplatz, und heißt täglich von 10 bis 16 Uhr Gäste willkommen. Dackel haben freien Eintritt und bekommen ein Gratisge-

tränk. Vielleicht treiben sich auch irgendwo die waschechten Dackelexemplare der beiden Museumsgründer Josef Küblbeck und Oliver Storz herum. Nach einem Besuch lässt es sich draußen auf dem Residenzplatz bei einem Cappuccino oder einem Eis über die Dackel-Welt fachsimpeln.

Gut zu wissen: Wer sich weniger dem Dackel als dem Schwein verbunden fühlt, mag anstatt der Kleinen Residenz das nicht weniger kuriose Schweinemuseum in Stuttgart (www.schweinemuseum.de) besuchen.
www: dackelmuseum.de

Der Dackel ist in Bayern nicht nur ein Hund, sondern eine Weltanschauung

■ Kultur
■ Erfahrung & Lernen

MIT DEM RAD ZU
KÖLNS SEEN

→ **Warum jetzt? Erst warm radeln, dann im See abkühlen**

Südwestlich von Köln macht Radfahren richtig Laune. Vor allem im Sommer, denn dann wartet hinter jeder Ecke ein neues Abenteuer. Und zwar ein ziemlich nasses! Im ehemaligen Braunkohlerevier reihen sich herrliche Seen aneinander: Liblarer See, Bleibtreusee, Heider Bergsee, Franziskussee, Otto-Maigler-See und wie sie noch alle heißen. Bei dieser Sommerrunde ist Seensammeln angesagt. Wer will, radelt

die komplette Tour (50 km). Der Weg ist flach und führt durch schattige Wälder. Und wem es doch zu warm wird? Ab ins Wasser! Mit oder ohne Büdchen: Jeder findet hier seinen ganz persönlichen Lieblingssee.

Vor Ort: Südwestlich von Köln liegen herrliche Seen. Die Radtour führt in 50 km rund um das Seengebiet, kann aber individuell geplant werden. Am Bleibtreusee gibt es eine Wasserskianlage. Wer länger bleiben will: Am Heider Bergsee gibt's einen Campingplatz.

Gut zu wissen: Die Ville-Seenplatte besteht aus rund 40 kleinen und größeren Seen. In vielen darf gebadet werden, manche stehen unter Naturschutz.
www: seen.de/ratgeber/radfahren-nrw

■ Erholung
■ Sport
■ Naturerlebnis

BLAUTOPF
BLAUBEUREN

Warum jetzt? Reise in die Eiszeit – mitten im Sommer

Natürlich geht es nur im übertragenen Sinn in die Zeit des Schnees und der Gletscher. In Form sensationeller kleiner Kunstwerke nämlich – hergestellt vor rund 40 000 Jahren, mitten in der Eiszeit! Die älteste bekannte figurative Kunst der Welt kannst du ganz in der Nähe von Blaubeuren, knapp 20 km westlich von Ulm, bewundern: Die Venus vom Hohle Fels, den Löwenmenschen und Flöten aus Flügelknochen von Gänsen oder aus Mammutelfenbein haben im Urgeschichtlichen Museum (www.urmu. de) ihre Heimat gefunden. Genug von der kalten Jahreszeit? Gerade mal 20 Minuten entfernt, am anderen Ende der Stadt, spiegelt der Blautopf fast schon unverschämt blau den weiten Sommerhimmel über der Schwäbischen Alb. Die Karstquelle, die sich aus einem riesigen Höhlensystem speist, ist ein Eldorado für Profitaucher. Und für Hobbyfotografen, die ihren Instagram-Account zum Leuchten bringen wollen.

Vor Ort: Die UNESCO-Weltkulturerbe-Höhle Hohle Fels bei Schelklingen, den Fundort der Venus, kannst du bequem mit dem Fahrrad von Blaubeuren aus erreichen. Besuchen kann man sie von Mai bis Oktober, es gibt öffentliche Führungen. Die Höhle ist mit 8 °C auch im Sommer kühl.

Gut zu wissen: Wann ist der beste Zeitpunkt, um den Blautopf zu besuchen? Bei heller Sonne, denn dann leuchtet das Wasser besonders blau – der Grund sind die vielen kleinen Kalkpartikel, die das Licht streuen.

www: blautopf.de

- Naturerlebnis
- Erfahrung & Lernen

In der historsichen Hammerschmiede finden täglich Vorführungen statt

PLÖNER SEE
HOLSTEINISCHE SCHWEIZ

 **Warum jetzt? Segeln lernen in der Holsteinischen Schweiz**

Am Ende der Straße steht ein Haus am See – die Jugendherberge Plön. Wer segeln lernen will, ist hier genau richtig! Nicht nur, weil der Große Plöner See vor der Nase liegt, sondern auch die Segelschule Plön. Kinder und Erwachsene lernen von den Profis, wie man richtig segelt. Und auch, wie man an Bord spricht: Pinne, Schoten, Baum, Backbord, Steuerbord, Wende ... Hilfe! Wer das erste Mal in einer Jolle sitzt, versteht meist kein Wort. Aber keine Angst: Bei den Segelkursen lernt jeder ganz schnell die Seglersprache. Und auch, woher der Wind weht. Immer von Luv. Und am Plöner See meist aus Westen, im Juli oft ziemlich konstant. Also rein ins Boot, klar zum Ablegen. Und dann: Ahoi!

Vor Ort: Die Jugendherberge Plön (www.jugendherberge-ploen.de) liegt am Seeufer. Sie bietet im Sommer ein Freizeitpaket „Klar zur Wende": Eine Woche in der Jugendherberge und tagsüber segeln in der Segelschule Plön. Dort gibt's auch Schnuppersegeln und Leihboote aller Art.

Gut zu wissen: Der Große Plöner See ist der größte See Schleswig-Holsteins. Segler lieben ihn wegen seiner konstanten Winde. Freie Fahrt haben hier übrigens nur Segelboote, Motor- und Elektroboote sind nicht erlaubt. Einzige Ausnahme: die Ausflugsschiffe.

www: segelschuleploen.de

Erholung
Sport
Naturerlebnis

Die Ruhe vor dem (Segler-)Sturm am Plöner See

Der Greifswalder Museumshafen ist der größte seiner Art in Deutschland

KUNST-RADELN IN
GREIFSWALD

→ Warum jetzt? Sommerfrischluft-schock an der Ostsee

An heißen Sommertagen schläft sogar der fiese Gegenwind und die Steigungen sind minimal – die schöne Gegend um Greifswald lässt sich also prima per Bike erkunden, sogar ganz ohne Elektroantrieb. Brennt die Sonne gar zu sehr, kannst du natürlich auch zuerst durch die historische Altstadt der Uni- und Hansestadt schlendern. Unterm Café-Schirm auf dem Markt-platz lässt sich zwischen wunderschönen Giebelhäusern den Wolken nachträumen, der idyllische Museumshafen hat seinen eigenen Seefahrercharme. Und dann raus, auf den Ostseeküsten-Radweg an der Boddenküste entlang, von Greifswald nach Wolgast. Eine ähnliche Route widmet sich der deutschen Romantik, schließlich stammt der Maler Caspar David Friedrich aus Vorpommern. Auf ganz andere Spuren kann man sich auf dem Iron Curtain Trail machen: gut 1500 km an der ehemaligen innerdeutschen Grenze entlang.

Vor Ort: Einen besonderen Ort zum Über-nachten bietet das Hotel Utkiek (www.utkiek-greifswald.de) im Fischerdorf Wiek knapp 5 km vom Zentrum Greifswalds ent-fernt. Wie der Name (Aussicht) schon sagt: Hier gibt es den freien Blick aufs Wasser gratis dazu.

Gut zu wissen: Bei Kunstfreunden kommt in Greifswald keine Langeweile auf, dafür sorgt das Caspar-David-Friedrich-Zentrum (www.caspar-david-friedrich-gesellschaft.de), das im Geburtshaus des großen Malers eingerichtet wurde. Werke von ihm (und von anderen deutschen Künstlern des 18. und 19. Jahrhunderts) kann man im Pom-merschen Landesmuseum bewundern. **www:** greifswald.m-vp.de

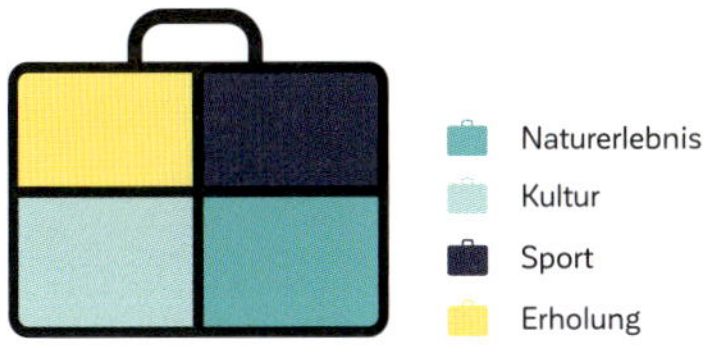

- Naturerlebnis
- Kultur
- Sport
- Erholung

WEISSE DÜNE
NORDERNEY

→ **Warum jetzt? Weil man an der Weißen Düne ein wenig Ruhe vom Sommertrubel hat**

Weißer Sandstrand, blauer Himmel und 'ne ordentliche Brise: Die Weiße Düne in Norderney ist einfach zauberhaft. Und das sogar in der Hochsaison, mitten im Juli. Während am West- und Nordstrand kein Strandkorb mehr frei ist, gibt's hier zwischen den Dünen – ja, wirklich – Platz und Ruhe. Schon der Weg hin ist ein Erlebnis. Am besten barfuß, an der Wasserkante entlang. Dem Meer zuhören. Die salzige Luft schmecken. Und dann – ankommen! Am weißen Traumstrand. Hinaufsteigen auf die Düne und sich neben den Stein-Buddha setzen. Tief durchatmen und genießen. Die Wellen. Das Licht. Die Weite. Und wenn der Akku aufgeladen ist, wird es Zeit für ein bisschen Trubel im Strandrestaurant Weiße Düne (www.weisseduene.com). Und ein Frieseneis. Dat löppt!

Vor Ort: Die ostfriesische Insel Norderney erreicht man mit Zug (bis Norddeich Mole) und Schiff. Zum Strand Weiße Düne geht's mit dem (Miet-)Rad, dem Inselbus oder am Strand lang (ca. 5 km).

Gut zu wissen: Noch ruhiger ist es an der „Oase", eine gute halbe Stunde Strandspaziergang weiter. Zwei Strandsaunen stehen am gemischten FKK-Strand – natürlich mit Meerblick. Erst bei 90 °C aufheizen, dann in der Nordsee abkühlen. Ahoi!

www: norderney.de

Norderney bietet die perfekte Kombination aus Meer, Sand und Sonne

Naturerlebnis
Erholung
Essen & Trinken

FEIERN IN
SAARLOUIS

➔ Warum jetzt? Die Altstadt wird im Sommer zur längsten Open-Air-Theke des Saarlands

Saarlouis hat was. Es ist dieses ganz besondere „Savoir-vivre", wie man es eigentlich nur in Frankreich findet. Kein Wunder, der französische Sonnenkönig Louis XIV. höchstpersönlich hat die Stadt an der Saar 1680 gegründet und von Chefarchitekt Vauban planen lassen. Das Ergebnis gefiel ihm so gut, dass er Saarlouis seinen Namen gab. Und nicht nur das! Auch wenn es die Saarbrückener gar nicht gerne hören werden: Saarlouis ist – pardon – die heimliche Hauptstadt des Saarlandes. Zumindest, was das Feiern angeht! Schon Louis XIV. wusste, wie man es so richtig krachen lässt: Theater, Oper und riesige Feste machten ihn zum absoluten Feierkönig. Ob es an seinem Erbe liegt? In Saarlouis wird jedenfalls immer gefeiert, am liebsten in lauen Sommernächten. In den Gassen der Altstadt, wo einst die Festungssoldaten flanierten, reiht sich eine Lokalität an die andere. Und auch die Kasematten der historischen Festung sind heute voll mit Restaurants, Cafés und Cocktailbars. An der längsten Open-Air-Theke des Saarlands vergisst man schnell die Zeit. Und wenn

Cafés und Restaurants in der Französischen Straße

dann ausgefeiert ist, liegt zum Glück vis-a-vis der Altstadt das „La Maison" (www.lamaison-hotel.de). Eine historische Villa, mitten im Park, mit mehreren Suiten. Hier schläft man formidable!

■ Essen & Trinken
■ Kultur

RUND UM SAARLOUIS

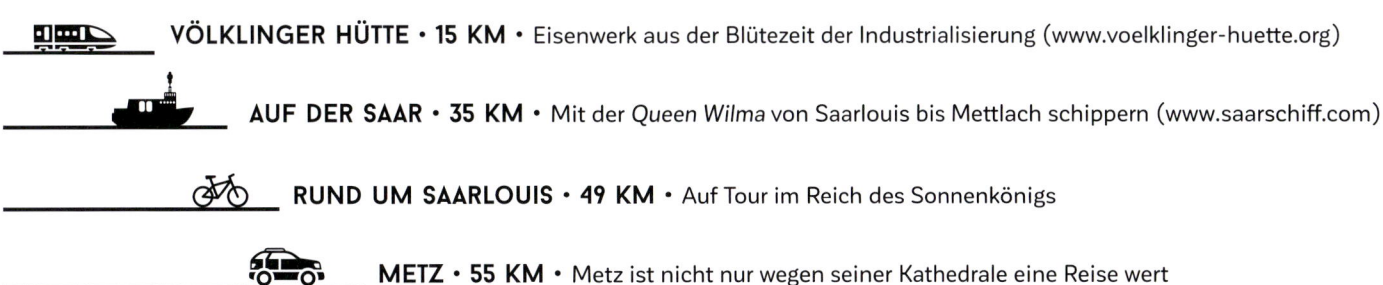

🚄 **VÖLKLINGER HÜTTE · 15 KM ·** Eisenwerk aus der Blütezeit der Industrialisierung (www.voelklinger-huette.org)

🚢 **AUF DER SAAR · 35 KM ·** Mit der *Queen Wilma* von Saarlouis bis Mettlach schippern (www.saarschiff.com)

🚲 **RUND UM SAARLOUIS · 49 KM ·** Auf Tour im Reich des Sonnenkönigs

🚗 **METZ · 55 KM ·** Metz ist nicht nur wegen seiner Kathedrale eine Reise wert

HINDELANGER KLETTERSTEIG
ALLGÄU

Warum jetzt? Viel Fern- und Tief-blick am Hindelanger Klettersteig

Erstmal geht es bequem mit der Nebelhorn-bahn hinauf, dann aber wird's beim Einstieg gleich spannend: Eine 10 Meter hohe Leiter führt rauf zum Grat des westlichen Wengenkopfes. Der Hindelanger Klettersteig ist einer der Klassiker der Alpen, der seit gut 40 Jahren erfahrene und schwindelfreie Bergsteiger begeistert. Fit sollte man für das Abenteuer auf jeden Fall sein, denn für die gut 8 km lange Strecke braucht man je nach Kondition 4 bis 6 Stunden. Nach dem Weg zum 2280 Meter hohen Gipfel, wo bei guter Sicht der Blick bis hinüber zur Schweiz reicht, geht es über felsige Kämme weiter entlang der Stahlseilsicherungen, über Leitern, Felsscharten und exponierte Gratpassagen.

Vor Ort: Wenn die Beine müde sind, ist eine Unterkunft Gold wert, die nur knapp 2 km von der Nebelhornbahn entfernt und mitten im hübschen Oberstdorf liegt: das gemütliche Hotel Sascha's Kachelofen (www.saschas-kachelofen.de).

Gut zu wissen: Für Einsteiger am Hindelanger Klettersteig gibt es eine zwei-stündige Schnupperunde, die über einen Zwischenabstieg zurück zur Bergstation der Nebelhornbahn führt. Aber Achtung: Eine Begehung des Steigs ist ohne alpine Erfahrung und entsprechende Ausrüstung lebensgefährlich.

www: oberstdorf.de/alpininfo/klettersteige/hindelanger-klettersteig.html

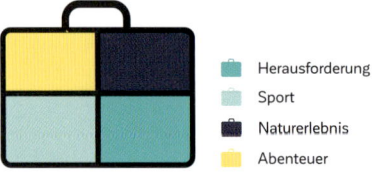

Herausforderung
Sport
Naturerlebnis
Abenteuer

Top of the Mountains am Hindelanger Klettersteig

FILMNÄCHTE AM ELBUFER
DRESDEN

→ **Warum jetzt? Großes Kino vor Altstadtsilhouette**

Kino im Sommer? Wenn, dann bitte unter freiem Nachthimmel und am besten noch vor attraktiver Kulisse. Kein Problem, jedenfalls nicht in Dresden. Dort finden alljährlich im Juli und August die Filmnächte am Elbufer statt: mitten in der Stadt auf den Elbwiesen, im Hintergrund Dresdens phänomenale Bauwerke. 3500 Sitzplätze warten auf die Besucher der Vorführungen aktueller und historischer Filme, 400 der Sitze sind überdacht und befinden sich im oberen Gastrobereich, dem sogenannten Filmgarten. Großes Kino also in romantischen Sommernächten. Und wer es mit Filmen nicht so hat, der sucht sich eines der zahlreichen Konzerte mit nationalen und internationalen Künstlern aus, die das Programm rund um die 55 Filmveranstaltungen vervollständigen.

Vor Ort: Abends Hollywood, tagsüber Zwinger, Semperoper und eine Altstadt, die vor Sehenswürdigkeiten nur so strotzt: Dresden ist natürlich auch abseits der Filmnächte jede Reise wert.

Gut zu wissen: Zur Filmnacht kommst du besser nicht mit dem Auto. Das Gelände am Elbufer befindet sich zwischen der Carola- und der Augustusbrücke auf der Neustädter Seite. An beiden Eingängen gibt es jeweils 200 Fahrradstellplätze. Die nächstgelegenen Straßenbahnhaltestellen sind Carolaplatz und Neustädter Markt.
www: dresden.filmnaechte.de

■ Kultur
■ Essen & Trinken

ÜBERNACHTEN IM BAUMZELT
WITZENHAUSEN

→ **Warum jetzt? Mehr Natur und Abenteuer gehen kaum**

Übernachten in der Natur wird hier ziemlich wörtlich genommen, denn wer sich in einem der Baumzelte von Robins Nest ins Land der Träume begibt, der ist wirklich mittendrin im großen Draußen. Im kleinen nordhessischen Witzenhausen zwischen Göttingen und Kassel stehen neben sechs Baumhäusern auch Baumzelte für eine Nacht unter der Sternenkuppel bereit. Wie kleine Ufos schweben die Schlafstätten zwischen den Bäumen, eine Mischung aus Zelt und straff gespannter Hängematte, in denen man auch gut sitzen kann. In schönen Nächten kannst du das Dach entfernen. Zwischen dir und den Bäumen und Sternen ist dann nur noch kühle Nachtluft. Insektenphobiker beruhigt die Anwesenheit von Moskitonetzen und der Abstand vom Boden, sodass nicht mit ungebetenem Besuch zu rechnen ist.

Vor Ort: Wer gerne wandert, ist hier genau richtig! Nur ein paar Schritte entfernt verströmt das Schloss Berlepsch (www.schlossberlepsch.de) Märchenatmosphäre und auch der Werra Burgensteig (www.werra-burgen-steig-hessen.de) liegt direkt vor der Zeltklappe.

Gut zu wissen: In Robins Nest kommt auch der kulinarische Genuss nicht zu kurz. Die Waldbar hält ein umfangreiches Frühstücksbüfett bereit und auch später muss niemand hungrig oder durstig bleiben.
www: robins-nest.de

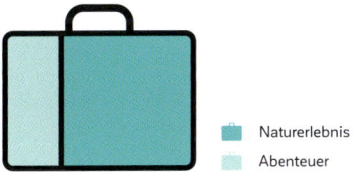

■ Naturerlebnis
■ Abenteuer

UNTERWELTEN
BERLIN

→ **Warum jetzt? Das Pflaster glüht – zum Glück gibt's die Unterwelt**

Alte Bunker, geheimnisvolle Tunnel und verlassene U-Bahn-Schächte: Berlin ist unter der Erde genauso spannend wie darüber. Weil Sprengen nach dem Zweiten Weltkrieg zu gefährlich war, kann man noch heute zu den Lost Places hinabsteigen. Wer sich traut, entdeckt die dunkle Vergangenheit der Hauptstadt. Ziemlich beklemmend. Nicht nur, weil es eng und dunkel im Untergrund ist. Die Touren unter Berlin führen in die dunkle deutsche Geschichte während des Nationalsozialismus und im Kalten Krieg. Ein Luftschutzbunker aus dem Zweiten Weltkrieg für 1300 Menschen. Leere Krankenhausbetten im Schutzraum für einen Atomkrieg. Was für eine Zeitreise. Ab nach unten!

Vor Ort: Der Verein Berliner Unterwelten ist der größte Anbieter für Führungen im Untergrund. Zur Auswahl stehen verschiedene 90 Minuten lange Touren. Tickets gibt es am Tag der Führung im Pavillon neben dem U-Bahnhof Gesundbrunnen. Tour 1 führt direkt in den „Bunker B", in dem auch ein Museum ist.

Gut zu wissen: Wer in Berlins Unterwelt steigen will: Geschlossene Schuhe sind Pflicht. Je nach Tour Taschenlampe mitbringen. Und immer eine Jacke – im Untergrund ist es auch im Hochsommer bis zu 8 °C kühl.

www: berliner-unterwelten.de

Erfahrung & Lernen

STEINBRUCH MICHELNAU
HESSEN

→ **Warum jetzt? Feurige Sommerferien**

Es ist schon ein Weilchen her, dass hier, im größten Vulkangebiet Mitteleuropas, mächtige Feuerspucker aktiv waren – in der Zeit des Tertiär vor 15 bis 19 Millionen Jahren. Am südlichen Rand des heutigen Geoparks Vulkanregion Vogelsberg (www.geopark-vogelsberg.de) liegt der Steinbruch Michelnau, wo du geologisch in eine faszinierende Zeit zurückreisen kannst. Da entstand auch das rote Michelnauer Gestein, dessen Farbe und Struktur in Europa einzigartig ist. Heute geht's hier idyllischer zu, mit Seen, Flüsschen und lieblicher Landschaft. Wer mehr von dieser einst feurigen Region kennenlernen will, kann sich auch aufs Rad schwingen, um den 94 km langen Vulkanradweg (www.vulkanradweg.de) entlangzufahren. Auf der Trasse der ehemaligen Oberwaldbahn mäandert er durch eine reizvolle Wald- und Wiesenlandschaft.

Vor Ort: Besucher wenden sich am besten an die Freunde des Steinbruchs Michelnau e. V., die Führungen für Gruppen und auch Veranstaltungen organisieren, etwa zum Tag des Denkmals.

Gut zu wissen: Der Vulkanradweg verläuft auf dem größten Vulkanmassiv Mitteleuropas und eignet sich perfekt, um Land und Leute im Wetteraukreis kennenzulernen. Von Mai bis Ende Oktober fährt an Wochenenden der Vogelsberger Vulkan-Express, ein Bus mit Fahrradtransport.

www: steinbruch-michelnau.de

Erfahrung & Lernen
Naturerlebnis
Sport

Der Besuchersteinbruch Michelnau ist aufgrund seiner Geologie in Europa einmalig.

HALLIG GRÖDE
SCHLESWIG-HOLSTEIN

Die Hallig Gröde ist einer der abgeschiedensten Orte Deutschlands

→ **Warum jetzt? Ideal für eine sommerliche Auszeit**

Eine der kleinsten Gemeinden Deutschlands hat grade mal um die 17 Einwohner und befindet sich auf Hallig Gröde, einer Marschinsel, die vor der Küste Schleswig-Holsteins mitten im Nationalpark Holsteinisches Wattenmeer liegt. Die Hallig wird nach dem Prinzip der Allmende bewirtschaftet, das heißt, jeder Haushalt besitzt ein Stück Weide- und ein Stück Heuland. Jubel und Trubel gibt's nicht auf dem 277 Hektar großen Eiland, eine von zehn Halligen im Nordfriesischen Wattenmeer. Dafür endlosen Horizont, Ebbe und Flut, Natur, Seevögel und Erholung. Nur bei Flut hat die Insel eine Bootsverbindung zum Festland, so kommen auch die Einkäufe, der Pfarrer oder die Post übers Wasser. Der Sommer hat eine besondere Attraktion zu bieten: Wenn im Juli der Halligflieder blüht, breitet sich auf der Insel ein violettes, herrlich duftendes Blütenmeer aus. Eine Insel, um mal so richtig abzuhängen, zum Angeln, Wattwandern, Baden, Wolken zählen.

Vor Ort: Wer sich einige Tage Auszeit gönnen will, kann es sich in einer der wenigen Ferienwohnungen gemütlich machen (www.groede.de). Über die Vermieterin, die auch einen kleinen Kiosk betreibt, können Lebensmittel auf dem Festland bestellt werden.

Gut zu wissen: Zur Hallig Gröde gibt es keine Festlandsverbindung oder regelmäßig verkehrenden Fährschiffe. Nur während der kurzen Hochwasserzeit besteht für die Schiffsverbindung vom Hafen Schlüttsiel oder Ausflugsschiffe die Möglichkeit, die Hallig zu erreichen.

www: halligen.de/halligwelt/halligen-erleben/hallig-groede

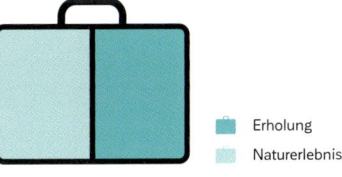

Erholung
Naturerlebnis

LANGEOOG
OSTFRIESLAND

→ **Warum jetzt? Weil – ach, es ist einfach wunderschön**

Ein Sommerurlaub ohne Halligalli: Auf Langeoog versammeln sich Menschen, die den Nordseewind lieben, die salzig-frische Luft genießen, eins sein wollen mit der Natur, keine Autos sehen möchten und vor allem eins suchen: einen Strand, der Platz für alle bietet. Überhaupt spielt sich hier das meiste an dem 14 km langen Sandstreifen ab. Sportler, Kinder, Spaziergänger, Strandkorb-Lieger, Sonnenanbeter: Auf der 20 Quadratkilometer großen Ostfriesischen Insel wird gestaunt, durchgeatmet, innegehalten, geschlemmt, gelaufen, gewandert, auf Pferden geritten. Eines aber wird hier garantiert nicht: Auto gefahren. Mit dem Rad geht es zum Einkauf, ins Schwimmbad und zum Wasserturm-Wahrzeichen, oder einfach nur auf Tour, vorbei an Dünen und Salzwiesen, um sich den frischen Nordseewind um die Nase wehen zu lassen.

Vor Ort: Der Strand auf Langeoog ist in verschiedene Zonen eingeteilt: Es gibt einen Bade-, einen Sport-, einen Hunde-, einen Drachen- und Kite-/Surfstrand und Nichtraucherabschnitte. Unterkünfte von Hotel bis Ferienwohnung kannst du auch auf der Website buchen.

Gut zu wissen: Ein Inselaufenthalt tut viel Gutes für die Physis: Meerwasser, Salz, Algen und Schlick enthalten Mineralstoffe, Vitamine und Spurenelemente, die den Körper verwöhnen und gezielt angewendet sogar heilen können (www.langeoog.de/die-insel/gesundheit-wellness).
www: langeoog.de

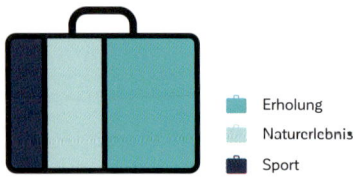

Erholung
Naturerlebnis
Sport

Auf Langeoog findet man Zeit für die netten Dinge des Lebens

NIBELUNGEN-FESTSPIELE
WORMS

→ **Warum jetzt? Weil es Zeit ist für die Nibelungenfestspiele vor dem Kaiserdom**

Was für eine Kulisse! Hier gehören sie einfach hin, vor den gigantischen Wormser Kaiserdom: Drachentöter Siegfried, die bärenstarke Isländerin Brünhild und die rachsüchtige Kriemhild. Und natürlich ganz viel Blut. In der eigenen Blutküche wird es frisch gekocht, aus Rote-Bete-Saft und ganz viel Zucker. Das und noch mehr Geheimnisse erfährt man hinter den Kulissen bei einer Backstage-Führung (www. nibelungenfestspiele.de). Abends pilgern dann Tausende Besucher zum Kaiserdom. Elegante Kleidung ist Pflicht! Je nach Wetter werden Abendkleid und Smoking aber durchaus mutig kombiniert – mit gelbem Regencape. Und immer mit einer großen Tasche. Aus der zaubern fortgeschrittene Operngänger Sitzkissen, Decken, Schals, Strickjacken, ja sogar Planen gegen drohendes Unwetter. Gespielt wird nämlich immer. Bei Wind und Regen. Seit 2002, am Originalschauplatz des Nibelungenliedes. Überhaupt die Nibelungen, eine der bekanntesten deutschen Sagen. Wer mehr über die Geschichte der Nibelungen erfahren will: Vor der Aufführung im Nibelungenmuseum reinschauen (www. nibelungenmuseum.de). Und natürlich im Wormser Dom!

Der Wormser Kaiserdom stammt aus dem 12. Jahrhundert

◼ Kultur
◼ Erfahrung & Lernen

RUND UM WORMS

 ABENHEIMER SKULPTURENWEG · 5 KM · Wandern in den Weinbergen, mit Sunset Spot

🚆 **KLOSTER LORSCH · 17 KM ·** Die Benediktinerabtei aus dem Mittelalter gehört zum Weltkulturerbe

🚆 **MANNHEIM · 20 KM ·** Der Besuch im Reiss-Engelhorn-Museen ist ein Muss (www.rem-mannheim.de)

🚲 **TOUR DE WORMS · 45 KM ·** Genussvoll einmal im Quadrat um die Stadt radeln

August

WANN AM BESTEN WOHIN?

ICH WILL

MIR ETWAS GÖNNEN

LASS UNS AUS-GEHEN

In Hameln sind wieder die Ratten los

AB ANS WASSER

Am Großen Stechlinsee in Brandenburg die Seele baumeln lassen

Für Kinder sind die Strände von Baltrum wie ein riesiger Sand-kasten

ESSEN & TRINKEN

FEIERN

AUF IN DIE STADT

SAALE-UNSTRUT S. 179	HALLE S. 182
SCHWÄBISCHE ALB S. 181	BREMEN S. 182
LEIPZIG S. 182	ROSTOCK S. 188

SÜSS

SALZIG

GROSSER STECHLINSEE S. 177
CHIEMSEE S. 184
DRESDEN S. 186

BALTRUM S. 176

GROSS

KLEIN

BAMBERG S. 189	TANGERMÜNDE S. 183

Beim Laternenfest in Halle gibt es auch großartige Live-Acts zu hören und zu sehen

Nicht in München gibt es das beste bayerische Bier, sondern in Bamberg

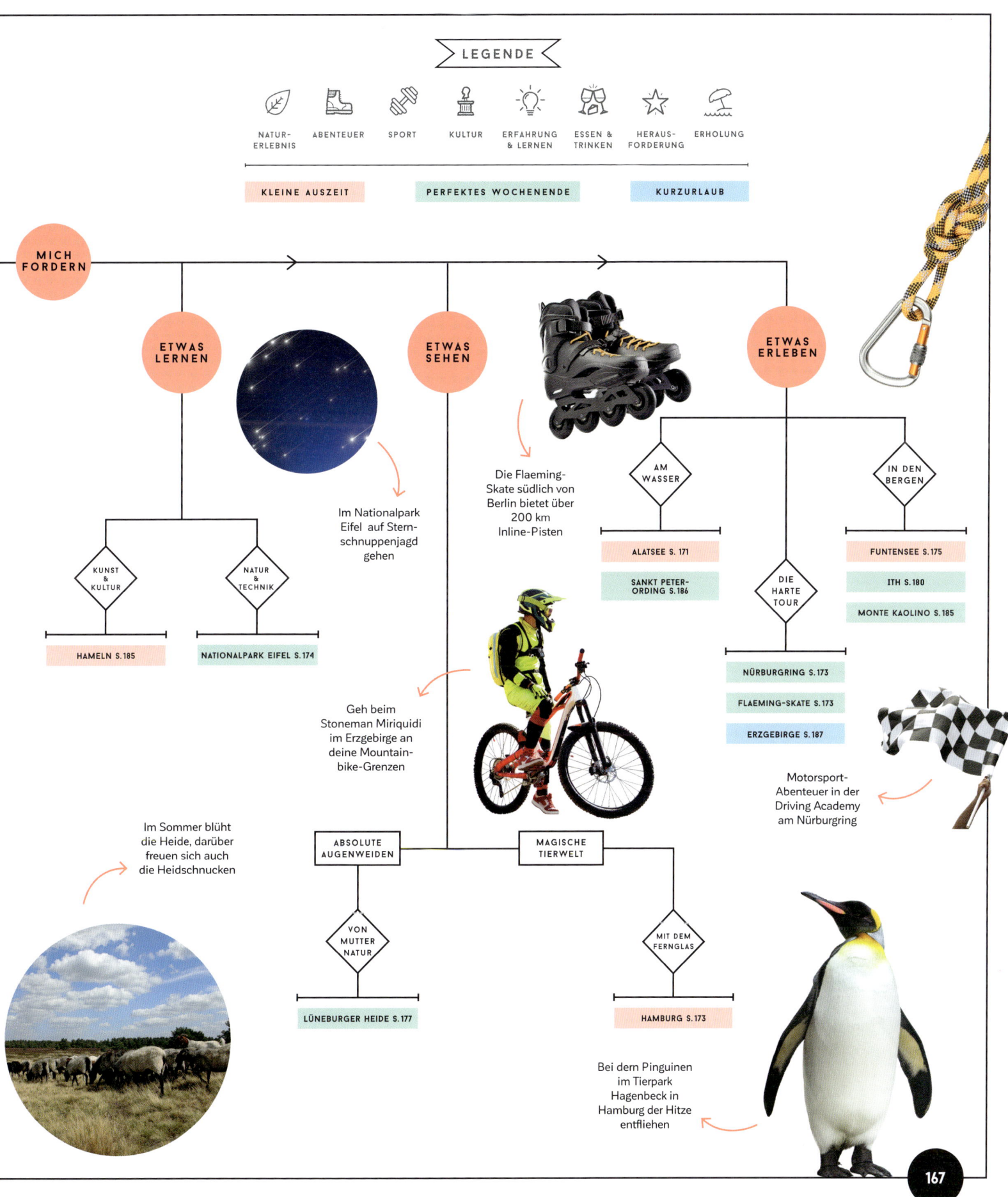

LEGENDE

NATUR-ERLEBNIS	ABENTEUER	SPORT	KULTUR	ERFAHRUNG & LERNEN	ESSEN & TRINKEN	HERAUS-FORDERUNG	ERHOLUNG

KLEINE AUSZEIT   PERFEKTES WOCHENENDE   KURZURLAUB

MICH FORDERN

ETWAS LERNEN

ETWAS SEHEN

ETWAS ERLEBEN

Im Nationalpark Eifel auf Sternschnuppenjagd gehen

Die Flaeming-Skate südlich von Berlin bietet über 200 km Inline-Pisten

KUNST & KULTUR

NATUR & TECHNIK

AM WASSER

IN DEN BERGEN

HAMELN S. 185

NATIONALPARK EIFEL S. 174

ALATSEE S. 171

SANKT PETER-ORDING S. 186

FUNTENSEE S. 175

ITH S. 180

MONTE KAOLINO S. 185

DIE HARTE TOUR

NÜRBURGRING S. 173

FLAEMING-SKATE S. 173

ERZGEBIRGE S. 187

Geh beim Stoneman Miriquidi im Erzgebirge an deine Mountainbike-Grenzen

Motorsport-Abenteuer in der Driving Academy am Nürburgring

Im Sommer blüht die Heide, darüber freuen sich auch die Heidschnucken

ABSOLUTE AUGENWEIDEN

MAGISCHE TIERWELT

VON MUTTER NATUR

MIT DEM FERNGLAS

LÜNEBURGER HEIDE S. 177

HAMBURG S. 173

Bei dern Pinguinen im Tierpark Hagenbeck in Hamburg der Hitze entfliehen

KIEL

ROSTOCK

SANKT PETER-
ORDING S.186

ROSTOCK S.188

BALTRUM S.176

HAMBURG

HAMBURG S.173

BREMEN

BREMEN S.182

LÜNEBURGER HEIDE S.177

GROSSER
STECHLINSEE S.177

BERLIN

HANNOVER

TANGERMÜNDE S.183

ITH S.180

FLAEMING-SKATE S.173

MÜNSTER

HAMELN S.185

HALLE S.182

DORTMUND

LEIPZIG S.182

ESSEN

LEIPZIG

DÜSSELDORF

SAALE-UNSTRUT S.179

KÖLN

KASSEL

DRESDEN

ERFURT

NATIONALPARK EIFEL S.174

DRESDEN S.186

ERZGEBIRGE S.187

NÜRBURGRING S.173

FRANKFURT/MAIN

BAMBERG S.189

SAARBRÜCKEN

MONTE KAOLINO S.185

NÜRNBERG

STUTTGART

SCHWÄBISCHE ALB S.181

FREIBURG

MÜNCHEN

CHIEMSEE S.184

FUNTENSEE S.175

ALATSEE S.171

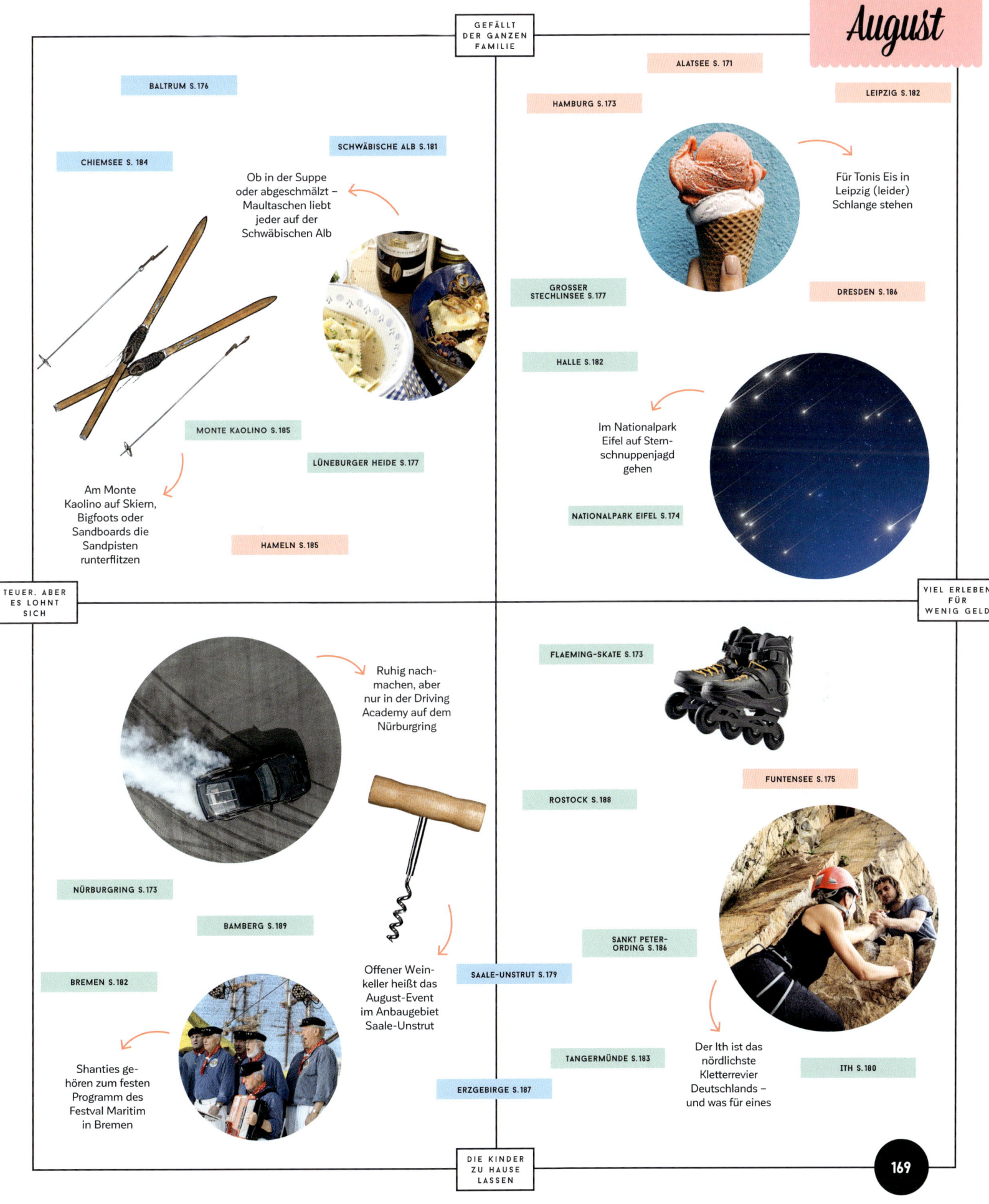

GEFÄLLT DER GANZEN FAMILIE

ALATSEE S. 171

BALTRUM S. 176

HAMBURG S. 173

LEIPZIG S. 182

SCHWÄBISCHE ALB S. 181

CHIEMSEE S. 184

Ob in der Suppe oder abgeschmälzt – Maultaschen liebt jeder auf der Schwäbischen Alb

Für Tonis Eis in Leipzig (leider) Schlange stehen

GROSSER STECHLINSEE S. 177

DRESDEN S. 186

HALLE S. 182

Im Nationalpark Eifel auf Sternschnuppenjagd gehen

MONTE KAOLINO S. 185

LÜNEBURGER HEIDE S. 177

Am Monte Kaolino auf Skiern, Bigfoots oder Sandboards die Sandpisten runterflitzen

NATIONALPARK EIFEL S. 174

HAMELN S. 185

TEUER, ABER ES LOHNT SICH

VIEL ERLEBEN FÜR WENIG GELD

FLAEMING-SKATE S. 173

Ruhig nachmachen, aber nur in der Driving Academy auf dem Nürburgring

FUNTENSEE S. 175

ROSTOCK S. 188

NÜRBURGRING S. 173

BAMBERG S. 189

SANKT PETERORDING S. 186

Offener Weinkeller heißt das August-Event im Anbaugebiet Saale-Unstrut

BREMEN S. 182

SAALE-UNSTRUT S. 179

Shanties gehören zum festen Programm des Festval Maritim in Bremen

TANGERMÜNDE S. 183

Der Ith ist das nördlichste Kletterrevier Deutschlands – und was für eines

ERZGEBIRGE S. 187

ITH S. 180

DIE KINDER ZU HAUSE LASSEN

ALATSEE
ALLGÄU

→ **Warum jetzt? Abkühlen im klaren Bergseewasser**

Achtung, dieses Ziel ist nur etwas für Mutige! Der Alatsee, 6 km westlich von Füssen im Ostallgäu gelegen, ist unermesslich tief und birgt ein wildes Ungeheuer, das Schwimmern auflauert. Nachts hallen in der Gegend Stimmen, die verzweifelt um Hilfe rufen, durch die Dunkelheit. Soweit die Sagen und Gerüchte, die man sich um den wild-romantischen Alatsee erzählt. Ein Strandbad mit Infrastruktur und Halligalli sucht man hier vergebens – genau das macht einen Ausflug zu dem frei zugänglichen See zu einem tollen Naturerlebnis.

Vor Ort: Ein Ufer des geheimnisumwitterten Sees verläuft direkt an der deutsch-österreichischen Grenze in der Naturparkregion Reutte. Die Wassertemperatur steigt auch im Hochsommer kaum einmal über 20 °C. Um den Alatsee führt ein 1,6 km langer, kinderwagentauglicher Weg. Drumherum gibt es Wanderwege, die durch die idyllische Landschaft und zu umliegenden Sehenswürdigkeiten wie etwa der Burg Falkenstein (www.pfronten.de/familie/burgen-schloesser/burgruine-falkenstein) führen. Vom Bahnhof Füssen aus ist der See per pedes in einer Stunde zu erreichen.

Gut zu wissen: Der Alatsee wird auch „Der blutende See" genannt. Diese Bezeichnung braucht einen nicht in Angst und Schrecken versetzen: Ab einer Tiefe von etwa 15 Metern liegt eine rot gefärbte Schicht von Purpur-Schwefelbakterien. Das Wasser darüber ist jedoch klar und das Baden völlig unbedenklich.

www: pfronten.de/aktiv/baeder-seen/badeseen/alatsee

■ Naturerlebnis
■ Erholung

Viele halten den Alatsee bei Füssen für den schönsten See Deutschlands

Pinguine fühl
sich seit 2012 [
Hagenbeck
Hamburg wo

(L) Flaeming-Ska
der Skater-Traum
Brandenbu
(R) Renntraining a
Nürburgri

SCHNELLE RUNDEN AM NÜRBURGRING

→ **Warum jetzt? Rasantes Sommererlebnis der Extraklasse**

Rasen? Aber bitte doch! Wer mit seiner Karosse mal in den Vollgasmodus schalten möchte, geht am besten am Nürburgring an den Start. Im Sommer bieten sich dafür die besten Konditionen. An festen Terminen stehen die legendäre Nordschleife oder die Grand-Prix-Strecke für Touristenfahrten offen. Hier darf jeder nach Belieben seine Rennfahrerqualitäten mit dem eigenen Pkw testen. Oder bist du lieber Co-Pilot? Dann schnall dich an und erlebe die rasanteste Taxifahrt deines Lebens an der Seite eines professionellen Rennfahrers in einem Geschoss mit rund 600 Pferdestärken unter der Haube.

Vor Ort: Die Nürburg Driving-Academy bietet Fahrerlebnisse für jedermann an. Die Programme umfassen neben Co-Pilot-Fahrten auch Formeltrainings, bei denen du das Fahren und Beherrschen reinrassiger Formel-Wagen erlernen kannst, sowie Sportfahrertrainings, Fahrsicherheitstrainings und Offroad-Fahrten mit dem Quad oder Geländewagen. Das Ringwerk bietet als Erlebnismuseum Motorsport-Abenteuer für die ganze Familie.

Gut zu wissen: Öffnungszeiten und Preise findest du auf der Nürburgring-Website. Die Angebote eignen sich auch für Gruppenveranstaltungen und sind jeweils online buchbar.

www: nuerburgring.de

EISMEER HAGENBECK HAMBURG

→ **Warum jetzt? Von Hamburg an den Nordpol – gar nicht weit**

Man muss nicht gleich in die Antarktis oder zum Nordpol reisen, um schnaubende Walrosse, stolze Eisbären und muntere Pinguine zu treffen. Besonders gut – der August kann schließlich ganz schön schweißtreibend sein – geht das in der Eismeeranlage des Tierparks Hagenbeck in Hamburg. Dort kannst du der Sommerhitze entfliehen und mit den wilden Tieren der Polarregionen praktisch auf Tuchfühlung gehen. Die Expedition führt über einen 750 Meter langen Rundweg direkt ins Zentrum der großzügigen Anlage. Durch 14 große Glasscheiben lassen sich von dort aus die Tiere in ihren Eisbecken beobachten. Eine Hauptattraktion ist die einzige Walrossherde Deutschlands, der ein besonders großes und tiefes Becken zur Verfügung steht.

Vor Ort: Der Tierpark Hagenbeck zählt zu den ältesten seiner Art in Deutschland. Bis heute ist er ein Tierpark ohne Gitter: Lediglich tiefe Gräben, teils mit Wasser gefüllt, trennen tierische Bewohner und Menschen voneinander.

Gut zu wissen: Wer den gesamten Park erkunden möchte, braucht Kondition und Zeit, denn das Gelände erstreckt sich auf 25 Hektar. Die schön gestaltete Grünanlage hat auch architektonisch einiges zu bieten. Sehenswert ist beispielsweise das historische Jugendstiltor mit seinen Elefantenköpfen am ehemaligen Haupteingang.

www: hagenbeck.de

FLAEMING-SKATE BRANDENBURG

→ **Warum jetzt? Luftgekühlt durchs schöne Brandenburg**

„Black Ice" nennen manche Europas längste Skaterbahn. Wer hier einmal gerollt ist, weiß, warum: Es fühlt sich an wie Eislaufen ohne Eis, dafür auf super-glattem, dunklem Asphalt. Die Flaeming-Skate südlich von Berlin bietet rund 230 km feinste Inline-Pisten. Sie führen mitten durch Brandburg, durch Wald, Wiesen und Dörfer. Das Beste: Autos sind verboten. Wenn die Sonne scheint, ist die beste Zeit für ein Abenteuer auf Rollen. Kurz oder lang, eben oder hügelig: Bei acht Rundkursen ist für jeden was dabei. Wer will, lädt sich die Strecke aufs Smartphone. 30 bis 40 km schaffen selbst Anfänger am Tag. Oder gleich 'ne Mehrtagestour? Ob Anfänger oder Freak, das wichtigste ist und bleibt das Bremsen. Also besser nochmal trainieren. Und dann: Ab auf die Rolle!

Vor Ort: Direkt an der Strecke liegt die Skate-Arena Jüterborg. Perfekt für eine Trainingseinheit, entweder auf der 200 Meter langen Profibahn oder auf dem 500 Meter langen Straßenkurs mit Kurven, Steigungen und Abfahrten. Wer hier sicher bremst, ist startklar für die Flaeming-Skate.

Gut zu wissen: Ohne Schutzausrüstung geht besser niemand auf Tour. Helm, Knie-, Ellbogen- und Handgelenksschützer sind Pflicht. Und wer sich nicht so sicher auf den kleinen Rollen fühlt: Die Flaeming-Skate macht auch mit dem Fahrrad Spaß!

www: flaeming-skate.de

- Herausforderung
- Abenteuer
- Sport

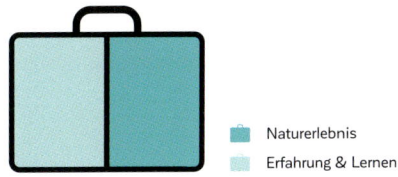

- Naturerlebnis
- Erfahrung & Lernen

- Sport
- Naturerlebnis

Spektakuläre Lang-
zeitbelichtung eines
Meteorschauers

Das 2045 Meter
hohe Schottmalhorn
spiegelt sich im
Funtensee

STERNSCHNUPPEN
NATIONALPARK EIFEL

→ Warum jetzt? August ist Perseidenzeit

Für Nachtschwärmer und Sternengucker ist der August der Wonnemonat schlechthin. Wer in klaren Nächten den Blick gen Himmel richtet, sieht das Aufleuchten unzähliger Sternschnuppen am Firmament. Grund dafür sind die Perseiden – ein alljährlich wiederkehrender Meteorschauer, der um den 12. August seinen Höhepunkt erreicht. Ausgerechnet im dicht besiedelten Nordrhein-Westfalen gibt es einen Ort, an dem Sterne, Sternbilder und Sternschnuppen ohne störendes, künstliches Licht zu bestaunen sind: Das Schutzgebiet National-

park Eifel hat sich mit seinem funkelnden Himmel offiziell als Sternenpark qualifiziert.

Vor Ort: Auf dem Internationalen Platz Vogelsang befindet sich die Sternwarte (www.sterne-ohne-grenzen.de). Hier bietet die Astronomie-Werkstatt „Sterne ohne Grenzen" regelmäßig Veranstaltungen zu Sonne, Mond und Sternen an – und das in deutscher sowie in englischer Sprache. Dazu gehören Multimedia-Präsentationen, Ausstellungen, Workshops sowie Führungen unter dem freien Nachthimmel, natürlich ausgerüstet mit Teleskopen und Ferngläsern.

Gut zu wissen: Die Termine finden nur bei klarem Wetter statt. Anmeldungen sind erforderlich. Beim nächtlichen Sternengucken solltest du mit warmer Kleidung, guten Schuhen und vor allem Mückenschutz ausgestattet sein.

www: nationalpark-eifel.de/de/national park-erleben/sternenpark

■ Naturerlebnis
■ Erfahrung & Lernen

ABKÜHLUNG IM
FUNTENSEE

→ **Warum jetzt? Weil es heiß ist. Und der Funtensee eiskalt**

Wo liegt der kälteste Ort Deutschlands? Genau: am Funtensee im Nationalpark Berchtesgaden. Um Weihnachten herum ist ein Besuch nicht unbedingt empfehlenswert – außer, man möchte sich einmal fühlen wie in einem waschechten sibirischen Winter, hier wurde es nämlich schon bis minus 40 °C kalt. Im Hochsommer ist der Funtensee für Abkühlung suchende Wanderer ein idealer Ort: Die Wassertemperatur des idyllischen Gebirgssees liegt kaum über 18 °C – da wird ein Bad auf jeden Fall erfrischend. Der Funtensee liegt auf rund 1600 Meter Meereshöhe im Steinernen Meer, dem Hochplateau zwischen Königssee und dem Hochkönigmassiv. Besonders viele Badegäste sind hier nicht zu erwarten, denn der abgelegene Ort ist nur über steile Serpentinenpfade zu erreichen. Vom Parkplatz in Schönau am Königssee aus dauert die Wanderung etwa 4 Stunden.

Vor Ort: Das Kärlingerhaus (www.kaerlinger haus.de), etwas oberhalb vom See gelegen, wird von Ende Mai bis Mitte Oktober bewirtschaftet. Die Alpenvereinshütte bietet außerdem einfache Schlafplätze und ist ein hervorragender Ausgangspunkt für weitere Bergtouren.

Gut zu wissen: Wer im Kärlingerhaus übernachten möchte, sollte vorher online reservieren. Auf der Hütte kann nur bar bezahlt werden.

www: berchtesgaden.de/funtensee

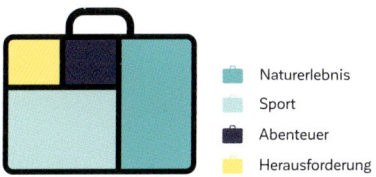

Naturerlebnis
Sport
Abenteuer
Herausforderung

175

KINDERGLÜCK AUF BALTRUM

→ **Warum jetzt? Erfrischendes Insel-Feeling im Hochsommer**

Drückend heiß? Fehlanzeige. Auf der kleinen, feinen Nordseeinsel ist es auch im Hochsommer immer erfrischend und erholsam. Man ist autofrei mit dem Fahrrad, zu Fuß oder mit der Pferdekutsche unterwegs, Strand, Meer, Natur und Ruhe sind die Highlights. Und: Man ist auf Baltrum bald rum, denn eine Wanderung um die ganze Insel ist etwa 15 km lang und dauert nur ein paar Stunden. Auf der kleinsten ostfriesischen Insel leben etwa 475 Menschen. Sie kümmern sich in erster Linie um die vielen Besucher, die das Eiland ganzjährig beleben. Besonders gut lässt sich Baltrum kennenlernen, indem man dem Gezeitenpfad folgt: 7 km kreuz und quer über die Insel, vorbei an den wichtigsten Punkten wie den Wattflächen, der Strandpromenade, der Aussichtsplattform, dem Badestrand und der Dünenlandschaft. 19 Erklärstationen begleiten die Wanderer auf ihrem Weg.

Vor Ort: Baltrum ist ein ideales Ziel für Familien. Nicht nur der lange Strand, auch Onnos Kinnerspöölhus (www.baltrum.de/die-kinderinsel) mit überdachtem Spielplatz ist ein Paradies für Kinder. Das Infozentrum Nationalparkhaus bietet Wattwanderungen speziell für Kinder an.

Gut zu wissen: Regenwetter? Dann lass es dir gut gehen im SindBad – dem Freizeitbad mit Meerwasserbecken, Wellnessbereich und Sauna.

www: baltrum.de

Kescher und Eimer gehören an der Nordsee zur Grundausrüstung der Kinder

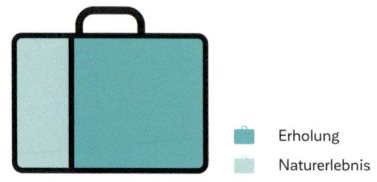

■ Erholung
■ Naturerlebnis

176

LÜNEBURGER HEIDE

→ **Warum jetzt? Die Heide blüht – ein Farbentraum**

Pferdekutschen zählen nicht gerade zu den weitverbreiteten Verkehrsmitteln. Der Naturpark Lüneburger Heide genießt in dieser Hinsicht einen besonderen Status, hier gehören die von zwei kräftigen Kaltblütern gezogenen Boten einer anderen Zeit einfach dazu. Eine gemütliche Fahrt durch das landschaftliche Idyll, wenn im August und September die Heide blüht und die Region unter einem violetten Blütenteppich liegt, darfst du dir auf keinen Fall entgehen lassen. Es gibt zahlreiche Abfahrtsstellen der Kutschen und viele verschiedene Routenoptionen. Manche Gegenden wie etwa der romantisch gelegene, autofreie Ort Wilsede sind ausschließlich mit der Kutsche, dem Rad oder zu Fuß erreichbar. Mit einem engen Netz von Wegen lädt die Heide nicht nur zum Kutschfahren, sondern auch zu ausgiebigen Rad- und Wandertouren ein.

Vor Ort: Die höchste Erhebung in der Heide, der Wilseder Berg (knapp 170 Meter), ist über einen 1,5 km langen Sandweg zu erreichen. Von dort aus haben Besucher einen tollen Ausblick über die lila blühende Landschaft.

Gut zu wissen: Die Heideblüte von Anfang August bis Mitte September ist in der Lüneburger Heide die beliebteste Reisezeit. Wer diesen besonderen Höhepunkt miterleben möchte, sollte sich rechtzeitig um eine Unterkunft bemühen.

www: naturpark-lueneburger-heide.de

Erholung
Naturerlebnis

GROSSER STECHLINSEE BRANDENBURG

Der Große Stechlinsee besticht durch seine herausragende Wasserqualität

→ **Warum jetzt? Wunderbar erfrischendes Wasser**

„Der Stechlin", wie der eiszeitliche See bei seinen Fans heißt, ist mit seinen maximal 70 Metern Tiefe nicht nur der tiefste See Ostdeutschlands, er ist auch einer der letzten großen Klarwasserseen Norddeutschlands. Natur pur sozusagen, was aber auch kein Wunder ist, denn der Schutz der Landschaft wird hier großgeschrieben: Baden ist nur an einigen Stellen erlaubt, und auch Tauchen geht nur in bestimmten Zonen. Das Naturerlebnis ist dafür umso schöner, zum Beispiel bei einer rund 14 km langen Wanderung von Neuglobsow aus rund um den See. Buchenwälder, Moore und Moorwälder prägen die Landschaft, in der sich Sumpfschildkröten oder Fischotter, Kraniche, Eisvögel, Fisch- und Seeadler so richtig wohl fühlen.

Vor Ort: In direkter Nachbarschaft liegt der kleine Erholungsort Neuglobsow. Hier kannst du im Glasmacherhaus-Museum viel Interessantes über die Geschichte der Glasbläserei des Ortes erfahren. Atmosphärisch übernachten lässt es sich im Künstlerhof am Roofensee in Menz (www. kuenstlerhof-roofensee.de), rund 3 km entfernt.

Gut zu wissen: Der Große Stechlinsee liegt im Norden des Naturparks Stechlin-Ruppiner Land (www.stechlin-ruppiner-land-naturpark.de) in der Mark Brandenburg, wo 180 Seen und weite Waldgebiete eine einmalige Landschaft bilden.

www: stechlin.de

Erholung
Naturerlebnis
Erfahrung & Lernen
Sport

OFFENER WEINKELLER
SAALE-UNSTRUT

→ **Warum jetzt? Zeit für eine Weinprobe an Saale und Unstrut**

Du wolltest immer schon wissen, wie Trauben angebaut werden, wie sie in die Flasche kommen und ganz besondere Noten entfalten? Dann kommen die Tage des offenen Weinkellers und Weinbergs Anfang August wie gerufen! Rund 50 Winzer und Stationen entlang der Weinstraße Saale-Unstrut weihen Neugierige in die Geheimnisse des Kelterns ein – inklusive Führungen durch die Weinberge sowie Kellerbesichtigungen und Verkostungen wie zum Beispiel beim Hoffest auf dem Weingut Klaus Böhme (weingut-klaus-boehme.de) in Kirchscheidungen. Für Bewegungsfreudige gibt es Wanderungen durch die Weinberge oder Kanufahrten auf Saale und Unstrut. Die Szenerie könnte nicht beeindruckender sein: Steil terrassierte Rebhänge mit jahrhundertealten Trockenmauern werden überragt von mittelalterlichen Burgen, die auf umliegenden Bergzügen thronen.

Vor Ort: Der dramatische Höhepunkt der Tage des offenen Weinkellers ist die Lichternacht im Herzoglichen Weinberg in Freyburg (www.herzoglicher-weinberg.de). Eine Lasershow verwandelt den Weinberg in eine bunt-surreale Welt. Außerdem sind an diesem Wochenende Museen und Werkstätten geöffnet.

Gut zu wissen: Auch die Sektkellerei Rotkäppchen (www.rotkaeppchen.de) in Freyburg macht mit beim offenen Weinkeller. Ein Blick hinter die Kulissen der DDR-Kultmarke und einer der beliebtesten Sektmarken des wiedervereinigten Deutschlands ist auf jeden Fall eine Reise wert.

www: saale-unstrut-tourismus.de

- Essen & Trinken
- Erfahrung & Lernen
- Naturerlebnis
- Sport

Der Steinmeister ist einer jener typischen alten Weinberge mit steilen Treppen und Steinmäuerchen

KLETTERN IM ITH

→ **Warum jetzt? Kletterer gibt's auch im Norden**

Sommer, Sonne, Ferien, also: Rauf auf den Fels! Norddeutschland jedoch ist nicht gerade für seine Gebirge berühmt. Einige Erhebungen gibt es aber doch, wenngleich man mit dem einen oder anderen Älpler darüber streiten könnte, ob der Begriff „Gebirge" im Einzelfall zutreffend ist. Die letzte Hügelkette vor der Nordseeküste ist der Ith: Ein immerhin bis zu 439 Meter hoher Mittelgebirgszug in Niedersachsen, 40 km südwestlich von Hannover. Mit seiner Ausdehnung von 22 km ist er Norddeutschlands längster Klippenzug – und lädt zu nordisch-felsigen Klettertouren ein: Der Bergrücken wartet mit 112 Felsen und über 1400 Routen auf. Hier stimmt aber nicht nur die Quantität, sondern auch die Qualität: Kletterer sind sich einig, dass sich der löchrige Kalk in Gebieten wie den Lüerdissener oder Holzener Klippen mit den weltweit schönsten Kalkgebieten messen kann.

Vor Ort: In einer Kletterpause lohnt sich eine Besichtigungstour durch Hameln mit seinen schönen Fachwerkhäusern, hübsch anzusehen sind auch Alfeld und die Braustadt Einbeck.

Gut zu wissen: Sommer heißt auch: Zeit fürs Campen. Auf dem Ith-Campingplatz in Capellenhagen (www.ithcampingplatz.de) treffen sich Kletterer und Wanderer und tauschen ihre Erfahrungen aus.

www: ig-klettern-niedersachsen.de

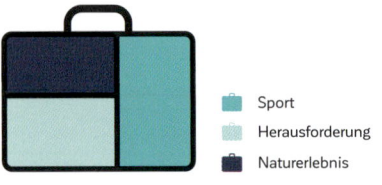

Sport

Herausforderung

Naturerlebnis

Die Lüerdissener Klippen zählen zu den beliebtesten Kletterfelsen im Ith

Maultaschen sind eine heißgeliebte schwäbische Spezialität

URLAUBSPARADIES
SCHWÄBISCHE ALB

→ Warum jetzt? Endlos schwäbischer Sommerspaß

„Do isch es oifach wonderschee." Ja, ganz schön schwäbisch geht es zu auf der Alb, dem imposanten Hochplateau südlich und östlich von Stuttgart. Und es ist in der Tat: wunderschön. Schwer zu sagen, was man hier an einem schönen Sommertag unternehmen soll. Ein kleiner Rundumschlag: Fahre Kanu auf der romantischen Großen Lauter, wandere auf Premiumwanderwegen, die zu Deutschlands schönsten Pfaden zählen, erkunde fantastische Höhlen, radele durch Wälder, Wiesen, Felder, über sanfte Berge und durch liebliche Täler, besichtige prunkvolle Schlösser, alte Ritterburgen und geheimnisvolle Ruinen, unternimm eine Abenteuerreise in die Vergangenheit und erforsche die Geheimnisse der uralten Karstlandschaft der Schwäbischen Alb – darunter Vulkanschlote, Korallenriffe, türkisfarbene Quellen und die ältesten Kunstwerke der Menschheit. Und: Versäume auf keinen Fall all die kulinarischen Spezialitäten, für die die Region berühmt ist.

Vor Ort: Die Schwäbische Alb (www.schwaebischealb.de) besitzt fünf UNESCO-Zertifikate. Neben den Höhlen mit ihrer Eiszeitkunst (www.schwaebische alb.de/kultur/eiszeitkunst) sind der Limesgrenzwall (www.limesstrasse.de) und die Pfahlbauten des Steinzeitdorfs Ehrenstein (www.steinzeitdorf-ehrenstein.de) Welterbestätten. Außerdem trägt die schwäbische Landschaft die Auszeichnungen Global Geopark und Biosphärenreservat.

Gut zu wissen: Es gibt Lexika „Schwäbisch-Hochdeutsch". Reinhören muss man sich trotzdem – und ja nicht versuchen, selber zu schwätzen!

www: schwaebischealb.de

Naturerlebnis
Erholung
Kultur
Essen & Trinken
Erfahrung & Lernen

181

STADTBUMMEL MIT EIS
LEIPZIG

→ **Warum jetzt? Ein Sommer ohne Eis? Geht gar nicht**

Was gibt es Schöneres, als bei ordentlich Sommerhitze ein Eis zu schlecken? Am besten natürlich nach einem erfrischenden Bad. Nichts leichter als in Leipzig, wo man erst in den Cospudener See springt und sich dann in die schöne Innenstadt aufmacht. Hier zieht es Fans gefrorener Leckerbissen magisch in die Könneritzstraße oder zum Thomaskirchhof zu Tonis organic icecream. Geschmacksverstärker, künstliche Aroma- oder Farbstoffe? Fehlanzeige! Hier ist alles handgemacht und aus besten, wenn möglich, regionalen Zutaten. Dermaßen gerüstet ist es ein Leichtes, sich auf Entdeckungstour durch Leipzig zu begeben. Schon wieder Abkühlung nötig? Ein Eis geht immer …

Vor Ort: Gleich gegenüber der Eisdiele am Thomaskirchhof liegt die sehenswerte Thomaskirche, in der Johann Sebastian Bach 27 Jahre lang Kantor war. Ein Blick in das kühle Innere lohnt sich allein schon wegen des schönen Kreuzrippengewölbes.

Gut zu wissen: Tonis organic icecream gehörte 2019 zu den beliebtesten Eisdielen Deutschlands – neben Hokey Pokey in Berlin oder Eisliebe in Hamburg.
www: vegan-icecream.de

LATERNENFEST
HALLE

→ **Warum jetzt? Das Laternenfest reißt Ende August (H)alle mit**

Ganz Halle zieht es beim jährlichen Laternenfest zur idyllischen Auenlandschaft der Saale am Fuße der Burg Giebichenstein. Alles im und am Fluss ist mit unzähligen Lichtern geschmückt und zwischen Ziegelwiese, Amselgrund, Peißnitzinsel und Riveufer lockt ein vielfältiges Programm, das jedes Jahr etwas variiert. Livemusik ist allerdings immer dabei, genauso wie das Fischerstechen, die Leuchtenden Boote, das Saaleschwimmen, das Entenrennen oder der Laternenumzug. Auf das Höhenfeuerwerk musste allerdings schon einmal wegen lang anhaltender Trockenheit verzichtet werden, dafür gab's eine Lasershow zur Musik von Georg Friedrich Händel.

Vor Ort: Am Sonntag verlegt das Laternenfest seinen Fokus meist Richtung Wasser, dann steigen die Wettbewerbe rund ums Saaleschwimmen sowie Rudern und Drachenbootfahren. Besonders Mutige messen sich im Brückenspringen von der Giebichensteinbrücke, was auch die alten Salzsieder schon wagten.

Gut zu wissen: Das Laternenfest gibt es seit 1928, allerdings reicht die Geschichte des Festes deutlich weiter zurück, zu den Pfännern und Salzsiedern und deren Brauchtum.
www: halle365.de/laternenfest

FESTIVAL MARITIM
BREMEN

→ **Warum jetzt? Musik übers Meer und die Seefahrt Anfang August**

Schiff ahoi und Leinen los? Passt perfekt, denn es sind die Musiker der Seamusic-Szene, die beim Internationalen Festival Maritim mit Shanties, Irish und Scottish Folk oder Bluegrass über das harte Leben der Seeleute und die Sehnsucht nach dem Meer singen. Mal modern, mal nostalgisch oder genial originell, aber immer mit dem Atem der Ozeane. Ein Wochenende lang herrscht im Bremer Stadtteil Vegesack Dezibel-Alarm, wenn an die 120 000 Besucher die gut 30 Bands und Gruppen aus aller Welt feiern. Aber vor allem geht es um eine gigantische Stimmung und richtig coole Musik am nördlichen Bremer Weserufer, auf der maritimen Meile. Hier sind die zehn Bühnen auf einer Länge von 1852 Metern auf dem Festivalgelände platziert. Was genau einer Seemeile entspricht.

Vor Ort: Wer stilecht schlafen will, kann auf dem „Schulschiff Deutschland" (www.schulschiff-deutschland.de) für die Übernachtung anheuern. Der schnittige Rahsegler ankert nah beim Festivalgelände und lässt waschechtes Seemannsgefühl aufkommen. Das Inventar ist original erhalten und neben 60 Betten gibt es auch noch ein kleines Museum.

Gut zu wissen: Drei Tage Musik mit knapp 200 Konzerten warten auf die Besucher. Das Finale mit allen Gruppen findet am Sonntagabend statt.
www: festival-maritim.de

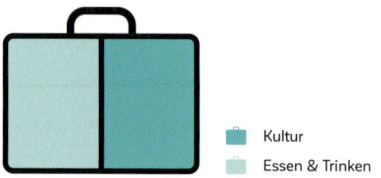

■ Essen & Trinken

■ Essen & Trinken
■ Kultur

■ Kultur
■ Essen & Trinken

ZEITREISE IN TANGERMÜNDE

→ **Warum jetzt? Traumhafte Sommertage in der Altmark**

Die Zeit, so scheint es, spielt in Tangermünde in Sachsen-Anhalt eine ganz besondere Rolle. Wer aus dem etwa 1,5 Bahnstunden entfernten Berlin kommt, hat den Eindruck, sie vergehe hier langsamer. Gemütlich geht es zu, zwischen architektonischen Juwelen der Backsteingotik und schönen Fachwerkhäusern unter dem 94 Meter hohen Turm der St. Stephanskirche. Und das schon seit mehr als 1000 Jahren, auf einer Hochfläche über der Elbe: Das Leben in „Deutschlands schönster Kleinstadt" hat seinen Rhythmus behalten. Natürlich kommen jetzt mehr Touristen, parken ihre Wohnmobile vor der einmal rundum laufenden Stadtmauer oder wohnen in einem der acht Hotels oder in einer der vielen Ferienwohnungen. Bestaunen das prachtvolle Backsteinrathaus, probieren das lokale Kuhschwanz-Bier (heißt wirklich so!) in der „Zecherei Nikolai", radeln durch die weite Elblandschaft und schauen den Störchen hinterher. Und sollten eines nicht verpassen: ein Essen im „Exempel", dessen Gaststube aussieht wie das Klassenzimmer eines alten Schulhauses. Da kann man dann bei Gerichten wie „Käsefuß mit

Die Stadt liegt – logisch – an der Mündung des Tangers in die Elbe

Schuhsohle" oder „Pferdeäpfel mit Futtermolle" Kraft tanken für weitere Entdeckungen in der wunderschönen Oase in der Altmark, in der sich auch nach 1000 Jahren die Zeit ihre eigene Zeit nimmt.

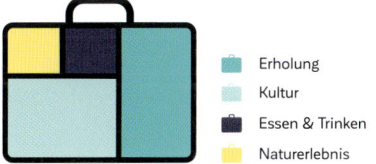

- Erholung
- Kultur
- Essen & Trinken
- Naturerlebnis

RUND UM TANGERMÜNDE

 **STENDAL · 10 KM ·** Zeitreise in die größte Stadt der Altmark (www.stendal-tourist.de)

 **KLOSTER JERICHOW · 12 KM ·** Prachtvolle Backsteinanlage mit Museum und Garten (www.kloster-jerichow.de)

 HAUS DER FLÜSSE IN HAVELBERG · 40 KM · Naturabenteuer im Biosphärenreservat Mittelelbe

 **BRANDENBURG A.D. HAVEL · 55 KM ·** Startpunkt für Touren im Wasserparadies des Havellands

ÜBERSEE AM
CHIEMSEE

 **Warum jetzt? Baden im See –
wenn nicht jetzt, wann dann**

Du hast es gerne wie in der Karibik? Mit
feurigen Sonnenuntergängen, Beachbar
und Liegestühlen am Strand? Dafür musst
du dich nicht stundenlang ins Flugzeug
setzen. All das gibt es auch am bayerischen
Chiemsee. Die Feldwieser Bucht bei Übersee lässt kaum Wünsche offen: Die herrliche Strandanlage am südöstlichen Ufer des
Chiemsees verfügt über 5 km Sandstrand.
Durch den flachen Zugang zum Wasser
ist das Strand- und Plantsch-Vergnügen
hier schon für die Kleinsten garantiert. Das
„Drumherum" bietet eine karibisch anmutende Strandbar, Lounges mit chilliger
Musik, Restaurants und Biergärten.

Vor Ort: Abenteuerlustige und Kletterer
finden im Chiemgauer Hochseilgarten
(www.chiemgauer-hochseilgarten.de)
Gelegenheit zum Nervenkitzel. Ruhe und
Entspannung auf dem Wasser bieten Entdeckungsreisen im Kajak oder Kanadier. Die
Landschaften der Umgebung lassen sich
wunderbar per Rad oder bei einem Boots-
ausflug ins Vogelparadies des Achendeltas
erkunden. Auf der To-do-Liste fehlen sollte
auch nicht ein Besuch von Herrenchiem-
see (www.herrenchiemsee.de).

Gut zu wissen: Für Kunstliebhaber lohnt
sich ein Abstecher zur Villa des Malers Julius Exter in Übersee (www.uebersee.com/
exter-kunsthaus) mit Atelier, Wohnräumen
und Garten.

www: uebersee.com

- Naturerlebnis
- Erholung
- Kultur
- Sport
- Essen & Trinken

Karibisches Flair
in der Sundowner-
bar in Übersee am
Chiemsee

RATTEN FANGEN
HAMELN

→ **Warum jetzt? Sommers lebt die Sage um den Rattenfänger**

Es steht sogar in der Stadtchronik von Hameln: Im Juni 1284 sind 130 Kinder spurlos verschwunden. Der Rattenfänger soll's gewesen sein. Dichtung oder Wahrheit? Vermutlich steckt ein wahrer Kern in der Geschichte. Die Sage hat es jedenfalls um den Globus geschafft, und so verwundert es nicht, dass Touristen aus aller Welt anreisen, um gespannt dem Rattenfänger-Freilichtspiel zu folgen. Hamelner Bürger geben es jeden Sommer-Sonntag um 12 Uhr auf der Bühne am Hochzeitshaus in historischen Kostümen zum Besten. Danach ist noch üppig Zeit, sich die schöne Altstadt anzuschauen: das herrliche Stiftsherrenhaus, das Rattenfängerhaus an der Osterstraße oder den Pferdemarkt.

Vor Ort: Weitere Infos über die Rattenfängersage gibt's im Museum von Hameln (www.museumhameln.de). Um Hameln herum liegt das Weserbergland (www.weserbergland-tourismus.de), das du auch mit dem Rad erkunden kannst. Und in Münchenhagen empfängt das weltweit größte Dinosaurier-Freilichtmuseum (www.dinopark.de) Fans der Urzeitechsen.

Gut zu wissen: Die Aufführung dauert 30 Minuten, danach gibt's eine Stadtführung mit dem Rattenfänger. Wer sich traut, folgt ihm einfach nach dem Freilichtspiel. Eine Stunde soll die Führung dauern. Sagt er ...

www: hameln.de

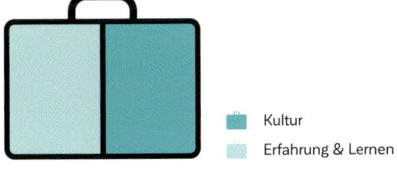

🟦 Kultur
🟦 Erfahrung & Lernen

MONTE KAOLINO
OBERPFALZ

→ **Warum jetzt? Sandslalom im Hochsommer**

August ist der perfekte Monat fürs – Skifahren! Zumindest dann, wenn jemand einen riesigen Sandberg in die Landschaft gekippt hat. So geschehen in Hirschau in der bayerischen Oberpfalz: 35 Millionen Tonnen Quarzsand aus den nahen Kaolingruben streben hier rund 150 Meter hoch in den weiß-blauen Himmel. Was macht man nur aus so einem Klotz in der Landschaft? Man richtet einen Freizeitpark ein, na klar! Gesagt, getan. Am spektakulärsten ist die Skipiste: Mitten im Hochsommer lässt du dich per Lift nach oben transportieren, um dann auf Skiern, Bigfoots oder Sandboards runterzucruisen. Ganz schön heiß, in jeder Hinsicht. Gut, dass es gleich um die Ecke ein Freibad zum Abkühlen gibt.

Vor Ort: Monte Kaolino heißt der künstliche Berg. Hier kannst du auch Golf spielen, mit der Sommerrodelbahn um den halben Hügel flitzen, Inlineskaten oder im Hochseilgarten klettern. Wer mit dem Wohnmobil kommt, bucht den Campingplatz.

Gut zu wissen: Die Tonerde Kaolin wurde früher vor allem für die Porzellanherstellung benötigt. Die Gruben und Krater, in denen er gewonnen wurde, bilden heute eine bizarre, weiß- bis ockerfarbene Landschaft: Auf dem Industriepfad mit seinen 14 Stationen erfährst du jede Menge über den Geopark Kaolinrevier Hirschau-Schnaittenbach (www.geopark-kaolinrevier.de).

www: montekaolino.eu

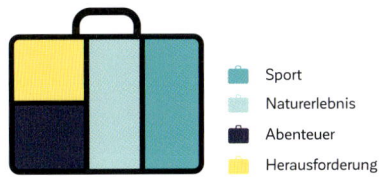

🟦 Sport
🟦 Naturerlebnis
🟦 Abenteuer
🟨 Herausforderung

185

ABKÜHLUNG IN
DRESDEN

→ **Warum jetzt? Planschen im kühlen Naturbadwasser**

Am westlichen Rand von Dresden wartet ein kleines Juwel auf alle, die der August-hitze ein Schnippchen schlagen wollen. Hier liegt nämlich das einzige Naturbad der Elbmetropole … das von einem Verbrau-cherportal zum „beliebtesten Bad Deutsch-lands" gekürte Zschonergrundbad. Ganz ohne chemische Zusätze im Wasser – Mikroorganismen sorgen für die natürliche Selbstreinigung – ist die zwischen üppigem Grün gelegene Oase Dresdens bester Platz an einem heißen Sommertag. Umso mehr, als es hier noch mehr zu erleben gibt: einen Schau-Kräutergarten, einen Spielplatz für die Kleinen, Volleyball für die Großen und einen gut bestückten Imbissstand. Auch die historischen Gebäude einer Gärtnerei aus dem 19. Jahrhundert gehören dazu.

Vor Ort: Dresden und Umgebung ist voller sehenswerter Orte. Wer stilvoll und zentral übernachten möchte, kann im Hotel Amedia Plaza (amediahotels.com/de/hotels/dresden) absteigen. Oder wie wäre das Aparthotel Am Zwinger (www.aparthotel-zwinger.de), ebenfalls in der Stadtmitte?

Gut zu wissen: Nach dem Bad im Zscho-nergrund kannst du dich erfrischt ins Kul-turleben von Dresden stürzen, zum Beispiel beim Stadtfest Canaletto (www.canalet-to-fest.de) oder beim Moritzburg Festival (www.moritzburgfestival.de).

www: zschonergrundbad.com

- Erholung
- Naturerlebnis
- Sport

KITESURFEN
SANKT PETER-ORDING

→ **Warum jetzt? Warmes Wasser, stetige Winde**

Das Board an den Füßen, der Schirm hoch am Zenit – und ab geht's mit Tempo übers Wasser. Für Geübte ist das Kiten ein Spiel mit den Elementen, sie sind dann allein mit ihrem Sportgerät, ihrem Können, dem Was-ser und dem Wind. Aber natürlich ist kein Meister vom Himmel gefallen, auch nicht von dem über Sankt Peter-Ording. Die Be-dingungen in Sankt Peter-Ording sind ideal, sowohl Könner als auch Anfänger kommen auf ihre Kosten. Infos gibt es beim Wasser-sportzentrum und bei Up-Wind.

Vor Ort: Achtung – Kiten ist nicht überall am Strand von Sankt Peter-Ording erlaubt. Ausgewiesene Kitesurf-Zonen weisen den Weg. Zwei davon liegen direkt am Anfang und am Ende des Hauptstrandes bei der Surfschule beziehungsweise am Anfang des FKK-Strandes. Eine perfekte Flachwas-serpiste gibt es bei Sturmfluten und sehr hohem Wasserstand, wenn der Strandpark-platz vollgelaufen ist.

Gut zu wissen: Erfahrene Kitesurfer mit eigenem Equipment können in Sankt Peter-Ording mit dem Auto direkt an den Spot fahren und ihr Material dort startklar ma-chen. Kostenpunkt: 12 Euro pro Auto und zwei Erwachsene für das Tagesticket plus Kurtaxe. Wer regelmäßig kommt, kann bei der Gemeinde ein Jahresticket für 55 Euro erwerben – das lohnt sich schon nach wenigen Sessions.

www: x-h2o.de, kitekurs.net

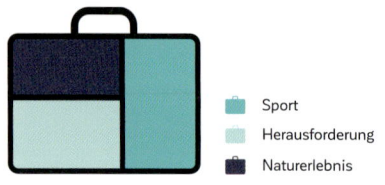

- Sport
- Herausforderung
- Naturerlebnis

Sankt Peter-Ording ist das deutsche Mekka der Kitesurfer

Per Fahrrad über
Stock und Stein
durchs Erzgebirge

STONEMAN MIRIQUIDI
ERZGEBIRGE

→ Warum jetzt? Lange Sommertage – rauf aufs Mountainbike

Schon mal was von Miriquidi gehört? Dieser aus dem frühen Mittelalter stammende Begriff bedeutet so viel wie „Finsterwald". Klingt nach einer Gegend, in der sich Tolkiens Fantasiegestalten herumtreiben, stimmt aber nicht. Der Stoneman Miriquidi ist ein Mountainbiketrail im Erzgebirge über 162 km, 4400 Höhenmeter und neun Gipfel. Zwei Länder werden dabei gestreift, nämlich Deutschland (Sachsen) und Tschechien. Wer am Ausgangspunkt Oberwiesenthal an den Start geht, hat sich was vorgenommen: Die Tausende von Höhenmeter verteilen sich zwar, die Anstiege haben es jedoch in sich. Belohnt wird der fleißige Pedaleur mit dem Anblick wunderschöner, skandinavisch anmutender Landschaften – und auf jedem Gipfel wartet ein Aussichtsturm samt Gaststätte im Wald.

Vor Ort: Wer die gesamte Strecke über Stock und Stein in ein bis drei Tagen erstrampelt, erhält je nach Anzahl der Tagesetappen eine steinerne Trophäe – daher der Name „Stoneman", den der Radprofi Roland Stauder ins Leben gerufen hat.

Gut zu wissen: Wer nach der Finsterwald-Tour auf den Stoneman-Geschmack gekommen ist, findet weitere dem „Steinmann" gewidmete Rundkurse in den Dolomiten (Dolomiti), in der Schweiz (Glaciara) und in Österreich (Taurista).

www: stoneman-miriquidi.com

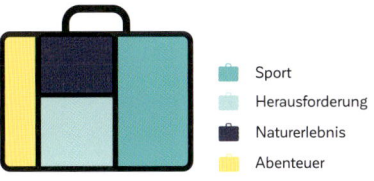

Sport
Herausforderung
Naturerlebnis
Abenteuer

HANSE SAIL
ROSTOCK

→ Warum jetzt? Maritim feiern unter Segeln

Wer nur mit Hightech-Motoryachten oder modernsten Seglern zu beeindrucken ist, kann getrost zu Hause bleiben. Wer allerdings maritime Oldies liebt, sollte sich dieses Großereignis nicht entgehen lassen: Die Hanse Sail Rostock, die jedes Jahr am zweiten Augustwochenende stattfindet, gehört mit mehreren Hundert Teilnehmer-Schiffen zu den weltweit größten Treffen von Traditionsseglern und Museumsschiffen. Und das Beste: Besucher können als Passagiere an Bord eines der Wasserfahrzeuge die Seefahrt in ihrer traditionellen Form hautnah miterleben. Wer lieber festen Boden unter den Füßen behält, bestaunt die Oldtimer von den Kaikanten aus. Das Rahmenprogramm des maritimen Volksfests an Land bietet Marktstände, Fahrgeschäfte und zahlreiche Bühnen.

Vor Ort: Das Geschehen spielt sich in erster Linie in Rostock und Warnemünde ab. Viele Oldtimer bieten Tages- und Abendfahrten an, ebenso sind Törns zur Hanse Sail oder von Rostock in andere Ost- oder Nordseehäfen buchbar.

Gut zu wissen: Deutsche Häfen an Nord- und Ostsee haben weitere alljährlich stattfindende Feste zu bieten, darunter: Der Hafengeburtstag in Hamburg im Mai, das Hamburg ancora Yachtfestival, die Kieler Woche im Juni, die Warnemünder Woche im Juli und die Sail Bremerhaven im August.

www: hansesail.com

Essen & Trinken

Kultur

Erfahrung & Lernen

Die Hanse Sail ist der festive Höhepunkt an Deutschlands Ostseeküste

BIERSTADT
BAMBERG

→ Warum jetzt? Zeitreise in der Bierstadt

Weinliebhaber haben es nicht leicht in Bamberg. Oder „Bambärch", wie der Franke sagt. Denn hier gibt's in erster Linie Bier. Rund 400 verschiedene Sorten produzieren die elf Brauereien in der Stadt und die 60 im Umland. Und weil man im Schatten des weltberühmten Doms sein Frischgezapftes am liebsten „auf dem Keller" genießt, also in den traditionellen Biergärten, die hier Bierkeller heißen, ist der Hochsommer die perfekte Reisezeit. Und nicht nur das: Im August findet die Sandkerwa statt, eines der größten Volksfeste in Bayern. Wer zufällig noch einen Bamberger Stadtplan aus dem Frühmittelalter in seinem Koffer findet, wird sich in der Altstadt nicht verlaufen: Die letzten 1000 Jahre konnten dem Ensemble aus Berg-, Insel- und Gärtnerstadt nichts anhaben. Während in der Bergstadt – wie Rom wurde Bamberg auf sieben Hügeln errichtet – der Kaiserdom wohl das unumstrittene Highlight ist, bietet die Inselstadt mit dem Alten Rathaus mitten im Fluss Regnitz (Ein-)Blicke ins Fachwerkmittelalter und die Gärtnerstadt ins 17. Jahrhundert, als die Stadt vor allem in Süßholz machte. Wem's im August gar zu heiß wird, der pilgert zur

Klein-Venedig heißen die ehemaligen Fischerhäuser an der Regnitz – dazu passt der Gondoliere

Hainbadestelle. Hier baden die Bamberger seit 1935 in der Regnitz und hier lassen sich Sommertage unter alten Bäumen herrlich vertrödeln, während die Erfrischung nur wenige Meter entfernt vorbeiströmt.

Essen & Trinken
Kultur
Erholung

RUND UM BAMBERG

 **MEMMELSDORF • AB 2 KM •** Auf dem 13-Brauereien-Weg durch die Fränkische Toskana

 **MONSTERPARK RATTELSDORF • 18 KM •** Traktor fahren, mit dem Bagger buddeln (www.monsterpark.de)

 BAUMWIPFELPFAD STEIGERWALD • 38 KM • Neue Waldperspektiven mit Aussichtsturm

 HOCHWEG FRÄNKISCHE SCHWEIZ • 44 KM • Über die Berge nach Bayreuth

September

WANN AM BESTEN WOHIN?

ICH WILL

MIR ETWAS GÖNNEN

Die Kässpatzen in der Hündeleskopf-hütte in Pfronten werden natürlich mit Allgäuer Emmen-taler zubereitet

LASS UNS AUS-GEHEN

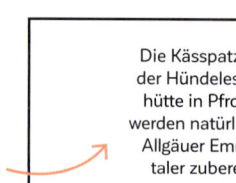

AB ANS WASSER

Saftig, knackig und sagenhaft lecker – im September ist am Bodensee Apfelernte

ESSEN & TRINKEN

FEIERN

AUF IN DIE STADT

Beim traditionellen Wurstmarkt in Bad Dürkheim dreht sich alles um ... den Wein, ebenso wie beim Zwiebelmarkt in Boppard

MÜRITZ-NATIONALPARK S. 200

PFRONTEN S. 209

BAD DÜRKHEIM S. 200

BOPPARD S. 201

SÜSS

SALZIG

BODENSEE S. 204

NORDDEICH S. 210

Im Müritz-National-park sprießen jetzt die Pilze, aber man darf nur so viele sammeln, wie man selber verbraucht

GROSS

KLEIN

KASSEL S. 211

SCHWERIN S. 205

Die gigantische Spitzhacke hat Claes Oldenburg 1982 bei der documenta 7 in Kassel hinterlassen

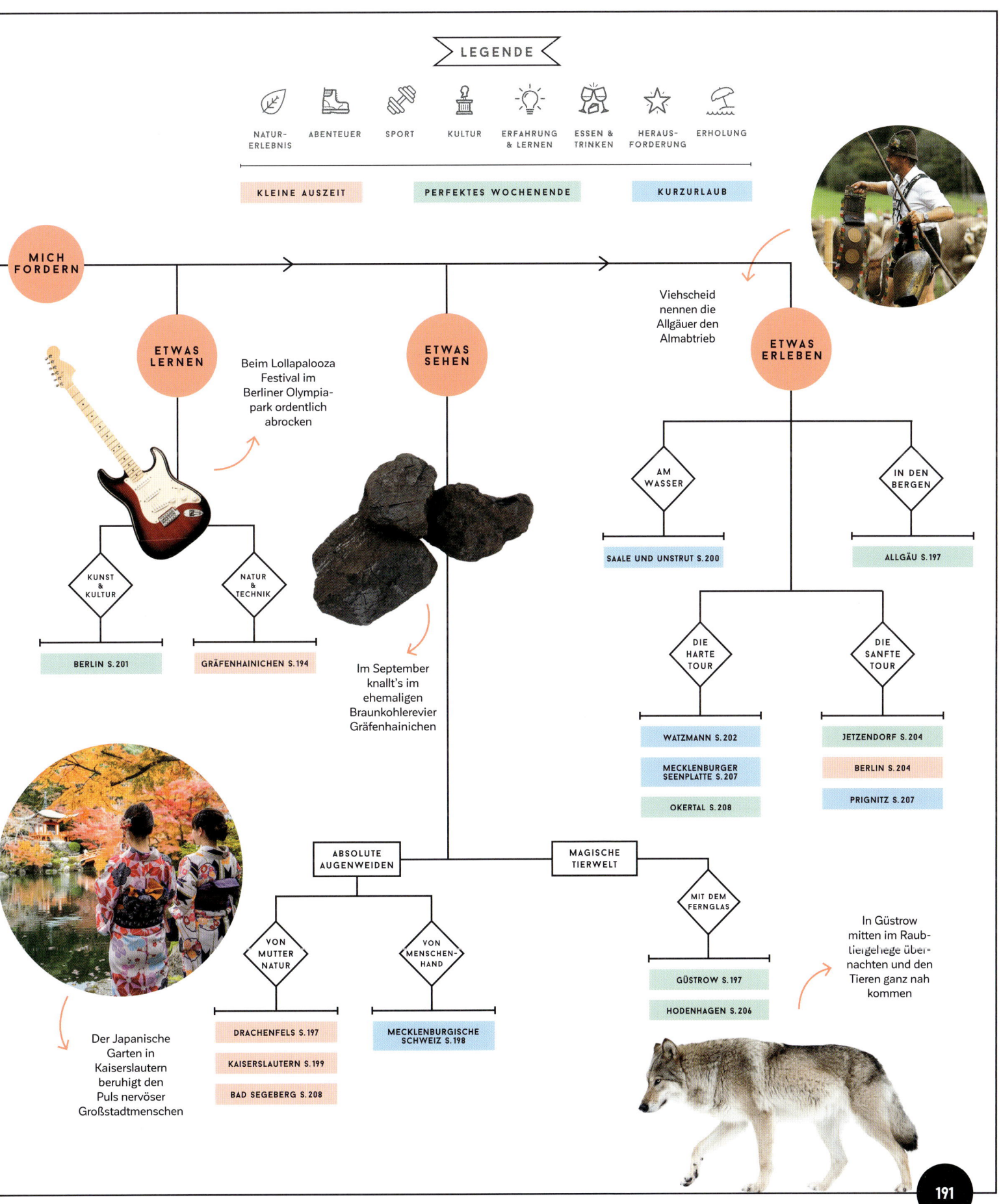

LEGENDE

| NATUR-ERLEBNIS | ABENTEUER | SPORT | KULTUR | ERFAHRUNG & LERNEN | ESSEN & TRINKEN | HERAUS-FORDERUNG | ERHOLUNG |

KLEINE AUSZEIT PERFEKTES WOCHENENDE KURZURLAUB

MICH FORDERN

ETWAS LERNEN

Beim Lollapalooza Festival im Berliner Olympiapark ordentlich abrocken

ETWAS SEHEN

ETWAS ERLEBEN

Viehscheid nennen die Allgäuer den Almabtrieb

KUNST & KULTUR

BERLIN S. 201

NATUR & TECHNIK

GRÄFENHAINICHEN S. 194

Im September knallt's im ehemaligen Braunkohlerevier Gräfenhainichen

AM WASSER

SAALE UND UNSTRUT S. 200

IN DEN BERGEN

ALLGÄU S. 197

DIE HARTE TOUR

WATZMANN S. 202

MECKLENBURGER SEENPLATTE S. 207

OKERTAL S. 208

DIE SANFTE TOUR

JETZENDORF S. 204

BERLIN S. 204

PRIGNITZ S. 207

ABSOLUTE AUGENWEIDEN

MAGISCHE TIERWELT

MIT DEM FERNGLAS

GÜSTROW S. 197

HODENHAGEN S. 206

In Güstrow mitten im Raubtiergehege übernachten und den Tieren ganz nah kommen

VON MUTTER NATUR

DRACHENFELS S. 197

KAISERSLAUTERN S. 199

BAD SEGEBERG S. 208

VON MENSCHEN-HAND

MECKLENBURGISCHE SCHWEIZ S. 198

Der Japanische Garten in Kaiserslautern beruhigt den Puls nervöser Großstadtmenschen

KIEL

ROSTOCK

BAD SEGEBERG S.208

SCHWERIN S.205

MECKLENBURGISCHE
SCHWEIZ S.198

GÜSTROW S.197

NORDDEICH S.210

HAMBURG

MÜRITZ-
NATIONALPARK S.200

BREMEN

MECKLENBURGER
SEENPLATTE S.207

HODENHAGEN S.206

PRIGNITZ S.207

BERLIN S.201

BERLIN

HANNOVER

BERLIN S.204

MÜNSTER

OKERTAL S.208

GRÄFENHAINICHEN S.194

DORTMUND

ESSEN

LEIPZIG

DÜSSELDORF

KASSEL

SAALE UND UNSTRUT S.200

KÖLN

KASSEL S.211

ERFURT

DRESDEN

DRACHENFELS S.197

BOPPARD S.201

FRANKFURT/MAIN

BAD DÜRKHEIM S.200

SAARBRÜCKEN

KAISERSLAUTERN S.199

NÜRNBERG

STUTTGART

JETZENDORF S.204

FREIBURG

MÜNCHEN

BODENSEE S.204

ALLGÄU S.197

WATZMANN S.202

PFRONTEN S.209

GEFÄLLT DER GANZEN FAMILIE

HODENHAGEN S. 206

220 Hektar umfasst das Gelände des Safari-Parks

JETZENDORF S. 204

MECKLENBURGER SEENPLATTE S. 207

BERLIN S. 204

Auf dem Tempelhofer Feld treffen sich die Berliner, um Drachen steigen zu lassen

BAD SEGEBERG S. 208

GÜSTROW S. 197

ALLGÄU S. 197

An der Mecklenburgischen Seenplatte kann man baden, paddeln ... oder mit der Draisine fahren

PFRONTEN S. 209

NORDDEICH S. 210

In einem Strandkorb in Norddeich die letzten Sonnenstrahlen des Sommers genießen

GRÄFENHAINICHEN S. 194

SAALE UND UNSTRUT S. 200

PRIGNITZ S. 207

TEUER, ABER ES LOHNT SICH

VIEL ERLEBEN FÜR WENIG GELD

In Kassel gibt es nicht nur moderne Kunst, sondern auch Barock zu bewundern: die Orangerie im Park Karlsaue

DRACHENFELS S. 197

MÜRITZ-NATIONALPARK S. 200

BERLIN S. 201

BODENSEE S. 204

Der Schlösser-Rundweg führt über 135 km zu den schönsten Schlössern der Mecklenburgischen Schweiz

OKERTAL S. 208

Zur Weinlesezeit gönnt man sich in Boppard oder Bad Dürkheim ein Gläschen ... oder zwei

KASSEL S. 211

MECKLENBURGISCHE SCHWEIZ S. 198

SCHWERIN S. 205

BOPPARD S. 201

Für die Tour um den Watzmann sollte man gut ausgerüstet sein

KAISERSLAUTERN S. 199

BAD DÜRKHEIM S. 200

WATZMANN S. 202

DIE KINDER ZU HAUSE LASSEN

193

FERROPOLIS
GRÄFENHAINICHEN

→ **Warum jetzt? Explosionen in der „Stadt aus Eisen"**

Ferropolis ist eine Welt für sich. Wo einmal nach Braunkohle gebaggert wurde, ist heute Natur und Kultur angesagt – inklusive der Geschichte des Ortes. Denn Mad Max, Medusa und Mosquito sind immer noch da, gigantische Bagger-Kreaturen aus längst vergangenen Tagen, die der Halbinsel im Gremminger See eine surreale Atmosphäre verleihen. Zur Einstimmung ist ein Besuch im Museum der „Stadt aus Eisen" perfekt, in der ehemaligen 30-kV-Station gibt's eine Ausstellung über die lokale Bergbaugeschichte. Richtig feurig wird es, wenn im September preisgekrönte Meister der Pyrotechnik aus ganz Europa anreisen, um sich bei den Pyro Games (www.pyrogames. de) in einem schillernden Wettbewerb zu messen. Musik, Laser und Feuer lassen die Arena beim „Duell der Feuerwerke" zum Schmelztiegel für die Sinne werden.

Vor Ort: Wie wäre es zur Erholung mit einer Fahrradtour oder einem Nachmittag am See? Rund um den Gremminer See (www. seen.de/gremminer-see) wurde ein Radweg angelegt und zwei Badestellen laden zum Relaxen ein. Auch zum wunderbaren Wörlitzer Park (www.woerlitz-information. de) lohnt eine kleine Fahrradtour.

Gut zu wissen: Ferropolis ist eine Station auf der Europäischen Route des Industriellen Erbes (www.erih.de). Das Gelände ist täglich ab 10 Uhr geöffnet, im Freilichtmuseum gibt es auch öffentliche Führungen, die auf eine Reise in die Vergangenheit und Zukunft von Energie und Technik einladen.
www: ferropolis.de

- ■ Erfahrung & Lernen
- ■ Kultur

Ein stählerner Gigant des einstigen Braunkohletagebaus in Ferropolis

Almabtrieb in Th
kirchdorf im Allg

(L) Schloss Dr
chenburg wur
1884 für einen Bo
ner Banker errichte
(R) Wölfe sir
scheue Tiere – no
lange kein Grun
unvorsichtig zu se

UNTER WÖLFEN
GÜSTROW

→ **Warum jetzt?** Noch sind die Nächte warm genug für ein Rendezvous mit Wölfen

Wolltest du immer schon mal mit einem Wolf ins Bett? Na gut, ganz so kuschelig wird es mit den Vierbeinern im Wildpark-MV in Güstrow dann doch nicht. Aber fast: Hier übernachtest du mitten im Raubtiergehege in einer urigen Hütte und lauschst den Geräuschen der Wildnis, beobachtest Wolfsrudel, Luchse und Co. und hörst vielleicht sogar ein echtes Heulen. In der Wolfshütte bilden bis zu vier Personen eine Wildnis-WG – mit Strom, aber ohne fließendes Wasser. In den Doppelstockbetten schläft der Abenteurer auf Stroh-Matratzen, Toiletten befinden sich etwa 200 Meter entfernt, Duschen gibt es keine. Es stehen eine Feuerschale mit Holz, ein Picknickset und Trinkbecher zur Verfügung.

Vor Ort: Im Güstrower Wildpark leben Wölfe, Bären, Luchse, Eulen und andere Tiere praktisch in freier Wildbahn. Zu entdecken ist außerdem eine eindrucksvolle Unterwasserwelt im größten Naturaquarium des Nordens. Weiterhin gibt es einen Bodenerlebnispfad mit Moorleiche (!) und Rieseninsekten in den Wiesen-Welten.

Gut zu wissen: Für eine Übernachtung in der Wolfshütte brauchst du Schlafsack und Isomatte. Verpflegung ist auf Wunsch buchbar. Zelt, Campingküchen oder ähnliches schätzen die Wölfe überhaupt nicht, deshalb sollte derlei bitte zu Hause bleiben.
www: wildpark-mv.de

- Naturerlebnis
- Abenteuer
- Herausforderung
- Erfahrung & Lernen

DRACHENFELS
KÖNIGSWINTER

→ **Warum jetzt?** Die Ruhe nach den Sommerferien

Hinter den sieben Bergen bei den sieben Zwergen ... Ob damit das am Rhein gelegene Siebengebirge bei Königswinter gemeint ist, sei dahingestellt. Auch, ob auf dem dazugehörigen Drachenfels je eine der feuerspeienden Märchenechsen ihr Unwesen getrieben hat. Passen würde es: Nah am Rhein türmt sich der schroffe Fels mit seinen gerade einmal 320 Höhenmetern empor, gekrönt von den Ruinen einer Ritterburg. Hinauf gelangt der Besucher zu Fuß, über einen ziemlich steilen und steinigen Pfad, oder ganz bequem mit der historischen Drachenfelsbahn (www. drachenfelsbahn.de). Von der gleichnamigen Burg aus dem Jahr 1167 geht der Blick spektakulär über das Rheintal. Und jetzt, wo die Sommerferien fast überall vorbei sind, auch noch mit ganz viel weniger Trubel.

Vor Ort: Auf dem Weg hinauf zum Drachenfels befindet sich etwa auf halber Höhe die Nibelungenhalle mit dem Reptilienzoo und der (bewohnten!) Drachenhöhle (www.nibelungenhalle.de). Wenige Meter weiter findest du das Schloss Drachenburg (www.schloss-drachenburg.de).

Gut zu wissen: Jungen Besuchern ist es vorbehalten, den Drachenfels auf dem Rücken eines Esels zu erklimmen. Von den Osterferien bis Ende Oktober warten die Grautiere an der Talstation der Drachenfelsbahn auf mutige Reiter unter 40 kg.
www: der-drachenfels.de

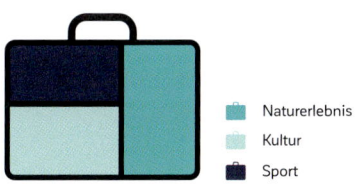
- Naturerlebnis
- Kultur
- Sport

VIEHSCHEID IM
ALLGÄU

→ **Warum jetzt?** Mitfeiern beim Almabtrieb

Die fünfte Jahreszeit steht vor der Tür! Nein, du brauchst nicht dein Narrenkostüm auspacken. In diesem Fall ist nicht die Jeckensaison gemeint, sondern der Allgäuer Viehscheid: Die Rinder, die den Sommer auf der Alm verbracht haben, kehren in ihre Stallungen zurück. In vielen Orten im Allgäu wird dieser Tag wie ein Feiertag zelebriert, Kinder bekommen sogar in manchen Gemeinden schulfrei. Kein Wunder, ist es doch ein spektakuläres Ereignis, wenn die Tiere, liebevoll mit großen Glocken, pompösen Kränzen und Gestecken geschmückt, nach ihren etwa hunderttägigen Sommerferien im Freien in ihre Ställe heimkehren. Das will natürlich gebührend gefeiert sein, mit Märkten, Musik, Tanz und regionalen Schmankerln. Die jeweiligen Termine werden bereits lange im Voraus bekannt gegeben.

Vor Ort: Beim Almabtrieb gibt es häufig auch vielfältige Spielmöglichkeiten für Kinder. Parallel stattfindende Bauernmärkte bieten regionale Produkte wie Lebensmittel und Handwerkswaren zum Kauf an.

Gut zu wissen: Rechne damit, dass zur Viehscheid-Saison im Allgäu ganz schön was los ist: In rund 30 Orten entlang der Alpenkette kehren um die 30 000 Rinder von den saftigen Weiden der Allgäuer Alpen zurück und locken damit mindestens doppelt so viele Besucher in die Bergregion.
www: almabtriebe.de

- Erfahrung & Lernen
- Essen & Trinken
- Naturerlebnis

Auch Schloss Basedow ist ein Etappenziel des Schlösser-Rundwegs

SCHLÖSSER-RUNDWEG
MECKLENBURGISCHE SCHWEIZ

→ Warum jetzt? Perfekte Radelzeit im Schlösserparadies

In den Sattel, fertig, los: 135 km auf dem Schlösser-Rundweg per Rad durch die Mecklenburgische Schweiz, wo sich zwischen sanft geschwungenen Hügeln und Seen gleich eine ganze Reihe an Schlössern und Herrenhäusern versteckt. Zu vielen gehören Parks im Stil englischer Landschaftsgärten, die scheinbar nahtlos in die Seenlandschaft Mecklenburgs übergehen. Zehn dieser Parkanlagen, darunter die Parks in Basedow und Remplin, stammen von einem der bedeutendsten Gartenarchitekten des Klassizismus, Peter Joseph Lenné. Wer den historisch spannenden und landschaftlich abwechslungsreichen Rundweg in zwei Tages-Etappen absolvieren möchte, könnte in die Bredouille geraten: Es gibt so außergewöhnlich viel Natürliches, Königliches und Herrschaftliches zu besichtigen, dass man aus dem Staunen kaum herauskommt. Die dicksten Fische im Schlösserteich sind Teschow, Prebberede, Lelkendorf und Basedow. Hinzu kommen Dutzende zum Teil sehr stattliche Gutshäuser, in fast jedem Dorf eines.

Vor Ort: Die zweite Etappe führt um den Malchiner-See. Sehenswert sind hier unter anderem die Wasserburg Ulrichshusen, Burg Schlitz, Schloss Schorssow sowie Remplin mit Schlosspark.

Gut zu wissen: Als Ausgangsort bietet sich die Kleinstadt Teterow (www.teterow.de) an, die man mit der Bahn erreichen kann.
www: auf-nach-mv.de/radweg-schloesser-rundweg

■ Naturerlebnis
■ Kultur
■ Sport
■ Essen & Trinken

Der Garten folgt den Prinzipien von Shintoismus, Taoismus und Buddhismus

JAPANISCHER GARTEN
KAISERSLAUTERN

→ Warum jetzt? Noch schnell vor der Winterpause nach Japan

Es ist kaum zu glauben – wir sind nicht in Nippon! Und doch könnte es sich kaum exotischer anfühlen, beim Besuch in einem der größten japanischen Gärten Europas mitten in Kaiserslautern. Auf über 13 000 Quadratmetern entfaltet sich die Grazie asiatischer Gartenkunst, und damit sind nicht nur die Pflanzen gemeint. Es gibt einen luftigen Bambus-Pavillon als Teehaus, verschlungene Wege führen durchs Gelände und überall ist Wasser in allen Formen, als See, leise plätschernder Bachlauf oder tosender Wasserfall. Wasser als Symbol für den Lauf des Lebens, mal ruhig, mal bewegt und mal voller Spannung. Der Zen-Garten beruhigt den Puls nervöser Großstadtmenschen, der Berggarten im Tsukiyama-Stil bildet die Hochgebirgsregionen im Land der Kirschblüten ab.

Vor Ort: Perfekt zum Besuch des japanischen Gartens passt das Hotel Blechhammer (www.blechhammer-kl.de), es liegt direkt am Hammerwoog nördlich der Kernstadt, einem künstlich angelegten Stausee, umringt von üppigem Grün.

Gut zu wissen: Eine deutsch sprechende japanische Teemeisterin führt rund 1,5 Stunden lang in die Teezeremonie ihrer Heimat ein. Auch einstündige Gartenführungen werden angeboten. Termine für beide Veranstaltungen auf Anfrage. Der Garten schließt von Ende Oktober bis Anfang April. **www:** japanischergarten.de

Naturerlebnis
Erholung
Erfahrung & Lernen

199

WURSTMARKT
BAD DÜRKHEIM

→ **Warum jetzt? Zeit fürs größte Weinfest der Welt**

Man sollte meinen, beim Bad Dürkheimer Wurstmarkt ginge es um die Wurst. Die spielt aber offensichtlich beim „Größten Weinfest der Welt" nur eine untergeordnete Rolle. Am Anfang war es ein Wallfahrtsfest, das sich im Laufe der Jahrhunderte zu dem entwickelte, was heute neun Tage lang die Leute auf die Brühlwiesen zieht: ein Volksfest mit Riesenrad, Feuerwerk, Musik, vielen guten Tröpfchen und, ja, auch der ein oder anderen Wurst. Die Stimmung schlägt hoch, wenn sich die Besucher auf die Holzbänke drücken. Hier kommt man sich nah und lässt auch schon mal die üppigen Halbliter-Weinschoppen kreisen. Die riesige Auswahl unterschiedlicher Rebensäfte will ja probiert sein!

Vor Ort: Wer sich vom Festtrubel erholen will, findet im 2 km entfernten Hotel Annaberg (www.halbersbacher-hotel-annaberg.de) ein ruhiges Plätzchen.

Gut zu wissen: Trinken und schlemmen? Gern – aber dann bitte vorher die spektakuläre Karusselle oder Achterbahnen besuchen, die eine unwiderstehliche Anziehungskraft auf Adrenalinjunkies ausstrahlen.

www: bad-duerkheim.com/duerkheimer-wurstmarkt.html

PILZE SAMMELN
MÜRITZ-NATIONALPARK

→ **Warum jetzt? Ein paar regnerische Tage, und die Pilze schießen**

Nudeln in Steinpilzsauce, Pfifferlingrisotto oder Waldpilzpfanne mit Speck. Allein der Gedanke an solche Gerichte lässt Pilzfreunden das Wasser im Mund zusammenlaufen. Im Herbst haben Rezepte mit den leckeren Hutträgern Hochkonjunktur, denn zu dieser Zeit wachsen viele Sorten in unseren Wäldern – beispielsweise im Müritz-Nationalpark. Besonders wenn das Klima feucht und mild ist, haben Sammler im Land der tausend Seen die Chance auf einen guten Fund. Beim Pilzesammeln solltest du dreierlei beachten: Du musst zweifelsfrei essbare von nicht essbaren Exemplaren unterscheiden können. Begib dich zweitens bitte nur dort auf die Suche, wo das Sammeln auch erlaubt ist, und sammle drittens nur so viel, wie du selber verbrauchst.

Vor Ort: Pilze und Beeren zu sammeln ist in der Entwicklungszone des Nationalparks erlaubt. Die Informationstafeln an den Parkeingängen zeigen die unterschiedlichen Zonen.

Gut zu wissen: Pilze sind nicht nur eine Bereicherung für den Speiseplan. Sie spielen eine wichtige Rolle im Ökosystem Wald und sind in der Kernzone des Nationalparks den Tieren vorbehalten.

www: mueritz-nationalpark.de

PADDELN AUF
SAALE UND UNSTRUT

→ **Warum jetzt? Schulferien vorbei, Hitze auch – Paddel raus**

Eine erholsame Kanutour im September auf Saale und Unstrut, den beiden Flüssen, die durch die bekannte Wein- und Burgenregion um Naumburg mäandern, hat deutliche Vorteile. Die große Hitze ist vorbei, die meisten Schulferien auch, dem Naturerlebnis steht nichts im Weg. Unzählige Tourvarianten sind möglich, zum Beispiel von Lauchau an der Unstrut zum Naumburger Blütengrund knapp hinter der Mündung in die Saale. Vorbei geht's am Kloster Zscheiplitz, der Stadt Freyburg und Schloss Neuenburg. Eine andere Tour führt auf der oberen Saale von Camburg oder Großheringen nach Naumburg. Der Blick streift über uralte Burgen und wunderschöne Weinlandschaften und natürlich liegen auch etliche Weingüter auf dem Weg.

Vor Ort: Wer neben den schönen Flusslandschaften Interesse an Kultur hat, ist in Naumburg (www.naumburg.de) genau richtig. Die Statue der Uta von Ballenstedt – von vielen als „schönste Frau des Mittelalters" verehrt – und der beeindruckende Dom locken in die atmosphärische Altstadt.

Gut zu wissen: Naumburg ist ein guter Startpunkt für eine Kanutour, zahlreiche Anbieter wie etwa Saale Unstrut Tours (www.saale-unstrut-tours.de) oder Saalestrand Kanu (www.saalestrand-kanu.de) organisieren Touren, vom zweistündigen Schnuppern bis zum mehrtägigen Kanutrip.

www: saale-unstrut.org

Essen & Trinken

Naturerlebnis
Erfahrung & Lernen
Essen & Trinken

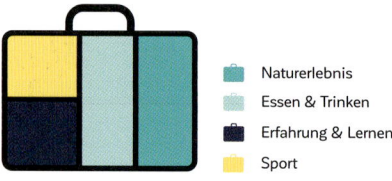

Naturerlebnis
Essen & Trinken
Erfahrung & Lernen
Sport

WEINFEST UND ZWIEBELMARKT
BOPPARD

→ **Warum jetzt? Boppard feiert im Herbst gleich zweimal**

Die Blätter der Weinberge beginnen sich schon leicht zu verfärben, höchste Zeit also für das Bopparder Weinfest Ende September: Dutzende Weinprobierstände, Musik, ein großes Feuerwerk und jede Menge Gedränge auf dem romantisch illuminierten Marktplatz. Auch Mitte September geht es regelmäßig rund in Boppard, beim berühmten Zwiebelmarkt, dessen Tradition bis ins späte Mittelalter zurückreicht. Die Zwiebel ist zwar etwas aus dem Fokus gerückt, dafür haben die Stände, die sich in der Innenstadt aufreihen, allerlei Originelles und mehr oder weniger Nützliches anzubieten. Wer genug vom Trubel hat, muss sich trotzdem nicht langweilen: Warum nicht einfach durch die Gässchen des uralten und atmosphärischen Städtchens streifen, eine Bootsfahrt auf dem Rhein machen oder auf den Hunsrückhöhen wandern gehen?

Vor Ort: Boppards Geschichte ist lang und lebhaft, die Römer und die Fürsten und Ritter des Mittelalters haben hier ihre Spuren hinterlassen. Also auf zum Karmeliterkloster, dem Römer-Kastell oder dem Museum Boppard in der Kurfürstlichen Burg.

Gut zu wissen: Der Zwiebelmarkt findet immer am zweiten Mittwoch und Donnerstag im September statt. Das Weinfest wiederum steigt an zwei aufeinanderfolgenden Wochenenden Ende September und Anfang Oktober.

www: boppard-tourismus.de

Essen & Trinken
Kultur

Gute Stimmung ist auf dem Lollapalooza garantiert

LOLLAPALOOZA
BERLIN

→ **Warum jetzt? Die Party zum Ende des Festivalsommers**

Irgendjemand hat mal gesagt, das Lollapalooza sei für die Neunzigerjahre so wichtig gewesen wie Woodstock für die Sechziger. Gut, das war etwas hoch gegriffen – aber dennoch ist das Festival in Berlin ein kunterbunter Knaller. Und zwar nicht nur, was das Line-up betrifft, sondern auch die Zuschauer: Hier ist gerne auch Bling-Bling und Glam im Spiel, klobig-schwarze Trink- und Rockerkleidung sind eher weniger angesagt – schau mal bei Fashionpalooza vorbei. Es darf auch gerne lustig-schräg zugehen, beim Lolla Fun Fair. Und während der Nachwuchs im Kidzapalooza auf seine Kosten kommt, geben sich auf der Bühne so unterschiedliche Acts wie Kraftwerk, Rita Ora, Radiohead oder Rage against the Machine Gitarre, Mikro und Drumsticks in die Hand. Entspannter kann ein Festival nicht laufen.

Vor Ort: Beim Lollapalooza gibt es keine Übernachtungsmöglichkeit. Du kannst aber auch ein Ticket nur für einen der zwei Tage kaufen. Auf dem Gelände selbst braucht man kein Bargeld: Bezahlt wird über das Festivalbändchen, dass du vorher online mit Geld auflädst.

Gut zu wissen: Das Lollapalooza ist in Berlin mehrfach umgezogen, hat sich aber jetzt im September im Olympiastadion und Olympiapark etabliert. Das Besondere am US-Original, das von Jane's-Addiction-Sänger Perry Farrell 1991 gegründet wurde: Es war das erste Festival, das im ganzen Land auf Tour ging. Heute findet es jährlich an vier Tagen in Chicago statt. Es gibt auch Ableger in Argentinien, Brasilien und Chile.

www: lollapaloozade.com

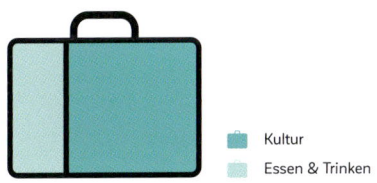

Kultur
Essen & Trinken

HÜTTENTOUR UM DEN
WATZMANN

→ Warum jetzt? Herbstleuchten am „König der Berchtesgadener Alpen"

Bist du ein passionierter, erfahrener Wanderer und hast vier Tage Zeit? Dann könnte die Watzmanntour genau das Richtige für dich sein, jetzt, wo die Natur ihr vornehmstes, farbenprächtigstes Herbstkleid angelegt hat und der große Ansturm der Sommerferien vorbei ist. Von Hütte zu Hütte geht es durch den Nationalpark Berchtesgaden zum „König der Berchtesgadener Alpen", der jedes Jahr Tausende Bergsteiger anlockt. Der Königssee, der Gipfel selbst und das Steinerne Meer sind die Höhepunkte der viertägigen Wanderung. Übernachtet wird in gemütlichen Berghütten und als krönenden Abschluss gibt es eine Überfahrt mit dem Elektroschiff über den Königssee.

Vor Ort: Der Watzmann ist mit 2713 Metern der höchste Berg im Berchtesgadener Land. Die erste Etappe (ca. 5,5 Stunden) führt vom Königssee zum Watzmannhaus.

Am zweiten Tag geht's in 8 bis 10 Stunden zur Wimbachgrieshütte. Die dritte, fünf- bis siebenstündige Etappe führt zum Kärlingerhaus am Funtensee, von dort geht es am vierten Tag zurück zum Königssee.

Gut zu wissen: Voraussetzungen für eine sichere Tour sind gründliche Planung und gute Fitness. Vermeide die Wochenenden und bayerischen Schulferien, sonst kann's in den Hütten am Watzmann eng werden.
www: berchtesgaden.de/berge-gipfel/watzmann/watzmann-huettentour

■ Naturerlebnis
■ Herausforderung
■ Sport
■ Abenteuer

Aussichtsreiche Herberge: das Watzmannhaus auf 1930 Meter Meereshöhe über dem Königssee

GENUSSTOUR AM BODENSEE

→ **Warum jetzt? Eine Zeit zum Apfel-Anbeißen**

Nicht alles, aber vieles dreht sich am Bodensee ab Mitte September um den Apfel. Feste, Veranstaltungen und Gastronomen locken Liebhaber des rotbackigen Kernobstes mit köstlichen Verführungen ans Schwäbische Meer. Wenn in diesen Wochen die heimischen Früchtchen im Vordergrund stehen, wird geschlemmt, was das Zeug hält: von der Apfelvinaigrette im Salat über den Bratapfel am Lagerfeuer bis hin zum Apple Crumble.

Vor Ort: Bei einer Genusstour am Bodensee gibt es freilich nicht nur Äpfel. Die Kulinarik hier hat viel mehr zu bieten: Jedes Jahr im Spätsommer und Herbst finden rund um den Bodensee zahlreiche Weinfeste statt. Zu den Weinen werden regionale Spezialitäten serviert.

Gut zu wissen: Kulinarische Sehenswürdigkeiten in der Region rund um den Bodensee sind unter anderem das Staatsweingut Meersburg (www. staatsweingut-meers burg.de), die Brauerei und das Bierkrugmuseum Bad Schussenried (www. schussenrieder.de), das Erlebniscafé Tekrum Kambly (kambly.de) in Ravensburg oder der Hopfenpfad und das Museum in Tettnang (www.hopfengut.de).
www: bodensee.eu, bodensee.de

BAUMHAUS-HOTEL JETZENDORF

→ **Warum jetzt? Weil der Herbst in den Bäumen am schönsten ist**

Ein Baumhaus. Hoch oben, gut versteckt. Im bayerischen Jetzendorf geht dieser Traum in Erfüllung. Im Baumhaushotel bucht man sich eine Auszeit in luftiger Höhe. Ein neuer Blick auf die Welt, und der Stress verschwindet. Woran liegt's? An den Bäumen, der Ruhe, der Natur? Was auch immer: In den Holzhäusern auf Stelzen, in 5 Metern Höhe, fühlt man sich einfach geborgen. Wer noch höher hinaus will: Ganz in der Nähe liegt der Waldkletterpark. Dort geht es rauf bis auf 23 Meter.

Vor Ort: Jetzendorf liegt in Bayerns Mitte, im Landkreis Pfaffenhofen an der Ilm. Dort gibt es nicht nur Baumhäuser, sondern auch Lodges am Badesee. Der Waldklettergarten bietet zwölf Kletterparcours mit 100 Übungen. Wer lieber am Boden bleiben will, spielt eine Runde Adventure-Minigolf (www. waldkletterpark-oberbayern. de).

Gut zu wissen: Baumhaushotels liegen voll im Trend. Mitten in Berlin stehen zwei urbane Baumhäuser mit Regendusche und Designermöbeln (www. urban-treehouse-berlin.com). Wer frische Meeresluft atmen will, bucht sich hoch im Norden ein (www. mein-baumhaus.de).
www: baumhaushotel-oberbayern.de

DRACHEN-STEIGEN BERLIN

→ **Warum jetzt? Wann bläst der Wind? Genau: im Herbst**

Im September wird's bunt am Berliner Himmel. Endlich Drachensaison! Nichts wie los zum Tempelhofer Feld. Die Berliner lieben ihren stillgelegten Flughafen mitten in der Stadt. 2008 hob hier das letzte Passagierflugzeug ab. Heute lassen Drachenflieger ihre Lieblinge am Himmel kreisen. Platz ist genug, Bäume gibt's kaum und im Herbst nimmt der Wind überm Asphalt ordentlich Fahrt auf. Fahnen, Flaggen, Lenkdrachen – hier geht alles in die Luft. Wie, das ist nur was für Kinder? Ende September trifft man hier sogar echte Welt- und Europameister. Beim Riesen-Drachenfestival. Dann wird's voll. Auf dem Feld und erst recht in der Luft.

Vor Ort: Zum Tempelhofer Feld kommt man mit U-Bahn, S-Bahn und Bus. Die drei Eingänge sind von Sonnenauf- bis Sonnenuntergang geöffnet. Wer sich für die Historie interessiert: einfach dem Informationspfad mit 20 Erinnerungsorten folgen.

Gut zu wissen: Hoch im Norden, in Norddeich, steigt an Himmelfahrt ein Drachenfest – mit Nordseewind und Inselblick nach Juist und Norderney (www.drachen fest-norddeich.de). Tief im Süden, an der Grenze zur Schweiz, gehen Mitte September auf dem Flugplatz Hütten im Schwarzwald internationale Drachen in die Luft (www.hotzenwald-schwarzwald.de).
www: visitberlin.de/de/infopfad-tempel hofer-feld

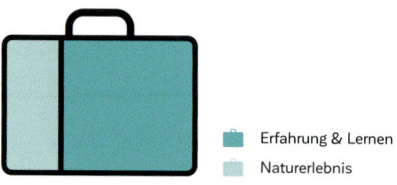

Essen & Trinken
Erholung
Erfahrung & Lernen

Naturerlebnis
Abenteuer
Erholung

Erfahrung & Lernen
Naturerlebnis

Das Schweriner Schloss ist Deutschlands schönstes Landesparlament

IDYLLISCHES
SCHWERIN

→ **Warum jetzt? See-Erlebnisse im Spätsommer**

Sie ist die kleinste der gesamten Bundesrepublik. Die kleinste Landeshauptstadt, um genau zu sein. Und die seenreichste dazu: Ein rundes Dutzend Seen liegt im Stadtgebiet. Vermutlich hat Schwerin auch den schönsten Landtag, schließlich tagt er im prachtvollen Schloss auf einer – genau! – Insel in einem See. Wahrscheinlich ist der Schweriner Landtag auch der einzige, der einen eigenen Geist hat: Das Petermännchen betrachtet die Räume, Hallen und unterirdischen Gänge des Schlosses als seinen Wohnsitz. Ein anderer ungewöhnlicher Besucher hängt im Staatlichen Museum: die indische Panzernashorndame Clara. Sie war im 18. Jahrhundert eine Sensation auf den Jahrmärkten und ihr lebensgroßes Bild landete um 1750 in Schwerin. Wer sich von dem riesigen Gemälde losreißen kann, wird draußen von ganz viel Flair erwartet: von Schwerins hübscher Altstadt zum einen, deren Gässchen mit ihren Cafés und Fachwerkhäuschen etwa in der Busch-, der Schuster- oder der Puschkinstraße zum Bummeln einladen. Und vom Residenzensemble rund ums Schloss, jenem Arrangement von Bauten, Parks und Gärten aus einer Zeit, als die Herzöge von Mecklenburg in Schwerin lebten. Ein Anblick, den man entweder vom Turm des imposanten Doms oder bei einer Bootstour rund um die Schlossinsel genießen sollte.

■ Erfahrung & Lernen
■ Kultur
■ Essen & Trinken

RUND UM SCHWERIN

🚲 **FREIBAD SEEHOF · 8 KM ·** Bei schönem Spätsommerwetter ab ins Wasser (www.schweriner-see.de)

🚲 **FREILICHTMUSEUM SCHWERIN-MUESS · 10 KM ·** Alles über das Leben auf dem Dorf

🚢 **GROSSE INSELLINIE · 1,5 STUNDEN ·** Neue Perspektiven vom Wasser aus (weisseflotteschwerin.de)

🚗 **OSTSEEBAD BOLTENHAGEN · 50 KM ·** Ausflug ans Meer (www.boltenhagen.de)

205

SERENGETI-PARK
HODENHAGEN

→ **Warum jetzt? Bevor's kalt wird, nochmal nach Afrika**

Im Norden Deutschlands einmal so richtig auf Safari gehen? Im Serengeti-Park Hodenhagen, rund 60 km nördlich von Hannover, leben im größten Safari-Park Europas, einer Mischung aus Nationalpark und Zoo, mehr als 1500 Tiere: Giraffen, Löwen, Tiger, Geparden, Elefanten, Zebras, Nashörner, Bisons und rund 200 Affen. Manche sind in ihrer Heimat stark gefährdet, hier haben sie ein sicheres Zuhause gefunden. Viele dieser Tiere können sich relativ frei im Gelände bewegen, Affe und Mensch etwa dürfen in der 15 Hektar großen Dschungel-Safari auf Tuchfühlung gehen. Löwe, Tiger & Co. bleiben allerdings aus naheliegenden Gründen in sicherer Entfernung. Selbst ein kurzer Abstecher nach Australien ist möglich, auf dem Känguru-Pfad.

Vor Ort: 220 Hektar umfasst das Gelände des Safari-Parks und neben den Tieren warten noch weitere Attraktionen auf die Besucher. Wie wäre es beispielsweise mit einer Aqua-Safari im Airboat? Oder einer Safari-Jeep-Tour über einen herausfordernden Parcours? Oder eine Fahrt mit der Achterbahn im Vergnügungspark? Oder …

Gut zu wissen: Durch den Tierpark „Serengeti-Safari" kann man mit dem eigenen Auto oder mit dem Safaribus fahren. Und weil es so viel zu sehen gibt, kannst du hier auch übernachten, in unterschiedlichen Lodges oder Campern.

www: serengeti-park.de

■ Naturerlebnis
■ Erfahrung & Lernen

Giraffen können durchaus neugierig sein

EINSAMKEIT IN DER PRIGNITZ

→ Warum jetzt? Nicht viel los hier – außer Natur

Wo sich Fuchs und Hase gute Nacht sagen, da ungefähr liegt die Prignitz. Im Nordwesten Brandenburgs, im Niemandsland zwischen Hamburg und Berlin, liegt auch das Örtchen Rühstädt, im Sommer eine der storchenreichsten Gegenden Europas. Hier kannst du die majestätischen Vögel beobachten, kurz bevor sie ihre Reise in den Süden antreten. Doch Meister Adebar und seine Kollegen sind nicht die einzigen Highlights der Gegend, neben viel Natur, Kultur, Ruhe und Gelassenheit findest du auch ein Paradies vieler weiterer seltener Tier- und Pflanzenarten vor. Entlang der Elbe und ihren vielen Nebenflüssen treiben sich unter anderem Kraniche, Fischreiher, Turmfalken, Biber und Otter herum, in den Elbauen grasen Wildpferde.

Vor Ort: Die beinahe menschenleere Prignitz ist am allerbesten mit dem Fahrrad – und einem Fernglas! – zu erkunden. Neben Tieren und der ursprünglichen Flusslandschaft können idyllische Fachwerk-Dörflein durchstreift und im Städtchen Wittenberge (www.wittenberge.de) eine „Alte Ölmühle" und das frühere Singer-Nähmaschinenwerk besichtigt werden.

Gut zu wissen: Kanu-, Boots-, Rad- und Wandertouren zur Tierbeobachtung hat das Biosphärenreservats-Besucherzentrum auf Burg Lenzen (www.burg-lenzen.de) im Angebot.

www: dieprignitz.de

Naturerlebnis
Erholung
Erfahrung & Lernen

DRAISINENTOUR MECKLENBURGER SEENPLATTE

→ Warum jetzt? Draisinen-Strampeln, wenn es nicht mehr ganz so heiß ist

Wie wäre es mit einem Triathlon der besonderen Art? Die Disziplinen sind hier Draisine, Kanu und Fahrrad. Früher ratterten auf den Gleisen zwischen Karow und Borkow sowie zwischen Waren (Müritz) und Schwinkendorf die Züge entlang. Heute verkehren hier Draisinen, angetrieben von emsig strampelnden Ausflüglern. Auf den Gefährten finden vier Personen Platz, zwei müssen in die Pedale treten. So lässt sich die Mecklenburger Seenplatte aus einer exklusiven Perspektive erkunden. Je nach Lust und Laune seien dir neben dem Draisine-Abenteuer noch die Disziplinen Rad und Kanu ans Herz gelegt. Oder lass dich ein paar faule Tage wie Tom Sawyer und Huckleberry Finn auf einem Holzfloß übers Wasser treiben. Termine, Eile, Hektik? Hier gibt es schier unendlich viele Möglichkeiten, diesem nervigen Trio zu entkommen.

Vor Ort: Die Mecklenburgische Seenplatte mit ihren abwechslungsreichen Freizeitmöglichkeiten ist ein ideales Ziel für Familien, Naturliebhaber, Aktivurlauber und Abenteurer. Im „Land der tausend Seen" kannst du zu jeder Jahreszeit Fantastisches erleben.

Gut zu wissen: Draisinen-Ausleihstationen gibt es an der Damerow-Kaserne zwischen Karow und Borkow und in Waren. Reservierungen sind empfehlenswert.

www: draisine-mecklenburg.de

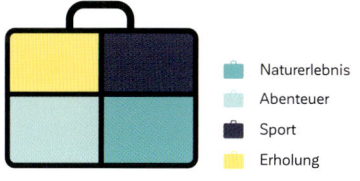

Naturerlebnis
Abenteuer
Sport
Erholung

NOCTALIS
BAD SEGEBERG

→ **Warum jetzt? Die Fledermäuse sind gerade noch wach**

Niedlich? Na ja, auf jeden Fall äußerst faszinierend sind die kleinen Fledermäuse, die die Winterberghöhle in Bad Segeberg zu ihrem Hauptquartier erkoren haben. Denn in dieser Kalkberghöhle leben mehr als 30 000 Exemplare, was die Unterwelt zum größten deutschen Winterschlafquartier macht. Bis Ende September kann man das Wohn- und Schlafzimmer der Flattertiere auf Führungen besuchen, dann heißt es: „Licht aus, Ruhe jetzt und schlaft gut bis zum 1. April!" Noctalis – Die Welt der Fledermäuse allerdings ist ganzjährig geöffnet. Denn gleich neben der Höhle gibt es auf 560 Quadratmetern eine spannende Ausstellung, die keine Frage über die winzigen Säuger offenlässt: Wie können die bloß so schnell fliegen? Wie landen die Flugakrobaten an der Höhlendecke? Und was hat das alles mit Graf Dracula zu tun?

Vor Ort: Der Kalkberg war über viele Jahrhunderte Abbaugebiet für Gipsgestein. Nun führt ein Lehrpfad in die geologischen Besonderheiten der Region ein. Wer Anfang September kommt, kann auch bei den Karl-May-Spielen vorbeischauen (www.karl-may-spiele.de).

Gut zu wissen: In Deutschland gibt es 25 Fledermausarten. Jedes Jahr Ende August findet die vom Naturschutzbund Deutschland organisierte Batnight (www.nabu.de) statt.

www: noctalis.de

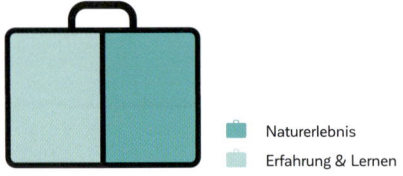

Naturerlebnis
Erfahrung & Lernen

KLETTERN IM
OKERTAL

→ **Warum jetzt? Klettern, bouldern, draußen sein – die Septembersonne ist dafür ideal**

Klettermaxe, aufgepasst: Im Okertal im Harz gibt's bizarre Felsen aus Granit, Kalk und Sandstein. Egal, ob Profi oder Anfänger, mit Gurt oder mit bloßen Händen – hier findet jeder seine Lieblingsroute im Fels. Die Frage ist nur: Welchen der 106 Kletterfelsen bezwingt man zuerst? Einer der beliebtesten Hotspots: die Marienwand. Eine majestätische Felswand, 50 Meter hoch. An sonnigen Septembertagen sind hier immer viele Climber unterwegs. Wer nicht ganz so hoch hinaus will, schaut vom Wanderweg entlang der Oker zu. Und bekommt vielleicht Lust, selbst einen echten Felsen zu bezwingen. Denn über dem Okertal, auf einer Felsspitze, ist die Freiheit grenzenlos.

Vor Ort: Ins Okertal im Harz reist man mit der Bahn bis Goslar, weiter mit dem Bus zum Ortsteil Oker am Taleingang. Beliebte Kletterstellen wie Marienwand und Adlerklippen sind schnell zu erreichen, andere nur nach einer längeren Wanderung.

Gut zu wissen: Klettern darf man im Okertal das ganze Jahr. Auch bouldern an den Felsblöcken ist ein Traum, also Klettern ohne Kletterseil und Klettergurt. Die IG Klettern Niedersachsen gibt eine Übersicht zu Kletterstellen und Schwierigkeitsgraden. Wer noch nie geklettert ist, bucht besser einen Kletterkurs zum Einstieg.

www: ig-klettern-niedersachsen.de

Sport
Herausforderung
Naturerlebnis

Im Okertal gibt es Kletterrouten in allen Schwierigkeitsgraden

Mit ihrem vegetarischen Angebot liegt die Hündeleskopfhütte voll im Trend

HÜNDELESKOPFHÜTTE
PFRONTEN, ALLGÄU

Warum jetzt? Weil jetzt Zwetschgenkuchenzeit ist

Wer gerne die Alpenlandschaft durchwandert und Tiere auf der Weide, aber nicht auf dem Teller sehen möchte, sollte sich auf keinen Fall eine Einkehr auf der Hündeleskopfhütte entgehen lassen. Hier schaltet und waltet die Wirtin Silvia Beyer (Silli), und zwar ganz ohne Fleisch und Fisch, dafür mit vegetarischen Köstlichkeiten. Die Zutaten für die Kreationen stammen vom Naturkostladen, von regionalen Bauernhöfen mit biologischem Anbau, einer gentechnikfrei zertifizierten Sennerei und einem Demeterhof auf der Schwäbischen Alb. Die Brotzeit-Karte beinhaltet Leckereien wie ein überbackenes Sennerbrot oder eine Alblinsensuppe, außerdem gibt es wechselnde Tagesgerichte wie etwa Kässpatzen oder Krautkrapfen – und hausgemachte Kuchen, im Spätsommer natürlich mit saftigen Zwetschgen.

Vor Ort: Die idyllisch gelegene Hündeleskopfhütte ist von Pfronten-Kappel aus zu erreichen, per pedes sind es etwa 45 Wanderminuten bis zu der mit einer Panorama-Terrasse ausgestatteten Gaststätte auf 1180 Metern. Ausgangspunkt: Hinter dem Waldseilgarten Höllschlucht an der Bürgermeister-Franz-Keller-Straße. Eine Beschilderung weist dir den Weg.

Gut zu wissen: Montag und Dienstag ist Ruhetag. Geöffnet ist die Hündeleskopfhütte auf jeden Fall, wenn die Fahne gehisst ist – und die sieht man von vielen Orten im Tal aus.

www: huendeleskopfhuette.de

Essen & Trinken
Naturerlebnis
Sport

NORDDEICH
OSTFRIESLAND

→ **Warum jetzt? Das Wasser ist noch warm, der Strand leer**

Nicht immer muss es eine der friesischen Nordseeinseln sein. Gleich gegenüber auf dem Festland befindet sich zum Beispiel Norddeich: Der kleine Ort liegt genau zwischen der temperamentvollen Nordsee und der Stadt Norden, der ältesten Stadt Ostfrieslands, und lockt mit einem riesigen Sandstrand. Hier ist alles möglich, was Vergnügen macht: Sandburgen bauen, Schwimmen, im Strandkorb lümmeln, Strandwandern, Kiten, Surfen oder Segeln. Sogar einen Hundestrand gibt es, an dem wasserbegeisterte Vierbeiner ihren Spaß haben. Auch wer gerne Wandern mit Natur verbindet, kommt hier zum Zug. Zum Beispiel lädt der am Meer verlaufende, knapp 8 km lange Vogelpfad Ostermarsch ein, Silbermöwen, Blaukehlchen oder den Großen Brachvogel und deren Lebensweise kennenzulernen.

Vor Ort: Sollte das Wetter einmal streiken, muss man in Norddeich nicht die Schultern hängen lassen. Schau doch mal in der Seehund-Aufzuchtstation im Nationalpark-Haus vorbei, wo mutterlose kleine Heuler fürs Leben im Meer wieder fit gemacht werden.

Gut zu wissen: Norddeich ist auch ein Heilbad mit zahlreichen Angeboten: ein Kurpark mit Bewegungsparcours, ein Klimapavillon für die Heliotherapie oder Wellness im Erlebnisbad Ocean Wave (www. ocean-wave.de). Jede Menge Unterkünfte findest du auf der Website der Gemeinde. **www:** norddeich.de

- Naturerlebnis
- Erholung
- Sport
- Erfahrung & Lernen

In der Seehund-Aufzuchtstation in Norddeich ist immer was los

MUSEUMSSTADT
KASSEL

→ **Warum jetzt? Kassels Museen sind immer eine Reise wert**

Kassel Wilhelmshöhe. Kennt jeder vom Durchfahren. Nächstes Mal einfach aussteigen, nicht nur, weil hier die Brüder Grimm lebten. Kassels Museen sind einfach ein Knaller! Wer die volle Bandbreite erleben will, stürzt sich in die Kasseler Museumsnacht (www.museumsnacht.de): Am ersten Samstag im September öffnen rund 40 Museen und Kultureinrichtungen ihre Türen. Ausstellungen, Kunstprojekte, Führungen, Lesungen, Mitmachaktionen – mehr als 350 Veranstaltungen warten darauf, entdeckt zu werden. 1779 öffnete in Kassel mit dem Fridericianum (www.fridericianum.org) eines der ersten öffentlichen Museen Europas. Viele weitere folgten: Die märchenhafte Grimmwelt (www.grimmwelt.de) oder das Museum für Sepulkralkultur (www.sepulkralmuseum.de), wo es um das Sterben und den Tod geht. Und dann ist da ja noch das „Museum der hundert Tage": Alle fünf Jahre findet in Kassel 100 Tage lang die documenta statt, nächstes Mal 2022. Dann wird auch der öffentliche Raum zum Kunstobjekt. Wer Lust hat auf einen Kunst-Walk durch die Stadt, lädt sich eine der drei documenta-Touren runter.

Der „Himmelsstürmer" steht seit 1992 vor dem Kasseler Hauptbahnhof

Und spaziert dann mit Smartphone oder Tablet gemütlich zu den diversen Kunstinstallationen. Das geht immer – nicht nur in der Museumsnacht (www.documenta-historie.de/de/parcours).

 Kultur

RUND UM KASSEL

🚆 **WOLFHAGEN · 30 KM** · Märchenhafte Tour zu Grimms Märchenkeller im Alten Rathaus in Wolfhagen

🚲 **KASSEL · 48 KM** · Die Entdecker-Runde verbindet Sehenswürdigkeiten und Natur

🚶 **HABICHTSWALDSTEIG · 85 KM** · Echtes Genusswandern von Zierenberg bis zum Edersee

🚗 **DEUTSCHE MÄRCHENSTRASSE · 600 KM** · Südlich bis Hanau oder nördlich bis Bremen

Oktober

WANN AM BESTEN WOHIN?

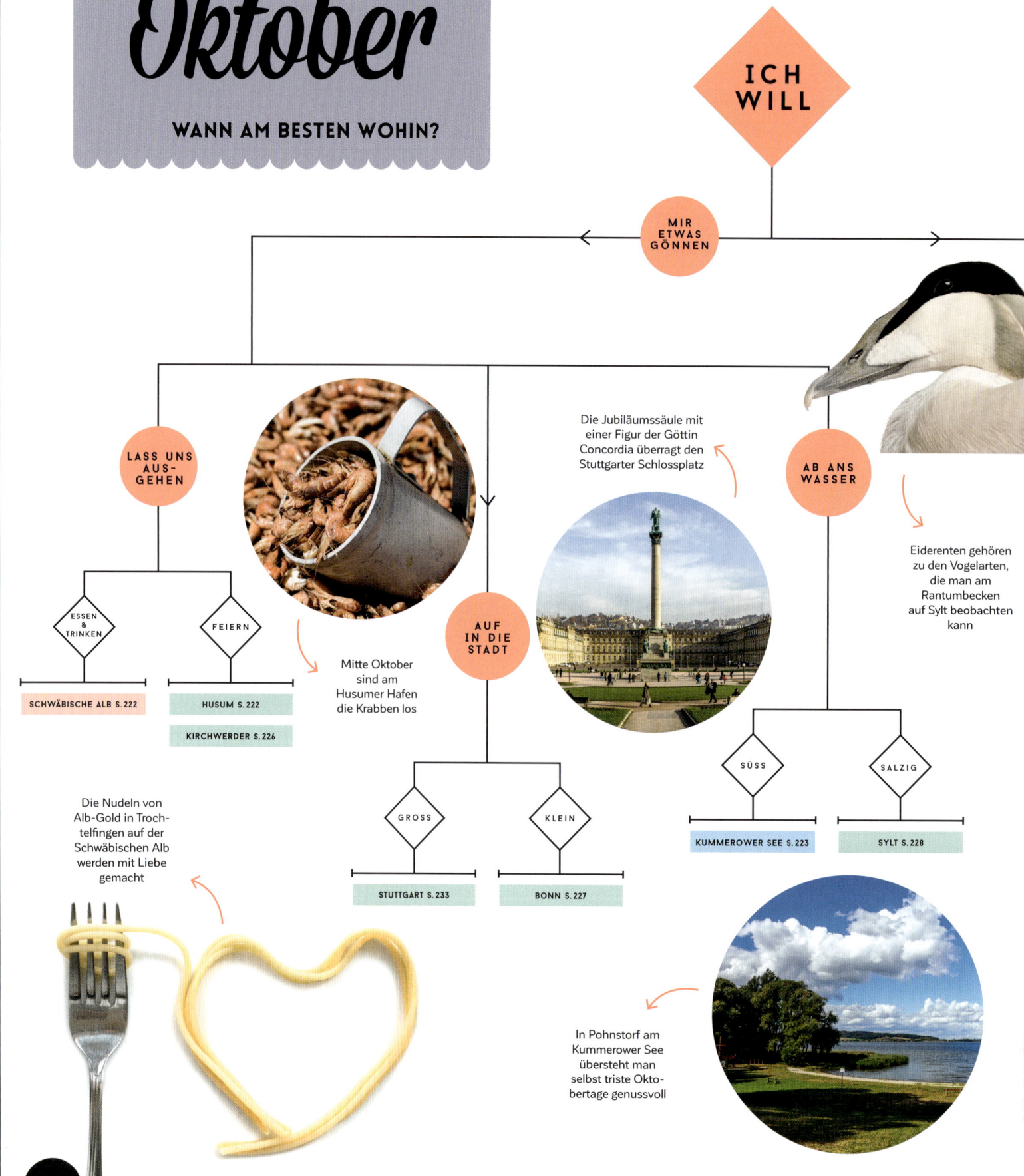

ICH WILL

MIR ETWAS GÖNNEN

LASS UNS AUS- GEHEN

AUF IN DIE STADT

AB ANS WASSER

Die Jubiläumssäule mit einer Figur der Göttin Concordia überragt den Stuttgarter Schlossplatz

Eiderenten gehören zu den Vogelarten, die man am Rantumbecken auf Sylt beobachten kann

ESSEN & TRINKEN

FEIERN

Mitte Oktober sind am Husumer Hafen die Krabben los

SCHWÄBISCHE ALB S. 222

HUSUM S. 222

KIRCHWERDER S. 226

GROSS

KLEIN

SÜSS

SALZIG

KUMMEROWER SEE S. 223

SYLT S. 228

Die Nudeln von Alb-Gold in Troch- telfingen auf der Schwäbischen Alb werden mit Liebe gemacht

STUTTGART S. 233

BONN S. 227

In Pohnstorf am Kummerower See übersteht man selbst triste Okto- bertage genussvoll

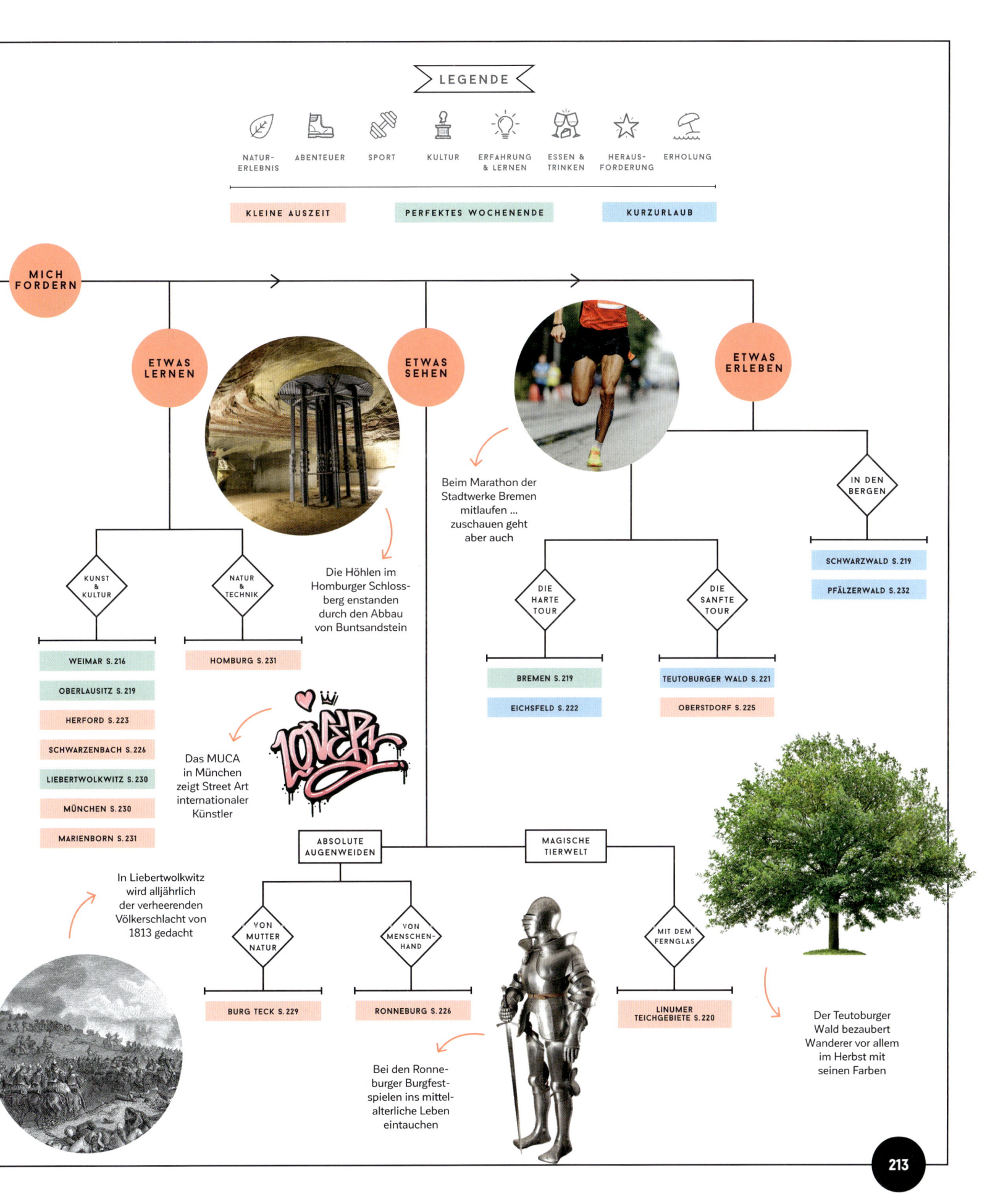

LEGENDE

NATUR-ERLEBNIS · ABENTEUER · SPORT · KULTUR · ERFAHRUNG & LERNEN · ESSEN & TRINKEN · HERAUS-FORDERUNG · ERHOLUNG

KLEINE AUSZEIT · PERFEKTES WOCHENENDE · KURZURLAUB

MICH FORDERN

ETWAS LERNEN

ETWAS SEHEN

ETWAS ERLEBEN

Beim Marathon der Stadtwerke Bremen mitlaufen ... zuschauen geht aber auch

Die Höhlen im Homburger Schlossberg enstanden durch den Abbau von Buntsandstein

IN DEN BERGEN

SCHWARZWALD S. 219
PFÄLZERWALD S. 232

KUNST & KULTUR

NATUR & TECHNIK

DIE HARTE TOUR

DIE SANFTE TOUR

WEIMAR S. 216
OBERLAUSITZ S. 219
HERFORD S. 223
SCHWARZENBACH S. 226
LIEBERTWOLKWITZ S. 230
MÜNCHEN S. 230
MARIENBORN S. 231

HOMBURG S. 231

BREMEN S. 219
EICHSFELD S. 222

TEUTOBURGER WALD S. 221
OBERSTDORF S. 225

Das MUCA in München zeigt Street Art internationaler Künstler

In Liebertwolkwitz wird alljährlich der verheerenden Völkerschlacht von 1813 gedacht

ABSOLUTE AUGENWEIDEN

MAGISCHE TIERWELT

VON MUTTER NATUR

VON MENSCHEN-HAND

MIT DEM FERNGLAS

BURG TECK S. 229

RONNEBURG S. 226

LINUMER TEICHGEBIETE S. 220

Bei den Ronneburger Burgfestspielen ins mittelalterliche Leben eintauchen

Der Teutoburger Wald bezaubert Wanderer vor allem im Herbst mit seinen Farben

SYLT S.228

HUSUM S.222

KIEL

ROSTOCK

KUMMEROWER SEE S.223

HAMBURG

KIRCHWERDER S.226

BREMEN

BREMEN S.219

LINUMER
TEICHGEBIETE S.220

BERLIN

HANNOVER

MÜNSTER

HERFORD S.223

MARIENBORN S.231

TEUTOBURGER WALD S.221

DORTMUND

ESSEN

EICHSFELD S.222

DÜSSELDORF

LEIPZIG

LIEBERTWOLKWITZ S.230

OBERLAUSITZ S.219

KÖLN

KASSEL

ERFURT

DRESDEN

BONN S.227

WEIMAR S.216

SCHWARZENBACH S.226

RONNEBURG S.226

FRANKFURT/MAIN

PFÄLZERWALD S.232

SAARBRÜCKEN

NÜRNBERG

HOMBURG S.231

STUTTGART S.233

STUTTGART

BURG TECK S.229

SCHWARZWALD S.219

SCHWÄBISCHE ALB S.222

FREIBURG

MÜNCHEN

MÜNCHEN S.230

OBERSTDORF S.225

KUMMEROWER SEE S. 223

SCHWARZENBACH S. 226

Das Vier- und
Marschländer
Erntedankfest
in Kirchwerder zieht
viele Hamburger an

KIRCHWERDER S. 226

BURG TECK S. 229

Burg Teck auf
773 Meter Höhe –
ein bei Alt und Jung
beliebtes Ausflugsziel

STUTTGART S. 233

EICHSFELD S. 222

RONNEBURG S. 226

Im Pfälzerwald,
Deutschlands
größtem zusam-
menhängendem
Waldgebiet, in die
Natur eintauchen

Das Eichsfeld im
Dreieck Thüringen,
Niedersachsen
und Hessen ist ein
ideales Radrevier

Micky Mouse grüßt
im Erika-Fuchs-Haus
in Schwarzenbach,
Deutschlands erstem
Comicmuseum

OBERLAUSITZ S. 219

SYLT S. 228

PFÄLZERWALD S. 232

HOMBURG S. 231

SCHWÄBISCHE ALB S. 222

BONN S. 227

HUSUM S. 222

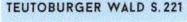

Mit Schran-
ken wie dieser
versuchte man
in Marienborn,
illegale Grenz-
übertritte zu
verhindern

TEUTOBURGER WALD S. 221

Ludwig van
Beethoven ist der
berühmteste Sohn
der ehemaligen
Bundeshauptstadt
Bonn

WEIMAR S. 216

MARIENBORN S. 231

BREMEN S. 219

Nach dem Besuch
des Museum Marta
lockt der Herforder
Gänsemarkt

MÜNCHEN S. 230

OBERSTDORF S. 225

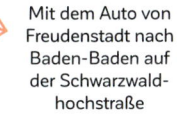

Mit dem Auto von
Freudenstadt nach
Baden-Baden auf
der Schwarzwald-
hochstraße

HERFORD S. 223

Frei wie ein
Vogel über die
Allgäuer Berge
fliegen kannst du
in Oberstdorf

SCHWARZWALD S. 219

LINUMER
TEICHGEBIETE S. 220

LIEBERTWOLKWITZ S. 230

KLASSISCHES
WEIMAR

→ Warum jetzt? Kulturreise samt Zwiebelmarkt – Weimar wartet

In Weimar wurden die beiden Titanen der deutschen Dichtkunst Freunde und hier sind sie auch gestorben: Goethe und Schiller. Fast erwartet man, einen der Meisterpoeten um die nächste Ecke biegen zu sehen, so atmosphärisch-klassizistisch kommt die Stadt heute noch daher. Pferdekutschen klappern über holpriges Kopfsteinpflaster, vorbei an schmucken Häusern samt historischer Eingangstore, dazwischen enge Gässchen und wohlproportionierte Plätze. Und dann natürlich noch die Herzogin Anna Amalia Bibliothek, das Epizentrum der Weimarer Klassik. Doch in der thüringischen Stadt ist auch der architektonische Aufbruch verortet: Die Weimarer Kunstschulen wurde 1919 durch Walter Gropius zum Staatlichen Bauhaus Weimar vereinigt, das zum Ausgangsort der Avantgarde und Klassischen Moderne in Architektur und Kunst wurde.

Vor Ort: Für die Größe Weimars ist die Fülle der bedeutenden Orte erstaunlich. In den Wohnhäusern Goethes und Schillers oder in Goethes Gartenhaus kannst du in die Zeit der Weimarer Klassik eintauchen. Das nagelneue Bauhaus Museum eröffnet dagegen ganz andere Blickwinkel (www.klassik-stiftung.de/museen-orte).

Gut zu wissen: Weniger bildungslastig geht's beim Weimarer Zwiebelmarkt, dem ältesten Volksfest Thüringens, am zweiten Oktoberwochenende zu. Zwiebeln gibt es hier wirklich: In der Schillerstraße etwa findest du die Heldrunger Zwiebelbauern mit ihren kunstvoll geknüpften Zwiebelzöpfen.
www: weimar.de

Kultur

Erfahrung & Lernen

Essen & Trinken

Goethe und Schiller stehen einträchtig vor dem Deutschen Nationaltheater

Der traumhaft schöne Mummelsee liegt direkt an der Schwarzwald-hochstraße

Die Krabat-Mühle Schwarzko

ROADTRIP DURCH DEN SCHWARZWALD

→ Warum jetzt? Im goldenen Oktober durch den schwarzen Wald

Lust auf einen Roadtrip? Klar, da muss es durch Australiens Wüste, entlang Kaliforniens Küste oder mindestens durch Südspanien gehen. Papperlapapp. Ein 1A-Roadtrip lässt sich auch durch den Schwarzwald unternehmen. Die Argumente dafür sind unschlagbar, schließlich bietet das Mittelgebirge im Südwesten eines der schönsten Panoramen Deutschlands, mit Bergen, Seen, malerischen Dörfern und idyllischen Wegstrecken. Und wenn's gerade mal nicht über die Asphaltpisten geht, hält der Schwarzwald unendlich viele Freizeitaktivitäten bereit, vom Kuckucksuhrenmuseum in Furtwangen (www.deutsches-uhren museum.de) über eine Abenteuer-Golfanlage in Lenzkirch-Kappel (www.abenteuer golfpark.de) bis zur historischen Klosteranlage Alpirsbach (www.kloster-alpirsbach. de). Zahlreiche Gasthäuser bieten schwäbisch-badische Köstlichkeiten.

Vor Ort: Auf dem Tourenplan darf nicht die phänomenale Schwarzwaldhochstraße fehlen. Sie führt über 60 km von Freudenstadt nach Baden-Baden.

Gut zu wissen: Entlang der Schwarzwaldhochstraße gibt es eine Menge zu erleben und zu sehen, darunter den Mummelsee, die Klosterruine Allerheiligen, die Allerheiligen-Wasserfälle, den Lotharpfad, den Hornisgrindeturm und die Schwarzenbachtalsperre. Nimm dir also Zeit für deinen Trip!

www: schwarzwald.com/hochstrasse

- Naturerlebnis
- Kultur
- Erfahrung & Lernen
- Essen & Trinken

42 KILOMETER DURCH BREMEN

→ Warum jetzt? Perfekte Temperaturen für einen Marathon

Ist Bremen nicht eigentlich zu schön, um einfach durchzurennen? Der Vorteil der höheren Geschwindigkeit ist, dass man mehr sieht an Bremer Sehenswürdigkeiten. Ob das als Motivation für die Läufer reicht, die beim Marathon der Stadtwerke Bremen Anfang Oktober teilnehmen? 42 km sind nun mal nicht ohne! Immer mehr Laufjunkies wollen beim swb-Lauf dabei sein (manche machen auch „nur" den Halbmarathon), und auch für die Zuschauer ist einiges geboten – schließlich macht Anfeuern mindestens so viel Spaß. Bis zum Freimarkt (www.freimarkt.de), der in der zweiten Oktoberhälfte steigt, haben sich dann bestimmt alle wieder von den Strapazen erholt, und das ist auch gut so. Denn schon der Schlachtruf „Ischa Freimaak!" lässt ahnen, hier geht's ums Ganze: Die fünfte Bremer Jahreszeit bricht an, mit Bierzelten und Zuckerwatte, Party, Riesenrad und Feuerwerk.

Vor Ort: Der Freimarkt, bei dem rund um die Bürgerweide und in der wunderschönen Innenstadt gefeiert wird, findet 2020 zum sagenhaften 985. Mal statt. 1025 zum ersten Mal erwähnt, zählt er somit zu den ältesten Volksfesten Deutschlands.

Gut zu wissen: Du möchtest beim Bremer Marathon mitlaufen? Dann melde dich frühzeitig an!

www: swb-marathon.de

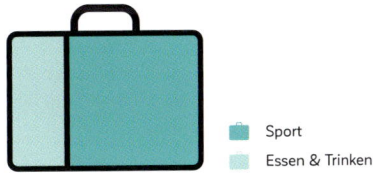

- Sport
- Essen & Trinken

GRUSELN MIT KRABAT OBERLAUSITZ

→ Warum jetzt? Wohliger Herbstgrusel mit Zauberlehrling Krabat

Die Herbstzeit ist zum Gruseln da – besonders auf einer Radtour durch die Krabat-Welt in der Oberlausitz. Otfried Preußlers Geschichte vom Zaubermeister-Lehrling ist noch immer ein Bestseller: Ihr Ursprung liegt in der viel älteren sorbischen Krabat-Sage mit der wohl berühmtesten Sagenfigur der zweisprachigen Lausitz. Der „sorbische Faust" wird Krabat auch genannt, weil er sich vom Teufel verführen ließ. Dabei nutzte er seine Zauberkräfte vor allem im positiven Sinne, etwa indem er ausgetrocknete Felder wieder fruchtbar machte. Zwischen Hoyerswerda und Königswartha in der Oberlausitz lag der Wirkungskreis des guten Magiers Krabat und hier kämpfte er auch gegen seinen teuflischen Lehrmeister, den Schwarzen Müller. Der Mythos lebt, und so arbeiten heute in Schwarzkollm Handwerker fleißig daran, die sagenhafte schwarze Mühle neu zu erschaffen.

Vor Ort: Durch die Heide- und Teichlandschaft der Oberlausitz läuft der rund 90 km lange Krabat-Radweg an vielen Orten der sagenhaften Geschichte vorbei. Unterwegs kommt man leicht mit der deutsch-sorbischen Bevölkerung in Kontakt.

Gut zu wissen: Der richtige Ort, um mehr über die westslawische Ethnie der Sorben zu erfahren, ist das Sorbische Museum Bautzen (www.sorbisches-museum.de).

www: krabatregion.de

- Sport
- Kultur
- Naturerlebnis

KRANICHE
LINUMER TEICHGEBIETE

Kraniche sind ebenso majestätische wie ausdauernde Flieger

→ **Warum jetzt? Tausende Kraniche rasten auf dem Weg nach Süden**

Wer weit reist, muss zwischendurch auch mal eine ordentliche Pause einlegen. Kraniche tun genau dies im Oktober auf ihrer Reise gen Süden, um dort bei milderen Temperaturen zu überwintern. Aus Skandinavien oder Weißrussland kommend, machen sie in Deutschland Station, um sich für den Weiterflug zu stärken. Linum, rund 40 km vor den Toren Berlins, zählt zu ihren beliebtesten Rastplätzen. Auf den Feldern rund um den kleinen Ort in Brandenburg finden sie alles, um sich ihre Vogelbäuche vollzuschlagen, und die Linumer Teiche eignen sich für die majestätischen Vögel hervorragend als Schlafplatz. Ein faszinierendes Naturschauspiel ist der allabendliche Flug der „Vögel des Glücks" von der Futtersuche zu ihren nächtlichen Ruhestätten im Wasser. Immer untermalt von ihrem charakteristischen Trompeten.

Vor Ort: Das Naturschutzzentrum Storchenschmiede in Linum bietet eine Vielzahl von Aktivitäten rund um den Kranich (und den Weißstorch). Dazu zählen Führungen zum abendlichen Kranicheinflug sowie dem morgendlichen Kranichausflug (für Frühaufsteher).

Gut zu wissen: Bewahre bei der Kranich-Beobachtung ausreichend Abstand und verhalte dich zum Wohl der Tiere leise und unauffällig. Dazu gehört Kleidung in gedeckten Farben. Ein Fernglas macht das Erlebnis noch eindrucksvoller.
www: kraniche-linum.de

Naturerlebnis

Erfahrung & Lernen

Goldener Herbst im Teutoburger Wald

WANDERN IM TEUTOBURGER WALD

➡️ **Warum jetzt? Indian Summer im Germanenland**

Da war doch was ... die Schlacht im Teutoburger Wald, schon mal gehört, im Geschichtsunterricht wahrscheinlich. Aber das Mittelgebirge, das sich rund 100 km von Niedersachsen südöstlich bis in den Kreis Lippe in Nordrhein-Westfalen zieht, hat weit mehr zu bieten als längst verklungenes Waffengeklirr. Wer die Natur gerne in Wanderstiefeln erobert, für den ist der Teutoburger Wald ein Paradies. Buchenwälder, Bäche und kantige Felsen, Wacholderheiden, Wiesen, tiefe Täler, atmosphärische Fachwerk-Örtchen – und dazwischen Wanderwege in alle Richtungen. Etwa die beiden Kammwege Eggeweg und Herrmansweg, die zusammen über 200 km Wandererlebnis bieten. Es sind uralte Wege, die schon – wie war das mit der Schlacht? – die Germanen benutzten.

Vor Ort: Wer ein Faible für kleine Drachen hat, macht sich auf zu einer Wanderung in die „Grundlosen" zwischen Höxter und Gedelheim. Hier lebt der Kammermolch, ein schwarz-gelb gescheckter Schwanzlurch.

Gut zu wissen: Zwischendurch sollte man auch mal die Füße hochlegen – und pflegen. Da trifft es sich gut, dass einige Städte im Teutoburger Wald Heilbäder sind. Etwa Bad Salzuflen (www.staatsbad-salz uflen de), Bad Driburg (www.bad-driburg. teutoburgerwald.de) oder Bad Oeynhausen (www.staatsbad-oeynhausen.de).

www: teutoburgerwald.de

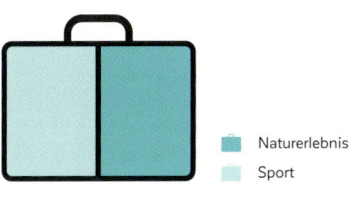

■ Naturerlebnis
■ Sport

221

KRABBENTAGE HUSUM

→ **Warum jetzt? Genießen bei den Krabbentagen**

Krabbenpulen ist gar nicht so einfach. Immerhin sollte man die Tierchen nicht zerquetschen, wenn man versucht, an ihr leckeres Fleisch zu kommen. Die drei Zauberworte heißen: knacken, ziehen, lösen – den Panzer durch leichte Drehung knacken, das Fleisch rausziehen und den Kopf lösen – so oft, bis das Brötchen wie gewünscht gefüllt ist. Bei den Husumer Krabbentagen gibt's die köstlichen Snacks natürlich überall frisch gefüllt. Das Besondere am alljährlichen Krabben-Wochenende: Die farbenfrohen Kutter machen an den Krabbentagen direkt im lauschigen Binnenhafen fest. Frischer bekommt man die Tierchen nie zu kaufen – und selten mit mehr Shantys und maritimem Flair serviert.

Vor Ort: Die Krabbentage Mitte Oktober verwandeln den Husumer Hafen in eine quirlige Volksfestmeile, mit Kochwettbewerben und Krabbenpul-Meisterschaft.

Gut zu wissen: Garnelen, Porren, Granat, Krabben, Krevette, Knat – alles dasselbe, nämlich die Nordseekrabbe. Jährlich werden rund 30 000 Tonnen gefangen.

www: husum-tourismus.de/Vor-Ort/
Veranstaltungen-Events/Husumer-Krabbentage

Essen & Trinken

RADFAHREN IM EICHSFELD

→ **Warum jetzt? Herbstsonne im Rad-Eldorado**

Die Goldene Mark. Ein Name wie aus einem Fantasy-Roman. Es gibt ihn wirklich, diesen Landstrich, und er ist Teil des Eichsfelds im Dreieck Thüringen, Niedersachsen und Hessen. Zu DDR-Zeiten war es Grenzgebiet und hat deshalb seine ganz eigene Geschichte, nachzuerleben im Grenzlandmuseum Eichsfeld (www.grenzlandmuseum. de). Heute ist die Region ein Eldorado für Radler – die sie auf Strecken wie dem Leine-Heide Radweg oder dem Unstrut-Radweg durchqueren oder von einem zentralen Punkt aus erkunden können. Heilbad Heiligenstadt, die historische Hauptstadt des Eichsfelds, ist so eine Basis. Von hier aus könnte man zum Beispiel die 30 km zum Skywalk Sonnenstein radeln, eine gläserne Plattform mit großartiger Aussicht.

Vor Ort: Die Radtouren verlaufen meist durch sanfte Hügel. Zwischen Heilbad Heiligenstadt, Worbis und Duderstadt verkehrt der Radbus, der Bikes kostenlos mitnimmt.

Gut zu wissen: Heilbad Heiligenstadt bietet müden Radlerwaden in der Eichsfeld-Therme ein Solebecken zur Entspannung. Hervorragende Stärkung gibt's im Restaurant Norddeutscher Bund (www.hotel-norddeut scher-bund.de).

www: eichsfeld.de

Sport
Essen & Trinken
Erholung

NUDELN VON DER SCHWÄBISCHEN ALB

→ **Warum jetzt? Gemütlich machen mit einem guten Pasta-Rezept**

Hier geht es um die Nudel. Nicht nur um eine einzige – ganz im Gegenteil – und auch nicht auf so dramatisch-witzige Art und Weise wie in Loriots berühmtem Sketch. Das Familienunternehmen Alb-Gold stellt Nudeln her, und das in Hülle und Fülle, seit rund 50 Jahren. Wer wissen will, wie, wirft bei einer Betriebsführung einen Blick hinter die Kulissen. Dann heißt es: in 60 Minuten vom Rohstoff bis zur fertig verpackten Nudel. Die Führungen finden in der Regel von Montag bis Freitag um 11.30 Uhr statt, nur mit Voranmeldung per Telefon oder E-Mail. Wie man am besten das fertige Produkt verarbeitet, wird in Kochkursen und Kochshows gezeigt. Einmal monatlich bietet Alb-Gold ein abendliches Nudelbuffet im Restaurant Sonne.

Vor Ort: Trochtelfingen (www.trochtelfingen. de) ist ein hübsches Städtchen, in dem es einige sehenswerte Ecken zu entdecken gibt. Die Altstadt mit Fachwerkhäusern, das Schloss und die alte Stadtmauer sind weitgehend erhalten, was auf der Schwäbischen Alb nahezu einmalig ist.

Gut zu wissen: Ende September, Anfang Oktober veranstaltet Alb-Gold die Ernte- und Kürbiswoche mit einem Markt, der Kräuter, saisonales Obst und eine bunte Auswahl an Kürbissen bietet. Zudem gibt es Dekorationsartikel, passend zu Herbst und Erntedank.

www: alb-gold.de

Essen & Trinken
Erfahrung & Lernen

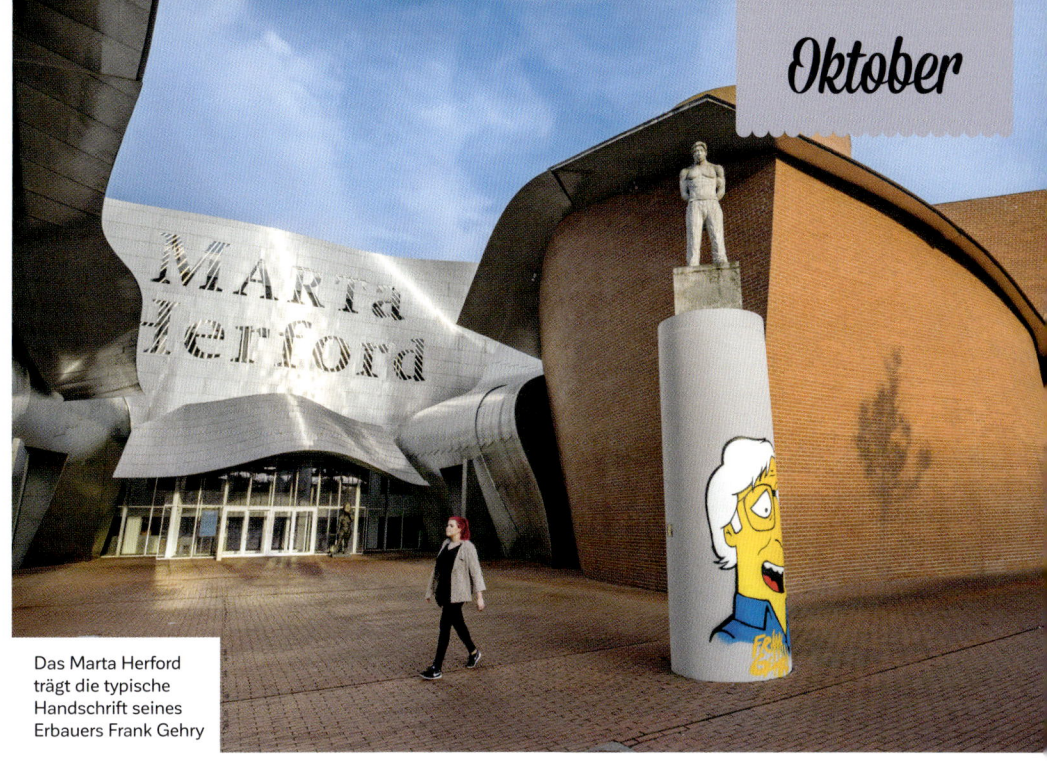

MUSEUM MARTA
HERFORD

→ **Warum jetzt? Weil Herbstzeit auch Museumszeit ist**

Kennst du Marta? Nein, die Rede ist nicht von einer gewissen Dame, sondern vom Museum Marta Herford. Klingt erst mal nicht so spektakulär, ist es aber. Denn das Marta (das M steht für Museum, art für Kunst und a für Ambiente beziehungsweise Architektur) ist einer der aufregendsten Museumsbauten, nicht nur in Deutschland. Stararchitekt Frank Gehry entwarf das Gebäude mit seiner wellenförmigen Dachlandschaft aus Edelstahl und den kippenden, geschwungenen Backsteinmauern und schuf damit einen phänomenalen Bau, der selbst wie ein Kunstwerk daherkommt. Das Museum für Kunst, Architektur und Design verbindet seine Sammlung zeitgenössischer Kunst mit wechselnden, themenbezogenen Ausstellungen.

Vor Ort: Wer schon mal da ist, sollte keinesfalls den kleinen, aber feinen Museums-

Das Marta Herford trägt die typische Handschrift seines Erbauers Frank Gehry

shop mit allerlei hübschen Souvenirs, Büchern und Accessoires verpassen. Die Kupferbar im Museum verwöhnt hungrige Kunstliebhaber mit kulinarischen Köstlichkeiten. Außerdem gibt es neben den Ausstellungen ein abwechslungsreiches Programm aus Veranstaltungen und museumspädagogischen Angeboten.

Gut zu wissen: An jedem ersten Mittwoch im Monat ist von 18 bis 21 Uhr der Ein-

tritt für alle frei. Sonstige Öffnungszeiten: Dienstag bis Sonntag 11 bis 18 Uhr.
www: marta-herford.de

Kultur
Essen & Trinken

GUT POHNSTORF KUMMEROWER SEE

→ **Warum jetzt? Erholsamer Genuss statt Herbstblues**

Sich mal wie die Gutsherrschaften fühlen oder einfach nur für kurze Zeit die Leinen zum Alltag kappen? Das alles geht in der Weite der Mecklenburgischen Seenplatte, in alten Herrenhäusern wie zum Beispiel dem in Pohnstorf. Dort steht das gleichnamige Gutshaus aus dem 19. Jahrhundert und freut sich auf Gäste. Bei Schmuddelwetter kann man es sich im stil- und fantasievoll eingerichteten Haus gemütlich machen oder sich in der gutseigenen Küche kochenderweise verwirklichen – Biokis-

ten mit saisonalem Gemüse aus der Region werden gerne geliefert. Im 10 000 Quadratmeter großen Garten ist bei Herbstsonne himmlische Ruhe angesagt. Radfahren, Wandern, Angeln, alles ist möglich.

Vor Ort: Der Gutshof liegt zwischen der Kleinstadt Teterow und dem Kummerower See. Eine Fahrradtour zum See ist bei gutem Wetter eine feine Sache. Aber auch andere Ziele sind lohnenswert, etwa ein Ausflug zu den Tausendjährigen Eichen in Ivenack, die zu den ältesten Europas zählen. Seit 2017 gibt es in Ivenack auch einen Baumkronenpfad.

Gut zu wissen: Lust auf eine Auszeit in historischem Gemäuer in einer der schönsten Seenlandschaften Deutschlands? Die Zahl der Gutshäuser und Schlösser, die Gästen Unterkunft bieten, ist groß.
www: mecklenburgische-schweiz.com/reiseziele/schloesser-und-gutshaeuser

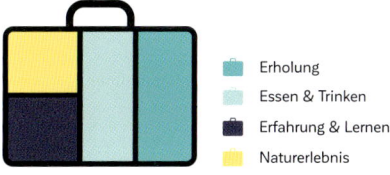

Erholung
Essen & Trinken
Erfahrung & Lernen
Naturerlebnis

GLEITSCHIRMFLIEGEN
OBERSTDORF

→ Warum jetzt? Bestes Wetter fürs Gleitschirmfliegen

Auf Augenhöhe mit den Königen der Lüfte schweben – die herrliche Berglandschaft der Allgäuer Alpen unter den Füßen! „Nebelhorn" lautet das Zauberwort, das dieses erhebende Erlebnis garantiert. Denn der 2224 Meter hohe Berg mit dem berühmten Fernblick über 400 Gipfel zählt zu den besten Gleitschirm-Fluggebieten der Nordalpen. Hier schrauben sich Profis in schwindelerregende Höhen und ambitionierte Einsteiger werden in die Kunst des Fliegens eingeweiht. Furchtlose Neulinge können bei einem Tandemflug erleben, wie genial sich das anfühlt, frei wie ein Vogel über Wiesen, Bergseen und Täler zu gleiten. Dabei ist der Herbst für Einsteiger ideal, denn die Thermik ist weniger turbulent. In Oberstdorf (www.oberstdorf.de) gibt es Anbieter, die den Traum vom Tandemflug gerne wahrmachen.

Vor Ort: Die Nebelhorn-Bergstation ist von Oberstdorf aus mit der Nebelhornseilbahn zu erreichen. Die Talstation befindet sich direkt im Ort und auch der Landeplatz für Gleitschirmflieger liegt nur ein paar Minuten davon entfernt.

Gut zu wissen: Ein weiteres beliebtes Gleitschirm-Fluggebiet ist der Mittag bei Immenstadt (www.alpsee-gruenten.de/urlaub-im-allgaeu/immenstadt.html). Auch die Hörnerbahn bei Bolsterlang (www.hoernerbahn.de) fährt hinauf zu fantastischen Wiesenstartplätzen.

www: ok-bergbahnen.com/aktiv-sport/gleitschirmfliegen

■ Herausforderung
■ Abenteuer
■ Naturerlebnis

Mit dem Gleitschirm mitten hinein ins Blau des Himmels über Bayern

COMICMUSEUM
SCHWARZEN-BACH

→ **Warum jetzt? Bunte Comics beleben den grauen Herbst**

Schon mal in Entenhausen gewesen und Donald, Micky und die Panzerknacker besucht? Die Comicstadt mit ihren farbenfrohen Schnabeltieren und sonstigen lustigen Einwohnern kannst du mitten in Deutschland besuchen, präziser ausgedrückt, ziemlich genau in der Mitte zwischen Berlin und München. Das Comicmuseum in Schwarzenbach an der Saale würdigt Leben und Werk der großen Disney-Übersetzerin Erika Fuchs, die mit „raschel", „knarr" und „klimper", „grübel", „schluck" und „bibber" Bilder in Worte übersetzte und so die deutsche Sprache bereicherte. Dazu gibt's interaktive Stationen, eine Comicbibliothek und als Höhepunkt ein begehbares Entenhausen, inklusive Daniel Düsentriebs Werkstatt und einem Talerbad in Onkel Dagoberts Geldspeicher.

Vor Ort: Der Museumsrundgang durch die Dauerausstellung führt durch sieben Räume und stellt das Schaffen der Künstlerin Erika Fuchs in den Kontext der allgemeinen Comicgeschichte.

Gut zu wissen: Montags ist Entenhausen geschlossen. Jeweils am letzten Sonntag des Monats um 11 Uhr finden Führungen zu speziellen Themen statt.

www: erika-fuchs.de

ERNTEDANK-FEST
KIRCHWERDER

→ **Warum jetzt? So wird nirgendwo sonst Erntedank gefeiert**

Zu Schmuck wird, was auf Feld und Wiese wächst: Mit Blumen und Gemüse der Region werden im Oktober im Hamburger Stadtteil Kirchwerder Kirchen, Gärten und natürlich auch die Umzugswagen für den Erntedankumzug festlich-bunt dekoriert. Im fruchtbaren Land an der Elbe bestellen die Bauern seit Jahrhunderten ihre Felder, und so zählt das Vier- und Marschländer Erntedankfest zum größten und schönsten, was Deutschland in dieser Hinsicht zu bieten hat. An die 60 Trachtengruppen samt Blaskapellen ziehen stolz in einer langen Prozession zum Festplatz am Sülzbrack – schließlich stammt alles Obst und Gemüse direkt von hier, aus Hamburgs größtem Anbaugebiet für Obst, Gemüse und Blumen.

Vor Ort: Die Vier- und Marschlande sind eine jahrhundertealte Kulturlandschaft an der Elbe, mit historischen Bauernhäusern, prächtigen Kirchen und bewahrten Traditionen – nur einen Steinwurf von Hamburg entfernt.

Gut zu wissen: Das Kirchwerder Erntedankfest beginnt am Samstagabend auf der Schafswiese mit einem großen Fest. Am Sonntagmorgen wird in St. Severin der Erntedankgottesdienst gehalten, mittags startet der prächtige Umzug.

www: erntedankfest-kirchwerder.de

BURG-FESTSPIELE
RONNEBURG

→ **Warum jetzt? Im Herbst kommen Gaukler und Ritter**

Muss ja schon lustig gewesen sein, vor langer Zeit, so ein Markt in Zeiten von Burgfräuleins und Ritterhelden. Wenn du Anfang Oktober die Ronneburg, eine der am besten erhaltenen Höhenburgen des 16. Jahrhunderts, erklimmst, kannst du es selbst erleben, per Zeitmaschine mittenrein ins Mittelalter. Elegante Damen, Barbiere, Schmiede, fahrendes Volk, federgeschmückte Edelleute, Händler oder Spielleute, sie und noch viel mehr mittelalterlich Gestimmte tummeln sich im uralten, authentischen Gemäuer, als ob es nie anders gewesen wäre. Auch kulinarisch geht's mehr oder minder altertümlich zu, bei Dinnerle – eine Art Flammkuchen – oder, na ja, in der Scottish Bakery. Aber auch im rauen Land im Norden war ja mal Mittelalter.

Vor Ort: Die Ronneburg gehört zu den bedeutendsten original erhaltenen Burgbefestigungen in Deutschland. Im Museum, das sich in der Hauptburg befindet, gibt's denn auch etliches zum Staunen, etwa in der alten Burgküche, der Waffenkammer, einer Folterkammer oder dem Brunnenhaus.

Gut zu wissen: Die Burgfestspiele, die am letzten September- und am ersten Oktoberwochenende stattfinden, werden täglich um 11.30 Uhr mit dem großen Markteröffnungsumzug eingeläutet. Dann folgen Ritterkämpfe, Bogenschießwettbewerbe und Gauklerspiele.

www: burg-ronneburg.de

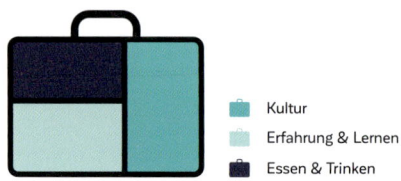

- Kultur
- Erfahrung & Lernen

- Kultur
- Erfahrung & Lernen
- Essen & Trinken

- Kultur
- Erfahrung & Lernen
- Essen & Trinken

EHEMALIGE HAUPTSTADT
BONN

→ **Warum jetzt? Am Tag der Einheit in die alte Hauptstadt**

Wer nach Bonn fährt, reist in die deutsche Geschichte. 41 Jahre lang war die Stadt am Rhein unsere provisorische Hauptstadt, von der Gründung der BRD bis zur Wiedervereinigung. Was in dieser Zeit so alles passierte und wie sich Deutschland nach der Wiedervereinigung entwickelt hat, zeigt das Haus der Geschichte (www.hdg.de) an der Bonner Museumsmeile. Der frühere Kanzler Helmut Kohl hatte schon 1982 die Idee für das Museum. Er wollte einen Ort, der die Vergangenheit der geteilten Nation erklärt. Das hat geklappt – und wie! Das Haus der Geschichte ist eines der besten Museen im Land und der Eintritt ist noch dazu frei. Jedes Objekt erzählt seinen Teil: Da ist das Tintenfass, das für die Unterzeichnung des Grundgesetzes durch Konrad Adenauer steht, aber an jenem 23. Mai 1949 leer war. Und der Seesack, den Elvis Presley 1958 zu Beginn seines Wehrdienstes in die Bundesrepublik mitbrachte. Besucher nehmen Platz auf den Originalsitzen des ersten Deutschen Bundestags oder bestaunen Originalsteine der Berliner Mauer. Wer Bonn und die Geschichte Deutschlands noch besser kennenlernen möchte, spaziert nach dem Museumsbesuch den „Weg der Demokratie" entlang (www.wegderdemokratie.de). 100 Minuten Fußweg und viele Infotafeln später kennt man sich dann richtig aus. In der deutschen Geschichte. Und in Bonn.

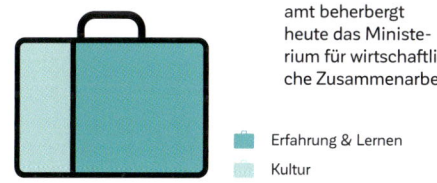

Das frühere Kanzleramt beherbergt heute das Ministerium für wirtschaftliche Zusammenarbeit

■ Erfahrung & Lernen
■ Kultur

RUND UM BONN

 **SIEBENGEBIRGE · 33 KM** · Durch das Rheintal und rauf auf sieben Gipfel – am besten mit dem Mountainbike

 RHEIN · Eine Schifffstour auf dem Rhein, mit Linienschiff oder Ausflugsdampfer (www.bonnschiff.de)

RHEINSTEIG · 320 KM · Der „Grand Canyon der Romantik" von Bonn bis Wiesbaden (www.rheinsteig.de)

 **AHR · 35 KM** · Zum geheimsten Bauwerk der bundesdeutschen Geschichte (www.regbu.de)

RANTUMBECKEN
SYLT

→ **Warum jetzt? Nach den Touristen kommen die Vögel**

Kreisch! In Hitchcocks „Die Vögel" sind es ausgerechnet als harmlos geltende Piepmätze, die einen Küstenort in Angst und Schrecken versetzen. An der deutschen Nordseeküste sind im Oktober zwar auch die Vögel los – vor diesen muss sich jedoch keiner fürchten. Insbesondere auf Sylt lassen sich viele unterschiedliche Arten der gefiederten Wanderer beobachten und bewundern, die an der Insel vorbeiziehen oder dort rasten. Mit von der Partie sind unter anderem Kurzschnabelgänse, Eiderenten, Sterntaucher, Austernfischer, Ohrenlerchen und Zwergschnäpper. Schöner Nebeneffekt: Die sonst auf der sommerlichen Insel rastenden Touristen haben sich längst wieder in ihren Alltag auf dem Festland zurückgezogen.

Vor Ort: Das Rantumbecken ist ein besonders beliebter Rückzugsort für Zugvögel und ein artenreiches Seevogelschutzgebiet. Als Startpunkt für eine Radtour oder einen Spaziergang über den etwa 10 km langen Deich eignet sich der Rantumer Hafen. Fernglas und Vogelbuch nicht vergessen!

Gut zu wissen: Für die Vogelbeobachtung schließt man sich am besten einem Profi an. Die vogelkundlichen Führungen der Schutzstation Wattenmeer Rantum (schutzstation-wattenmeer.de) sind dafür bestens geeignet.

www: sylt.de/entdecken/inselorte/rantum. html

■ Naturerlebnis
■ Erfahrung & Lernen

Auf dem Deich, der das Rantumbecken vom Meer trennt, kann man wunderbar radeln

BURG TECK
HOHENNEUFFEN

→ Warum jetzt? Das Herbstlaub leuchtet auf der Schwäbischen Alb

Schon alleine wegen des grandiosen Blicks lohnt es sich, zur Burg Teck hinaufzukeuchen, die weithin sichtbar die bewaldete Spitze des Teckbergs überragt. Dazu kommen die herrlichen Herbstfarben und die klare Luft – die ideale Zeit also zum Wandern. Oben angelangt auf 775 Metern Höhe, schweift der Blick 360 Grad übers Ländle, über die Alb und hinüber zu den drei Kaiserbergen Hohenstaufen, Rechberg und Stuifen – über Wälder, Felder, Wiesen und Dörfer. Seit 1100 steht die Burg hier oben, im Bauernkrieg 1525 wurde sie allerdings schwer ramponiert. Dafür gibt's heute einen Aussichtsturm und ein Wanderheim mit schönem Biergarten. Bei mehrtägigen Touren kann man sein Haupt auch im burgeigenen Wanderheim des Schwäbischen Albvereins (www.burg-teck-alb.de) betten.

Vor Ort: Wandern ist angesagt rund um die Teck, schon alleine, weil die Burg nur zu Fuß zu erreichen ist. Die schöne Herbststimmung lässt sich denn auch am besten auf einer ausgiebigen Tour genießen, etwa vom Fuß des Teckbergs übers Schopflocher Moor zum Tobeltal.

Gut zu wissen: Gleich unterhalb des Aussichtsturms auf der Burg wartet das Sybillenloch auf einen Besuch. Ausgrabungen im vorletzten Jahrhundert brachten etliche eiszeitliche Tierskelette ans Tageslicht.
www: schwaebischealb.org/schloesser-burgen/burg-teck

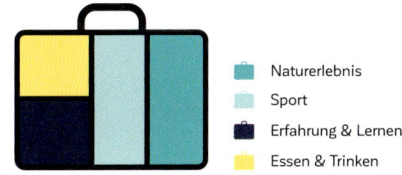

Naturerlebnis
Sport
Erfahrung & Lernen
Essen & Trinken

229

Szenen der Völkerschlacht, nachgestellt in Liebertwolkwitz

ZEITREISE ZUR VÖLKERSCHLACHT
LIEBERTWOLKWITZ

 **Warum jetzt? Im Oktober 1813 starben hier Zehntausende**

Eigentlich ein Ort des Grauens: rund 600 000 beteiligte Soldaten, davon wurden 92 000 getötet oder verwundet. Vier Tage lang kämpften rund um Leipzig Napoleons Truppen gegen die Allianz aus Russen, Preußen, Schweden und Österreicher, die sich von der Herrschaft des Franzosen befreien wollten. Es war die größte Schlacht der Weltgeschichte – auf jeden Fall bewegt sie auch heute noch die Menschen. Liebertwolkwitz, ein kleines Dorf südöstlich von Leipzig, war damals mittendrin. Heute, gut 200 Jahre später, ist dort die Geschichte noch immer präsent, so gibt es jedes Jahr um die Tage der Schlacht (16. – 19. Oktober 1813) die Veranstaltung „Ein Dorf im Jahre 1813". Dabei spielen die Bewohner das Leben und die Geschehnisse von damals nach – und als Zuschauer hat man das Gefühl, eine Zeitreise zu unternehmen.

Vor Ort: An unterschiedlichen historischen Orten werden Biwaks aufgestellt, es gibt einen historischen Bauernmarkt, Gefechte und eine Gedenkveranstaltung.

Gut zu wissen: Die Geschehnisse um die Völkerschlacht sind vielschichtig, darum ist ein Besuch im Forum 1813 im Stadtgeschichtlichen Museum in Leipzig sicher erhellend (www.stadtgeschichtliches-museum-leipzig.de).

www: leipzig1813.com

Erfahrung & Lernen

STREET ART ÜBERDACHT
MÜNCHEN

Kultur

Warum jetzt? Straßenkunst mit Dach im Herbstregen

Street Art gehört nur auf die Straße? Nein, sagen die Macher des 2016 eröffneten Museum of Urban and Contemporary Art (MUCA) in München und hängen Straßenkunst an die Museumswand. So will das MUCA erreichen, dass die inzwischen in vielen Stadträumen präsente junge zeitgenössische Kunstform „musealisiert" wird und Eingang in die Kunstgeschichte findet. Nur einen Katzensprung von der Münchner Frauenkirche entfernt, öffnet an der Stelle eines alten Umspannwerks das Museum nun für Graffiti-, Schablonen- und Klebekünstler oder Sprayer seine Türen. Wechselnde Ausstellungen locken Street-Art-Fans ins 2000 Quadratmeter große Haus, dessen Fassade – gestaltet vom Street Art Künstler Stohead – schon ahnen lässt, worum es drinnen geht.

Vor Ort: Hier sind internationale Stars der Straßen- und Zeitgenössischen Kunst vertreten, aber auch unbekannte Künstler mit experimentellen Formaten. Wen der kleine Hunger zwischendurch überfällt: im hauseigenen Restaurant „Mural" gibt's – ganz passend – Contemporary Dining.

Gut zu wissen: Rund um wechselnde Ausstellungen stehen auch Bildungsangebote, Expertengespräche, Vorträge und Filme auf dem Programm des MUCA, als pädagogische Augenöffner für Street und Urban Art sowie zeitgenössische Kunstformen.

www: muca.eu

SCHLOSSBERG-HÖHLEN
HOMBURG

→ **Warum jetzt? Trübes Oktoberwetter – ab in die Höhle!**

Diese Farben! Aber am meisten beeindruckt die Tatsache, dass Europas größte Buntsandsteinhöhlen im 17. Jahrhundert von Menschen aus der Erde gehauen wurden, um Sand für die Glasherstellung oder zum Scheuern von Dielenböden zu gewinnen. Die Höhlengänge der Homburger Schlossberghöhlen sind insgesamt 5 km lang, 800 Meter davon können auf einem Rundgang besichtigt werden. Faszinierend sind die farbigen Gesteinsschichten, die durch das Graben sichtbar wurden und so ein einmaliges Fenster in die geologische Geschichte des Schlossbergs öffnen. Vor etwa 250 Millionen Jahren lag dieser Ort wohl in einer Wüstensenke, wobei die mächtigen gelben Sandlagen einmal Teil von Sanddünen waren. Auch Tiere haben ihre Fußspuren hinterlassen, zu Zeiten, als der Sandstein gerade entstand und von den Großsauriern noch weit und breit nichts zu sehen war.

Vor Ort: In den 1960er-Jahren wurde im „Thronsaal", dem größten Raum der Höhlen, immer wieder Feste gefeiert, bei denen auch Höhlenköniginnen gekürt wurden. Übernachten wie ein König kann man heute direkt darüber im Schlossberg Hotel Homburg (www.schlossberghotelhomburg.de).

Gut zu wissen: Die Tour dauert eine knappe Stunde. Warme Kleidung mitnehmen, da es in der Tiefe konstante 10 °C kühl ist!

www: homburger-schlossberghoehlen.de

■ Naturerlebnis
■ Erfahrung & Lernen

Die Grenzübergangsstelle Marienborn wurde zu DDR-Zeiten streng überwacht

GEDENKSTÄTTE DEUTSCHE TEILUNG
MARIENBORN

→ **Warum jetzt? Erinnerungen am Tag der Deutschen Einheit**

Kaum zu glauben, wie lange die zwei einst getrennten Teile Deutschlands schon wieder ein großes Ganzes sind. Eine Ahnung davon, wie es sich zu Zeiten der Teilung an einem der Kollisionspunkte zwischen dem Osten und den demokratischen Staaten des Westens anfühlte, bekommst du am ehemaligen größten Grenzübergang der DDR an der innerdeutschen Grenze – der heutigen Gedenkstätte „Deutsche Teilung Marienborn". Zur Zeit der Maueröffnung versahen hier 1000 DDR-Grenzsoldaten, Zöllner und Stasimitarbeiter ihren Dienst. Hier war eines der Nadelöhre des „Eisernen Vorhangs" auf der Transitstrecke von Hannover nach Berlin und es gab kein Durchkommen ohne lückenloses Durchleuchten. Die dazugehörigen Gebäude sind alle auch nach 30 Jahren noch da: der „Führungsturm", die Wechselstube und die Gebäude der Passkontrolleinheit mit dem Förderband, auf dem die Pässe zur Kontrolle wanderten. Alles Geschichte!

Vor Ort: Das rund 7,5 Hektar große Gelände kann auf eigene Faust erkundet, die Gebäude können im Rahmen einer Führung besichtigt werden. Auch ein Informations- und Dokumentationszentrum im ehemaligen Dienstgebäude gibt Einblicke.

Gut zu wissen: Das Angebot der Gedenkstätte umfasst Führungen, Projekttage für Schulgruppen, Veranstaltungen und Ausstellungen. Zur Gedenkstätte gehört auch das 17 km entfernte Grenzdenkmal Hötensleben (www.grenzdenkmal.com), das die Grenzbefestigungsanlagen der DDR im Zustand von 1989 zeigt.

www: gedenkstaette-marienborn.sachsen-anhalt.de

■ Erfahrung & Lernen

NATURPARK
PFÄLZERWALD

→ Warum jetzt? Wein und Wandern im Wald

So viel Baum auf einmal gibt's sonst nirgends in Deutschland – der Pfälzerwald ist das größte zusammenhängende Waldgebiet der Bundesrepublik. Damit das so bleibt, ist der Naturraum zum Naturpark geworden, und seit 2007 bildet er zusammen mit den benachbarten Vogesen das Biosphärenreservat Pfälzerwald-Nordvogesen. Der richtige Ort also, um mal wieder voll in die Ruhe zwischen Baum, Busch und Bach einzutauchen. Sagenhafte 179 000 Hektar umfasst der Naturpark, da ist die Auswahl an Wander- und Radwegen entsprechend groß. Es geht durch jahrhundertealte Eichen- und Mischwälder, vorbei an klaren Waldseen, sonnigen Wiesentälern und beeindruckenden Felsformationen.

Vor Ort: Auch für Tiere ist dieses Waldgebiet ein wichtiger Rückzugsraum. Im Oktober kannst du dich auch auf die Spuren von Luchs & Co. begeben, bei den Dahner Luchstagen (www.dahner-felsenland.net). An drei Tagen gibt es jede Menge Informationen über die Raubtiere und speziell über das Projekt der Wiederansiedelung. Denn mittlerweile haben sich 20 Luchse im Pfälzerwald häuslich eingerichtet.

Gut zu wissen: Der Oktober ist ein Genussmonat, und der kommt im Pfälzerwald nicht zu kurz. Ein Weinfest jagt das andere, etwa das „Herbschdwächelfeschd" in Heuchelheim-Klingen, die Lange Nacht der offenen Keller oder das Deutsche Weinlesefest in Neustadt.

www: pfaelzerwald.de, wanderportal-pfalz.de

- Naturerlebnis
- Erfahrung & Lernen
- Essen & Trinken

Der Pfälzerwald bietet die verführerische Kombination aus Aktivurlaub und kulinarischen Genüssen

VIELFÄLTIGES
STUTTGART

→ **Warum jetzt? Cannstatter Wasen und mehr**

Die Wiesn kennt jeder. Aber den Wasen, also das Cannstatter Volksfest? Ist immerhin das zweitgrößte Volksfest der Welt mit rund vier Millionen Besuchern jedes Jahr. Von denen viele in Tracht kommen (was nach Bayern passt, aber nicht an den mittleren Neckar) und nicht wenige im Weinzelt Cannstatter Oberamt landen (was wiederum gut an den Necker, aber nicht nach Bayern passt). Schließlich ist die baden-württembergische Landeshauptstadt die einzige der Republik, die ein eigenes Weingut verwaltet – dessen Reben sich innerstädtisch bis zu jenem Hauptbahnhof hinunterziehen, um den so vehement gestritten wird. Doch schnell, schnell vorbei an der Riesenbaustelle, denn dahinter warten der schöne Schlossplatz und der futuristische Glaskubus des Kunstmuseums. Drüber leuchtet der Fernsehturm: Der Blick von dort auf die Stadt, die sich abendfein macht, ist berauschend. Überhaupt, die Aussicht ... Stuttgart punktet dank Kessellage mit Traumblicken, etwa auf der Karlshöhe, die auch noch einen wunderbaren Biergarten beheimatet. Hier die Oktobersonne genießen, während sich das Häusermeer

des Stuttgarter Westens scheinbar endlos in den Herbstnachmittag dehnt – das ist großes Kino. Nur getoppt durch die hervorragende Kulturszene und die Auswahl an ausgesprochen guten Restaurants.

Neues Kunstmuseum am Schlossplatz

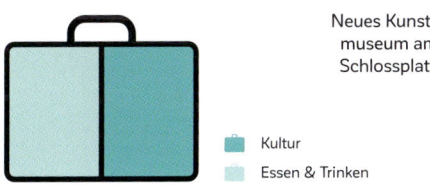

■ Kultur
■ Essen & Trinken

RUND UM STUTTGART

🚆 **LUDWIGSBURG · 12 KM ·** Mondäne Momente in der barocken Residenzstadt (www.ludwigsburg.de)

🚆 **BEUTELSBACH · 20 KM ·** Landschaftskino und feine Tropfen auf dem Weinbaulehrpfad

🚗 **TÜBINGEN · 45 KM ·** Zeitreise in die schnucklige Universitätsstadt (www.tuebingen-info.de)

🚆 **BAD URACH · 50 KM ·** Fachwerk, Wasserfälle und Wanderungen auf die Schwäbische Alb

November

WANN AM BESTEN WOHIN?

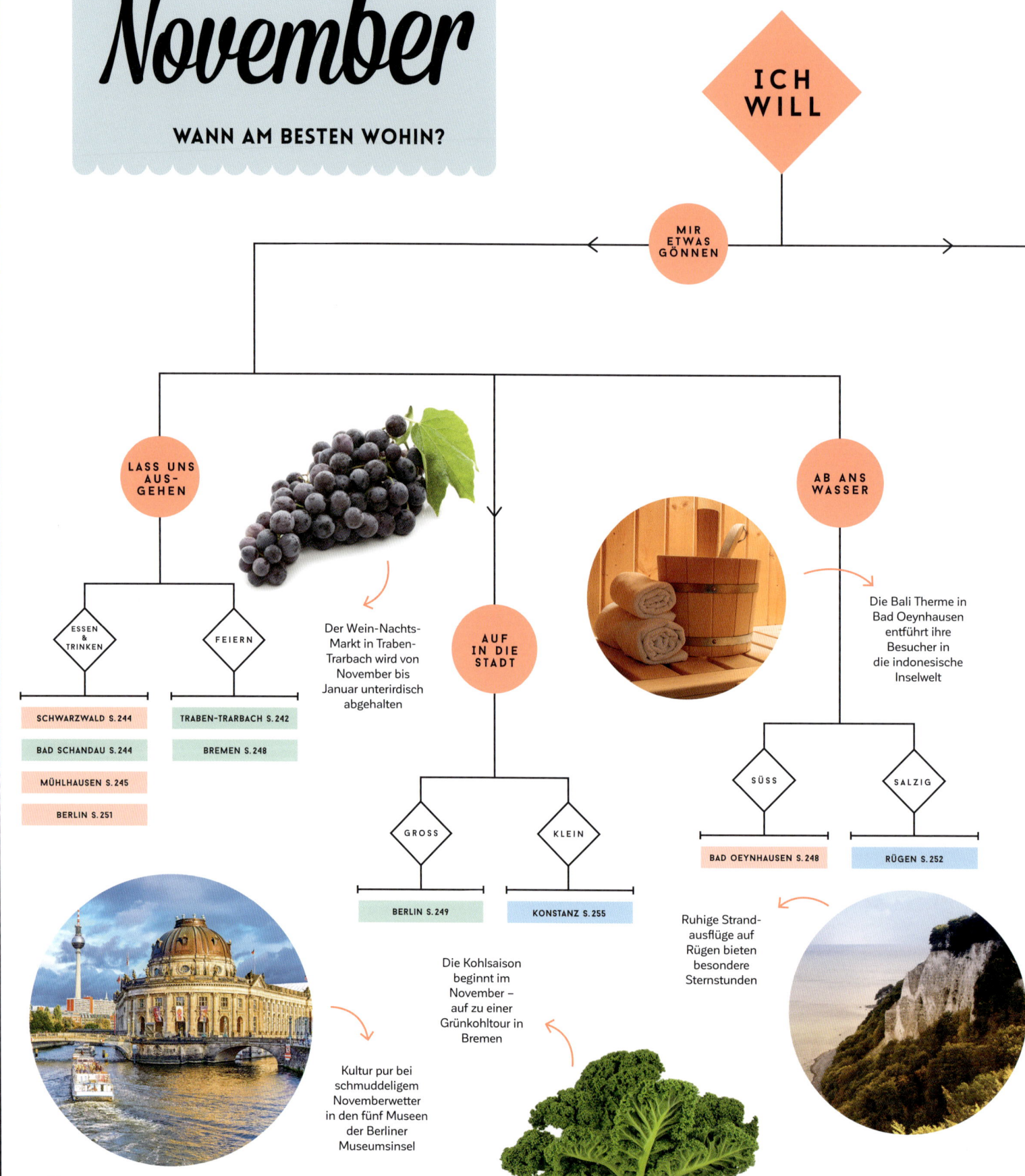

ICH WILL

MIR ETWAS GÖNNEN

LASS UNS AUSGEHEN

AB ANS WASSER

Die Bali Therme in Bad Oeynhausen entführt ihre Besucher in die indonesische Inselwelt

ESSEN & TRINKEN

FEIERN

Der Wein-Nachts-Markt in Traben-Trarbach wird von November bis Januar unterirdisch abgehalten

AUF IN DIE STADT

SCHWARZWALD S. 244

TRABEN-TRARBACH S. 242

BAD SCHANDAU S. 244

BREMEN S. 248

MÜHLHAUSEN S. 245

BERLIN S. 251

SÜSS

SALZIG

BAD OEYNHAUSEN S. 248

RÜGEN S. 252

GROSS

KLEIN

BERLIN S. 249

KONSTANZ S. 255

Ruhige Strandausflüge auf Rügen bieten besondere Sternstunden

Die Kohlsaison beginnt im November – auf zu einer Grünkohltour in Bremen

Kultur pur bei schmuddeligem Novemberwetter in den fünf Museen der Berliner Museumsinsel

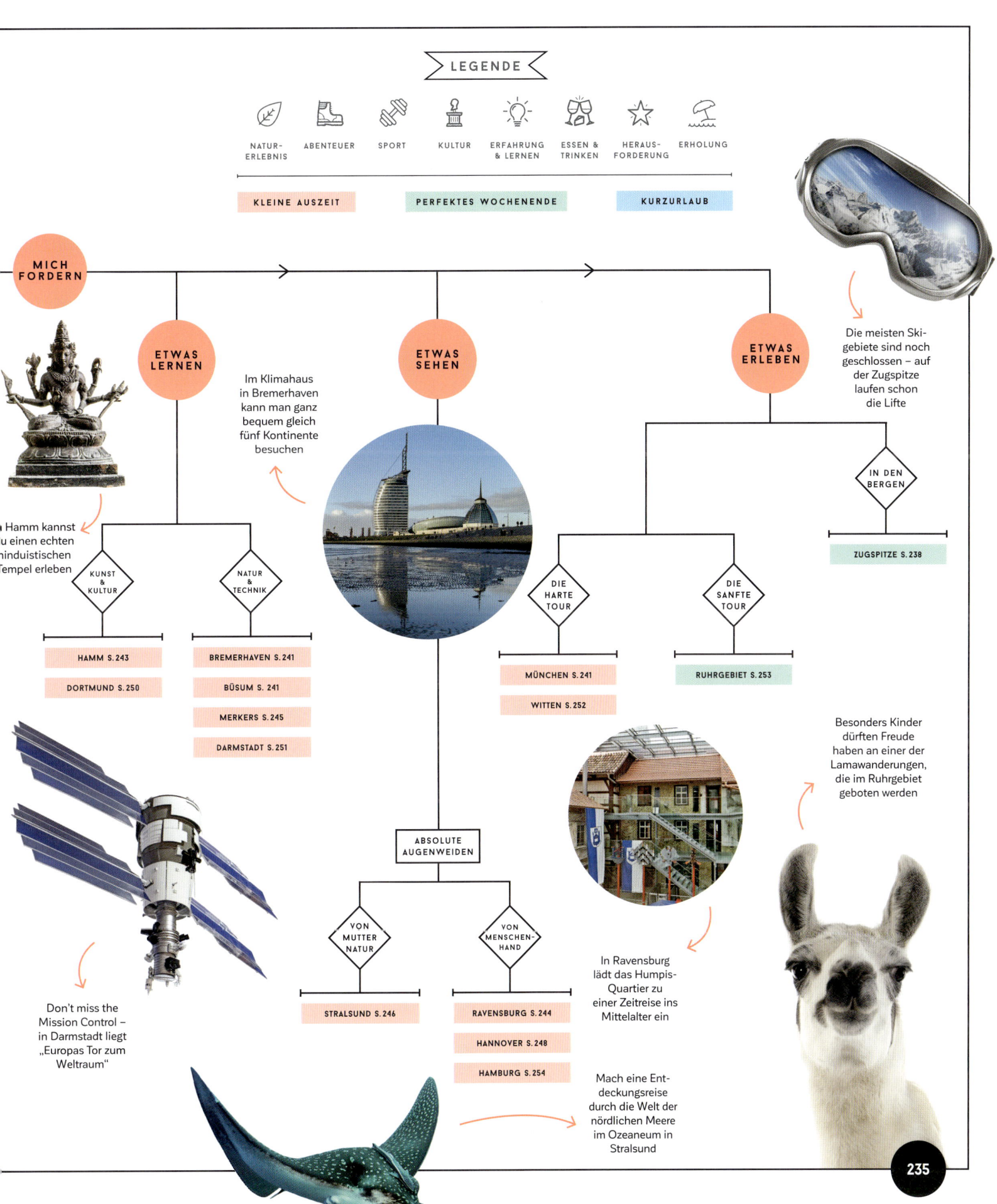

LEGENDE

NATUR-ERLEBNIS · ABENTEUER · SPORT · KULTUR · ERFAHRUNG & LERNEN · ESSEN & TRINKEN · HERAUS-FORDERUNG · ERHOLUNG

KLEINE AUSZEIT · PERFEKTES WOCHENENDE · KURZURLAUB

MICH FORDERN

ETWAS LERNEN

ETWAS SEHEN

ETWAS ERLEBEN

Die meisten Ski-gebiete sind noch geschlossen – auf der Zugspitze laufen schon die Lifte

Im Klimahaus in Bremerhaven kann man ganz bequem gleich fünf Kontinente besuchen

IN DEN BERGEN

ZUGSPITZE S. 238

Hamm kannst u einen echten hinduistischen Tempel erleben

KUNST & KULTUR

NATUR & TECHNIK

DIE HARTE TOUR

DIE SANFTE TOUR

HAMM S. 243

DORTMUND S. 250

BREMERHAVEN S. 241

BÜSUM S. 241

MERKERS S. 245

DARMSTADT S. 251

MÜNCHEN S. 241

WITTEN S. 252

RUHRGEBIET S. 253

Besonders Kinder dürften Freude haben an einer der Lamawanderungen, die im Ruhrgebiet geboten werden

ABSOLUTE AUGENWEIDEN

VON MUTTER NATUR

VON MENSCHEN-HAND

In Ravensburg lädt das Humpis-Quartier zu einer Zeitreise ins Mittelalter ein

STRALSUND S. 246

RAVENSBURG S. 244

HANNOVER S. 248

HAMBURG S. 254

Don't miss the Mission Control – in Darmstadt liegt „Europas Tor zum Weltraum"

Mach eine Ent-deckungsreise durch die Welt der nördlichen Meere im Ozeaneum in Stralsund

RÜGEN S. 252

STRALSUND S. 246

KIEL

ROSTOCK

BÜSUM S. 241

HAMBURG

BREMERHAVEN S. 241

HAMBURG S. 254

BREMEN

BREMEN S. 248

BERLIN S. 249

BERLIN

HANNOVER S. 248

BERLIN S. 251

HANNOVER

BAD OEYNHAUSEN S. 248

MÜNSTER

HAMM S. 243

DORTMUND

RUHRGEBIET S. 253

ESSEN

DORTMUND S. 250

LEIPZIG

DÜSSELDORF

WITTEN S. 252

KASSEL

MÜHLHAUSEN S. 245

KÖLN

ERFURT

DRESDEN

MERKERS S. 245

BAD SCHANDAU S. 244

TRABEN-TRARBACH S. 242

FRANKFURT/MAIN

DARMSTADT S. 251

SAARBRÜCKEN

NÜRNBERG

STUTTGART

SCHWARZWALD S. 244

FREIBURG

MÜNCHEN

RAVENSBURG S. 244

MÜNCHEN S. 241

KONSTANZ S. 255

ZUGSPITZE S. 238

GEFÄLLT DER GANZEN FAMILIE

STRALSUND S. 246

RUHRGEBIET S. 253

BÜSUM S. 241

Ein Tag im Miniatur Wunderland in der Hamburger Speicherstadt ersetzt eine ganze Weltreise

BREMERHAVEN S. 241

Neben dem Phänomania Erlebniszentrum hat Büsum direkt an der Nordsee allerhand zu bieten

MÜNCHEN S. 241

HAMBURG S. 254

WITTEN S. 252

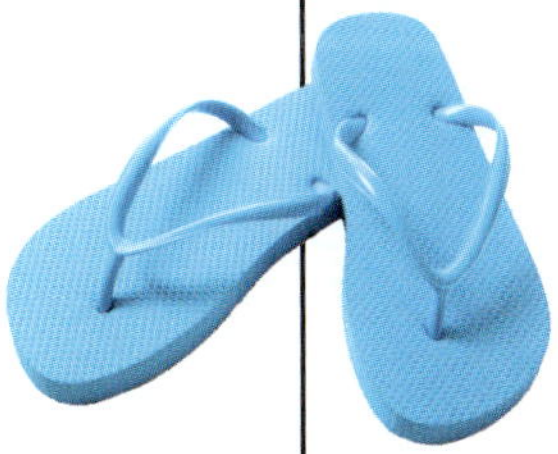

HANNOVER S. 248

Nicht nur für Fussballfans ist ein Besuch im Fussballmuseum in Dortmund ein Muss

RÜGEN S. 252

Beim Indoor-Strandsport in Witten ein wenig Urlaubsfeeling tanken

Im Erlebnisbergwerk Merkers gibt es viel zu erleben

DORTMUND S. 250

MERKERS S. 245

BAD SCHANDAU S. 244

DARMSTADT S. 251

TEUER, ABER ES LOHNT SICH

VIEL ERLEBEN FÜR WENIG GELD

Rund um die Schmilk'sche Mühle in Bad Schandau wird es in der kalten Jahreszeit zauberhaft

TRABEN-TRARBACH S. 242

RAVENSBURG S. 244

MÜHLHAUSEN S. 245

KONSTANZ S. 255

Besonders friedlich ist es in Konstanz am Bodensee auch an kühlen Novembertagen

SCHWARZWALD S. 244

Im Bratwurstmuseum in Mühlhausen dreht sich alles um das Ding mit zwei Enden

Lerne im Schwarzwald, wie man eine berühmte Schwarzwälder Kirschtorte backt

ZUGSPITZE S. 238

HAMM S. 243

BERLIN S. 251

BERLIN S. 249

BREMEN S. 248

BAD OEYNHAUSEN S. 248

DIE KINDER ZU HAUSE LASSEN

TOP OF GERMANY
ZUGSPITZE

→ Warum jetzt? Frischer Schnee macht Winterlust

Während unten noch die Blätter herbstlich gefärbt zu Boden schweben, geht ohne dicke Mütze und Handschuhe hier oben gar nichts. Auf 2962 Metern Höhe pfeift der Wind ein bisserl zünftiger. Die Wintersaison beginnt schon Mitte November, schließlich carvt und snowboardet man hier auf Gletscherschnee, wenngleich er immer weniger wird. Besonders spektakulär ist es, wenn man über den Wolken, die als Nebel über dem Tal hängen, seine Schwünge zieht. Das grandiose 360°-Bergpanorama samt der drei Gletscher können vom Gipfel aus bewundert werden. Noch ganz ohne Ski-zirkus-Rummel, denn zu dieser Jahreszeit sind deutlich weniger Gipfelstürmer unterwegs. Keine Lust auf Skifahren? Dann buch doch eine Schneeschuhtour in die herrlich unberührten verschneiten Berge.

Vor Ort: Kälte macht hungrig, das ist auch auf der Zugspitze bekannt. Gleich drei unterschiedliche Restaurants bieten bayerische bis internationale Küche, vom Snack bis zum Menü: das Gletscherrestaurant Sonnalpin, der Gletschergarten und das Panorama 2962.

Gut zu wissen: Wie geht's hoch und wieder runter? Da gibt es zwei Möglichkeiten: entweder mit der Zahnradbahn oder der neuen Seilbahn, kombiniert auch als Rundreise möglich. Der Blick aus der Seilbahn ist natürlich spektakulär, aber die Zahnradbahn ist dafür eine Seltenheit, nur noch vier Bahnen dieser Art gibt es in Deutschland. **www:** zugspitze.de/de/winter

- ▇ Naturerlebnis
- ▇ Sport
- ▇ Essen & Trinken

Das Münchner Haus auf dem West-gipfel der Zugspitze ist Deutschlands höchstgelegene Berghütte

Das Bremerhave
Klimahaus ist e
einzigartige Wisse
und Erlebnis

(L) Wissensc
erleben im Phä
mania Büs
(R) In der w
größten Kletterh
in München ist K
zentration ge

240

KLIMAHAUS
BREMERHAVEN

→ Warum jetzt? Spontane Weltreise ins Warme

In 80 Tagen um die Welt – das war die herausragende Leistung des englischen Gentleman Phileas Fogg im gleichnamigen Roman von Jules Verne. Heute, in der Wirklichkeit, kann jeder Besucher des Klimahauses in Bremerhaven neun Orte auf fünf Kontinenten besuchen und die dortigen klimatischen Herausforderungen hautnah erleben – innerhalb von 2 bis 3 Stunden. Gut 1 km lang ist die Tour in der Ausstellung; für einen tatsächlich Reisenden wären es 40 000 km. Einmal um die Welt eben. Jetzt, im hiesigen Winter, dürfte etwa der Besuch auf Samoa ein besonders wohltuender Stopp sein, denn die Temperaturen entsprechen immer denen am realen Ort.

Vor Ort: Die Reise durchs Klimahaus führt unter anderem in die Alpen, auf die Mittelmeerinsel Sardinien, in die Wüste im Niger, durch den Regenwald und in die Antarktis, wo oberhalb einer Polarstation ein überwältigender Sternenhimmel zu sehen ist. Authentische Kulissen und die Menschen an den Orten stehen jeweils im Mittelpunkt.

Gut zu wissen: Kinder aufgepasst! Für eure Welttour gibt es Reisepässe, die an jeder Station gestempelt werden können. Außerdem findet ihr darin spannende Aufgaben und Informationen zu den Reisestopps. Die Pässe sind für 1 Euro an der Kasse oder im Online-Shop erhältlich.

www: klimahaus-bremerhaven.de

■	Erfahrung & Lernen
■	Kultur

PHÄNOMANIA
BÜSUM

→ Warum jetzt? Bunte Experimente gegen Herbstgrau

Hast du verborgene Talente als Astronaut? Oder kannst du ein Auto mit einem Arm anheben? Vermutlich nicht, aber probieren geht immer – an den rund 200 Experimentierstationen der Phänomania. Im Gebäude der ehemaligen Sturmflutwelten „Blanker Hans" geht es um Phänomene aller Art, hier ist spielerisches Entdecken angesagt für Menschen aller Altersstufen. Besonders, wenn es draußen trübe ist, ist das Knobeln und Tüfteln an physikalischen und anderen kuriosen Aufgaben der perfekte Zeitvertreib für Mama, Papa und den Nachwuchs. Und spätestens, wenn dir im Astronautentrainer speiübel wird, ist klar: Die Raumfahrt muss leider ohne dich auskommen. Dafür kannst du zahllose naturwissenschaftliche Gesetze oder Phänomene (Thermodynamik oder Magnetismus) austesten oder zusammen mit anderen Kids am Flaschenzug erleben, wie viel Kraft ihr dank dieser Erfindung gemeinsam habt.

Vor Ort: Das Science Center Phänomania bietet auf 6000 Quadratmetern Spannendes rund um die Naturwissenschaften. Aber auch Büsum selbst ist sehenswert, direkt an der Nordsee gelegen, mit weitem Blick und frischer Seeluft.

Gut zu wissen: Das Museum ist nicht immer geöffnet, besser vorher checken. Ist es in Betrieb, dann öffnen sich die Türen zwischen 10 und 18 Uhr.

www: phaenomania-buesum.de

■	Erfahrung & Lernen

DAV-KLETTER-ZENTRUM
MÜNCHEN

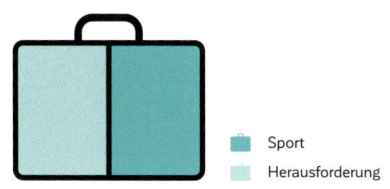

→ Warum jetzt? Klettern mit Dach über dem Kopf

Wenn es im November kalt und rutschig wird am Fels in der freien Natur, kannst du dich im DAV Kletter- und Boulderzentrum München-Süd fit halten. Die Sportstätte ist der absolute Hammer: Mit knapp 7800 Quadratmetern Kletter- und Boulderfläche ist das DAV-Kletterzentrum die größte Anlage der Welt. Klar, dass hier jeder in die Wände mit den bunten Griffen einsteigen kann. Auch Anfänger können einfach mal reinschnuppern und so erfahren, was zum Beispiel Bouldern ist. Da wird ohne Gurt und Seil in Absprunghöhe geklettert, was leichter klingt, als es ist. Denn das Ziel ist, an die Leistungsgrenze zu kommen und neue Bewegungsabläufe zu erlernen. Und man braucht keinen Kletterpartner dazu. In Thalkirchen ist alles da fürs Kletterherz: zwei Hallen, eine weitläufige Freianlage und jede Menge netter Leute.

Vor Ort: Klettern macht hungrig. Deshalb gibt's im Kletterzentrum-Bistro Bella Vista gesunde Sachen zu essen, damit du anschließend wieder Power für die Vertikale hast. Im Sommer ist die Dachterrasse des Bistros ein Sonnentraum.

Gut zu wissen: Mit den Öffis nach Thalkirchen? Kein Problem – von den U-Bahn-Haltestellen Brudermühlstraße oder Thalkirchen aus sind es noch jeweils 500 Meter zum Kletterparadies.

www: kbthalkirchen.de

■	Sport
■	Herausforderung

WEIN-NACHTS-MARKT
TRABEN-TRARBACH

Ballonflaschen auf den Wein-Nachts-Markt in Traben-Trarbach

→ Warum jetzt? Unterirdisch genießen

Zerberus, der dreiköpfige Höllenhund, bewacht den Eingang zur düsteren Unterwelt und sorgt dafür, dass kein Lebender das Reich des Hades betritt und kein Toter es verlässt. Soweit die griechische Mythologie. Die Unterwelt von Traben-Trarbach gestaltet sich bedeutend freundlicher, vor allem von November bis Anfang Januar, wenn hier der einzige unterirdische Weihnachtsmarkt Deutschlands, der Mosel-Wein-Nachts-Markt stattfindet. Schon beim Betreten der Weinkeller strömen einem wohlige Düfte von Glühwein, Mandeln und Tannengrün entgegen. Regionale Kunsthandwerker und Aussteller präsentieren an den Wochenenden und zu Sonderöffnungstagen in den geschichtsträchtigen Gewölben Dekoartikel, Geschenkideen, kulinarische Köstlichkeiten, Antiquitäten und Schmuck.

Vor Ort: Verschiedene Schauplätze der Traben-Trarbacher Unterwelt laden zum gemütlichen Verkosten ein. Unter den Anbietern sind der Weinkeller des Hotels Moselschlösschen, der Keller im „Alten Rathaus", der Keller des Weinguts Axel Emert und der Keller der Galerie Bogner.

Gut zu wissen: Ein abwechslungsreiches Rahmenprogramm mit Musik, Theater, Ausstellungen und anderen Veranstaltungen versetzen die Besucher der Mosel-Stadt auch außerhalb der Unterwelt in Begeisterung und Weihnachtsstimmung.

www: mosel-wein-nachts-markt.de

Essen & Trinken

Kultur

Die Hindu-Gemeinde in Nordrhein-Westfalen zählt über 5000 Mitglieder

HINDUTEMPEL
HAMM

→ **Warum jetzt? Der bunte Tempel bringt Farbe ins herbstliche Grau**

Schon mal von Sri Kamadchi Ampal gehört? In Hamm kannst du sie kennenlernen, sie ist nämlich die Hauptgöttin und Namensgeberin des dortigen hinduistischen Tempels. Die Geschichte der religiösen Stätte ist eng verbunden mit der Flucht der Tamilen aus Sri Lanka. In Hamm gründete eine Gruppe Gläubiger 1989 eine hinduistische Gemeinde, im Jahr 2000 legten sie den Grundstein für einen gewaltigen hinduistischen Tempel im Stadtbezirk Uentrop. Aber Achtung: Im Tempel residieren die Götter. Also musst du auf Alkohol, Zigaretten und Fleisch verzichten, Hunde vor der Tür anleinen, du darfst die Schreine der Götter nicht betreten und dein Handy musst du ausschalten. Eigentlich auch nicht anders als in einer christlichen Kirche, nur eben viel exotischer und bunter.

Vor Ort: Allein die Maße des farbenfrohen Tempels lassen einen staunen: 27 mal 27 Meter misst das Bauwerk, das Portal des Gopuram, des Tempelturms, ist 17 Meter hoch. Neben der großen Granitskulptur der namensgebenden Göttin schmücken den Bau mehr als 200 weitere Götterfiguren.

Gut zu wissen: In Schuhen kommt hier niemand rein. Fotografieren und Filmen ist im Tempel erlaubt, nicht jedoch während der Andachten.

www: hinduistische-gemeinde-deutschland.de

Kultur
Erfahrung & Lernen

243

TORTEN BACKEN IM SCHWARZWALD

→ Warum jetzt? Süßes hilft gegen Kälte und Winterschwermut

Erst ein Biskuitboden, dann eine Schicht Kirschen, eine mit Sahne, noch ein Biskuitboden, wieder Kirschen und Sahne, noch ein Biskuitboden und noch mehr Sahne, Sahne, Sahne. Soweit in aller Kürze das Rezept für eine der wahrscheinlich bekanntesten Torten der Welt, die Schwarzwälder Kirschtorte. Wie man sie wirklich backt, wie viel Kirschwasser verwendet wird und welche Geschichte hinter der köstlichen Kalorienbombe steckt, kannst du bei Kursen in den Konditoreien des Schwarzwald lernen. Apropos Geschichte: Es steht gar nicht fest, ob das Gebäck überhaupt aus dem Schwarzwald kommt. Die Schweiz wird ebenso genannt wie ein Tübinger und ein Bonner Konditor.

Vor Ort: Ob Baiersbronn, Enzklösterle, Friedenweiler oder Feldberg-Bärental, in vielen Hotels und Konditoreien werden Backkurse und Seminare für den Leckerbissen in Schwarz, Rot und Weiß angeboten.

Gut zu wissen: Im November kann mit etwas Glück bereits Schnee im Schwarzwald liegen. Dann ist oben Wintersport angesagt, während man weiter unten noch prima wandern und Rad fahren kann.

www: hochschwarzwald.de/Essen-Trinken

Essen & Trinken
Erfahrung & Lernen
Naturerlebnis

REFUGIUM SCHMILKA BAD SCHANDAU

→ Warum jetzt? Gemütlichkeit tanken im „Winterdorf"

Schmilka ist ein bisschen wie das „kleine, gallische Dorf", in dem Asterix und Obelix zu Hause sind. Wie sich die Gallier gegen die Römer stemmten, stemmt sich der Ort in Sachsen gegen Stress und Hektik der Moderne. Wenn sich der Frost über die Landschaft legt und Nebelschwaden über die Elbe ziehen, verwandelt sich der Platz rund um die Schmilk'sche Mühle von anno 1665 in einen Wintertraum mit flackernden Laternenlichtern und Kaminfeuer. In der Mühlenstube gibt es würzige Speisen und Bio-Bier aus der ortseigenen Braumanufaktur. Die Bio-Bäckerei nebenan verströmt den Duft frischen, knusprigen Brotes.

Vor Ort: Alles Bio, oder was? Genau. In Schmilka, dem Ortsteil von Bad Schandau direkt am Nationalpark Sächsische Schweiz, wird das Mehl noch selbst gemahlen, in der Brauerei-Manufaktur und in der Bio-Bäckerei traditionelles Handwerk gepflegt. Zu den winterlichen Aktivitäten gehören Wanderungen, Besuche in der Panoramasauna und das Baden im beheizten Zuber im Mühlenhof.

Gut zu wissen: Schmilka besitzt eine S-Bahn-Station: Schmilka-Hirschmühle. Mit der fast 100-jährigen Fähre *Lena* überquert man von dort aus die Elbe.

www: schmilka.de

Essen & Trinken
Erfahrung & Lernen
Kultur

HUMPIS-QUARTIER RAVENSBURG

→ Warum jetzt? Stadttour trotz Mistwetter

Wer oder was Humpis sind? Die Humpis waren eine mächtige schwäbische Adelsfamilie, die durch Handel reich wurde und im 15. Jahrhundert dem heute gleichnamigen Quartier in der Ravensburger Altstadt seine Gestalt gab. Es handelt sich um einen der besterhaltenen spätmittelalterlichen Wohnbereiche in Süddeutschland, in dem seit rund 1000 Jahren Hunderte Menschen gelebt haben. Heute ist der Ort als Museum besonderer Art erlebbar: Das aus sieben Gebäuden bestehende Ensemble erlaubt eine Zeitreise, beginnend im Mittelalter, durch beinahe 60 Räume, Dachböden und Keller, bis in unsere Zeit.

Vor Ort: Die Dauerausstellung „Lebenswelten" beschreibt anhand der Lebensgeschichten von vier Bewohnern die Entwicklung Ravensburgs vom Mittelalter bis ins 19. Jahrhundert. Das Geschichtslabor erzählt die neuere Geschichte ab 1870 bis heute; die themenbezogenen Kabinettausstellungen, etwa zur Bedeutung Ravensburgs als Textilstadt, runden die Zeitreise durch etwa zehn Jahrhunderte ab.

Gut zu wissen: Der Museumseintritt, der Audioguide und die Museumsrallye (ab 10 Jahren) sind bis 18 Jahre frei. Die Teilnahme an öffentlichen Führungen kostet für Kinder ab 6 nur 2,50 Euro. Jeden letzten Sonntag im Monat um 11 Uhr finden Familienführungen statt.

www: museum-humpis-quartier.de

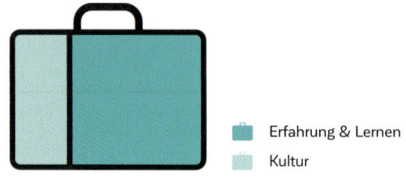

Erfahrung & Lernen
Kultur

100 Jahre Bergbau-
geschichte gibt
es in Merkers zu
bestaunen

ERLEBNIS-
BERGWERK
MERKERS

→ **Warum jetzt? Erlebnisbergwerk
trotz Nieselregen**

Sagenhafte 800 Meter – so tief kannst
du im ehemaligen Kalischacht Kaiseroda
in Merkers in die Erde fahren. Schicht im
Schacht war hier 1993, aber schon zwei
Jahre zuvor wurde das Bergwerk zum Erlebnis Bergwerk Merkers. Und zu erleben gibt's
reichlich: Bei einer 21 km langen Rundfahrt
auf Mannschaftswagen erfahren die Besucher viel über den Kalisalzabbau, der hier
im 20. Jahrhundert betrieben wurde. Dabei
ist auch der gigantische Großbunker samt
dem größten unterirdisch eingesetzten
Schaufelradbagger der Welt. Wunder gibt es
auch zu sehen: Die 10 Meter hohe Kristall-
grotte, an der die Natur in 800 Metern
Tiefe über Millionen von Jahren gewerkelt
hat. Und dann ist da noch der Goldraum,
in dem die Nazis bei Kriegsende Schätze
stapelten, die 1945 von den Amerikanern
entdeckt wurden.

Vor Ort: Für Musikliebhaber warten einmalige akustische Erlebnisse im Großbunker,
der 500 Meter unter der Erde zum tiefsten
Musiksaal der Welt wurde. Klassik, Rock
oder Vorträge – hier unten geht alles (und
man stört garantiert keine Anwohner).

Gut zu wissen: Die Führung dauert 2 bis
3 Stunden. Auch Sportler können sich
hier austoben: Mountainbike-Touren oder
Klettersport – es ist nie zu tief.
www: erlebnisbergwerk.de

Erfahrung & Lernen

BRATWURSTMUSEUM MÜHLHAUSEN

→ **Warum jetzt? Einstimmung auf die
Weihnachtsmärkte**

Vegetarier weghören! Denn es geht um
die Wurst, die Thüringer Bratwurst. Kein
Wunder also, dass Liebhaber ihr in Thüringen das 1. Deutsche Bratwurstmuseum
gewidmet haben. 2020 ist es umgezogen,
von Holzhausen nach Mühlhausen, ge-
ändert hat sich außer dem Ort aber nichts:
Noch immer dreht sich alles um die Wurst
und hier hat die Delikatesse nicht nur zwei,
sondern viele, viele Enden. Denn all die
Veranstaltungen rund um die – laut EU-Ver-
ordnung – „mindestens 15 cm lange, mittel-
feine Bratwurst im engen Naturdarm, roh
(zum alsbaldigen Verzehr) oder gebrüht,
mit würziger Geschmacksnote" sollen auch
am neuen Ort stattfinden: Bratwurstiade,
Bratwurst-Song-Contest, Bratwurst-Kirmes
und und und …

Vor Ort: 70 000 Besucher kamen 2019 ins
Museum. Auch am neuen Standort wird der
Tag der Bratwurst gefeiert, weitere Veranstaltungen machen das Museum das ganze
Jahr über zum Reiseziel. Im Museum erfährt
man auch, wann die Thüringer Bratwurst
das erste Mal erwähnt wurde: am 20. Januar 1404.

Gut zu wissen: Die Öffnungszeiten des
neuen Museums sind auf der Website
angegeben. Hier sind auch ein Veranstal-
tungskalender und viele weitere Informationen zu finden.
www: bratwurstmuseum.de

Essen & Trinken
Erfahrung & Lernen

OZEANEUM
STRALSUND

Warum jetzt? Warmtauchen in kalten Meeren

In der Nord- und Ostsee tauchen? Buah, das ist ja manchmal schon im Sommer eine Herausforderung. Im Stralsunder Ozeanum spielt die Jahreszeit keine Rolle. Im Gegenteil, die geheimnisvolle Unterwasserwelt der beiden Meere mit deutschem Küstenanteil zu erkunden, während draußen die Novemberwolken tief über den Wellen hängen, hat durchaus Charme. Also, ab ins Warme und eine Entdeckungsreise durch die Welt der nördlichen Meere unternehmen. Sieh nur, da schwimmen ein paar Hasen vorbei! Moment mal – Hasen? Natürlich nicht, es handelt sich um Seehasen, die mit ihren langohrigen Namensvettern überhaupt nichts gemein haben. Sie und unzählige andere Meeresbewohner begleiten dich in unbekannte Tiefen.

Vor Ort: Die Reise unter der Wasseroberfläche beginnt mit einer Ostsee-Tour und gibt Blicke auf Heringsschwärme, Hornhechte, Ohrenquallen und eben Seehasen frei. Durchs Nordsee-Aquarium und den gläsernen Helgolandtunnel gelangt der Unterwasser-Reisende schließlich ins größte Aquarium: Hinter dem 50 Quadratmeter großen Panoramafenster tummeln sich Makrelenschwärme, Rochen und Haie.

Gut zu wissen: Ein Besuch dauert in der Regel etwa 2 Stunden. Nachmittags ist weniger los, mit Onlinetickets könnt ihr euch das Warten sparen und direkt zum Einlass. **www:** ozeaneum.de

■ Erfahrung & Lernen
■ Naturerlebnis

Den Blick aus der Tiefe gibt es nur im Ozeanum in Stralsund

BALI THERME
BAD OEYN-HAUSEN

→ **Warum jetzt? Bali im deutschen Novembernebel**

Es ist schwer zu glauben: Dies ist der Teutoburger Wald und keine tropische Insel in Indonesien. Die kleine Verwirrung ist verzeihlich, schließlich entführt die Bali Therme in Bad Oeynhausen mit den fließenden Formen ihrer Badelandschaft, der asiatisch anmutenden Architektur samt üppiger Vegetation, der Therme und der vielseitigen Saunawelt mit balinesischem Touch direkt in die Exotik. Lotusbecken reiht sich an Atriumbecken, an Panorama-Sauna und an Ruhezonen – allein in der Sauna könnte man Tage mit den unterschiedlichsten Aufgüssen verbringen. Wer sich also ein wenig Asien ohne Langstreckenflug gönnen will, ist hier genau richtig. Geboten wird alles, was Körper und Seele ins Gleichgewicht bringt, wenn die Winterdepression naht.

Vor Ort: Der Magnet im herrlichen Saunagarten ist die Sauna in einer echten Holzpagode aus Bali. Sie ist nicht nur sehr geräumig, es duftet hier auch angenehm nach würzigem Holz.

Gut zu wissen: Wer nach so viel Gesundheit Hunger bekommt, kann im Restaurant asiatisch speisen. Auf zur Kurzreise ins Langstrecken-Paradies!
www: balitherme.de

Erholung
Essen & Trinken

GRÜNKOHL-TOUR
BREMEN

→ **Warum jetzt? Die Grünkohlsaison startet**

Mit dem Winter kommt auch der Grünkohl. Richtige Fans freuen sich in Bremen mit dem ersten Frost auf die traditionellen Kohlfahrten. Äh – Kohlfahrt? Einfach ausgedrückt handelt es sich um gemeinsame Ausflüge bei klirrender Kälte mit bunt beladenem Bollerwagen. Wird es zu kalt, hilft – natürlich – ein Schnaps, der nie fehlen darf. Unterwegs vertreiben sich die Kohlfahrer die Zeit mit munteren Spielen wie Teebeutelweitwurf oder Eiswürfelkaugummikauen. Am gemütlichsten natürlich genießt man den Power-Kohl im warmen Esszimmer, angerichtet nach einem der unzähligen leckeren Rezepte und serviert auf hübschem Porzellan.

Vor Ort: Beim Grünkohlessen nach der Kohlfahrt gibt es zum Kohl die berühmte „Pinkel", eine würzige Wurst, außerdem Kassler, Mettenden oder Speck. Nach dem Essen wird traditionell das neue Kohlkönigspaar gewählt – das im darauffolgenden Jahr die neue Kohlfahrt organisieren darf.

Gut zu wissen: Die Website liefert neben zahlreichen Restaurant-Tipps auch ein Kohl-Lexikon, die beliebtesten Kohltour-Spiele und Empfehlungen für Kohlfahrt-Routen.
www: bremen.de/leben-in-bremen/gruenkohl-in-bremen

Essen & Trinken

PANORAMA AM ZOO
HANNOVER

→ **Warum jetzt? Spontaner Regenwaldbesuch im kalten Herbst**

Lust auf ein mitreißendes Dschungel-Erlebnis? Freche Kapuzineräffchen und bunte Tukane anschauen, an fleischfressenden Pflanzen in leuchtenden Farben vorbeispazieren, Kolonien von Riesenameisen entdecken und sich Tarzan-like an einer Liane von A nach B schwingen? Zugegeben – die Tarzannummer ist übertrieben, alles andere ist aber drin im Panorama am Zoo. Der grüne Turm am Tierpark in Hannover birgt das detailverliebte 360°-Panorama „Amazonien" des Künstlers Yadegar Asisi, das von den Besucherplattformen auf sechs, zwölf und 15 Metern Höhe aus unterschiedlichen Perspektiven betrachtet werden kann.

Vor Ort: Das weltgrößte Naturpanorama ermöglicht es dir, einen kompletten Tag im Regenwald zu erleben: Vom Sonnenaufgang bis in die tiefe Nacht zeigt das 32 Meter hohe und 110 Meter umfassende Kunstwerk den Dschungel in allen Facetten und entführt dich mitten hinein in den grünen Kosmos. Aber Achtung – es könnte ein tropisches Gewitter aufziehen!

Gut zu wissen: Der Amazonien-Besuch ist Dienstag bis Sonntag von 10 bis 16 Uhr mit einer gültigen Eintrittskarte für den Zoo Hannover möglich. Ohne Zoo-Eintritt kann das Kunst-Naturschauspiel an denselben Tagen von 16.30 bis 18 Uhr mit einem Panorama-Pur-Ticket besichtigt werden.
www: panorama-am-zoo.de

Naturerlebnis
Erfahrung & Lernen

MUSEUMSINSEL
BERLIN

→ **Warum jetzt? Perfekte Zeit für's perfekte Museum**

Wenn sich draußen Dauer- und Schneeregen breitmachen, scheinen Griechenland oder Ägypten eine gute Alternative zu sein. Oder eine Städtereise in die Hauptstadt mitsamt Museumsbesuch. Warum also nicht gleich jede Menge Fliegen mit einer Klappe schlagen? Auf Berlins Museumsinsel (www.visitberlin.de/de/museums insel-in-berlin) warten fünf Häuser voller Wissen mit acht Sammlungen, die (vor allem) in Richtung Süden entführen. Und aus der Schmuddelwettergegenwart in eine kulturell höchst eindrucksvolle Vergangenheit. Nirgendwo sonst gibt es einen derartig geballten Auftritt atemberaubender Kunst und Kulturschätze, verteilt auf die eindrucksvollen Gebäude – entworfen von Meistern wie Karl Friedrich Schinkel, Friedrich August Stüler oder Alfred Messel – von Altem und Neuem Museum, Alter Nationalgalerie, Bode-Museum und Pergamonmuseum. Mit der Berlin WelcomeCard Museumsinsel kannst du an drei Tagen hintereinander alle Häuser der Insel besuchen. Von der Vorzeit bis in die Kunst des 19. Jahrhunderts schlenderst, huschst, spazierst, eilst oder flanierst du hier ganz nach Lust und Inte-

resse. Klar ist: Ein einziger grauer Novembertag wird dafür nicht reichen. Und wie oft du auch vorbeischaust, eines darfst du auf keinen Fall verpassen: die ätherisch schöne Nofretete-Büste im Neuen Museum.

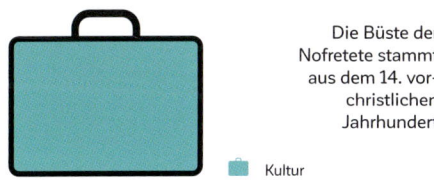
Kultur

Die Büste der Nofretete stammt aus dem 14. vorchristlichen Jahrhundert

RUND UM DIE MUSEUMSINSEL

 ANLEGESTELLE ALTE BÖRSE · 750 METER · Schiff Ahoi zur Spreerundfahrt (diverse Anbieter)

 ALEXANDERPLATZ · 1 KM · Weitblick vom Fernsehturm (tv-turm.de)

 **HACKESCHE HÖFE · 1,2 KM** · Im Hier und Jetzt in feinen Shops, Café und Restaurants (www.hackesche-hoefe.de)

 BRANDENBURGER TOR · 2 KM · Spaziergang Unter den Linden zum Tiergarten

FUSSBALL-MUSEUM
DORTMUND

→ **Warum jetzt? Helden gucken statt im Regen kicken**

Im November-Sauwetter auf den Fußballplatz? Einen echten Fußballer schreckt das eigentlich nicht. Ein Besuch im Deutschen Fußballmuseum könnte allerdings eine trocken-warme Alternative sein. Und ebenfalls eine voller Emotionen, Erinnerungen und großer Momente. Im 2015 eröffneten musealen Epizentrum des deutschen Rasensports bleibt kein Fußballerauge trocken. 140 Jahre Geschichte in Sachen rundes Leder, ob Nationalelf oder Bundesliga, werden in Dortmund geradezu zelebriert. Verschwitzte Trikots von Rasenhelden, verschrammte Schuhe, an denen noch das Gras klebt, Pokale, Jubelschreie, entsetztes Raunen, Schlüsselmomente von Sieg oder Niederlage. Puh, da muss man erstmal durchschnaufen bei all diesem Himmelhoch-Jauchzen, zu Tode betrübt sein. Aber auch die dunklen Seiten und Zeiten werden nicht ausgespart, etwa Bestechungsskandale, Verfolgung oder Sport im Krieg.

Vor Ort: Der BVB bietet in seinem Ticketshop auch Zweitmarkt-Tickets an. Glück brauchst du aber trotzdem, um den achtmaligen deutschen Meister (Stand 2019) im Stadion zu sehen.

Gut zu wissen: Im Deutschen Fußballmuseum ist immer was los – außer der Ausstellung gibt es auch ein spannendes Veranstaltungsprogramm. Informiere Dich auf der Website.

www: fussballmuseum.de, bvb.de

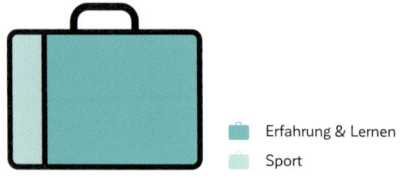

Erfahrung & Lernen

Sport

Das Deutsche Fußballmuseum ist ein Muss für alle Fans

MISSION CONTROL
DARMSTADT

→ **Warum jetzt? Im echten Weltraum ist es noch kälter**

Der Winter hat noch gar nicht richtig angefangen und du wünschst dich schon sonst wohin? Ganz weit weg? Dann schau doch mal bei ESA Mission Control in Darmstadt vorbei, die können sicher helfen. Hier werden zwar keine Astronautenjobs vergeben, aber das Kontrollzentrum ESOC (European Space Operation Centre) der ESA (European Space Agency) nennt sich „Europas Tor zum Weltraum". Entsprechend spannend geht's hier zu. Von den Kontrollräumen aus werden Satelliten und Raumsonden in Schach gehalten und in die richtige Richtung dirigiert. Wie, das wird dir hier gezeigt, in einer Umgebung, die herzlich wenig mit „Star Wars" oder „Star Trek" zu tun hat, aber trotzdem erstklassig nach Science-Fiction aussieht. Wenn du Lust auf einen Besuch im All hast: Die Horizonterweiterung ist im Ticketpreis inbegriffen.

Vor Ort: Seit gut 50 Jahren wacht die ESA über die Satelliten. Bei einem geführten Rundgang gibt es Einblicke in die ESA-Kontrollräume und Infos, in welchen anderen Sphären die ESA aktiv ist.

Gut zu wissen: Tickets für eine öffentliche Führung buchst du über die Darmstadt Marketing GmbH. Und wenn du ein Souvenir aus dem Weltraum mitnehmen willst: Im Space Shop gibt es bestimmt etwas außerirdisch Gutes.

www: darmstadt-tourismus.de/besuch/ stadtfuehrungen/esoc.html, esa.int

Erfahrung & Lernen

TADSHIKISCHE TEESTUBE
BERLIN

→ **Warum jetzt? Tee vertreibt den November-Blues**

Novemberregen läuft dir in den Kragen, die Kälte kriecht unter die Jacke. Zeit für eine Tasse Tee! Und wo wäre die erholsamer und würde mehr aus dem grauen Herbstalltag entführen als zwischen den Sandelholzsäulen der Tadshikischen Teestube. Ursprünglich ein Geschenk der Sowjetunion an die DDR im Jahr 1974, ist die orientalische Oase mittlerweile vom Festungsgraben in die Oranienburger Straße umgezogen – und mit ihr der exotische Zauber zwischen bestickten Sitzkissen, farbenfrohen Gemälden und bunten Teppichen. Also, Schuhe aus und um den Samowar versammelt, die russische Teezeremonie wird serviert, mit allem Drum und Dran, von ausgefallenen Tees bis Wodka. Hunger? Kein Problem, Borschtsch, Soljanka, im Brot serviert, Piroggen oder Bliny vertreiben Magenknurren und November-Grauschleier.

Vor Ort: Die Tadshikische Teestube liegt im Kunsthof in Berlin-Mitte und hat unter der Woche ab 16 Uhr, wochenends ab 12 Uhr geöffnet. Es empfiehlt sich, zu reservieren. Bezahlen kann man nur in bar.

Gut zu wissen: Teestuben und -läden findest du mittlerweile viele in Berlin, zum Beispiel das Tee Tea Thé (teeteathe.de) in Schöneberg, das Chinesische Teehaus in den Gärten der Welt (www.china-teehaus. de) oder die Chén Chè Teestube (www. chenche-berlin.de) in Mitte.

www: tadshikische-teestube.de

Essen & Trinken

INDOOR-STRANDSPORT
WITTEN

→ **Warum jetzt? Strandfeeling in der Wintertrübe**

Das ist ja wie im Urlaub hier – nur ohne Stau auf der Autobahn. Wenn dich bei kaltem Nieselwetter der Frust beutelt, dann pack die Badelatschen ein und auf geht's zum Kemnader See. Hier findest du das Strandsport-Eldorado blue:beach, wo du auch im Winter Beach-Volleyball, -Soccer, -Handball und vieles mehr bis zum Abwinken spielen kannst. Oder im Fitnessbereich trainieren? Slacklining? Frisbee spielen? Oder die Trendsportart Spikeball ausprobieren? Auf fünf Indoor-Courts kannst du dich prima auspowern und dem Winter die – nun ja – kalte Schulter zeigen. Nicht nur, weil du dich ordentlich bewegst: In der kalten Jahreszeit wird die 1500 Quadratmeter große Sandfläche beheizt. Und natürlich ist auch eine Strandbar nicht weit. Sand unter den Füßen und ein immerblauer Himmel, sonst noch Wünsche? Das Meer? Man kann eben nicht alles haben …

Vor Ort: Eigene Verpflegung muss draußen bleiben, denn das blue:beach ist nicht nur ein riesiger Sandkasten samt Spielwiese, sondern auch ein gastronomischer Betrieb. Pizza steht auf der Speisekarte, gesunde Salate oder der blue:beach Burger.

Gut zu wissen: Das Beachparadies liegt wenige Kilometer südwestlich von Witten und ist auch mit dem Bus zu erreichen – die Haltestelle heißt Freizeitbad Heveney und ist 2 Fußminuten entfernt.
www: bluebeach.de

FOSSILIEN AM STRAND
RÜGEN

→ **Warum jetzt? In Ruhe versteinerte Dinos jagen**

Der Trubel des Sommers? Längst vorbei. Deshalb kannst du an Rügens Stränden jetzt ganz in Ruhe einen Ausflug in die Erdgeschichte unternehmen. Mit etwas Glück findest du im Strandgeröll wunderschöne Seeigel-Steinkerne, Donnerkeile, Schwämme und andere tolle Dinge. Die spannend-entspannende Tätigkeit für die ganze Familie macht außerhalb der Badesaison am meisten Spaß, wenn die Strände viel Platz zum Toben und Sammeln bieten.

Vor Ort: Das Kreidesteilufer zwischen Sassnitz und dem Königsstuhl ist ein vielversprechender Ort für Zeitreisende in die Dino-Vergangenheit. Bei Prora liegen die einzigartigen Rügener Feuersteinfelder, die durch Sturmfluten vor 4000 Jahren entstanden sind. Auch heute sorgt das Meer durch die Brandung für stetigen Nachschub an den Kreidekliffs. Deshalb ist auch Vorsicht geboten: Geh nie zu nah an die Steilwand – du weißt nicht, wo sie von den Stürmen angenagt wurde und instabil ist.

Gut zu wissen: Auf Rügen gibt's noch mehr zu finden, nämlich Bernstein, das „Gold der Insel". Vom Herbst bis in den Frühling hinein stehen die Chancen auf Funde gut: Bernstein löst sich bei stürmischer See vom Meeresgrund und wird zusammen mit Treibgut, Muscheln und Seetang an den Strand gespült.
www: ruegen.de

Sport
Essen & Trinken

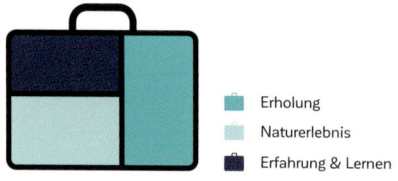

Erholung
Naturerlebnis
Erfahrung & Lernen

Bernstein wird mit den Herbststürmen an die Strände der Ostsee gespült

Wer könnte diesen Augen widerstehen

LAMAWANDERUNG IM
RUHRGEBIET

➡ **Warum jetzt? Andenklima beim Lamawandern**

Lamas kommen mit widrigem Wetter gut zurecht. Schließlich weht in den Anden auf 4000 Meter auch nicht immer ein warmes Lüftchen, die Temperaturen orientieren sich eher kellerwärts und Nebel und Regen sind an der Tagesordnung. Deutsche Novembertage sind für die Kleinkamele aus der Neuen Welt also mehr wie ein Sommerausflug. Ihre menschlichen Begleiter dagegen, die bei einer Wanderung mit den wolligen Andengesellen nochmal in die Natur aufbrechen wollen, bis winterliches Schmuddelwetter endgültig alle Outdoor-Akrtivitäten zum Erliegen bringt, sollten sich warm und wasserdicht einpacken. Für Kinder ist es ein ganz besonderes Abenteuer, mit einem Lama – die sehr fügsam und liebevoll sind – an der Leine über Wiesen und durch Wälder zu stapfen. So wird aus einem „Ooooch, muss ich da echt mit?" zu einem „Wann geht's endlich los?". Übrigens kommt man auch als erwachsener Wanderer mit einem Lama an der Seite schnell aus dem Alltagstrott.

Vor Ort: Lamawanderungen gibt es mittlerweile in vielen Ecken in ganz Deutschland, etwa im Ruhrgebiet oder in der Pfalz.

Gut zu wissen: Lamas spucken, das ist wohl wahr. Aber sie tun es nur, wenn sie sich bedroht fühlen und meist nur bei Artgenossen. Und sie warnen einen mit hochgerecktem Hals und zurückgelegten Ohren vor.

www: ruhr-guide.de. pfalz-info.com/wandern-mit-lamas

■ Naturerlebnis
■ Erfahrung & Lernen

253

MINIATUR WUNDERLAND
HAMBURG

→ **Warum jetzt? Schmuddelwetter adieu, ab ins Mini-Wunderland**

Ach, das Leben könnte so schön und überschaubar sein. Pünktliche Züge, ein in null komma nix fertig gestellter Flughafen, hohe Berge, glitzernde Städte und alle 15 Minuten wird es Abend. Und mitten drin Knuffingen, die Hauptstadt der Welt im Maßstab 1:87. Ein Tag im Miniatur Wunderland in der Hamburger Speicherstadt ersetzt eine komplette Weltreise. Las Vegas strahlt ebenso hell wie das große Vorbild, in Schweden herrscht tiefster Winter, die Elphi sieht auch im Mini-Format eindrucksvoll aus und selbst die Seufzerbrücke in Venedig verführt eher zu glücklichen Jauchzern. Aber von wegen nur heile Welt: brennende Häuser, Bergsteiger im freien Fall, Ohnmächtige beim Rockkonzert – auch in Knuffingen geht es äußerst menschlich zu.

Vor Ort: Über die größte Modelleisenbahn-anlage der Welt kurven täglich 1000 Züge, 40 Flugzeuge starten von Knuffingen Airport und sogar im Untergrund tobt das Leben. Für Neugierige gibt es auch Führungen hinter die Kulissen. Und wer das Gedränge am Tag vermeiden will, kann sich zu einem Abendbesuch anmelden.

Gut zu wissen: Geöffnet ist die Wunderwelt an 365 Tagen im Jahr von mindestens 9.30 bis 18 Uhr, an manchen Tagen auch länger. Wenn du nicht Schlange stehen willst: Tickets gibt's auch online.
www: miniatur-wunderland.de

Im Miniatur Wunderland fahren nicht nur Eisenbahnen

■ Erfahrung & Lernen

Im Miniatur Wunderland fahren nicht nur Eisenbahnen

BODENSEE
KONSTANZ

→ **Warum jetzt? Den Bodensee für sich allein haben**

An sonnigen Frühjahrs- und Sommertagen wird's eng in Konstanz und am Bodensee. Im Herbst und Winter ist das (noch) anders. Aber wer an einem klaren Wintertag den Uferweg hinaus zum Strandbad spaziert, wird mit einem einmaligen Panorama belohnt: der See, der sich wie flüssiges Silber bis zu den Alpen in der Ferne erstreckt, die mit ihren Gipfeln schneeweiße Zacken in den blauen Himmel zeichnen. Besonders friedlich ist's hier, klar, auch an nebligen Novembertagen – an denen es zum Glück eine prima Möglichkeit zum Aufwärmen gibt: Die Bodensee-Therme (www.konstanzer-baeder.de) liegt direkt am See und vertreibt mit 36 °C warmem Thermalwasser die Kälte aus den Knochen. Übrigens: Wer die Blumeninsel Mainau besucht, kann mit einem Kombi-Ticket den kalten Tag ebenfalls in der Therme ausklingen lassen. Prima bei nasskaltem Wetter ist auch ein Besuch im Bodensee-Naturmuseum oder im Konstanzer Stadtmuseum, dem Rosgartenmuseum. Das Bummeln durch die schöne Altstadt verschiebt man auf Ende November: Dann verwandeln die Lichter des Weihnachtsmarkts die malerischen Gassen in warm leuchtende Romantikinseln. Und dann sind da ja auch noch die Schiffe auf dem Schwäbischen Meer – wo schmeckt ein Käsefondue leckerer als beim Schaukeln auf herbstlich-winterlichen Wellen?

Die Imperia-Statue dreht sich seit 1993 am Konstanzer Bodenseehafen

- Erholung
- Essen & Trinken
- Naturerlebnis
- Kultur

RUND UM KONSTANZ

 **INSEL MAINAU · 8 KM ·** Stille Novembertage auf der Blumeninsel (www.mainau.de)

 **SÄNTIS · 65 KM ·** Mit der Schwebebahn in den Winter (saentisbahn.ch)

 **BREGENZ · 67 KM ·** Österreichische Impressionen an der Seepromenade (www.bregenz.travel)

 RUND UM DEN SEE · 75 KM · Einmal Konstanz und zurück samt Schiffsabenteuer

Dezember

WANN AM BESTEN WOHIN?

ICH WILL

MIR ETWAS GÖNNEN

Quedlinburg bietet ein Weihnachts-wunderland, wie es schöner nicht sein könnte

LASS UNS AUSGEHEN

AB ANS WASSER

Feierwütige zieht es an Silvester in Richtung Brandenburger Tor

AUF IN DIE STADT

Der Nürnberger Christkindlesmarkt ist der älteste, größte und wahrscheinlich berühmteste Weihnachtsmarkt der Welt

ESSEN & TRINKEN

FEIERN

QUEDLINBURG S. 261

SCHMALLENBERG S. 266

METZINGEN S. 273

LUDWIGSBURG S. 275

MÜNCHEN S. 263

BERCHTESGADEN S. 266

BERLIN S. 279

Der Weihnachts-markt in Ludwigs-burg steht gänzlich im Zeichen des Barock

GROSS

KLEIN

NÜRNBERG S. 271

MONSCHAU S. 277

SÜSS

SALZIG

ERDING S. 267

OSTFRIESISCHE INSELN S. 272

Die ostfriesischen Inseln bieten im Winter eine beson-ders friedliche Ruhe

Rutschen, bis der Arzt kommt, in der Therme Erding

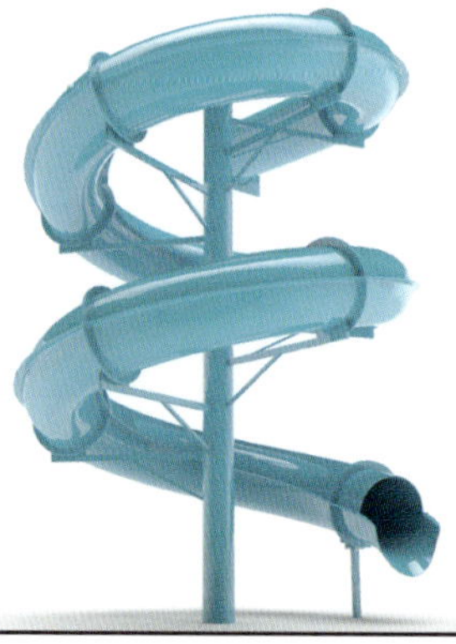

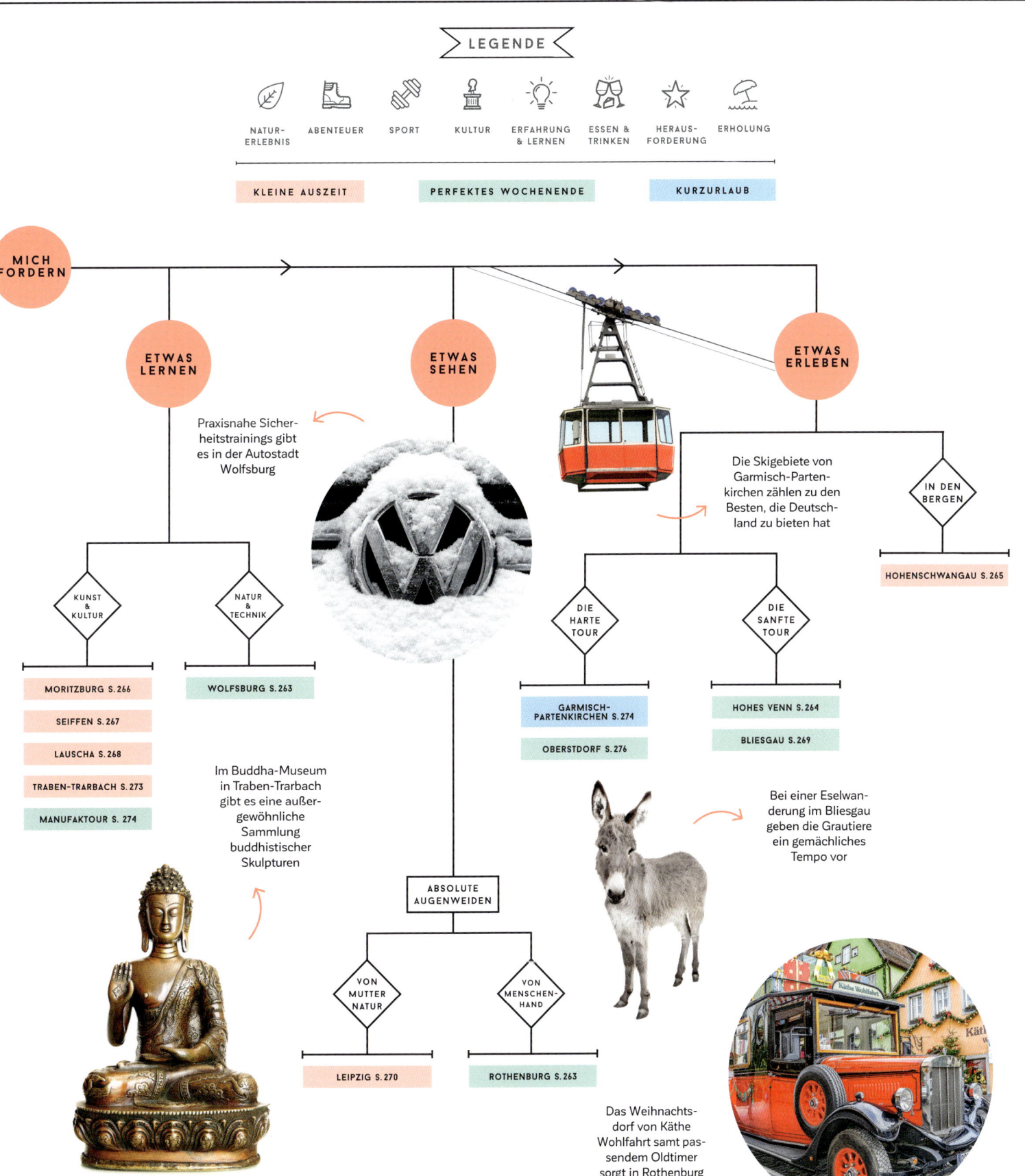

LEGENDE

🍃	NATUR-ERLEBNIS
👢	ABENTEUER
🏋	SPORT
🏛	KULTUR
💡	ERFAHRUNG & LERNEN
🥂	ESSEN & TRINKEN
⭐	HERAUS-FORDERUNG
⛱	ERHOLUNG

KLEINE AUSZEIT   PERFEKTES WOCHENENDE   KURZURLAUB

MICH FORDERN

ETWAS LERNEN

Praxisnahe Sicherheitstrainings gibt es in der Autostadt Wolfsburg

ETWAS SEHEN

ETWAS ERLEBEN

Die Skigebiete von Garmisch-Partenkirchen zählen zu den Besten, die Deutschland zu bieten hat

IN DEN BERGEN

HOHENSCHWANGAU S. 265

KUNST & KULTUR

NATUR & TECHNIK

MORITZBURG S. 266

SEIFFEN S. 267

LAUSCHA S. 268

TRABEN-TRARBACH S. 273

MANUFAKTOUR S. 274

WOLFSBURG S. 263

DIE HARTE TOUR

DIE SANFTE TOUR

GARMISCH-PARTENKIRCHEN S. 274

OBERSTDORF S. 276

HOHES VENN S. 264

BLIESGAU S. 269

Im Buddha-Museum in Traben-Trarbach gibt es eine außergewöhnliche Sammlung buddhistischer Skulpturen

Bei einer Eselwanderung im Bliesgau geben die Grautiere ein gemächliches Tempo vor

ABSOLUTE AUGENWEIDEN

VON MUTTER NATUR

VON MENSCHEN-HAND

LEIPZIG S. 270

ROTHENBURG S. 263

Das Weihnachtsdorf von Käthe Wohlfahrt samt passendem Oldtimer sorgt in Rothenburg für Stimmung

KIEL

ROSTOCK

OSTFRIESISCHE
INSELN S. 272

HAMBURG

MANUFAKTOUR S. 274

BREMEN

BERLIN

WOLFSBURG S. 263

HANNOVER

BERLIN S. 279

MÜNSTER

QUEDLINBURG S. 261

DORTMUND

LEIPZIG S. 270

ESSEN

LEIPZIG

DÜSSELDORF

MORITZBURG S. 266

KASSEL

SCHMALLENBERG S. 266

KÖLN

MONSCHAU S. 277

ERFURT

DRESDEN

HOHES VENN S. 264

SEIFFEN S. 267

LAUSCHA S. 268

FRANKFURT/MAIN

TRABEN-TRARBACH S. 273

SAARBRÜCKEN

BLIESGAU S. 269

NÜRNBERG

ROTHENBURG S. 263

NÜRNBERG S. 271

LUDWIGSBURG S. 275

STUTTGART

METZINGEN S. 273

ERDING S. 267

FREIBURG

MÜNCHEN

MÜNCHEN S. 263

GARMISCH-
PARTENKIRCHEN S. 274

BERCHTESGADEN S. 266

OBERSTDORF S. 276

HOHENSCHWANGAU S. 265

ERDING S. 267

BLIESGAU 269

OBERSTDORF S. 276

LEIPZIG S. 270

LAUSCHA S. 268

SEIFFEN S. 267

NÜRNBERG S. 271

Eine Nacht im
selbst gebauten
Iglu – eines der
Abenteuer mit der
Oberstdorfer Wild-
nisschule

Mit dem Gondwana-
land und anderen
Erlebniswelten zählt
der Leipziger Zoo zu
den besten Europas

QUEDLINBURG S. 261

SCHMALLENBERG S. 266

MORITZBURG S. 266

In der
Weihnachtszeit
wird das Hüttendorf
Liebesgrün
im Schmallenberger
Sauerland zur
stimmungsvollen
Oase im Advents-
trubel

MÜNCHEN S. 263

LUDWIGSBURG S. 275

Das Tollwood
Winterfestival in
München steht für
viele bunte Lichter
und eine kreative,
interkulturelle
Atmosphäre

WOLFSBURG S. 263

HOHENSCHWANGAU S. 265

GARMISCH-
PARTENKIRCHEN S. 274

In der winterlichen
Stimmung im
Hohen Venn
findet man in der
hektischen Vorweih-
nachtszeit Erholung

Die Burg Schwan-
stein wurde im
19. Jahrhundert
zum Wohnschloss
Hohenschwangau
umgebaut

Monschau lockt mit
jeder Menge Roman-
tik – mit 300 Fach-
werkhäusern und
einem hübschen
Weihnachtsmarkt

MONSCHAU S. 277

OSTFRIESISCHE
INSELN S. 272

ROTHENBURG S. 263

BERCHTESGADEN S. 266

Weihnachts-
shoppen bis zum
Abwinken kann man
in der Outletcity von
Metzingen

MANUFAKTUR S. 274

BERLIN S. 279

HOHES VENN S. 264

Beim
Buttnmandl-Lauf
in Berchtesgaden
begegnen einem
wilde Gestalten

METZINGEN S. 273

TRABEN-TRARBACH S. 273

ADVENTSSTADT
QUEDLINBURG

→ **Warum jetzt? Quedlinburg als Winter-Weihnachtstraum**

Ein Weihnachtswunderland, wie es schöner nicht sein könnte. Hast du eine romantische Ader? Dann ist Quedlinburg in seinem überbordenden Adventsglanz der richtige Ort für eine gehörige Dosis Verzückung. Sämtliche bereits auf Weihnachten eingestellten Sinne werden gefordert, schon alleine der historische Markt inmitten alter Fachwerkhäuser ist voller Atmosphäre, Musik, Duft von Glühwein, Lebkuchen und gebrannten Mandeln. Ganz besonders sehenswert ist Quedlinburgs „Advent in den Höfen", hier kannst du stöbern, was in den mehr als 20 schönsten historischen Innenhöfen an Kunsthandwerk und anderen kleinen Juwelen zu finden ist. Geschenkideen findest du hier auf jeden Fall jede Menge. Und dann ist da ja auch noch der größte Adventskalender Deutschlands und vor allem die warm leuchtenden Fachwerkhäuser der Innenstadt. Und wenn's dann noch schneien sollte ...

Vor Ort: Kinder und Familien zieht es besonders zum Mathildenbrunnen mitten in der historischen Neustadt. Hier lässt der Winterzauber-Markt die Augen strahlen. Auch nach dem Heiligen Abend gehen hier nicht gleich die Lichter aus.

Gut zu wissen: Die Anreise mit öffentlichen Verkehrsmitteln ist empfehlenswert, Parkplätze sind im Advent rar gesät. Und beim „Advent in den Höfen" werden deutlich mehr Züge eingesetzt.
www: adventsstadt.de

■ Essen & Trinken
■ Kultur
■ Erfahrung & Lernen

Schönster Weihnachtsmarkt Sachsen-Anhalts in Quedlinburg

Tollwood Winter
festival: modern u
immer anders, a
das ist Weihnach

(L) Im Inneren
Türme in der Wo
burger Autosta
(R) Rothenburg
auch ein Win
tra

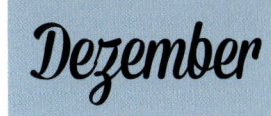

Dezember

TOLLWOOD WINTERFESTIVAL
MÜNCHEN

→ **Warum jetzt? Der etwas andere Advent bei Tollwood**

Auf der Münchner Theresienwiese kannst du bei der Winterausgabe des Tollwood Festivals die Adventszeit in vollen Zügen feiern – mit viel buntem Licht und Atmosphäre, Kreativität, Theater, gesellschaftlichem Diskurs und ganz eigenem Touch. Gleichzeitig hat man auf dem originellen Markt der Ideen, dem festivaleigenen Weihnachtsmarkt, gute Chancen, ausgefallene Geschenke für deine Lieben zu finden.
Im Weltsalon dagegen geht's ums Ganze, um soziale oder ökologische Themen, bei Vorträgen, Kabarett, Podiumsdiskussionen und Gesprächsrunden. Auch Musiker und „Feed the world"-Aktivist Bob Geldof oder Extrem-Abenteurer und Polarexperte Arved Fuchs haben hier schon vorbeigeschaut. Theater, Akrobatik, Comedy, Musik, Kabarett oder Klavierartistik gibt's in den Festivalzelten, dazu kommen Performances oder Walking Acts – also jene märchenhaften Fantasiegestalten, die mitunter auf dem Gelände an dir vorbeihuschen.

Vor Ort: Die Buden im Markt der Ideen sind beheizt. Hungern musst du auf dem Festival auch nicht: Kulinarische Köstlichkeiten aus Nah und Fern warten auf Genießer.

Gut zu wissen: Der Wintermarkt ist bis zum 23. Dezember geöffnet, während das Festival mit seinen kulturellen Highlights bis zum 31. Dezember begeistert und mit einer ultimativen Silvesterparty endet.

www: tollwood.de

Kultur
Essen & Trinken

AUTOSTADT
WOLFSBURG

→ **Warum jetzt? Autospaß trotz Winterzeit**

Nebel, Schnee, Glatteis lauern zwar auch in der Autostadt des VW-Konzerns, machen aber dafür die Sicherheitstrainings umso lebensechter. Vollbremsung bei Glatteis? Hier lernst du, wie du dein Auto beherrschst.
Im Dezember verwandeln sich die Schornsteine des benachbarten VW-Werks in vier Adventskerzen und die Besucher satteln auf der riesigen Eisfläche der Winterwelt von Reifen auf Kufen um. Wenn das Wetter gar zu usselig wird, erfährt man in den Markenpavillons, was alles zum Wolfsburger Konzern gehört (Bugatti, echt jetzt?), saust im Fahrstuhl in den Autotürmen nach oben oder reist im Zeithaus einmal durch die Automobilgeschichte. Da gibt's dann sogar Designikonen zu entdecken, die nicht von Volkswagen sind.

Vor Ort: Führungen, Fahrerlebnisse und die Fahrstuhlfahrt in die Autotürme sollte man vorab reservieren. Übernachten kannst du im Hotel Ritz Carlton in der Autostadt, acht Restaurants bieten Essen und Snacks.

Gut zu wissen: Direkt gegenüber der Autostadt liegt das Sciencecenter Phäno (www.phaeno.de), ein Paradies für experimentierfreudig Kids. Die VW-Marke Porsche (www.porsche.com) hat – wie auch der Daimler-Konzern (www.daimler.com) – ein eigenes, architektonisch beeindruckendes Museum in Stuttgart.

www: autostadt.de

Erfahrung & Lernen
Essen & Trinken

ROMANTISCHES
ROTHENBURG

→ **Warum jetzt? Wenn man von Weihnachten nicht genug bekommt ...**

Keine Sorge, du tickst völlig normal – klar ist das kitschig! Der Weihnachtsschmuck überall, in Rot und Gold, das warme Licht, das aus den Fenstern der Fachwerkhäuser fällt, die romantischen Gassen, die Stadtmauer. Kein Wunder, dass die Touristen von überallher nach Rothenburg strömen, weihnachtlicher wird's nur an wenigen Stellen in Deutschland. Wenn überhaupt. Zumal, wenn du die Nase ins Weihnachtsdorf von Käthe Wohlfahrt (www.kaethe-wohlfahrt.com) am Marktplatz steckst. Die größte Auswahl der Welt an traditionellem Weihnachtsschmuck! 1000 Quadratmeter voller Räuchermännchen, Nussknacker, Krippen, Glasmalerei, Christbaumkugeln, Baumanhänger! Der Christbaum in der Mitte ist schlappe 5 Meter hoch, die Weihnachtspyramide wiegt 2 Tonnen. Eine kleinere tut's aber auch als Souvenir.

Vor Ort: Rothenburg ist mit seinem mittelalterlichen Stadtbild der Prototyp der romantischen deutschen Kleinstadt. Im Advent findet der Reiterlesmarkt statt, der kleine, aber feine Weihnachtsmarkt der Reichsstadt.

Gut zu wissen: Das Weihnachtsdorf von Käthe Wohlfahrt hat am Wochenende geschlossen. Da muss man dann ins Weihnachtsmuseum (www.weihnachtsmuseum.de) mit seinem Shop ausweichen.

www: rothenburg-tourismus.de

Kultur
Erfahrung & Lernen
Essen & Trinken

Das Hohe Venn hat im Winter seinen ganz besonderen Reiz

WINTERSTIMMUNG IM
HOHEN VENN

→ **Warum jetzt? Naturkontrast zum Weihnachtstrubel**

Weite Blicke, ein riesiger Schwung guter Luft, Holzstege, die sich bis ins Unendliche schlängeln, Moor- und Heidelandschaften bis zum Horizont, nur von Flüssen, Bächen und Seen unterbrochen – so sieht Erholung aus. Auch wenn die im Winter eher tiefgefroren wird, im deutsch-belgischen Naturpark Hohes Venn-Eifel (Hohes Venn niederländisch für Moor). Das Schutzgebiet hält sich nicht an Grenzen, von Ostbelgien zieht sich die ausgedehnte Naturschutzzone bis hinüber nach Nordrhein-Westfalen und Rheinland-Pfalz, zur Kalk- und Iocheifel mit ihren bewaldeten Berghöhen. Besonders im Winter entfaltet die Landschaft im Naturpark einen schaurig-herben Charme, mit vom Wind gebeutelten Birken und monochromen Farben. Schnüre deine Stiefel und los geht's auf eine Wanderung im insgesamt 2700 Quadratkilometer gro-

ßen Naturpark, entweder auf eigene Faust oder mit einem Naturführer des Parks.

Vor Ort: Auf der deutschen Seite des Naturparks gibt es außer Landschaft und Weite auch Höhlen aus der Steinzeit und mehr als 100 Burgen, Schlösser und Klöster, die du besuchen kannst.

Gut zu wissen: Das Moor ist eine ganz besondere Landschaft, deshalb ist es klug und gefordert, wenn man sich an ein paar Regeln hält. Verschiedene Zonen (A-D) definieren, wo man laufen darf (oder auch nicht) und ob mit oder ohne Naturführer.
www: naturpark-eifel.de

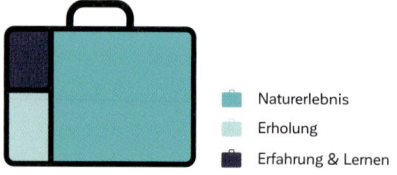

■ Naturerlebnis
■ Erholung
■ Erfahrung & Lernen

WINTERWUNDER
HOHEN-SCHWANGAU

→ Warum jetzt? Romantisches Weiß trifft auf Ruhe

Ob die Ritter von Schwangau ebenso tapfer waren wie die von der britischen Comedy-Gruppe Monty Python erfundenen Ritter der Kokosnuss, ist nicht überliefert. Jedenfalls hatten sie einen ziemlich ritterlichen Wohnsitz, nämlich die Burg Schwanstein – erstmals urkundlich erwähnt im 12. Jahrhundert. Im 19. Jahrhundert ließ der bayerische König Max II. die Burg zu einem Wohnschloss im neugotischen Stil umbauen und nannte es Hohenschwangau. Die Inneneinrichtung aus der Biedermeierzeit ist unverändert erhalten geblieben und kann in den prunkvoll gestalteten Räumen besichtigt werden. Im Winter, wenn die malerische Felslandschaft in Weiß gehüllt ist und sich die Allgäuer Bergnatur von ihrer romantischen Seite zeigt, ist das Schloss am charmantesten. Zumal auch die Touristen dann nicht mehr strömen.

Vor Ort: Schloss Hohenschwangau ist eine Art „kleiner Bruder" des berühmten Märchenschlosses Neuschwanstein. In diesem Fall ist der kleinere Bruder aber wesentlich älter: Neuschwanstein wurde erst ab 1869 für den bayerischen König Ludwig II. errichtet – der sein Kinderzimmer in Hohenschwangau besaß.

Gut zu wissen: Der Kutschentransfer zum Schloss ist im Winter nicht verfügbar. Besucher stapfen zu Fuß durch den romantischen Winterwald.

www: hohenschwangau.de

Naturerlebnis
Erfahrung & Lernen

BUTTNMANDL
BERCHTES-GADEN

→ **Warum jetzt? Vorweihnachts-gruseln tief in Bayern**

Mutig, wer im Dezember durch die Berchtesgadener Gassen schlendert. Es könnten einem wilde, in Stroh gehüllte und fürchterlich maskierte Gestalten begegnen, brüllend und fauchend, mit lauten Schellen und Ruten schwingend. Wer dem ungestümen Trupp in die Quere kommt, muss aufpassen, dass er nicht eins übergezogen bekommt. Aber keine Sorge, die wollen nur spielen. Es handelt sich um die Teilnehmer des Buttnmandl-Laufs, eines urigen Einkehrbrauchs im Berchtesgadener Land. Die vom Nikolaus angeführten Gruppen von Buttnmandln (Buttn bedeutet Scheppern) mit Glocken, Ruten und Tiermasken ziehen an den Adventstagen, am Nikolaustag oder am Heiligen Abend nachmittags los.

Vor Ort: Der Buttnmandl-Lauf der Gebirgsjäger der Bundeswehr am 5. Dezember ist eine beliebte Publikumsveranstaltung: Um 14 Uhr zieht die wilde Schar nach Berchtesgaden.

Gut zu wissen: Das Buttnmandl-Laufen ist ein Brauch, der weitgehend unter Ausschluss der Öffentlichkeit stattfindet. Der Lauf der Gebirgsjäger ist eine Ausnahme und eine echte Gaudi.

www: berchtesgaden.de/tradition-brauchtum/advent/buttnmandl

Kultur
Erfahrung & Lernen
Herausforderung

HÜTTENDORF LIEBESGRÜN
SCHMALLENBERG

→ **Warum jetzt? Genüsslich zurücklehnen im einzigen Bergdorf des Sauerlands**

Die Hektik ist anderswo. Wenn du im „langsamen Dorf" ankommst, kannst du erst mal ganz gemütlich ausatmen, während andere hektisch die letzten Weihnachtsgeschenke ergattern. Denn hier ist ... nichts. Kein Stress, keine Eile, kein Lärm, dafür aber viel Ruhe, Natur und Genuss. Vor allem in der Weihnachtszeit wird das Hüttendorf Liebesgrün im Schmallenberger Sauerland zur stimmungsvollen Oase im Adventstrubel. In geräumigen und herrlich gemütlichen Hütten ist Wohlfühlen angesagt, Frühstück wird in Kisten angeliefert, während abends der Chef des Hauses seine Gäste mit feinem Slow Food beglückt. Tagsüber kannst du sogar, falls Frau Holle guter Laune ist, deine Skier anschnallen und gleich nebenan ein paar Schwünge wagen oder einfach durch den Winterwald wandern.

Vor Ort: Zum Hüttendorf gehören auch ein paar Pferde. Und wenn im Winter die Nasenspitzen frieren, gibt es in der Skihütte auch einige zünftige Getränke.

Gut zu wissen: Mit 90 Quadratmetern sind die Berghütten auf bis zu sechs Personen ausgelegt. Alternativ gibt es je nach Anzahl der Gäste Bergchalets und kleine, feine Kuschelnester.

www: liebesgruen.de

Erholung
Essen & Trinken
Naturerlebnis

BAROCK-SCHLOSS
MORITZBURG

→ **Warum jetzt? Eintauchen in den einzig wahren Weihnachtsfilm**

„Der kleine Lord", „Tatsächlich ... Liebe", „Der Herr der Ringe" – für viele wird's erst so richtig weihnachtlich, wenn sie diese oder andere Filmklassiker gesehen haben. Ein Streifen toppt alle anderen: Seit 1974 verzaubert Jahr für Jahr die ČSSR-/DDR-Produktion „Drei Haselnüsse für Aschenbrödel" (so ziemlich) alle Herzen. Wer ganz und gar in den Film eintauchen will, der ein herrlich selbstbewusstes Aschenbrödel zeigt, muss Schloss Moritzburg besuchen. Dort nämlich wurden große Teile des Märchens gedreht – und jedes Jahr wird im Winter die Geschichte rund um das gewitzte Waisenmädchen in einer Ausstellung neu zum Leben erweckt. Echte Fans können sich sogar die Kostüme überstreifen oder einen Heiratsantrag auf der großen Treppe an der Ostseite des Schlosses wagen, wo Aschenbrödel ihren Schuh verliert. Nur den Märchenprinzen muss man sich schon selber mitbringen.

Vor Ort: Die Ausstellung zum Film findet von Mitte November bis Ende Februar statt. Man kann auf Schloss Moritzburg auch übernachten, in fünf Häuschen am Wasser rund ums Schloss.

Gut zu wissen: Die vier Türme von Schloss Moritzburg thronen auf einer künstlichen Insel in einem See bei Dresden. Die Dauerausstellungen liefern den echten historischen Hintergrund.

www: schloss-moritzburg.de

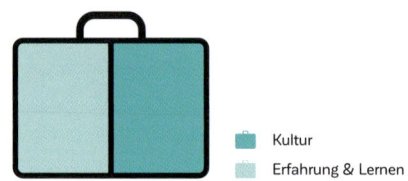

Kultur
Erfahrung & Lernen

SPIELZEUGDORF SEIFFEN
ERZGEBIRGE

In der Schauwerkstatt Manufaktur Richard Glaesser

→ **Warum jetzt? Wo Weihachten erfunden wurde**

Ein Karussell dreht sich im Kreis, nebenan versucht einer, seinen Traktor anzuwerfen, zwei Ziegenböcke kämpfen unermüdlich, während die Tänzer im Kulturhaus einen Auftritt nach dem anderen absolvieren. Herrliches Kleinstadtleben – mit der Betonung auf „klein". Denn die hier beschriebenen Szenen sind Teil der „Lebendigen Stadt" im Spielzeugmuseum Seiffen, eine Miniaturwelt, 35 Jahre lang geschnitzt und liebevoll bis in kleinste Details arrangiert von einem Bergarbeitersohn namens Johannes Jurich. Die Anlage ist nur eines der faszinierenden Ausstellungsstücke des Museums im Erzgebirge, das dokumentiert, wie aus Bergmänner begabte Holzkünstler wurden. Heute wird in Seiffen in vielen Werkstätten das ganze Jahr über Spielzeug und Weihnachtsschmuck aus Holz hergestellt. Und in der Adventszeit verwandelt es sich dann endgültig in ein Weihnachtsdorf voller Nussknacker, Weihnachtspyramiden und Schwibbögen an jeder Ecke.

Vor Ort: Seiffen liegt rund 65 südlich von Dresden. Zwischen 1. Advent und 6. Januar bietet es einen stimmungsvollen Weihnachtsmarkt voller erzgebirgischer Schnitzkunst. In der Erlebniswelt Seiffen wartet eine Modellbahnanlage.

Gut zu wissen: Seiffen ist zusammen mit dem Nachbarort Neuhausen ein Paradies für Skilangläufer: 30 km sind gespurt.
www: spielzeugmuseum-seiffen.de

- Kultur
- Erfahrung & Lernen
- Naturerlebnis

RUTSCHENWELT THERME ERDING

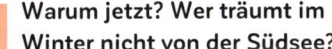

→ **Warum jetzt? Wer träumt im Winter nicht von der Südsee?**

Türkisfarbenes Wasser, Cocktails im Pool, in Badeshorts oder Bikini relaxen unter Palmen. Das geht auch in Deutschland, bei einem Ausflug in die größte Therme der Welt in Erding, ca. 40 km nordöstlich von München. Das Erlebnisbad lässt kaum Wünsche offen, insbesondere Wasserrutschen-Begeisterte können sich nirgendwo besser austoben als hier: 2700 Meter, verteilt auf 27 Rutschen mit drei verschiedenen Schwierigkeitsgraden. Abenteurer begeben sich auf den Virtual-Reality-Rampen auf wilde Entdeckungsreisen durch die Galaxie oder den Dschungel. Etwas ruhiger geht es im riesigen Wellenbad und im Crazy River zu, in dessen Strömung sich die Flussbadenden treiben lassen.

Vor Ort: Wer weniger Action, dafür mehr Entspannung und Ruhe sucht, nutzt die Spa-Bereiche Vital Oase (textil, ab 16 Jahren) und Vital Therme & Saunen (textilfrei, ab 16 Jahren). Das Angebot umfasst mehrere Gesundheitsbecken, über 35 Saunen und Dampfbäder und 300 Beauty- und Wellnessangebote. Und kulinarisch wird man natürlich auch bestens versorgt.

Gut zu wissen: Wer die „bayerische Südsee" länger genießen möchte, kann es sich im Hotel Victory Therme Erding gemütlich machen – ein Hotel im Schiffsdesign, das in der Palmenlagune des Wellenbads vor Anker liegt.
www: therme-erding.de

- Erholung
- Sport
- Essen & Trinken

267

FARBGLASHÜTTE
LAUSCHA

→ **Warum jetzt? Weihnachtsbaum-kugeln selbst gemacht**

Wie der sprichwörtliche Ochs vorm Berg, so steht der eine oder andere da, wenn es darum geht, den Weihnachtsbaum zu schmücken. In diesem Fall lohnt sich ein Abstecher ins thüringische Lauscha: In der dortigen Farbglashütte wird jede Glaskugel mit dem Mund geblasen und von Hand verziert und Besucher können (übrigens das ganze Jahr über) an Workshops zum richtigen Christbaumschmücken teilnehmen oder sogar sich selbst im Glaskugelblasen üben. Termine gibt es auf Anfrage.

Vor Ort: Tief im wilden Osten, genauer gesagt im Thüringer Wald, hatte einer eine glänzende Idee. Es war um 1830, als ein verarmter Glasbläser sich dachte: Warum anstatt mit Äpfeln und Nüssen den Christbaum nicht mit Glaskugeln schmücken? Gedacht, getan – er fertigte die erste Christbaumkugel der Welt. Bis heute ist der Ort Lauscha das Zentrum für handgefertigten Weihnachtsschmuck.

Gut zu wissen: Zur Farbglashütte gehört auch ein Museum für Glaskunst. Du kannst den Künstlern beim Schaublasen über die Schulter schauen – und auch selbst dein Glück versuchen. Außerdem gibt's Glaskunst von der Gartenkugel bis zur Glasmurmel und natürlich Baumschmuck zu kaufen – perfekt, wenn Weihnachten vor der Tür steht.

www: farbglashuette-lauscha.de

Erfahrung & Lernen

Lauscha ist die Hochburg des thüringischen Glasbläserhandwerks

Was der Kleine dem Esel ins Ohr flüstert, bleibt wohl sein Geheimnis

ESELWANDERN
BLIESGAU

→ **Warum jetzt? Kein Tier passt besser zum Advent**

Eine Eseljahreszeitenwanderung. Klingt etwas sperrig, ist es aber ganz und gar nicht: Ausgehend vom Hof Sonnenbogen in Wolfersheim kannst du den Bliesgau, eine Landschaft sanfter Hügel im südöstlichen Saarland, in Begleitung langohriger Vierbeiner erkunden – ein entschleunigendes Erlebnis mit und in der Natur. Die Grautiere bestimmen während der Wanderung das gemächliche Tempo und machen Pause, wenn es ihnen gefällt, wodurch die menschlichen Gefährten die Landschaft und die jahreszeitlichen Besonderheiten ganz anders wahrnehmen. Die Tour enthält natur- und eselskundliche Erläuterungen sowie Verkostungen aus dem regionalen Bioanbau.

Vor Ort: Start und Ende der Winterwanderung sind am Hof Sonnenbogen in Wolfersheim. Die Esel führen ihre Gäste über die –

mit etwas Glück – schneebedeckten Hügel des Bliesgaus, über Wiesen, durch Wälder und zu unterschiedlichen Steinbrüchen. Im Anschluss gibt es im Eselstall noch Weihnachtsgeschichten.

Gut zu wissen: Insbesondere für Kinder ist die ca. dreistündige Veranstaltung am Nachmittag ein tolles Erlebnis. Aktuelle Termine und weitere Informationen finden sich auf der Seite des Veranstalters Saar-Pfalz-Touristik (www.saarpfalz-touristik.de). Du kannst mit dem Bus 501 anreisen, Haltestelle Wolfersheim Friedhof.
www: www.hof-sonnenbogen.de, biosphaere-bliesgau.eu

■ Naturerlebnis
■ Erfahrung & Lernen
■ Essen & Trinken

Authentisches
Dschungel-Feeling
im Leipziger
Gondwanaland

GONDWANA-LAND
LEIPZIG

→ **Warum jetzt? Tropenreise statt Winterkälte**

Zunächst musst du tief in die Vergangenheit eintauchen, um im Dschungel anzukommen. Durch einen Tunnel, der einem Vulkanstollen nachempfundenen ist, geht es hinein ins Gondwanaland. Dort erwarten dich lebende Fossilien: Schildkröten, Lungenfische oder Plumporis haben ihr Aussehen seit Urzeiten kaum verändert. Dann erst wird's warm – und feucht. Der Dschungel liegt unter einer 34 Meter hohen Stahlkonstruktion und besteht aus rund 24 000 unterschiedlichen Tropenpflanzen, die mitten im deutschen Winter feuchtheißen Urwald simulieren. Dank ausgeklügelter Technik sind die Leipziger Tropen nachhaltiger, als man vermuten würde. Du erlebst den Stockwerksbau des Waldes, stapfst über Hängebrücken und bekommst auf dem künstlichen Fluss echtes Indiana-Jones-Feeling. Totenkopfäffchen und Leguane, Faultiere, Riesenotter und Zwergflusspferde verstärken die Illusion einer echten Expedition.

Vor Ort: Der Leipziger Zoo ist täglich geöffnet und in sechs Erlebniswelten aufgeteilt. Auf Führungen kann man sich einen ersten Überblick verschaffen, auch abends.

Gut zu wissen: Bis 2022 soll das Projekt „Zoo der Zukunft" abgeschlossen sein: Das Konzept sieht vor, dass Savannen, Bäume und Wasserläufe die artgerecht gestalteten Gehege prägen. Der Leipziger Zoo gilt als einer der besten Europas.

www: zoo-leipzig.de

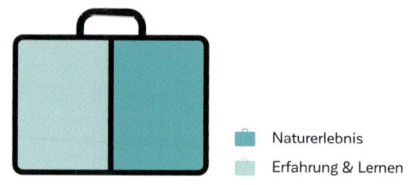

Naturerlebnis
Erfahrung & Lernen

CHRISTKINDLES-MARKT
NÜRNBERG

→ **Warum jetzt? Deutschlands berühmtester Weihnachtsmarkt**

Wenn schon Weihnachtsmarkt, dann richtig! Auf einem der ältesten, größten und wahrscheinlich berühmtesten der Welt: Den ersten Gänsehautmoment beim Nürnberger Christkindlesmarkt gibt's immer am Freitag vor dem 1. Advent. Dann eröffnet das alle zwei Jahre neu gewählte Christkind, dargestellt von einer jungen Nürnbergerin, das „Städtlein aus Holz und Tuch" in der Altstadt. Und wenn das traditionelle Prolog-Gedicht von der Empore der Frauenkirche über den Hauptmarkt schallt, ist es so still, als sei tatsächlich ein überirdisches Wesen auf die Erde niedergestiegen. Vier Wochen lang duftet es nach diesem emotionalen Auftritt in den Gassen nach Glühwein und Bratwürsten, nach gebrannten Mandeln und Lebkuchen. Es leuchtet und strahlt, wuselt und lockt mit Krippenfiguren, Zwetschgenmännchen, Spielzeug, Geschenkideen. Mehr als zwei Millionen Besucher schlängeln sich jedes Jahr zwischen den Buden hindurch, schlendern über den Markt der Partnerstädte oder schauen bei der Kinderweihnacht vorbei. Wer sich der Anziehungskraft der Buden entziehen kann, betrachtet von der Kaiserburg alles von

Der Nürnberger Christkindlesmarkt zieht alljährlich zwei Millionen Besucher an

oben, testet in mittelalterlicher Kulisse eines der leckeren fränkischen Biere, besucht den Renaissance-Star im Albrecht-Dürer-Haus oder legt einen Zwischenstopp bei Andy Warhol im Kunstmuseum ein.

- Essen & Trinken
- Kultur
- Erfahrung & Lernen

RUND UM NÜRNBERG

🚌 **PLAYMOBIL FUNPARK · 12 KM** · Kinderspaß mit gar nicht so kleinen Figuren (www.playmobil-funpark.de)

🚆 **LAUF AN DER PEGNITZ · 20 KM** · Entdeckungen in der Altstadt und im Industriemuseum (www.lauf.de)

🚆 **NEUMARKT · 42 KM** · Von Edelkarossen träumen (www.automuseum-maybach.de)

🚗 **POTTENSTEIN · 67 KM** · Rodelspaß, wenn Schnee liegt (www.fraenkische-schweiz.com)

271

GANZ ALLEIN
OSTFRIESISCHE INSELN

→ **Warum jetzt? Wahre Kenner kommen im Winter**

Wenn sich die typischen Sommerurlauber woanders tummeln und die Strände frei sind von bunten Textiltüchern, Liegestühlen und Sonnenschirmen, dann kehrt auf den ostfriesischen Inseln Ruhe ein – und der Besuch auf einem der Eilande wird zu einem märchenhaften Wintererlebnis: Eine weiße Decke legt sich über die Dünen und das Marschland, der Wind fegt eisig über die menschenleeren Strände und die starke Brandung bildet ein entspannendes Hintergrundrauschen. Genau jetzt ist der perfekte Moment, hier eine Zeit lang zur Ruhe zu kommen, Körper und Geist durch die frische Meeresbrise zu stärken und den wahren Charakter der sieben Inseln kennenzulernen, die wie aneinandergereihte Perlen vor der niedersächsischen Küste in der Nordsee liegen.

Vor Ort: Borkum ist die größte unter den sieben Inseln. Als besonders abwechslungsreich gilt Norderney, ruhig geht es auf Juist zu, Baltrum ist die kleinste, Langeoog die mit den meisten Sonnenstunden, Spiekeroog wird die grüne genannt, Wangerooge die natürliche.

Gut zu wissen: Noch etwas macht die Ostfriesischen Inseln zu einem ganz besonderen Ort: Sie sind bis auf Norderney und Borkum komplett autofrei. Nur Krankenwagen und Feuerwehr sind vor Ort und dürfen im Notfall über die Inseln flitzen.

www: ostfriesische-inseln.de

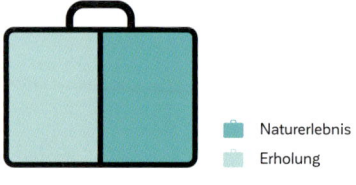

■ Naturerlebnis
■ Erholung

Blick über die Dünen und den winterlichen Strand von Juist

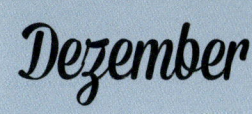

WEIHNACHTS-SHOPPING METZINGEN

→ **Warum jetzt? Hochwertige Weih-nachtsgeschenke, kleine Preise**

Das kleine schwäbische Metzingen ist zum Mekka der Schnäppchenjäger geworden. Heute verrät schon der Name, welcher Schwerpunkt hier gesetzt wird: Die Outlet-city Metzingen bietet jede Menge Möglich-keiten, sein Geld loszuwerden – und dabei, gerade vor Weihnachten, ordentlich zu spa-ren. Den Anfang machte in den 1970er-Jah-ren das ortsansässige Modeunternehmen Hugo Boss mit seinem Fabrikverkauf. Heute ist die Kundschaft international, was sich auch im Outletcity Service Center beim großen Platz spiegelt. In einem eigenen Stadtteil stapeln sich an die 100 Premium- und Luxusmarken-Stores, in denen du bis zum Abwinken shoppen kannst – von der Outdoorjacke bis zum Business-Anzug oder Cocktailkleid ist alles dabei. Und wenn nach ausgiebigem Stöbern der Magen knurrt, kein Problem: Mehrere Restaurants und Cafés sorgen für neue Kraft.

Vor Ort: Metzingen (www.metzingen.de) besteht nicht nur aus Outlet. Wenn du nach dem Shopping Lust auf Altstadt-At-mosphäre hast – die ist nur 5 Minuten von der Outletcity entfernt.

Gut zu wissen: Du wünschst VIP-Service oder Personal-Shopping-Beratung? Kein Problem. Und wer keine Lust hat, mit Auto oder Zug nach Metzingen zu fahren, für den gibt es einen Shopping Shuttle Bus direkt ab Stuttgart.

www: outletcity.com/de/metzingen

Erfahrung & Lernen
Essen & Trinken

ZU BUDDHA NACH TRABEN-TRARBACH

→ **Warum jetzt? Advent mit Buddha-Touch**

Es weihnachtet sehr und die Herzen werden weit. Weit genug, um auch mal bei Buddha vorbeizuschauen, im Buddha-Museum in Traben-Trarbach. Im schönen Moseltal liegt es am richtigen Ort, denn so ergibt sich ein wunderbares Zusammenwirken: Alte Weinkultur trifft auf Philosophie und Lebensweisheit des Buddhismus. Und das nicht nur für alle, die einen Draht zur fernöstlichen Lehre der Toleranz und zur Meditation haben. Denn die außergewöhn-liche Sammlung buddhistischer Skulptu-ren – eine der größten Europas – ist nicht nur zur Weihnachtszeit eine faszinierende Reise wert. Auf 4000 Quadratmetern Aus-stellungsfläche sind mehr als 2000 antike oder zeitgenössische buddhistische Kunst-schätze aus ganz Asien versammelt. In der alten Jugendstil-Weinkellerei Julius Kayser haben sie einen adäquaten Ort gefunden, mit weitem Blick über die Mosel.

Vor Ort: Die herrliche Landschaft um das Museum herum ist im Weihnachtstrubel Balsam für die Seele. Und der idyllische Ort Traben-Trarbach als Heilbad für einen entspannten Aufenthalt geradezu prädes-tiniert.

Gut zu wissen: Einmal im Monat lädt die Media Mystika Gesellschaft in das Museum ein, zu Lesungen oder anderen kulturellen Veranstaltungen

www: buddha-museum.de

Erfahrung & Lernen
Kultur
Erholung

MANUFAKTOUR
MECKLENBURG-VORPOMMERN

→ **Warum jetzt? Die perfekt Tour für den Weihnachts-Einkauf**

Die Reise startet mit „Pappmaché im Palais", führt vorbei an „Magischem aus Papier" und der „Seele des Porzellans", legt einen Stopp ein bei „Harmonie aus Filz und Seide", präsentiert „Schmuckes aus Fischhaut" und „Edles aus Pelz" und passiert schließlich die „Wunderwelt der Wandwickeltische" (!). Die Entdeckerroute „ManufakTour" verbindet 20 Orte in den Landkreisen Ludwigslust-Parchim, Nordwestmecklenburg und in der Landeshauptstadt Schwerin miteinander, an denen handgefertigte Produkte auf höchstem Niveau hergestellt, Besucher in die Werkstätten eingeladen und natürlich allerlei Kostbarkeiten verkauft werden. Für Freunde hochwertiger, nachhaltiger Produkte bedeutet dies: Weihnachts-Shopping par excellence!

Vor Ort: Die primär für Autofahrende gedachte „ManufakTour" kann jeder nach Lust und Laune gestalten: Welche und wie viele Werkstätten an einem oder mehreren Tagen besucht und besichtigt werden, ist jedem selbst überlassen.

Gut zu wissen: Viele der teilnehmenden Manufakturen bieten Workshops und Kurse an. Einen Überblick über das Kursangebot sowie Porträts der einzelnen Manufakturen, Interviews mit deren Besitzern sowie eine Fotogalerie finden sich auf der Website.
www: mecklenburg-schwerin.de/manufaktour

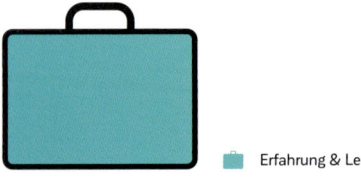

Erfahrung & Lernen

SKI FAHREN
GARMISCH-PARTENKIRCHEN

→ **Warum jetzt? Schneetraum in Superlativen**

Gut, Skifahren musst du schon mögen, wenn du Garmisch-Partenkirchen im Winter besuchst. Obwohl, Rodeln geht ja auch. Und Eisstockschießen, Pferdeschlittenfahren, Schlittschuhlaufen. Aber, Hand aufs Herz, natürlich dreht sich im Zentrum des Werdenfelser Landes das meiste um die Bretter, die für viele die Welt bedeuten. Hier kann man nämlich auf der legendären Kandahar seine Schwünge ziehen. Aber Achtung, Abschnitte wie „Freier Fall" oder „Hölle" tragen ihre Namen zu Recht. Noch höher hinaus geht es auch, in Deutschlands höchstgelegenes Skigebiet auf der Zugspitze. „Garmisch-Classic" wurde das zweite Skigebiet der Olympiastadt von 1936 getauft: Es umfasst 40 Pistenkilometer auf Hausberg, Kreuzeck und Alpspitze.

Vor Ort: Um die 50 Euro musst du für einen Tages-Skipass investieren. Je länger du bleibst, desto günstiger wird das Ticket. Mit der Top Snow Card kannst du rund um die Zugspitze Ski fahren, sowohl in Bayern als auch in Tirol auf 213 Pistenkilometern. Kosten ab 2 Tage: etwas mehr als 90 Euro.

Gut zu wissen: Nur etwas für Schwindelfreie ist die 13 Meter weit über den Abgrund hinausragende Aussichtsplattform AlpspiX oberhalb der Alpspitzbahn-Bergstation. Eine echte Herausforderung – vor allem am gläsernen Ende der beiden wie ein X geformten Stege.
www: gapa.de

Sport
Naturerlebnis
Herausforderung
Abenteuer

Das Kreuzeckhaus liegt auf 1652 Meter im Skigebiet „Garmisch-Classic"

Die Anlage des Weihnachtsmarkts ist barocken Gartenanlagen nachempfunden

WEIHNACHTSMARKT
LUDWIGSBURG

→ **Warum jetzt? Markttreiben mit royalem Segen**

Dieser Weihnachtsmarkt ist besonders. Denn hier gibt sich Seine Königliche Majestät die Ehre: Jeden Samstag zur Mittagszeit schlendert König Friedrich I. mit seinem Hofstaat zwischen den Ständen einher und lässt seinen royalen Blick wohlwollend auf gebrannten Mandeln und Bratwürstchen, Holzschnitzereien und mundgeblasenem Weihnachtsschmuck, erzgebirgischer Volkskunst und putzigen Handpuppen ruhen. Der Majestät sei's ein Wohlgefallen – aber richtig stimmungsvoll wird's erst, wenn der Abend kommt. Jetzt beginnt der Weihnachtsmarkt festlich zu glänzen, ganz so, wie die ihn umgebenden barocken Arkadenhäuser und Kirchen. Der Marktplatz verwandelt sich dann – vor allem, wenn Schnee liegt – in ein lebendiges Bilderbuch aus der guten alten Zeit. Samt König, der sich wahrscheinlich sehnsüchtig aus seinem Schloss auf den Markt träumt.

Vor Ort: Der Barock-Weihnachtsmarkt geht von Ende November bis kurz vor Heiligabend. Auf der Bühne findet nachmittags ein buntes Programm statt, das vor allem Kinder begeistert.

Gut zu wissen: Ludwigsburg ist eine am Reißbrett geplante Stadt: Herzog Eberhard Ludwig verwandelte zu Beginn des 18. Jahrhunderts seine Ambitionen in absolutistischer Manier in Prachtbauten, opulenten Alleen, breiten Straßenzügen und großzügigen Plätzen. Das Residenzschloss mit seinem riesigen Park ist die größte barocke Schlossanlage Deutschlands.
www: ludwigsburg.de

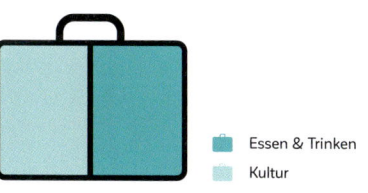

Essen & Trinken
Kultur

IGLU
BAUEN
OBERSTDORF

→ Warum jetzt? Eis, Schnee und Schlafen im selbst gebauten Iglu

Genug vom Warmduschen? Lieber mal mit dem Winter auf Tuchfühlung gehen? Bei der „24h Iglu Experience" der Oberstdorfer Wildnisschule erlebst du den Winter abseits menschlicher Infrastruktur so richtig im Expeditionsstil: Los geht es an Tag Eins gegen 10 Uhr mit der notwendigen Ausrüstung und unter Führung eines Fach- und Sachkundigen mit Schneeschuhen durch die winterlichen Berge in ein abgelegenes Gebiet. Die Wanderung dauert etwa eine Stunde, jeder trägt sein eigenes Gepäck. Am Ziel angelangt, werden unter Anleitung Schneehäuser für zwei bis vier Personen gebaut. Wer mit wem und wie groß baut, ist Sache der Teilnehmer. Nach einem gemütlichen Abendessen, das auf einem Kocher zubereitet wird, folgt die Nacht im Iglu. Am Morgen des zweiten Tages geht es zurück zum Ausgangspunkt.

Vor Ort: Für das Iglu-Abenteuer stehen mehrere Bauplätze im Raum Oberstdorf und Balderschwang zur Verfügung. Die Teilnehmer erhalten vor der Tour eine ausführliche Einführung.

Gut zu wissen: Abendessen und Frühstück sind inklusive, ebenso alles nötige Equipment wie Schneeschuhe, Stöcke, Schneeschaufeln, Sägen und Unterlegplanen für die Iglus. Wintertaugliche Kleidung muss jeder selbst mitbringen. Extra zu buchen ist eine Leih-Schlafausrüstung.

www: wildnisschule-allgaeu.de

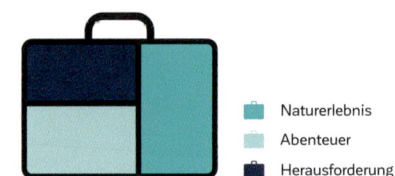

- Naturerlebnis
- Abenteuer
- Herausforderung

Für die meisten dürfte der Bau eines Iglus ein einmaliges Erlebnis sein

FACHWERK-TRAUM
MONSCHAU

→ **Warum jetzt? Idylle mit Winter-Bonus**

Ein Geheimtipp ist Monschau (www.monschau.de) wahrlich nicht mehr. Fans der TV-Serie „Die Eifelpraxis" kennen das Örtchen nahe der belgischen Grenze wie ihre Westentasche. Und auch sonst suchen viele Touristen hier in der idyllischen Eifel ihr Reiseglück. Im Sommer zumeist, sodass ein winterlicher Ausflug deutlich mehr Ruhe verspricht – und vielleicht sogar die eine oder andere Schneeflocke, schließlich liegt das 12 000-Seelen-Städtchen auf rund 500 Meter Meereshöhe. Was du auf jeden Fall findest: jede Menge Romantik in mittelalterlichen Kopfsteinpflastergassen, gesäumt von rund 300 Fachwerkhäusern, die ihre rückwärtigen Mauern gewagt über das Flüsschen Rur hängen. Es lohnt, die Winterstiefel anzuziehen und hinaufzusteigen zur trutzigen Burg (ein Rittertraum für Kids!) oder über den Eifelsteig auf den Kierberg. Der Blick auf die Schieferdächer des malerischen Luftkurörtchens ist unbezahlbar. Und danach? Wieder eintauchen in die verwinkelten Gassen, in den kleinen Galerien und Boutiquen stöbern, im Restaurant Schnabuleum – mit historischer Senfmühle – einen Eifeler Senfbraten verputzen und im „Roten Haus" schauen, wie es sich in den letzten Jahrhunderten so lebte, in Monschau. Dass der Weihnachtsmarkt an den Wochenenden hier besonders romantisch ist, versteht sich von selbst.

Romantisch, vor allem in der Weihnachtszeit: Monschau in der Eifel

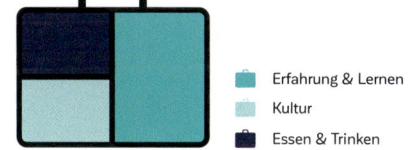

■ Erfahrung & Lernen
■ Kultur
■ Essen & Trinken

RUND UM MONSCHAU

 ROETGEN • 13 KM • Wärme tanken in der Roetgen Therme (www.roetgen-therme.de)

 **EIFELSTEIG • 14 KM** • Winterromantik in der Eifel (www.eifelsteig.de)

 **AACHEN • 30 KM** • 2000 Jahre Geschichte in der Kaiserstadt (www.aachen-tourismus.de)

 LOSHEIM • 31 KM • Krippenausstellung und riesige Modellbahnwelt (www.arskrippana.net)

SILVESTER AM
BRANDENBURGER TOR

Warum jetzt? Die ultimative Silvesterparty des Landes

Leute, das wird voll mega! Und mega-voll übrigens auch – schließlich beginnt nur einmal im Jahr ein neues ... Jahr. Die Berliner Silvesterparty ist aber nichts für Einsiedler und Menschenscheue: Jedes Jahr bekommen ein paar 100 000 dicht gedrängte Feierwütige vor dem Brandenburger Tor kalte Nasen, allerdings lassen Live-Bands, DJs, der aus unzähligen Kehlen heruntergezählte Silvester-Countdown und natürlich das Hammer-Feuerwerk die Kälte vergessen. Und gefeiert wird ja nicht nur unter der Quadriga, die ganzen 2 km bis zur Siegessäule werden zu einer einzigen Partymeile. Damit es keine Sekunde langweilig wird, ist auf zahlreichen Showbühnen volle Lotte angesagt, hier geben sich mehr oder weniger bekannte Stars und Sternchen praktisch die Klinke in die Hand. Nebenbei noch Laser- und Lichtanimationen und andere Showacts, und das alles umsonst, außer Essen und Trinken natürlich.

Vor Ort: Logisch: Öffentliche Verkehrsmittel benutzen oder laufen! Die nächsten Haltepunkte in der Nähe der Monsterparty heißen Bellevue, Tiergarten, Potsdamer Platz, Friedrichstraße und Kochstraße.

Gut zu wissen: Weil diese Party leicht zu Überfüllung neigt, ist es ratsam, sich schon früh auf den Weg zu machen – gegen 19 Uhr sind die Zugänge auf jeden Fall noch offen.

www: berliner-silvester.de

Essen & Trinken

Am Brandenburger Tor steigt die ultimative Silvesterparty des Landes

REGISTER

L

M

N

U

V

W

Z

BILDNACHWEIS

Bali Therme, Bad Oeynhausen: S. 248

Christiane Berrer, Grömitz: S. 148 u.

Dackelmuseum, Passau: S. 153

DuMont Bildarchiv, Ostfildern: S. 262 o.; 159 (Arthur F. Selbach); 7 o., 53, 175, 184, 196 u. li. (Christian Bäck); 211 (Christiane Böttcher); 79, 90 (Christina Anzenberger-Fink); 131 (Ernst Wrba); 54, 73, 96 (Frank Siemers); 74, 180 (Georg Knoll); 60 u. re., 165, 206, 232 (Gerald Hänel); 163, 193 (Hartmut Schwarzbach); 245 (Holger Leue); 82 u. re., 123, 126 u. li, 129, 157, 166, 177, 188, 205, 246/247, 255 (Johann Scheibner); 52, 227 (Jörg Axel Fischer); 208 (Karl Johaentges); 176 (M.-O. Schulz); 191, 196 o. (Markus Heimbach); 218 o. (Markus Kirchgessner); Titelbild, 14 u. re., 22, 29, 69, 92, 94, 95, 135, 148 o., 210, 212, 216/217, 222, 243, 262 u. li. (Martin Kirchner); 77, 86 (Olaf Meinhard); 60 u. li., 82 o., 91, 113, 121, 136, 150, 172 u. re., 223, 267, 270 (Peter Hirth); 204 (Rainer Fieselmann); 139, 221 (Rainer Kiedrowski); 85, 138, 187 (Ralf Freyer); 104 o., 238/239, 274 (Reinhard Eisele); 60 o., 154/155, 169, 181, 233 (Reinhard Schmid); Titelbild, Titelbild, 36/37, 88/89, 104 u., 141, 156, 228 (Sabine Lubenow); 72 (Synnatschke Photography); 190, 200 (Thomas Haltner); 41 (Thomas Linkel/Fotoassistentin: Christina Falckenberg); 266 (Thomas P. Widmann); 7 re., 84, 143, 152, 170/171, 198, 209 (Thomas Roetting/Sylvia Pollex); 124/125, 240 o. (Toma Babovic); 23, 75 (Udo Bernhart)

Fotolia, New York (USA): Titelbild, U4 (by-studio busse-yankushev); Titelbild, U4 (magann)

Freunde des Steinbruchs Michelnau e.V., Nidda: S. 162

Huber-Images, Garmisch-Partenkirchen: S. 38 o. (Reinhard Schmid)

iStock.com, Calgary (CA): Titelbild (4x6); Titelbild, U4 (AlekZotoff); Titelbild, U4 (Anagramm); Titelbild, U4 (Andy Nowack); Titelbild (bluejayphoto); Titelbild, U4 (Guenter Albers); Titelbild, U4 (lissart); Titelbild, U4 (Nerthuz); Titelbild, U4 (rclassenlayouts); Titelbild (RyersonClark); Titelbild, U4 (southtownboy)

laif, Köln: S. 189 (Andreas Hub); 202/203 (GAFF/Maecke); 172 u. li. (Hollandse Hoogte); 14 o. (Jan Peter Boening/Zenit/laif); 271 (Pierre Adenis); 68 (Samuel Zuder); 51 (Toma Babovic)

Loni Liebermann, Aachen: S. 6, 28, 178/179

Lookphotos, München: S. 196 u. re. (age fotostock); 183 (H. & D. Zielske); 65 (Thomas Grundner)

Mauritius Images, Mittenwald: S. 63 (Alamy); 27 (Alamy/Hubertus Blume); 40 (Alamy/Ken Gillespie Photography); 224/225 (Frank Fleischmann); 186 (imagebroker/Brodisla); 20/21 (imagebroker/Wilfried Wirth); 109 (imagebroker/Dieter Hopf); 220 (imagebroker/

J. Friederich); 107 (Ingo Boelter); 50 (Raimund Linke)

picture-alliance, Frankfurt a. M.: S. 46 (dpa/Lukas Schulze); 32 (Lukas Schulze); 102/103 (Oliver Gerhard)

Planetarium, Jena: S. 47 (Jens Hauspurg)

Sylvia Pollex, Leipzig: S. 114

Shutterstock.com, Amsterdam (NL): S. 5, 259, 235 (aapsky); 97 (Elise V); 249 (360b); 4, 190 (Alex Staroseltsev); 256 (Alex Tuzhikov); 277 (Alexander Jung); 80/81 (Alhoger84); 101, 235 (Altrendo Images); 134 (andersphoto); 76 (Andreas Wolochow); 79 (Andrew Mayovskyy); 121, 130 (Anna Moskvina); 2, 11 (Anton Starikov); 190 (Antonio S); 265 (Aoon Mujtaba); 140 (Arcansel); 169 (Avigator Fortuner); 145 (avphotosales); 190 (azure1); 259 (Bennekom); 99 (Bernd Zillich); 2, 55 (Billion Photos); 5, 256 (Bjoern Wylezich); 76 (BlackRabbit3); 256 (Butzbilder); 9 (Catmando); 87 (cervik); 253 (Chamois huntress); 254 (Christian Heinz); 123, 191 (Chromakey); 58/59 (Cinematographer); 99 (clarst5); 4, 143 (courtyardpix); 55 (cyo bo); 146/147 (DanKe); 235 (Dario Lo Presti); 98, 101 (design us studio); 57 (Dewin ' Indew); 55 (Diana Taliun); 5, 215 (Dimitris Leonidas); 272 (dirkr); 240 u. li. (Dmitri Ma); 101 (Dmitry Naumov); 164 (Doris Oberfrank-List); Titelbild, U4 (Dudarev Mikhail); 240 u. re. (Duet PandG); 234 (eFesenko); 55, 57 (Ekaterina V. Borisova); 98, 119 (Elpisterra); U4, 9, 11, 79, 212, 235, 259 (Eric Isselee); 158 (Eugen Thome); 101, 215 (Eugene Onischenko); 101 (Fanfo); 128 (Felix Kroll); 17 (Fexel); 44/45 (finepics); 5, 237 (FocusStocker); 54 (Food Impressions); 35 (FooTToo); 79, 145, 193, 215 (forest badger); 14 u. li. (foto-select); 145 (FOTOGRIN); 12/13 (Frank Fichtmueller); 169, 182 (futuristman); 242 (Gerald Graves); 8, 193, 234 (Gyorgy Barna); 19 (haraldmuc); 120, 235 (Heide Pinkall); 101 (Heiko Kueverling); 8 (HixnHix); 70 (Horst Lieber); 260/261 (Igor Marx); 99 (IHX); 215, 226 (ilikeyellow); 98 (Ines Behrens-Kunkel); 38 u. li. (Inga Gedrovicha); 237, 244 (Inna_liapko); 11, 145 (inxti); 33, 35, 169 (Ivan Smuk); 33 (ivandan); 79 (J. Helgason); 11 (Jan Schneckenhaus); 11, 16 (Jean-Claude Caprara); 57 (Jgade); 3, 77 (Jim Barber); 24 (Jiri Kulisek); 33 (jonphoto); 215 (Juergen Faelchle); 166 (Jule Berlin); 259 (K Jakubowska); 116 (kacege); 252 (Kajsia); 234 (Kalin Eftimov); 142 (KatarinaVe); 5, 191, 193, 257 (Kletr); 167 (Kotomiti Okuma); 76 (koya979); 237 (Kriso); 35 (Krivosheev Vitaly); 237 (Kunertus); 79 (Kunstlichtspiel); 110/111 (LaMiaFotografia); 26 (LanaMee); 262 u. re. (Lena Serditova); 8 (Lev Levin); 99 (LianeM); 42 (lightpoet); 3, 121, 167 (Lilkin); 257 (Linguist); 4, 166 (LiskaM); 99, 142, 143, 193 (Ljupco Smokovski); 172 o. (Lucertolone); 30 (m.wolf); 118 (Maksimilian); 101 (malinkaphoto); 98 (Mapics); 57 (maradon 333); 215 (Marc Venema); 43

(Marcel Hufschmidt); 121, 123 (marekuliasz); 191 (mariait); 112 (marina kuchenbecker); 257 (MarinaD_37); 121 (Marko Aliaksandr); 215 (Martsiv Yurii); 121 (Matagonca); 62 (Mattis Kaminer); 9 (Meesiri); 77 (Michael Schelhorn); 32 (Michael von Aichberger); 48 (midgardson); 237 (Mike Flippo); 256 (milart); 4, 193 (mipan); 33 (MisterStock); 167, 169 (monticello); 99 (moreimages); 213 (Morphart Creation); 123 (Mr Doomits); 55 (MsMaria); 199 (MY_Photography); 3, 77 (n_defender); 276 (NATALIIA MAKAROVA); 9 (Natalya Rozhkova); 2, 55 (Neil Lockhart); 151 (Nemo1963); 7 u., 35 (Nenad Nedomacki); 193 (nikolaich); 3, 101 (NITI JUNKAVEEKOOL); 215 (nitpicker); 169 (nullplus); 76 (Oksana Trautwein); 123 (oksana2010); 169 (Olaf Meinhardt); 33 (Olaf Simon); 143 (Olga Danylenko); 7 M., 269 (Olga V Sokolova); 190 (Oliver Hoffmann); 106 (Ondrej Prosicky); 212 (p_saranya); 193 (Patryk Kosmider); 259 (Paul Maguire); 9 (Pavel Gulea); 32 (PeSchne); 191 (Phattana Stock); 4, 169 (Picsfive); 215 (pit24); 79 (plazas i subiros); 160/161 (PlusONE); 132/133 (Preisler); 54, 166 (r.classen); 145 (rawf8); 235 (Rich Carey); 120 (Rick Partington); 77 (Rido); 54, 64 (RikoBest); 237 (Ritu Manoj Jethani); 256 (Rob van Esch); 76 (Robert Lessmann); 231 (RockerStocker); 79 (Roman Rybaleov); 257 (Roman Sigaev); 235 (ronstik); 2, 57 (Room27); 257 (Rosa Jay); 256, 275 (S. Kuelcue); 32 (Sabine Schmidt); 167 (Sandra Lorenzen-Mueller); 264 (Sandro Fabris); 213 (Sararwut Jaimassiri); 234, 237 (Saunaszene); 215 (Serg64); 194/195 (Sergey Kelin); 218 u. (Sergey Kohl); 166 (Sergey Novikov); 123 (Sergiy1975); 35 (Shamsiya Saydalieva); 237 (ShDrohnenFly); 143 (Shift Drive); 213, 259 (Sibrikov Valery); 193, 212, 212 (Sina Ettmer Photography); 167, 169, 174 (SKY2015); 145 (snowturtle); 57 (SoMin_SoMu); 278/279 (SP-Photo); 213 (sportpoint); 4, 143, 145 (ssuaphotos); 193 (Stanislaw Tokarski); 8 (Stephan Dinges); 234 (Sternstunden); 32 (Steve Photography); 123 (suehling); 145 (sumire8); 2, 11 (Susan Fietze); 66/67, 237 (SusaZoom); 5, 259 (Take A Pix Media); 3, 101 (Tana Lee Alves); 145 (Tatiana Belova); 201 (Ted Alexander Somerville); 77, 145, 167, 193 (Thomas Soellner); 11 (Thorsten Frisch); 117 (thorsten.guenthert); 120, 268 (Tivanova); 31 (Tobias Arhelger); 230 (Toby Horn); 142 (Torsten Reuter); 82 u. li., 213 (travelview); 142 (Trodler); 108 (ueuaphoto); 8, 79 (Ugis Riba); 126 o. (UllrichG); 3, 120 (urbanbuzz); 35, 38 u. re. (vector graphics); 101 (Ventura); 9, 11 (ViktorKozlov); 259 (Vitalii_Mamchuk); 18 (vivooo); 123 (VladaKela); 3 (Vladimirkarp); 57 (VladKK); 237 (xantolus); 35 (xpixel); 4, 33 (Yasonya); 126 u.re. (Yein Jeon); 98 (Yuri Dondish); 5, 213 (Zerbor); 57 (zhao jiankang); 11 (zhukovvvlad)

Visum, München: S. 250 (Thomas Pflaum)

Lonely Planets
Wann am besten wohin Deutschland

© Lonely Planet Global Limited und MAIRDUMONT GmbH & Co KG

Herausgegeben von MAIRDUMONT mit Genehmigung von Lonely Planet Global Limited

MAIRDUMONT GmbH & Co. KG
Marco-Polo-Straße 1, 73760 Ostfildern
www.mairdumont.com, www.lonelyplanet.de
Projektbetreuung Andrea Wurth
Autoren Jens Bey, Ingrid Schumacher, Johanna Trommer, Yvonne Weik
Redaktion und Produktion bookwise, München
1. Auflage 2020
ISBN 978-3-8297-2696-2
Printed in Poland

Dieses Produkt wurde aus Materialien hergestellt, die aus vorbildlich bewirtschafteten, FSC®-zertifizierten Wäldern und anderen kontrollierten Quellen stammen. FSC® hilft Wälder für zukünftige Generationen zu erhalten.